KB048631

# 자유로운 몸으로 **영화**를 **철학**하다

자유로운 몸으로 **영화**를 **철학**하다

제1판1쇄 인쇄 | 2010년 8월 19일
제1판1쇄 발행 | 2010년 8월 28일

지은이 | 장시기
펴낸이 | 박미옥
디자인 | 조완철

펴낸곳 | 도서출판 당대
등록 | 1995년 4월 21일 제10-1149호
주소 | 서울시 마포구 서교동 395-99 402호
전화 | 02-323-1315~6
팩스 | 02-323-1317
전자우편 | dangbi@chol.com

ISBN 978-89-8163-150-5 93100

# 자유로운 몸으로 영화를 철학하다

장시기 지음

당대

# 영화와 몸 이미지의 철학극장

영화를 해석하거나 이해하려고 하지 마라. 영화를 해석하거나 이해하려고 하는 것은 영화를 보는 것이 아니라 영화를 구성하는 음악과 미술 등 수많은 요소들 중 하나인 언어의 감옥에 갇히는 것이다. 마치 사랑하는 연인처럼 당신의 몸을 영화의 스크린과 접속하라. 나의 몸이 영화의 스크린과 접속하는 순간, 나의 눈이 영화를 이해하려고 하거나 나의 두뇌가 영화를 해석하려는 것에서 벗어나 나의 몸이 영화를 사유하기 시작한다. 이것이 질 들뢰즈가 말하는 영화를 통한, 영화에 대한, 그리고 영화이미지의 몸에 대한 사유이다. 나의 몸이 영화를 사유하는 순간, 한 편의 훌륭한 영화는 나의 모든 것을 바꾼다. 영화관에 들어서는 순간 나의 눈은 카메라의 눈이 되고, 나의 두뇌는 영화관의 스크린이 되며, 나의 몸은 스크린 이미지가 보여주는 수많은 장소들의 공간으로 이동한다. 그래서 영화는 나의 몸처럼 국적이 없고, 성(gender)의 구별이 없으며, 장소에 얽매이지 않는다.

영화에도 국적이 있고, 성의 구별이 있으며, 억압적이고 파괴적인 장소에 얽매이는 시대도 있었다. 들뢰즈는 이러한 영화들을 근대의 고전적인 영화들이라고 부른다. 이러한 영화들은 영화 속에 등장하는 대사와 이야기와 서사가 영화이미지들을 지배하는 영화들이다. 영화의 대사와 이야기와 서사가 영화이미지들을 지배하는 순간, 영화를 해석하거나 이해하려는 근대의 국가철학자들이 나의 눈과 나의 두뇌를 지배하고, 마침내 나의 몸은 그들의 노예가 된다. 나의 눈과 나의 두뇌가 그들로부터 벗어나기 전에, 그리고 마침내 나의 몸이 그들의 노예로부터 해방되기 전에, 영화가 스스로 근대의 고전적인 영화들로부터 벗어나서 오늘날 우리가 살고 있는 동시대의 영화들, 즉 탈근대의 영화들이 되었다. 들뢰즈는 이러한 동시대의 영화들이 1948년 무렵의 이탈리아, 1958년 무렵의 프랑스와 일본 그리고 1968년 무렵의 독일에서 탄생했다고 이야기한다.

탈근대의 영화들이 등장하는 사건이 1998년 무렵의 대한민국에서도 일어났다. 이렇게 뒤늦게 대한민국에서 탈근대의 영화들이 시작한 것은 그때까지 우리가 서구의 근대성과 한반도의 식민지성에서 벗어나지 못했기 때문이기도 하지만, 그 무엇보다 더 큰 이유는 우리 영화가 미국 할리우드의 근대 장르영화들의 지배를 받았기 때문이다. 그러나 이 세상의 모든 일처럼 가장 늦은 자가 가장 빠른 자가 될 수도 있다. 오늘날 우리는 영화관에서 그것을 목도하고 있다. 박찬욱, 봉준호, 이창동, 홍상수 등 이 시대 수많은 대한민국 영화감독들은 영화를 통한, 영화에 대한, 그리고 영화이미지의 사유를 보여준다. 이러한 변화에도 불구하고 변하지 않은 것은 대한민국이라는 거대한 국가체제와 문화정책 입안자들 그리고 영화를 통해 관객들의 눈과 두뇌와 몸을 지배하고자 하는 근대 문학비평가들과 교수들의 흉내를 내는 영화비평가들이다.

그러나 변화는 시작되었다. 내 몸의 자유를 통해 나의 눈과 나의 두뇌를 변화시키는 영화의 혁명은 거대한 물줄기가 되어 "나는 나의 몸이다"라고 스스로 선언하면서 마침내 모든 것에서 해방되는 수많은 탈근대의 영화 관객들을 탄생시키고 있다. 이 책이 그들을 위한 영화적 사유의 우주여행을 떠나는 작은 안내서가 되었으면 하는 것이 나의 순수한 소망이다. 〈아바타〉는 이러한 영화의 혁명을 관객들의 몸의 변화로 보여준 가장 대표적인 영화라고 할 수 있다. 나의 눈과 나의 두뇌가 아니라 나의 몸이 먼저 영화를 읽는다. 제1부에서 영화 〈아바타〉를 이야기하는 것은 바로 이러한 이유에서이다. 그리고 2부에서 이야기하고 있는 영화를 통한, 영화에 대한, 그리고 영화의 사유는 들뢰즈가 『영화 1』과 『영화 2』에서 이야기하는 것을 나름대로 풀어놓은 것이다. 영화를 사유하고자 하는 독자들에게 들뢰즈의 영화적 사유를 너무 축약하지 않았나 하는 걱정이 앞선다.

3부는 근대 장르영화들과 탈근대의 노마드 영화들을 주제별로 선별하여 쓴 논문들이다. 논문의 글쓰기는 많은 제약이 있다. 그래서 논문의 글쓰기는 오늘날의 대학과 지식과 사회와 국가를 근대의 틀 속에 가두는 근대적 지배장치들 중 하나가 아닌가 하는 생각을 한다. 그럼에도 불구하고 논문의 글쓰기를 아직도 하고 있는 이유는 오늘날의 우리가 근대와 탈근대의 와중에 있는 후기 혹은 말기 근대의 언저리에서 살고 있기 때문이다. 3부의 글들은 바로 그러한 고민들을 한반도, 동아시아 그리고 지구촌의 지역들과 문학을 주제로 해서 쓴 글이다. 이러한 사유의 고민이 독자들과 조금이라도 공유하는 요소들이 있다면 그것으로 만족이다. 3부의 제약들을 다소나마 벗어나려고 시도한 것이 4부에서 다루고 있는 탈근대 영화감독에 관한 이야기들이다. 대만 출신이면서 미국에서 활동하고 있는 이안 감독, 멕시코의 알레한드로 곤잘레스 이냐리투 감독, 일본의 애니메이션 영화를 대표하는 미야자키 하야오 감독 그리고 박찬욱과 홍상수 감독의 영화들은 늘 나의 몸 구석구석, 모든 숨구멍 세포들을 꿈틀대게 만든다. 그들의 영화가 개봉하는 날이면, 나의 몸은 그들의 영화를 본다는 기대에 부풀어 밤잠을 설치게 된다.

나의 가슴을 두근거리게 하는 영화감독들이 이들만은 아니다. 봉준호, 카트린 브레야, 페드로 알 모 도바르 등 오늘날의 수많은 지구촌 영화감독들은 모두 나의 가슴을 두근거리게 만든다. 그들의 영화들이 모두 소개되지 않은 것은 순전히 제약된 지면 탓이다. 이 책 다음에 그들에 관한 자유로운 몸 이미지에 대한 사유의 글쓰기가 또 다른 책으로 나왔으면 더 할 나위가 없을 것이다. 그러나 4부에서 무엇보다도 아쉬운 것은 김기덕 감독의 영화들에 대한 근대적 영화비평의 글쓰기를 보여줄 수밖에 없는 안타까움이다. 그것은 아마도 나의 몸과 나의 사유와 나의 글쓰기에 아직도 남아 있는 근대성의 흔적 때문일 것이다. 소위 탈근대적 글쓰기는 들뢰즈가 가장 아름다운 글쓰기라고 명명하는 "그 무엇을 위한, 그리고 그 누구에게 동의하면서 하는 글쓰기"라는 것을 항상 가슴에 간직하려고 노력하면서도 김기덕 감독의 영화들에 대한 근대적 글쓰기를 하는 이유는 김기덕 감독의 영화들에 등장하는 닫힌 공간들이 하루라도 빨리 열린 공간으로 변화하길 바라는 그의 영화들에 대한 애정 때문이다.

마지막 5부에서는 2010년에 개봉한 장훈 감독의 〈의형제〉와 이창동 감독의 〈시〉로 마무리했다. 장훈 감독의 〈의형제〉는 오늘날 우리가 살고 있는 남북분단의 한반도를 영화이미지로 보여주고 있으며, 이창동 감독의 〈시〉는 대한민국의 근대성이 지니고 있는 파괴성과 폭력성을 탈근대적 시선으로 영화화하고 있다. 남북분단이 만든 한반도의 서로 다른 두 가지 근대성, 즉 저항적 근대성과 식민지 근대성에서 벗어나는 길은 영화가 보여주는 이미지 존재론으로 한반도와 동아시아와 지구촌 세계를 사유하는 것이다. 저항적 근대성과 식민지 근대성의 언어 속에서 우리는 끊임없이 적과 싸우면서 적을 닮아가는 길밖에 없다. 이미지 존재론 속에서 우리는 비로소 삶의 생산성과 창조성을 사유할 수 있을 것이다. 이미지 존재론은 근대성에 갇혀 있는 우리의 눈과 우리의 두뇌와 우리의 몸을 근대성과 다른 언어와 다른 논리와 다른 사유의 눈과 두뇌와 몸으로 바꿀 것이다. 그러한 사건은 지금 이 시간에도 영화관에서 끊임없이 생성되고 있다.

영화를 통한, 영화에 대한, 그리고 영화의 사유에 대한 편린들을 하나의 책으로 출판하면서 가장 눈에 선한 것은 동국대 영문과에 개설되어 있는 '영화 속의 문학' 강좌를 수강했던 학생들이다. 낭만적인 강좌제목 때문에 속아서 강의를 들었다고 불평하면서도 항상 새로운 영감을 불러일으키는 학생들의 눈들이 보여주는, 마치 카메라의 눈과 같은 반짝거림이 눈에 선하다. 그들과 더불어 이 책을 꼼꼼하게 읽고 평을 해준 탈근대적 사유의 동반자인 동국대 영문과 대학원에서 함께 공부하고 있는 정기석 선생과 이정우 선생 등 여러 친구들, 항상 나의 글쓰기를 독려해 준 당대출판사의 심영관 선생에게 이 자리를 빌려 감사의 마음을 전한다. 그들이 있기 때문에, 그리고 새로운 영화들이 영화관에 등장하고 새로운 탈근대의 영화감독들이 영화관객들에게 나타나는 한, 영화와 몸 이미지에 대한 사유의 철학극장은 끊임없이 지속될 것이다. 이 책을 읽는 독자들의 무한한 질타를 기다리면서 나의 글로부터 탈영토화하기 위하여 잠시 휴식을 취한다.

2010년 8월 1일

남산 목멱골 연구실에서

차 례

# 영화의 혁명 | I |

01 제임스 카메론 감독의 〈아바타〉: 나의 아바타와 그들의 아바타

# 01 제임스 카메론 감독의 〈아바타〉
## : 나의 아바타와 그들의 아바타

### 1) 영화기술의 생태학적 배치

영화 〈아바타〉는 하나의 준비된 혁명이다. 나는 영화관에서 〈아바타〉를 보고 자리에서 일어나 영화관을 나오면서, 제임스 카메론(James Francis Cameron) 감독의 〈아바타〉는 영화에 대한 사랑이 매우 오랫동안 준비되어서 이룩한 영화의 위대한 혁명이라는 중얼거림을 되뇌었다. 지난 학기말의 분주함, 영화를 볼 수 없었던 한 달 동안의 케이프타운 여행 그리고 미국 할리우드 영화에 대한 식상함이 대한민국 1천만 관객의 돌파 이후에야 비로소 〈아바타〉를 보기 위하여 영화관에 발을 디디도록 만들었음에도 불구하고 영화를 보는 내내 콩닥거리던 나의 가슴은 영화관 바깥으로 나온 뒤에도 쉽사리 진정되지 않았다. 물론 한 달 동안의 외도기간에도 나는 남아프리카 케이프타운의 영화관 주변을 기웃거리며 영화를 생각했었고, 미국 할리우드 영화에 대한 식상함도 영화기술의 발전이 할리우드 영화를 변화시킬 것이라는 막연한 기대를 포함한 것이었다. 영화에 대한 이런 생각과 할리우드 영화에 대한 기대를 제임스 카메론 감독의 〈아바타〉는 충족시켜 주고도 남음이 있었다.[1] 그러나 그 충만함은 3D컴퓨터그래픽 영화의 기술적인 측면이 제공하는 감각적 예민함만도 아니거니와 근대 문학비평가들이 이야기하는 영화서사의 탁월함도 아니며, '판도라 행성'의 신비한 생태주의적 세계의 생생함만도 아니다. 〈아바타〉가 제공한 영화보기의 충만함은 질 들뢰즈가 『영화 1』(*Cinema 1*)과 『영화 2』(*Cinema 2*)에서 이야기하는 영화의 탄생 이후에 영화로 사유할 수 있는 모든 것들을 종합하는 사유와 느낌의 감동이다. 그래서 나는 감히 〈아바타〉가 제공한 그 감동을 영화의 혁명이라고 부르고 싶은 것이다.

영화의 혁명은 영화에 대한 사랑이라는 말과 마찬가지로 어느 날 갑자기 하늘에서 뚝 떨어지는 그런 종류의 잘못된 유토피아적 혁명을 이야기하는 것이 아니다. 영화의 혁명은 1895년에 일어난 영화의 탄생이라는 사건 이후에 만들어진 모든 영화에 대한 사랑처럼 오랫동안 준비되고, 영화에 대한 사랑과 마찬가지로 영화의 혁명을 할 수 있는 기술적 준비가 완벽하게 이루어진 다음에야 비로소 어느 날 갑자기 하나의 또 다른 사건으로 이루어지는 것이다. 또한 영화의 혁명은 영화에 대한 사랑과 마찬가지로 우리가 인간, 남성, 국가, 문명, 발전, 진보 등등의 이름을 가진 인간으로 교육되고 길들여지면서 사유하고 느끼는 동안 인간 본연의 생명체로 자연과 사회를 구성하는 수없이 많은 생명기계의 하나로 존재하는 우리 자신들에 관한 잃어버린 것들을 사유하고 느끼는 과정이다. 그 잃어버린 것들을 찾으려는 마음과 그것들을 찾기 위해 갈등하고 투쟁하고 준비하는 과정은 영화의 역사만큼이나 참으로 험난하고 긴 여정이었다. 그래서 혁명은 사랑과 마찬가지로 그 혁명이 이루어지는 시간을 참고 또 참으면서 기다려야만 한다. 그 기다림의 어느 순간에 우리는 그 혁명과 사랑이 이루어지는 하나의 사건을 목도하게 되는 것이다. 그런 의미에서 영화 〈아바타〉는 "1977년, 제임스 카메론 감독이 〈스타워즈〉를 본 순간 시작되었다"고 그의 제작노트는 쓰고 있다. 이 순간부터 제임스 카메론은 〈아바타〉를 만들 수 있는 영화제작 기술의 완성을 기다렸고, 그 영화제작 기술과 카메라의 시선을 올바로 배치하기 위하여 〈에일리언〉 〈터미네이터〉 그리고 〈트루 라이즈〉 등을 만들면서 〈아바타〉를 준비하였다고 한다. 제임스 카메론의 영화에 대한 사랑이, 영화의 혁명이라고 말할 수 있는 영화 〈아바타〉를 만들기 위하여 30여 년을 기다렸다는 것이다.

〈아바타〉가 영화제작 기술의 완성을 기다렸고, 제임스 카메론 감독이 여러 영화들을 만들면서 〈아바타〉의 서사를 준비했다는 것은 〈아바타〉의 혁명적 내용이 이미 제임스 카메론 감독의 지난 영화들뿐 아니라 대한민국을 비롯한 다른 나라들의 다른 영화감독의 영화들에 이미 포함되어 있다는 것을 의미한다. 이른바 3D라는 컴퓨터 기술이 지닌 감각의 '놀라운 현실감'은 이미 포르노그래피를 포함하여 B급 애정영화들의 스크린이미지에 존재했던 것이며, 영화에 등장하는 '판도라 행성'의 생태주의적 세계의 구성이나 암시는 〈아웃 오브 아프리카〉로부터 시작하여 〈늑대와 춤을〉로 이어지는 아프리카 밀림이나 아메리카 인디언의 세계를 보여주는 영화들 속에 이미 존재했고, 영화의 서사가 제공하는 지구의 종말과 생태주의적 세계의 추구는 미야자키 하야오의 〈바람계곡의 나우시카〉 같은 애니메이션의 영화적 상상의 세계에 이미 존재하고 있었다. 그럼에도 불구하고 〈아바타〉를 영화의 혁명이라고 말하는 것은, 감각을 감각 그 자체로 인식하지 못하고 근대적 이성의 대상으로 추락시켜서 자본주의 영화산업 시장이 포르노그래피를 포함하여 B급 애정영화들을 이용해서 만든 저급한 감각의 충동이미지라든가, 서구의 유럽이나 미국 근대적 문명주의 시각으로 제공된 야만적인 아프리카 밀림이나 아메리카 아마존 세계 그리고 미야자키 하야오의 애니메이션이나 생태주의적 경각심을 불러일으키는 SF영화들을 황당한 유토피아적 상상력이라고 치부하는 근대적 문학비평의 관습으로부터 영화 〈아바타〉는 벗어나 있기 때문이다.

〈아바타〉가 만든 영화의 혁명은 이른바 '3D'라는 컴퓨터그래픽 기술이 지닌 감각의 '놀라운 현실감'이 진짜와 가짜 혹은 현실과 가상현실이라는 이분법을 뛰어넘는다. 영화 〈아바타〉는 이미지의 생명성이 영화예술의 본질이라는 것을 보여줌으로 말미암아 지금까지 영화를 스크린이미지의 리얼리티, 영화를 이끌어가는 서사의 내용 혹은 영화적 상상력의 역사적 구체성 등으로 분리해서 인식하는 근대의 계몽주의적 문학비평의 습관에서 벗어나 있다. 그래서 영화 〈아바타〉는 스크린이미지의 감각적 특질과 삶의 리얼리티 그리고 영화의 역사적 상상력을 영화의 스크린이미지가 제공하는 감각의 살아 있는 운동이미지와 시간이미지의 종합으로 바라볼 수 있는 실례를 제공한다. 이러한 영화의 스크린이미지가 제공하는 감각의 살아 있는 운동이미지와 시간이미지의 종합적 사유방식은 질 들뢰즈의 『영화 1』과 『영화 2』를 구성하고 있는 핵심적 본질이다. 물론 들뢰즈가 말하는 것처럼 영화의 등장 이래 모든 영화들에는 감각의 살아 있는 운동이미지가 존재하며, 모든 영화에는 이미지의 변화와 차이를 제공하는 시간이미지가 존재한다. 그러나 〈아바타〉는 예전의 영화들과 달리 영화의 스크린이미지가 제공하는 감각의 살아 있는 운동이미지가 어느 하나를 강조하는 것이 아니라 로맨스와 역사와 사회와 상상력 등 인간을 구성하는 모든 감각의 살아 있는 운동이미지를 종합하고 있으며, 시간이미지 또한 과거에서 현재로 혹은 현재에서 미래로의 거대한 시간이미지의 형식적 틀이 아니라 우리가 매일 잠에서 깨어나 새로운 하루를 맞이하듯이 영화적 현재 속에 인류의 과거와 미래가 모두 내포되어 있기 때문에 영화 스크린이미지의 매순간 시간이미지의 변화와 차이를 만들어낸다.

영화 〈아바타〉가 달성한, 들뢰즈가 이야기하는 감각의 살아 있는 운동이미지와 시간이미지의 종합은 다름이 아니라 3D라는 영화기술의 영화적 배치에서 비롯된다. 문학에서 인쇄기술이 등장하면서 언어의 운문적 배치가 아닌 산문적 배치를 형성하여 '소설의 탄생'을 가져온 것과 마찬가지로, 영화에서 컴퓨터그래픽 기술이 등장함에 따라 영화 스크린의 문학적 배치가 아니라 스크린이미지의 영화적 배치를 형성하여 〈아바타〉와 같은 '혁명적 영화의 탄생'이 이루어진 것이다. 자크 라캉(Jacques Lacan)이 "무의식은 언어처럼 구조화되어 있다"고 말한 것처럼, 인간과 세계의 이미지를 제공하는 언어이미지의 운문적 배치는 인간의 삶을 구성하고 있는 무의식을 시적 언어의 이미지로 구조화시켰다. 그리고 인쇄기술이 등장하여 만들어진 언어이미지의 산문적 배치는 인간의 삶을 형성하고 세계를 상상하는 무의식을 소설적 언어의 이미지로 구조화시켰다. 이와 마찬가지로 영화기술의 등장에 따른 사진이미지의 영화적 배치는 존재이미지의 관계적 생명성과 자연의 우주에 대한 사유의 이미지를 모든 존재의 무의식으로 구조화시켰다. 우리는 영화의 등장과 함께 라캉의 "무의식은 언어처럼 구조화되어 있다"는 말을 들뢰즈의 인식으로 "무의식은 이미지처럼 구조화되어 있다"라고 바꾸어서 사유할 수 있다. 라캉이 말하는 '언어'는 곧 기호이미지이고, 들뢰즈의 '이미지'는 곧 존재의 생명이미지이다. 시와 소설은 기호이미지로 배치되기 때문에 소설은 그 이전에 존재하던 시와 드라마의 종합이듯이, 이미지의 생태학적 배치인 영화는 영화의 등장 이전에 존재하던 시와 소설을 포함한 문학과 미술과 음악의 종합이다. 따라서 〈아바타〉가 달성한 혁명은 스크린이미지가 제공하는 영화기술의 생태학적 배치에 의한 인간 사유체계의 혁명이다.

### 2) 〈아바타〉의 생명기계와 지구촌세계의 역사적 상상력

"아바타"라는 제목이 암시하는 바와 같이 영화 〈아바타〉는 컴퓨터 인터넷과 그래픽 기술, 3D기술의 합작인 영화 스크린이미지가 하나의 거대한 기계적 작동이라는 것을 보여준다. 이 영화기계는 마치 인간의 눈 기계가 이미지를 관찰하여 두뇌 기계에 이미지를 저장하는 것처럼, 영화관의 스크린에 빛을 투사하여 카메라 기계에 저장되어 있는 이미지들을 보여준다. 인간의 두뇌에 저장된 이미지는 그 이미지에 대한 두뇌의 판단에 따라 몸이 그 이미지에 반응한다. 이미지에 대한 인간의 의식이 이미지에 대한 몸의 반응을 결정하는 것이다. 이러한 이미지에 대한 인식과 판단과 반응은 기계적이다. 눈에서 두뇌로, 그리고 두뇌에서 몸으로 연결되는 이미지의 연결망처럼 영화기계인 카메라의 눈으로부터 영화기계인 두뇌의 스크린에 저장된 이미지로, 그리고 영화감독에 의한 스크린의 판단으로부터 관객이라는 영화기계의 몸으로 이동하는 모든 이미지는 기계에 대한 이미지의 인식과 판단과 반응이다. 영화 〈아바타〉는 이 기계에 대한 인식과 판단과 반응이라는 이미지의 작동방식을 제이크 설리(샘 워딩튼 분)의 눈과 두뇌와 몸이라는 '아바타'로 명명한다. 인간의 삶의 작동방식도 '아바타'이다. 인터넷의 아바타는 나와 인터넷 네트워크가 결합되어 만든 나의 이미지가 작동하는 방식이다. 마찬가지로 〈아바타〉에 등장하는 "아바타는 인간과 판도라 행성의 토착민 나비족(Na' vi)의 DNA를 결합해서 만든 새로운 하이브리드 생명체"의 작동방식이다. 서로 "연결된 기계(링크 머신)를 통해 인간의 의식으로부터 아바타 몸을 원격조종할 수 있는" 아바타의 작동방식은 곧 인간이라는 생명기계의 작동방식을 보여준다.

인간을 포함한 모든 생명기계의 작동은 그 기계를 구성하고 있는 몸에 대한 인식에서 출발한다. 새롭게 탄생한 아바타, 제이크 설리가 "와우!" 하고 소리를 지르면서 판도라 행성에 있는 지구 캠프를 이리저리 뛰어다니고, 그레이스 어거스틴 박사(시고니 위버 분)가 이리저리 뛰어다니며 자신의 몸을 새롭게 인식하는 제이크 설리를 엄마처럼 돌보는 이미지는 바로 하나의 생명기계가 몸의 작동방식을 인식하면서 하나의 인간기계가 되는 과정을 이야기한다. 물론 제이크 설리는 그레이스 어거스틴 박사의 아이도 아니고 그레이스 어거스틴 박사 또한 제이크 설리의 엄마가 아니다. 둘의 관계는 각각 다른 몸을 지닌 서로 다른 생명기계의 일 대 일 관계이다. 문제는 그레이스 어거스틴 박사나 다른 아바타들은 다른 생명의 이미지들을 포착하여 두뇌에 전달하고 몸에서 반응하는, 오늘날 존재하는 인간기계의 작동방식, 즉 과학적 판단이라는 두뇌의 인식을 지니고 있는 데 반해, 제이크 설리는 과학이라는 인식적 판단에 문외한인 해병대 전사 출신의 몸 기계라는 것이다. 따라서 제이크 설리는 눈 기계를 통해서 인식하는 모든 생명기계의 이미지에 대한 근대적 선입견이나 과학적 이데올로기가 없기 때문에 두뇌로 전달된 이미지는 그의 몸으로 경험적 반응을 하고서야 비로소 그 생명이미지에 대한 지식을 형성한다. 제이크 설리가 경험적 반응을 통해 지식을 형성하는 과정은 과학자 그레이스 어거스틴 박사의 과학적 지식과 다르며, 또한 쿼리치 대령(스티븐 랭 분)의 제국주의 이데올로기의 지식이나 기업가 파커(지오바니 리비시 분)의 신자유주의 이데올로기의 지식과도 다르다.

제이크 설리가 몸의 경험적 반응을 통하여 형성하는 생명에 대한 지식을 토대로 한 '판도라 행성'의 세계와 나비족의 이미지들은 판도라 행성과 나비족에 대한 관객들의 개념적 지식을 형성한다. 이 개념적 지식은 그레이스 어거스틴 박사의 새로운 생태학적 과학의 지식과는 그리 충돌하지 않지만, 쿼리치 대령 같은 제국주의 이데올로기 지식이나 파커 같은 신자유주의 이데올로기 지식과는 크게 충돌할 수 있다. 그 충돌방식은 영화는 영화일 뿐이야 한다거나 과거의 할리우드영화들처럼 영화 〈아바타〉를 황당무계한 SF영화로 치부하는 것이다. 그러나 영화기계는 생명기계의 작동방식을 보여주는 몸과 세계의 생태학적 작동방식이고, 〈아바타〉가 과거의 할리우드 SF영화가 보여주는 황당무계한 선악의 이분법이나 제국주의적 백인 중심주의를 생태학적 생명의 관계로 넘어섰다는 점에서 제국주의 이데올로기나 신자유주의 이데올로기 지식을 가진 관객들조차도 〈아바타〉가 제공하는 '판도라 행성'과 '나비족'에 대한 영화적 경험의 개념적 지식에서 벗어날 수 없다. 그래서 영화 〈아바타〉가 작동하는 영화기계의 몸을 구성하는 관객들은 '판도라' 행성이나 나비족이 지니는 생태적 세계의 이미지를 보면서 18세기나 19세기의 아프리카와 아메리카, 오늘날의 이라크와 아프가니스탄을 상상하거나 혹은 나비족의 삶의 방식들에 대한 이미지를 보면서 그 옛날 아메리카 인디언이나 아프리카 흑인 혹은 오늘날의 이라크와 아프가니스탄 사람들의 이미지를 상상한다. 영화 〈아바타〉가 만드는 미래의 가상적 역사를 통하여 인류가 만든 과거와 현재의 실제적 역사를 추론하는 것이다.

영화 〈아바타〉가 제공하는 경험이 이처럼 아주 강렬한 이유는, 3D영화기술이 제공하는 스크린이미지의 리얼리티가 모든 것을 새롭게 경험하는 제이크 설리와 마찬가지로 영화관객들로 하여금 생명기계의 이미지 작동방식을 생생하게 경험하도록 만들기 때문이다. 그 경험은 하나의 아바타가 태어나서 하나의 의식의 영토를 형성하였다가 또 다른 관계의 경험을 통해 그 의식으로부터 탈영토화하여 또 다른 의식으로 재영토화하는 이미지로 존재하는 생명기계의 존재양식이다. 시험관에 있는 아바타는 인간과 나비족의 DNA를 가지고 있는 하나의 생명기계이다. 제이크 설리가 시험관 속에 있는 아바타를 처음 보는 순간처럼, 우리 모두 그렇게 어머니의 자궁이라는 하나의 시험관 속에서 하나의 생명기계로 탄생했다. 하나의 생명기계로 존재하는 아바타에게 제이크 설리의 의식이 들어가면서 하나의 생명기계는 비로소 제이크 설리의 아바타가 된다. 그러나 오늘날 서구·백인·남성 중심주의 세계에 살고 있는 수많은 근대인들처럼 '판도라 행성'이라는 낯선 세계에서 제이크 설리의 의식은 그의 아바타와 분리되어 있다. 인간이 지배하고 있는 영토에서 제이크 설리는 하반신 불구의 인간이라는 의식으로 존재하고, 판도라 행성에 있는 나비족의 영토에서 제이크 설리는 인간이라는 의식이 전혀 필요치 않은 아바타라는 몸으로 존재한다. 이 아바타가 자신의 이름이 '제이크 설리'라고 고백하고, 그의 아바타를 제이크 설리라고 부르는 최초의 존재는 나비족의 여전사 네이티리(조 샐다나 분)이다. 네이티리와의 관계에서 제이크 설리는 비로소 몸과 의식의 일치를 경험한다. 몸의 경험을 통해 새로운 판단의 지식을 형성하는 것이다. 그 지식이 완성되었을 때, 즉 의식과 몸이 완전히 일치되었을 때 제이크 설리는 네이티리의 남자가 된다. 그리고 네이티리는 비로소 나비족의 어떤 생명체가 아니라 관객들에게 아주 익숙한 이미지의 제이크 설리의 여자가 된다. 이러한 사실은 어떤 생물학적인 존재가 인간과 같은 어떤 생물체가 된다는 것은 몸이라는 이미지를 통해 몸과 의식이 일치되는 것을 의미하며, 인간이라는 존재가 무리를 구성하여 사회적으로 남자나 여자가 된다는 것은 '일 대 일'이라는 두 존재 이미지가 서로서로 대상을 나의 남자 혹은 나의 여자라고 규정하면서 시작되는 것을 의미한다.

이처럼 영화 〈아바타〉는 인간을 포함한 모든 존재의 생명체가 어떻게 존재하고, 또 다른 존재와 관계를 맺으면서 어떻게 차이를 만들며 변화하는지를 잘 보여준다. 더더욱 영화 〈아바타〉는 아바타나 인간이 존재하고 차이를 만들면서 변화하는 과정이, 우리가 흔히 비생명체라고 부르는 기계가 존재하고 또 다른 기계와 관계를 맺으면서 만드는 차이와 변화의 생성과 동일하다는 것을 보여준다. 따라서 영화 〈아바타〉에 등장하는 영화이미지들은 제이크 설리나 그레이스 어거스틴 박사와 같은 지구인, 네이티리와 같은 나비족 그리고 판도라 행성에 살고 있는 다이어호스나 이크란, 그레이트 리오넵테릭스 등과 같은 수많은 동식물들의 생명기계들과 컴퓨터처럼 지구인들이 판도라 행성의 나비족을 공격하기 위해 개발한 수많은 전쟁용 기계들의 존재기계들로 구성되어 있다. 존재기계들과 생명기계들은 그 기계를 구성하고 있는 몸의 감각을 지니고 있느냐 없느냐의 차이만 있을 뿐, 기계와 기계의 관계에 의해서 그 존재의 의미와 생명의 의미를 지닌 관계적 존재라는 공통성을 가진다. 이러한 관계적 존재의 공통성은 단지 개체적인 생명기계와 존재기계에 한정되어 있는 것은 아니다. 영화 〈아바타〉의 기본 줄거리를 구성하는 지구와 판도라 행성의 관계도 동일하다. 지구라는 행성기계와 판도라라는 행성기계는 영화이미지들로 존재하는 수많은 생명기계와 존재기계들처럼 우주의 수많은 행성을 구성하는 수많은 행성기계들 중의 하나이다. 따라서 〈아바타〉의 영화관객들은 제이크 설리의 의식과 아바타의 몸이 맺는 상호관계에서 생명기계의 작동방식을 유추할 수 있는 것처럼, 지구와 판도라의 상호관계에서 오늘날의 지구라는 행성기계가 존재하는 작동방식을 유추할 수 있다.

영화 〈아바타〉에 등장하는 판도라 행성은 생태계가 완전히 파괴된 오늘날(혹은 미래)의 지구가 필요로 하는 "대체자원 언옵티늄의 최대 매장지"이다. 이 '대체자원 언옵티늄'은 지금은 지구에서 사라졌거나 사라지고 있는 아마존이나 아프리카의 열대우림 같은 거대한 자연의 생명기계가 "인간의 두뇌보다 몇백 배 더 복잡한 연결회로망으로 상호 연결되어" 있기 때문에 만들어지는 자원이다. 그리고 판도라의 "식물과 동물이 뿜어내는 발광물질의 눈부신 아름다움"은 미야자키 하야오 감독의 〈이웃집 토토로〉처럼 이 지구가 인공의 형광물질로 빛을 만들어내기 이전에 존재했던, 그리고 현재도 일부 존재하고 있는 자연의 아름다움이다.

따라서 영화 〈아바타〉는 인간이라는 생명기계의 자기정체성을 오늘날의 근대인을 형성하는 의식의 자기정체성이 아니라 '판도라' 행성에 살고 있는 나비족처럼 몸의 자기정체성으로 인식하도록 요구하는 것처럼, 혹은 하반신 불수의 제이크 설리가 자본을 토대로 한 기업이나 국가의 대리인으로 존재하는 것이 아니라 온전한 몸을 지닌 제이크 설리의 아바타처럼 자연이나 생명의 대리인으로 사유하도록 요구하고 있는 것처럼, 오늘날의 지구를 자본을 토대로 한 교회나 국가 혹은 기업으로 인식하지 말고 우리가 숨을 쉬고 먹고 살며 수많은 관계를 맺는 자연이나 생명의 대지로 인식할 것을 요구한다. 이러한 인식 속에서 영화에 등장하는 나비족은 지금은 사라졌거나 혹은 아메리카 대륙의 소수자로 살고 있는 아메리카 인디언들의 한 종족이며, 유럽인들이 아프리카를 식민화하기 이전에는 1만 개 이상이었던 언어 종족들이 오늘날 3천 개 정도의 언어 종족들로 축소된 수많은 아프리카 종족들 중의 한 종족의 이미지이고, 지금도 어디에서 날아오는지도 모르는 포탄들로 잿더미가 된 마을에서 울고 불며 어쩔 줄 몰라 하는 아프가니스탄과 이라크에 살고 있는 어느 한 종족의 이미지이기도 하다.

제이크 설리가 판도라 행성의 지구인 기지에 도착하면서 하는 말처럼,

오늘날 다국적기업이 자본의 축적을 위해 행하는 판도라 행성의 자연과 나비족의 무차별적인 파괴는 과거나 현재에 '자유'라는 이름으로 행해지고 있거나 행해졌고, 그 이전에는 '문명'이나 '기독교의 신'이라는 이름으로 행해졌다. 그러나 '자유'라는 이름으로 행해졌거나 행해지고 있는 오늘날의 이라크전쟁이나 아프가니스탄전쟁 혹은 그 이전의 베트남전쟁이나 한국전쟁은 석유와 가스 혹은 미국의 자본주의 시장을 확대하기 위한 전쟁이었고, '문명'이나 '기독교의 신'이라는 이름으로 자행된 16세기 스페인과 포르투갈의 아메리카 침략과 18~19세기 영국과 프랑스의 아프리카 침략은 영화 〈아바타〉에서 이야기하는 자본축적의 수단인 '대체자원 언옵타늄'이 그 당시 자본축적의 수단이었던 금과 다이아몬드를 채굴하기 위한 수단이었다. 그러므로 영화 〈아바타〉의 말미에서 나비족과 함께 지구인들의 침략에 저항하는 바이퍼 울프와 해머헤드 그리고 태나토어 등은 서구인의 아메리카와 아프리카와 아시아의 침략과 더불어 멸종되었거나 멸종위기에 놓인 호랑이와 코끼리 혹은 사자와 코뿔소, 얼룩말 등의 이미지들이다. 그리고 무엇보다도 영화 〈아바타〉가 만들고 있는 영화이미지의 절정은 여성성과 남성성을 모두 갖춘 네이티리를 비롯한 나비족의 삶의 방식이 제공하는 그들의 이미지가 이미 소멸되었거나 소멸되어 가고 있는 아메리칸 인디언의 이미지이고, 역사적으로 확대해서 그 이미지는 오늘날에도 존재하는 아프리카 흑인들의 이미지이며 몽골의 초원이나 아마존의 밀림에 있는 유목민들의 이미지라는 것이다.

영화 〈아바타〉가 '아바타'와 '나비족'이라는 낯선 이미지들을 통해서 지난 500년에 걸쳐 이루어진 서구 근대화의 역사를 침략의 역사가 아닌 저항의 역사, 문명의 역사가 아닌 자연의 역사, 자본의 역사가 아닌 생명의 역사로 인식하여 지구촌의 과거를 되돌아보도록 만드는 근본적인 이유는 영화 〈아바타〉에는 국가가 아니라 개인이 등장하기 때문이다. 흔히 후기(혹은 말기)근대라고 일컬어지고 있는 오늘날의 신자유주의 세계에서 핵심 근대나 초기근대의 국가는 기업으로 대체되고, 국가주의나 가족주의 이데올로기로 개인의 자율성을 억압하였던 국가와 개인의 관계는 자본주의 본연의 색채를 그대로 드러내는 자본을 매개로 해서 기업과 개인의 관계로 대체되고 있다. 기업은 영화 〈아바타〉에 등장하는 제이크 설리와 아바타 프로젝트 기업의 관계처럼 자본을 통해 제이크 설리라는 개인을 억압하고 통제한다. 그 억압과 통제의 방식은 과거 국가의 억압과 통제의 방식과 다르면서도 그 농도를 더욱 강화시킨다. 그러나 자본주의 이데올로기를 통한 자본의 추구는 기업과 개인이 다르다. 기업의 자본 추구는 개인에 대한 억압과 통제로써 국가의 지배를 더욱 공고히 하는 것인 데 반해 개인의 자본 추구는 개인의 자율성을 회복하고 자유의 삶을 더욱 풍요롭게 하기 위한 것이다. 영화 〈아바타〉의 말미에서 제이크 설리뿐 아니라 그레이스 어거스틴 박사, 노엄(조엘 무어 분), 트루디(미셸 로드리게즈 분)가 기업의 폭력에 저항하여 나비족 편에 서서 싸우는 것은 근대국가의 영웅주의가 아니라 오늘날의 개개인들이 자본을 추구하는 궁극적인 목적이라 할 수 있는 개인의 자율성을 회복하고 자유의 삶을 더욱 풍요롭게 하기 위한 마지막 선택이라고 볼 수 있다.

영화 〈아바타〉에서 "대체자원 언옵티늄의 최대 매장지" 판도라 행성의 발견처럼 '신대륙 발견'과 아프리카 남단의 '희망봉 발견'이라는 이름으로 행해진 아메리카와 아프리카·아시아에 대한 침략의 역사에서 개인의 자율성을 회복하고 자유의 삶을 더욱 풍요롭게 하기 위한 마지막 선택을 한 개인들은 셀 수 없이 많다. 그들은 오늘날 원주민이라는 이름이 아니라 남아프리카의 아프리카너(Afrikaner) 그리고 중남미의 크레올(creole)이라는 이름으로 존재하고 있다. 이들 아프리카너와 크레올의 역사는 '계몽' 혹은 '문명'을 내세워 아프리카와 아메리카 원주민들에게 무참하게 폭력을 가하는 교회와 국가와 기업에 저항하여 자발적으로 아프리카와 아메리카의 원주민이 되고자 한 사람들의 역사이다. 지난 500년에 걸친 근대 기독교의 역사, 서구 국민국가의 역사, 자본가 기업의 역사는 아프리카너와 크레올을 기독교의 이단아 혹은 국민국가의 반역자 혹은 자본가 기업의 배반자라 하여 그들의 역사에서 지워버렸지만, 아프리카와 아메리카의 역사를 다루는 근대문학은 아프리카인이 되고자 한 '아프리카너'의 역사, 아메리카인이 되고자 한 '크레올'의 역사라는 것이 너무나도 자명하다. 그래서 서구 식민지에서 벗어난 오늘날의 아프리카에는 아프리카너와 아프리카 원주민만이 존재하고, 오늘날의 아메리카에는 아메리카 크레올과 아메리카 원주민만이 존재한다. 유일하게 이들로부터 벗어나 있는 사람들은 스스로 '백인 앵글로-색슨 기독교인'(WASP)이라고 믿고 있는 미국의 백인 우월주의 제국주의자들뿐이다. 그래서 영화 〈아바타〉는 스스로 순수한 서구 백인이라고 믿는 다수의 미국 백인들을 향해, 영화에 등장하는 제이크 설리처럼 서구 백인의 후예라는 낡은 자아를 버리고 아메리카인이라는 자신의 새로운 아바타를 받아들이라고 말한다.

### 3) 동아시아 한반도의 영화 〈아바타〉

영화 〈아바타〉가 미국 할리우드에서 일으키는 영화의 혁명이 그리 새삼스러운 것은 아니다. 이러한 영화혁명은 1948년 무렵의 이탈리아, 1958년 무렵의 프랑스 그리고 1968년 무렵의 독일에서 이미 일어났다고 질 들뢰즈는 말한다.

또 이것은 1998년 무렵의 대한민국에서도 일어나 지금까지 이어지고 있다. 박찬욱 감독과 봉준호 감독을 필두로 한 새로운 영화감독들의 영화들은 이전 영화들과 달리 스크린의 생생한 감각이미지와 시간이미지의 종합을 통해 종교나 국가나 기업으로 사유하지 말고 개개인의 자유로운 생태적 삶으로 사유하고 실천하도록 한다. 그럼에도 불구하고 유럽이나 아메리카 혹은 아프리카의 근대성과 달리 역사적으로 짧은 서구 근대화과정에서 만들어진 대한민국의 기독교주의와 국민국가주의 그리고 기업 중심의 신자유주의가 서로 결합된 식민지적 근대성의 지식체계는 영화 〈아바타〉와 같은 로망스와 애니메이션과 다큐멘터리, 액션, SF 등의 혼합장르 영화를 근대 장르영화의 단일 서사로 읽는다거나, 영화 스크린 바깥을 지배하고 있는 종교나 국가 혹은 자본주의 기업의 천박한 현실주의에 입각하여 영화를 해석한다거나 또는 포르노그래피처럼 과거 할리우드영화의 허구적 상상력을 바탕으로 한 일시적 오락물의 상품으로 치부한다.

이런 측면에서 영화 〈아바타〉가 그 주요 관객이라고 할 수 있는 오늘날의 미국인들에게 제공하는 나의 아바타와 그들의 아바타를 동아시아 한반도의 삶 속에서 의미하는 나의 아바타와 그들의 아바타가 무엇인가라는 식으로 살펴보는 것은 동아시아의 한반도에 있는 한국의 관객들에게 너무나도 당연한 질문이라 하겠다.

현재 인터넷 가상공간에서 자신을 표현하는 사이버 인물로서의 '아바타'는 "산스크리트 '아바따라'(avataara)에서 유래한 말로, 아바따라는 '내려오다'라는 뜻을 지닌 동사 '아바뜨르'(ava-tr)의 명사형으로 신이 지상에 강림함 또는 지상에 강림한 신의 화신을 뜻한다"(인터넷 백과사전 『위키백과』). 즉 근대 이전의 산업화와 도시화 그리고 서구 문명화가 되기 전의 사람들은 물리적으로 현재 존재하는 '나'의 또 다른 정신적 가상공간의 '화신'(化神)을 나의 '아바타'로 사유한 것이다. 그러나 근대화 덕분으로 오늘날 정신적으로 현존하는 사람들은 인터넷의 물리적 가상공간에서 정신적인 '나'의 물리적 화신을 사유한다. 근대 이전과 근대 이후의 이러한 상반된 '나'와 나의 '아바타'에 대한 사유체계는 우리의 삶의 조건이 물리적이고 자연적인 삶에 근거를 두고 있느냐, 아니면 정신적이고 인위적인 삶에 근거를 두고 있느냐의 차이일 수도 있지만, 두 개의 서로 다른 사유체계의 근본적인 동일성은 과거든 현재든 인간적 삶의 추구는 정신과 몸, 몸과 정신이 하나로 통합되는 것이라는 데 있다. 더더욱 영화 〈아바타〉에서 판도라 행성의 대지에 살고 있는 아바타 제이크 설리가 궁극적으로 하반신 불수의 정신적 세계로 존재하던 지구인 제이크 설리의 의식적 세계에서 벗어나 나비족의 몸과 마음이 일치되는 판도라 행성인 제이크 설리로 다시 태어난다는 것은 몸과 정신의 일치가 자신이 살고 있는 지역의 대지와 하나가 됨을 의미한다. 그렇기 때문에 영화 〈아바타〉는 미국이나 여타 지역들의 관객들뿐 아니라 동아시아의 한반도에 살고 있는 우리에게도 나의 '아바타'와 그들의 '아바타'가 무엇인가를 사유하게 만든다.

자연적이고 물리적인 과거의 삶의 습관에서 크게 벗어나지 않았던 지난 근대화과정에서 우리는 영화 〈아바타〉에 등장하는 나비족처럼 마을 입구에 있는 서낭당 나무나 절골 등의 신성한 지역에서 나와 우리의 '아바타'를 정신적 그 무엇의 화신으로 사유하고 실천하였다. 이러한 전근대적 사유방식은 근대화과정에서 등장한 유럽이나 미국을 '서방정토'의 현실적 재현이라고 믿으면서 나와 우리의 아바타로 존재하는 유럽인이나 미국인이 되기 위해 동아시아의 한반도에 살고 있는 우리 자신의 몸과 대지를 등한시하면서 그들의 정신과 이상을 추구하였다. 그 결과 우리는 영화 〈아바타〉를 보며 즐기는 것처럼 물리적이고 자연적인 삶에서 벗어나 정신적이고 이상적인 삶에 취해서 제이크 설리의 나비족 되기와 같은 미국 백인의 아메리카 인디언 되기나 아메리카 크레올 되기를 감동적인 생명성의 인식으로 바라본다. 그러나 우리가 영화 〈아바타〉의 미국 관객처럼 아메리카 인디언 되기나 아메리카 크레올 되기는 근대화과정의 서로 다른 역사적 시간성과 아메리카 대륙의 미국과 동아시아의 한반도라는 현재적 존재의 지리적 공간성의 차이 때문에 불가능하다.

문제는, 유럽이나 미국과 컴퓨터 인터넷과 과학기술의 발달을 공유하면서 자연적이거나 물리적인 삶에서 벗어나 있는 우리가 우리의 아바타를 과거의 관습에서 이어져 오는 정신적 화신에서 벗어나 그들과 마찬가지로 우리가 진정으로 필요로 하는 물리적이고 자연적인 화신의 아바타로 대체하는 것이다. 그리고 영화 〈아바타〉처럼 현존하는 나의 아바타와 그들의 아바타를 자연적이고 물리적인 화신의 아바타로 사유하는 것은 아메리카 백인과 아메리카 인디언이 공유하고 있는 역사적 시간성과 지리적 공간성을 공유하고 있는 동아시아 한반도의 '지구인'과 '나비족'이 누구인가를 살피는 일일 것이다.

지구인 제이크 설리의 아바타와 동일한 "파란 피부, 3미터가 넘는 신장, 뾰족한 귀 그리고 긴 꼬리"를 가진 나비족은 과거 근대화과정 동안 미국의 백인들이 학살하고 멸종시킨 아메리카 인디언들의 이미지이고, 확대해서 영국과 프랑스를 비롯한 유럽이 아프리카를 식민지화하면서 학살하고 멸종시킨 아프리카 흑인들의 이미지이며, 오늘날 석유와 가스를 독점하기 위해 '자유'라는 이름으로 학살하고 멸종시키려고 하는 이라크나 아프가니스탄 원주민의 이미지이기도 하다. 우리는 비록 과거 유럽이나 미국 백인들의 아메리카 인디언과 아프리카 흑인 학살과 멸종 사업에 참여하지는 않았지만, 오늘날 이라크나 아프가니스탄의 학살과 멸종 사업에는 제이크 설리와 마찬가지로 우리가 필요로 하는 돈을 벌기 위해 참여하고 있다. 더더욱 한반도 내부에서 우리는 미국으로 대변되는 쿼리치 대령이나 파커의 '아바타 프로젝트'에 참여하여 조선족이라고 불리는 한반도 북쪽에 위치한 한반도의 원주민들을 야만인 또는 외계인이라 부르면서 그들을 학살하고 멸종시키는 사업에 착수하고 있다. 이 와중에 제이크 설리처럼 나의 '아바타'가 무엇인가를 깨달으면서 미국인이나 일본인이라는 식민지인의 의식을 벗어버리고 한반도에 살고 있는 그들과 똑같은 '코리안'이 될 수 있는 금강산관광과 개성관광을 비롯한 민간교류마저도 완전히 끊겨 있는 상황이다. 현재의 이런 상황에서 영화 〈아바타〉는 나의 아바타가 바로 북한의 원주민들이고, 미국의 백인이나 유럽인들이 그들의 아바타라고 이야기하는 판도라 행성의 나비족이 바로 한반도의 우리 '코리안'족이라는 사실을 새롭게 각인시켜 준다.

[주]

1) 영화에 대한 이야기를 하면서 이처럼 개인적인 이야기를 쓰는 이유는 문학과 마찬가지로 영화나 영화이미지는 항상 영화를 보는 관객 각각의 개인적인 사건의 이미지들과 결합하여 제3의 이미지를 만든다는 것을 강조하기 위한 것이다. 들뢰즈의 영화이론이나 영화에 대한 사유는 이러한 제3의 이미지가 만들어지는 법칙에 관한 것이다.

# 영화의 탄생과 들뢰즈의 이미지 존재론 | Ⅱ |

# 01 영화의 탄생

전통적 의미의 문학에서 세계문학은 존재하지 않는다. 그러나 영화는 칼 마르크스가 근대의 극복과 더불어 등장하게 될 것이라고 한 '세계문학'[1]이라고 일컬을 수 있다. 서구 중심적인 근대의 소설이나 시 혹은 그림이나 음악과 달리 영화는 탄생부터 근대의 지역적·민족적 '일면성과 편협성'의 한계로부터 벗어나 있었다. 영화는 1895년 프랑스 파리에서 뤼미에르 형제(Lumiere, August and Louis)에 의해 최초로 상연되었다. 그러나 그 이듬해인 1896년 중국 상하이에서도 최초의 영화상영이 있었고, 1905년 베이징에서는 '경극'을 소재로 한 최초의 중국영화 〈정군산〉(定軍山)이 만들어졌다. 이러한 현상은 일본과 인도에서도 동시적으로 발생하였다. 유럽과 아시아뿐 아니라 아르헨티나와 남아프리카공화국, 오스트레일리아와 이집트를 비롯한 아메리카와 오세아니아·아프리카 대륙에서도 영화가 상영

되기 시작한 것은 프랑스나 중국과 그리 큰 시간차가 나지 않는다. 이처럼 '영화탄생'의 지구촌 전체적인 동시다발성은 1920~30년대의 지구촌을 영화의 황금시대로 만들었다. 중국의 영화 황금시대를 후지이 쇼조는 다음과 같이 이야기한다.

> 중국 영화는 1930년대에 이르러 상하이에서 황금시대를 맞이한다. 당시 상하이에는 중국 자본으로 세워진 영화사가 40여 개나 되었고, 1928~31년에 400여 편의 영화가 만들어졌다. 영화 전문관만 40곳, 하루 관객은 100만, 루쉰(魯迅)이 교외에서 택시를 대절해 영화를 보러 다녔다고 하는 대광명(大光明) 극장은 좌석이 2천 석에 냉난방시설까지 갖춰진 초호화 극장이었다. 상하이는 그야말로 영화의 도시였다. (후지이 쇼조 2001, 9~10쪽)

이러한 현상은 단지 중국 상하이에서만 볼 수 있었던 것은 아니다. 파리와 런던, 베를린과 로마뿐 아니라 도쿄와 뉴욕에서도 똑같은 영화의 황금시대가 펼쳐지고 있었다. 이제 막 근대화에 들어간 서울에서도 당시 한국을 여행하던 미국인 여행가 엘리어스 버튼 홈스(Elias Burton Homes)가 1899년 처음으로 고종황제 앞에서 영화를 상영하였다고 하며, 1903년에는 매일 저녁마다 1천여 명(당시 서울인구는 20만 명)이 몰리는 성황 속에서 대중영화가 상영되었다고 한다. 최초의 우리 영화는 1923년 '서선 키네마' 영화사에서 찍은 〈국경〉이며, 나운규의 〈아리랑〉이 발표된 1926년부터 1935년까지를 흑백무성영화의 전성기로 분류하고 있다(한국영상자료원).

이처럼 근대문학과 달리 영화는 지구촌 전체에서 새로운 것인 동시에 근대적 삶에 익숙한 것이 되었다. 그러나 문제는 지구촌 전체의 영화 황금시대에 대한 평가는 근대화를 주도했던 서양과 서양의 충격으로 뒤늦게 근대화를 추진한 비서구 나라들 사이에 현격한 차이를 보인다는 점이다.

예를 들어 20세기 초 영문학 비평의 거장이라 할 수 있는 리비스(F. R. Leavis)는 문학의 '정신적 고상함' '문명적 사명'과 비교하여 영화를 무자비하게 혹평하였다. "영화는 최면술적인 수용상태에서 가장 값싼 감정적 호소에 빠지게 한다. 그것도 무서울 정도로 실생활에 가까운 사실적 환상으로 호소한다는 점에서 더욱 교활하다." 역시 20세기 초에 영국 최고의 소설가 가운데 하나라고 할 수 있는 버지니아 울프(Virginia Woolf)는 문학을 '게걸스럽게' 잡아먹는 영화관객을 '20세기의 야만인'이라 평가했다. 그런가 하면 이와 달리 중국 근대의 아버지라고 일컬어지고 있는 소설가이면서 비평가인 루쉰은 『영화와 자본주의』를 번역하면서 "영화가 더 낡아지면, 다시금 오지에 가지고 들어가 우민화(서구의 식민지정책)의 범위를 확대한다. 생각건대 『영화와 자본주의』 같은 책은 지금이야말로 절실히 필요한 것이다"(루쉰 1986, 230쪽)라고 말함으로써 영화에 대한 탈식민주의적이고 탈근대적인 이해를 강조했다. 그렇다고 루쉰이 새로운 영화를 만들거나 전문적으로 영화비평을 시도한 것은 아니다. 그는 중국의 영화 전성기 시대에 대중들과 함께 영화관에 가서 그들과 더불어 울고 웃으며 영화를 즐겼다.

영화 전성기 시대에 영화에 대한 서구와 비서구 지식인들의 반응의 차이는 문학에 대한 이해와 결부되어 있다. 루쉰이 의학을 공부하러 일본에 유학을 가서 문학공부로 방향을 전환한 것은 서구화로 대변되는 당시의 근대화가 단지 의학으로 대표되는 과학의 수입이 아니라 서구 문학으로 대변되는 전반적인 삶의 양식의 변화에 있다는 인식에 따른 것이었다. 과학과 문학을 별개로 인식하지 않은 당시의 상황은 시인이자 승려인 만해 한용운이 일본을 다녀오면서 측량기계를 구입해 온 것과도 연관된다. 따라서 루쉰 같은 비서구 지식인들에게 시나 소설 같은 문학과 새로운 영상매체에 의해 전달되는 영화는 근대화의 동일한 도구들이지 어느 것이 더 우월한 형식이라고 주장할 아무런 근거도 없었다. 그러나 리비스나 버지니아 울프 같은 서구의 문학지식인들에게는 달랐다. 그들에게 영화는 문학과 비교할 때 이제 막 걸음마를 하는 갓난아기와 같은 어설픈 이야기의 도구일 뿐이고, 문학은 이미 수많은 고전적 정전들을 '위대한 전통'으로 지니고 있는 철학이나 역사학과 함께 근대 분과학문의 인문과학(liberal sciences)을 구성하는 한 분야였다.

이 사실은 영화가 등장하기 전까지 서구 근대화를 지배했던 '문학'과 이미 형성된 서구의 제국주의적 근대화가 서구에서 비서구 사회로 확대되는 과정에서 근대 분과학문의 한 분야를 구성하는 '문학'이라는 학문이 서로 다르다는 것을 암시한다. 영화가 발생하던 당시의 문학에는 로렌스(D. H. Lawrence)나 조이스(James Joyce)처럼 끊임없이 새로운 문학을 일구어 나가는 현재진행형의 문학창작 행위 그 자체와 리비스처럼 이미 대학의 학문분야로 정전화(canonization)되어 있는 문학 일반에 대한 대학의 전문지식으로 자리 잡은 문학이 따로 존재하고 있었다. 문학 일반에 대한 대학의 전문지식으로 자리를 잡은 문학은 이미 철학이나 역사학·사회학·정치학처럼 근대적 해석학의 한 학문분야이지, 삶의 일반 혹은 지식 일반을 다루는 새로움의 창조가 아니었다. 우리가 알고 있는 20세기 문학은 이미 대학에서 과학적 비평이라는 이름으로 재단되거나 획일화된 문학이지, 새롭고 창의적인 세계를 우리 앞에 펼쳐 보여주거나 새로운 삶의 전체적인 모습을 예시하는 예술이 아니었던 것이다. 이러한 현상을 사피르(Margery Arent Safir)는 이렇게 말한다.

> [근대의] 문학은 사회과학과 자연과학이라는 이름을 지닌, 모친살해를 한 두 딸의 어머니이다. 수많은 방황과 논리적이면서 환상적인 창조물을 만든 인간정신의 작업은 최초의 자연철학과 사회철학이 등장하기 이전까지 문학의 관찰영역이었다. 그러나 지난 세기[19세기]에 특화된 과학분야들은 학문분야에서 문학을 제거했다. …과학이 지배하는 세계에서 문학은 과연 지식적 담론의 중심 위치를 다시 획득할 수 있을까? …지식과 상상력의 오래된 두 짝이 하나로 역할을 하던 시대에, 문학의 토대는 백과사전적 의미에서 세계의 일반적인 해설이었다. 자연과학과 사회과학은 학제적 비평이라는 미명 아래 이루어진 실험에 문학연구를 결합시킨다. 그 실험으로 모친살해가 탄생했다. (Safir 1999, p. vii)

사피르가 "수많은 방황과 논리적이면서 환상적인 창조물을 만든 인간정신의 작업"이라고 한 것처럼, 18세기 영국의 '소설의 발생'과 18세기 후반부터 19세기 전반부에 형성된 낭만주의 시들, 19세기 후반의 리얼리즘 소설들과 20세기 초반의 모더니즘 시와 소설들은 사회와 자연을 문학 속으로 끌어들이면서 인간의 지식과 상상력을 확대시키는 토대가 되었다. 이러한 현상은 사피르가 '자연철학과 사회철학'이라고 말하는 자연과학과 사회과학의 토대가 되었고, 자연과학과 사회과학은 근대 국민국가의 지배이데올로기로서 자신들의 어머니인 문학을 실험하여 오직 과학적인 것만 취득하고 상상력의 것들은 제거하는 '모친살해'를 달성한 것이다. 따라서 리비스와 버지니아 울프로 대변되는 영화에 대한 비판은 영화 그 자체가 지닌 예술적 힘에 대한 비판이라기보다 당시의 지배적인 지식이 되어버린 상상력 부재의 사회과학이나 자연과학 이론으로 무장한 문학비평의 시각에서 근대 과학이데올로기의 틀로 도저히 흡수할 수 없는 영화의 환상적인 상상력의 힘에 대한 비판이라고 할 수 있다.

서구의 근대화과정에서 문학의 두 딸인 사회과학과 자연과학이 어머니를 살해한 방식은 두 가지이다. 하나는 사회과학이라는 딸이 문학이라는 어머니를 '과학적 분석의 부재'[2]로 일컫는 것, 즉 사회적이고 정치적이며 경제적인 현실의 삶에 대하여 문학이 지닌 상상적 추상성을 현실에 대한 '과학적 분석의 부재'라고 문학의 한계로 규정한 것이다. 또 하나는 자연과학이라는 딸이 어머니 문학을 현실을 초월하는 '신비화의 수단'이라 규정한 것, 즉 문학은 옳고 그름의 판단이나 현실적 기능을 초월하기 때문에 종교적인 믿음에 필요하지 과학적 사유에는 필요한 것이 아니라고 규정한 것이다. 그러나 문학은 결코 사회과학이 말하는 것처럼 현실적 삶에 대한 '과학적 분석의 부재'를 지닌 사회적 지진아가 아니거니와, 결코 종교적 믿음의 배타성이 지니는 신비화의 수단으로 작동하지도 않는다.

사회과학은 현실에 대한 '과학적 분석'을 단순히 현재 존재하는 권력의 역학관계나 언어의 상징과 은유 체계로만 판단한다. 근대 사회과학의 밑바탕이 되고 있는 과학철학은 이런 권력의 역학관계나 언어의 상징과 은유 체계를 무한한 과거와 무한한 미래로 확대시키지 못한다. 과학철학의 토대를 이루는 권력관계나 언어체계는 현재의 시공간에서 벗어나지 못한다. 하지만 문학은 예술 일반과 마찬가지로 현존하는 권력의 역학관계와 언어체계를 무한한 과거와 미래로 확장시킨다. 문학은 권력의 역학관계와 언어체계를 존재 그 자체와 이미지의 관계로 대체하기 때문이다. 자연과학은 자연적 사물이나 대상의 현실적 용도만 가지고 그 사물 또는 대상의 능력을 판단한다. 그러나 문학은 자연적 사물이나 대상의 잠재적 능력을 사유하고 보존하려고 한다. 따라서 문학이 사유하는 존재의 사물이나 이미지의 대상이 현실 초월적인 잠재성을 지닌 것이지, 문학이 현실을 초월하여 존재하는 것은 아니다.[3)]

문학이 끊임없이 사회적 상상력과 우주적 상상력이 필요한 두 딸, 사회과학과 자연과학을 탄생시키고 양육한 어머니라는 탈근대의 학문적 입장을 받아들인다면, 영화의 발생은 문학의 지평을 확대시켜 줄 뿐만 아니라 사회과학과 자연과학을 탈근대적으로 재구성한다는 의미에서 대단히 환영받을 사건임에 틀림없다. 그럼에도 불구하고 핵심근대(the core modern)에 돌입한 서구 사회에서 영화에 대한 비난이 쏟아지는 한편으로, 새로운 근대 형성기(the early modern)에 돌입한 비서구 사회에서는 영화가 문학과 함께 환영받는 삶의 도구가 되었다는 것은 영화라는 삶의 도구와 더불어 서구의 근대와 비서구의 근대가 서로 다를 수밖에 없다는 사실을 입증해 준다고 할 수 있다.[4)] 핵심근대에 돌입한 서구 사회는 이미 사회과학과 자연과학이라는 두 딸에 의해 살해가 된 어머니 문학, 즉 사회과학과 자연과학의 문학이론으로 영화의 탄생을 바라본 것이다. 그러나 새로운 근대 형성기에 돌입한 비서구 사회는 사회과학과 자연과학을 탄생시키고 양육시킨 문학 그 자체와 더불어 아직 드러나지 않은 사회과학과 자연과학의 새로운 잠재성을 양육할 수 있는 영화예술 그 자체를 아무런 근대적 편견 없이 사유할 수 있게 되었다는 것이다.

이 측면에서 영화는 서구적 근대를 형성시킨 사회과학과 자연과학 두 딸에 의해 죽임을 당한 어머니 (서구)문학을 탈근대적으로 소생시킬 수 있는 기회일 뿐 아니라 새로운 비서구적 근대나 탈근대의 사회과학과 자연과학을 탄생시킬 수 있는 기회이기도 하다. 질 들뢰즈(Gilles Deleuze)가 『천개의 고원』(*A Thousand Plateaus*)과 『안티 오이디푸스』(*Anti-Oedipus*), 『철학이란 무엇인가』(*What Is Philosophy?*), 『영화 1, 2』(*Cinema 1, 2*)를 저술한 것은 서구 근대의 지식체계를 탈근대 노마돌로지 지식체계로 전환시키는 방대한 작업이라고 할 수 있다. 문학비평의 입장에서 이것은 문학을 영화로 확대하는 것이고, 문학과 영화를 하나의 사유로 통합시키는 것이다. 또한 근대화와 함께 시작된 서구 중심의 사유체계에서 벗어나 서구와 비서구, 남성과 여성, 인간과 자연의 경계를 자유롭게 넘나들면서 새로운 지구촌 문화의 세계를 사유하는 것이기도 하다. 들뢰즈는 서구적 근대화과정에서 만들어진 근대 국가철학에서 벗어나 탈근대의 노마돌로지를 사유하는 노마돌로지의 예술과 더불어 형성되는 탈근대의 사회과학과 자연과학을 노마돌로지의 철학, 노마돌로지의 과학이라고 일컫는다. 이미 근대적 비평가나 교수들에 의해 근대적으로 전유당한 문학과 달리, 영화는 탈근대의 노마돌로지를 예술·철학·과학 영역에서 예술적 형상의 생성, 철학적 개념의 창조, 과학적 기능의 발견을 더욱 쉽게 만든다.

**[ 주 ]**

1) 마르크스와 엥겔스는 1848년의 『공산당선언』에서 "각 민족의 정신적 창조물은 공동의 재산이 된다. 민족적 일면성과 편협성은 점점 더 불가능해지고, 수많은 민족문학과 지방문학이 하나로 합쳐져 세계문학을 이룬다"라고 말한다. 이에 관해서는 데이비드 보일 2005, 51쪽 참조.

2) 1860년대 영국 옥스퍼드에서 영문학과 설립에 관한 논의를 하면서 옥스퍼드 역사학과의 에드워드 프리만(Edward Freeman) 교수의 다음 연설로 영문학과 설립의 길이 막혔다. "우리는 문학연구가 취향을 가꾸어주고, 연민을 교육하며, 정신을 확대한다고 들었다. 이러한 것들은 모두 훌륭한 것들이다. 그러나 우리는 취향과 연민을 조사할 수 없다. 학문연구자들은 연구하기 위하여 기술적이고 적극적인 [분석의] 정보를 가져야만 한다." 옥스퍼드대학교의 영문학과 설립은 문학에 대한 언어분석의 틀이 마련된 1892년이 되어서야 가능했다. Barry 1995, p. 14.

3) 이러한 측면에서 들뢰즈와 가타리는 『철학이란 무엇인가』에서, 사물은 현실성(the actual)과 잠재성(the virtual)으로 구성되어 있다는 존재론을 토대로 사물에 대한 지식을 철학적 지식, 과학적 지식, 예술적 지식으로 구분한다. 그리고 철학적 지식은 "개념(concept)을 토대로 사유하는 것이고 과학은 기능소(functif)를 토대로 관찰하는 것이며 예술적 지식은 형상(figure)을 토대로 창조하는 것"이라고 말한다. 이를 달리 말하면, 철학적 지식은 잠재성이 현실성으로 변환하는 과정을 사유하여 새로운 개념을 창조하는 지식이고, 과학은 사물의 현실성이 기능하는 기능소를 발견하는 것이고, 예술적 지식은 현실성의 형상이 생성적 기능을 다했을 때 잠재성의 형상을 창조하여 현실적 개념과 기능으로 작동하도록 만드는 것이다. 이에 관해서는 Deleuze and Guattari 1994 참조.

4) 근대와 탈근대, 서구적 근대와 비서구적 근대에 대한 논의는 아그네스 헬러(Agnes Heller)와 프레드릭 제임슨(Fredric Jameson)의 근대성 논의에 토대를 두고 있다. 이들의 서구화, 기독교화, 산업화를 기반으로 한 근대성 논의는 서구에서 근대의 시대가 초기근대(the early modern, 18세기 중반~19세기 중반), 핵심근대(19세기 중반~20세기 중반), 후기(혹은 말기)근대(the late or post modern, 20세기 중반~현재)로 구성된다는 것이다. 이와 더불어 후기근대는 마치 중세 말의 르네상스 시대처럼 근대적인 것들이 연기처럼 사라지는 시대인 동시에 새로운 시대가 도래하는 시작이라고 할 수 있다. 이러한 근대성 논의는 비서구의 한반도에 적용시킬 경우 초기근대(19세기 후반~20세기 중반), 핵심근대(20세기 중반~20세기 후반), 후기근대(20세기 후반~현재)로 구성되었다고 할 수 있다. 이에 관해서는 장시기 2008, 134~44쪽 참조.

# 02 문학적 사유와 영화적 사유

서구적 근대를 창출한 영국을 비롯한 프랑스와 독일에서 서양 문학이 최고조에 달했던 핵심근대는 근대 국민국가가 가장 활성화되어 제국주의 국가로 치달은 19세기 말과 20세기 초반이다. 그럼에도 불구하고 이 기간 동안에 이 나라들에서 가장 유행한 문학적 언술 가운데 하나는 '소설의 죽음' '문학의 종말' 같은 문학적 염세주의의 표현이었다. 물론 이러한 언설에도 불구하고 소설은 죽지 않았고 문학도 종말을 고하지 않은 채 여전히 생생하게 살아서 우리의 삶과 사유의 지평을 확대시키고 있다. 이것은 마치 오늘날의 대한민국에서 '인문학의 위기'니 '대학의 종말'이니 하는 말들이 유행하고 있음에도 불구하고, 대한민국에서 가장 필요한 것이 인문학의 부활이고 대학의 학문이 더욱더 확대되어야 하는 것과 같다. 1세기 전의 유럽의 예들이 보여주고 있듯이 인문학은 결코 사라지지 않을 것이며, 대학도 죽지 않을 것이 분명하다. 그럼에도 이러한 말들이 유행하는 것은 오늘날의 대한민국 사회가 근대의 종말을 고하는 동시에 탈근대의 세계로 진입하고 있다는 사회적 징후를 보여준다. 따라서 '소설의 죽음' '문학의 종말' 같은 문학적 염세주의의 표현이 떠돌았던 19세기 말과 20세기 초 당시의 영국이나 프랑스·독일 사회에서 소설이나 문학에 대한 개념적 인식을 살펴볼 필요가 있다.

'소설의 죽음'에서 말하는 소설은 다양한 역사의 시간과 공간 속에 존재했던 이야기 일반을 언급하는 것이 아니라 18세기 영국에서 발생하여 19세기와 20세기 초까지 유럽 근대 자본주의 사회를 재현하는 이야기의 다양한 서술적 기법, 즉 소설이라는 장르의 다양한 언어적 표현들을 일컫는다. 그리고 '문학의 종말'에서의 문학 개념은 내용과 형식의 이분법 속에서 문학적으로 고상하고 우월하다고 인정하는 근대 문학적 표현의 한 형식을 일컫는다. 소설의 서술적 기법이나 문학적 표현형식에 대한 연구는 글쓰기와 읽기에 대한 과학적 비평의 산물이다. 따라서 서양의 핵심근대 기간에 유행한 '소설의 죽음'이나 '문학의 종말' 같은 문학적 염세주의 표현은 소설이나 문학 텍스트 자체의 죽음과 종말이라기보다 소설이나 문학 텍스트에 대한 근대적 방식의 철학적 사유와 과학적 비평의 죽음 혹은 종말을 뜻한다. 이런 측면에서 로렌스와 카프카 혹은 프루스트의 시와 소설 텍스트들은 근대적 방식의 철학적 사유나 과학적 비평으로 도저히 도달할 수 없는 새로운 지평의 소설과 문학을 창출하였다. 즉 전통적인 문학과 소설 개념에서 벗어난 새로운 종류의 소설과 문학이 등장하여 전통적인 개념을 새로운 종류의 문학과 소설 개념으로 바꾸어놓은 것이다. 이러한 새로운 개념을 인식하지 못한 전통적인 문학 비평가나 교수들이 소설의 죽음 또는 문학의 종말을 이야기했다.

문학에 대한 서양의 근대적 비평의 산물이라고 할 수 있는 내용과 형식의 이분법적 구분은 플라톤의 이데아와 현실이라는 이분법과 플라톤의 이데아론을 근대적으로 변형시킨 데카르트의 정신과 물질(몸)이라는 이분법의 문학비평적 변형이다. 플라톤의 이데아나 데카르트의 정신처럼 문학의 내용은 결코 변하지 않는 본질적인 것이기 때문에, 이데아나 정신의 반영인 현실이나 물질처럼 다양한 서술기법들을 포함한 문학적 형식은 시대와 장소에 따라 다양하게 변화한다는 것이다. 따라서 소설이나 문학의 가치는 궁극적으로 변화하지 않는 작가의 삶과 사상을 표현하고 있는 내용에 있는 것이 아니라 형식에 있으며, 따라서 문학비평은 '세밀한 글 읽기'를 통한 다양한 형식의 미학에 대한 탐구가 그 목적이라는 것이다. 즉 소설이나 문학의 내용을 구성하는 언어의 기표(signifier)는 절대적인 것이기 때문에 그 언어가 소설이나 문학작품에 재현되는 형식에 따라서 달라지는 기의(signified)의 추적이 문학비평가의 임무이며, 기표와 기의의 관계가 맺어지는 과학적이고 논리적인 형식의 분석이 문학비평의 주된 내용이 된다. 이러한 기표와 기의의 관계를 구성하는 과학적이고 논리적인 형식의 분석이 만들어낸 근대적 문학비평의 용어들이 바로 은유와 환유, 아이러니와 애매모호함 등이다. 이런 용어들이 근대 문학비평의 척도가 된 것이다.

내용과 형식의 이분법은 은유와 환유, 아이러니와 애매모호함을 토대로 서구-비서구, 문명-자연, 남성-여성, 인간-동물 등 근대적인 이분법을 끊임없이 재생산하기 때문에 서구화와 산업화와 기독교화에 기초한 서구의 근대성을 서구·백인·남성 중심주의라고 일컫는다. 서구화의 국민국가, 산업화의 물질문명, 기독교의 신이라는 절대적이고 초월적인 내용을 전제로 한 비서구·자연·여성·동물 등의 형식적 변형들은 항상 소설이나 문학 속에서 근대미학이라는 절대적 범주에 따라 서구·백인·남성의 은유이거나 환유이며 혹은 아이러니이거나 애매모호함이 된다. 따라서 근대 서구·백인·남성 중심주의를 유발한 플라톤의 국가철학이나 데카르트의 근대적 신플라톤주의에서 벗어나서 노마드적·탈근대적으로 사유하고자 하는 들뢰즈는 문학을 내용과 형식의 재현(representation)으로 구분하기보다 '내용과 표현(presentation)의 형식'[1]으로 구분한다. 하나의 내용과 표현을 지닌 소설 혹은 문학의 텍스트는 그 내용과 표현이 각각의 형식을 가진 하나의 텍스트로 드러나는 바로 그 순간에 또 다른 내용의 형식과 표현의 형식을 예비하고 있다는 것이다.

소설과 문학을 구성하는 언어를 재현의 도구로 보느냐 아니면 표현의 도구로 보느냐 하는 문제는 궁극적으로 언어를 근대적 시선으로 인식할 것인가 혹은 탈근대의 시선으로 인식할 것인가의 문제이다. 언어를 재현으로만 인식했을 때, 소쉬르(Ferdinand de Saussure)의 기호학처럼 언어를 구성하는 절대적이고 통시적인 랑그(langue)는 인식이 불가능한 이데아나 절대적 신의 영역에 존재하게 되고, 오직 기표와 기의로 구성된 현실적 기호만이 은유(상징)적 재현이거나 환유(대표)적 재현의 기호작용으로만 존재한다. 이것은 마치 기독교의 성서처럼 인쇄된 문자는 신의 계시로 이루어진 것이기 때문에 일점일획도 바꿀 수 없는 절대적인 명령어가 되어 은유적·환유적인 재현의 의미만 해석하는 것이 문학의 유일한 기능이 되는 것이다. 그러나 퍼스(Charles Sanders Peirce)의 기호학처럼 언어를 표현의 도구로 인식했을 때, 소쉬르의 기호학에서 이야기하는 절대적이고 통시적인 랑그는 표현의 이미지 속으로 들어와서 기표와 기의와 함께 언어를 구성하는 하나의 덩어리가 된다. 인쇄된 문자나 구술된 말만이 언어가 아니라 그림이나 몸짓, 이 세상의 가시적·비가시적인 모든 이미지들이 언어를 구성하는 하나의 덩어리가 되는 것이다. 따라서 기표는 이 이미지덩어리들을 표현하는 '지표'(index)이고, 지표가 만들어내는 기의의 의미는 무한한 이미지덩어리에서 모든 것을 제거하고 오직 하나의 이미지만 선택하여 표현하는 '상징'(symbol)이다.

들뢰즈는 내용의 형식과 표현의 형식이 결합하여 존재하는 모든 것의 본질, 즉 이미지가 언어의 세계를 구성한다고 본다. "파란 하늘에 뭉게구름이 떠 있다"는 표현에서 '파란 하늘'과 '뭉게구름'이라는 내용의 형식은 '떠 있다'는 표현의 형식과 결합하여 존재하는 하늘의 이미지적(iconic) 본질이 된다. 그러나 '파란 하늘'은 '비가 내리는 하늘' 혹은 '눈이 내리는 하늘'이 될 수도 있고, '뭉게구름' 또한 비가시적으로 사라질 수도 있는가 하면 '먹구름'이나 '새털구름' 등 새로운 표현형식을 형성할 수도 있다. 이러한 내용의 형식과 표현의 형식을 달리하거나 혹은 가시적·비가시적인 모든 존재하는 것의 본질을 들뢰즈는 노마드(nomad)라고 부른다. 이미지는 언어세계의 본질이고, 노마드는 존재세계의 본질이다. 예를 들어 "영희와 철수가 손을 잡고 공원의 의자에 앉아 있는 모습"을 보고 "영희는 철수를 사랑한다"고 표현할 때, 이 표현은 "철수가 영희에게 입맞춤을 하는 모습"의 또 다른 내용의 형식과 "철수도 영희를 사랑한다"는 또 다른 표현형식을 유발한다는 것이다. 따라서 영희와 철수는 끊임없는 내용과 표현의 전개과정에 따라서 서로서로 주체와 객체의 내용과 표현을 달리할 뿐만 아니라, '공원의 의자' 또한 의자의 용도에서 배경이나 침대의 용도 등으로 내용과 표현을 달리하거나 영희와 철수가 또 다른 공간으로 이동함에 따라 그 배경에서 사라지기도 한다. 이러한 형식을 매개로 한 문학적 내용과 표현의 지속적인 이미지 생산과정을 들뢰즈는 '탈영토화와 재영토화 과정'이라고 부른다.

문학의 내용과 표현이 지닌 탈영토화와 재영토화 과정은 근대 문학이론과 달리, 문학의 역할이 언어의 개념을 사유하는 철학이나 사물의 관계적 기능을 관찰하는 과학과 다른 이미지의 형상화를 창조하는 것이라고 말할 수 있다. 그리고 시와 소설, 희곡이 전달하는 이미지의 형상화는 시와 소설, 희곡의 글 읽기 과정을 통해 끊임없이 탈영토화와 재영토화 과정을 수행한다. 문학이 담당하는 이와 같은 역할은 문학의 내용과 표현을 전달하는 문학의 언어매체가 만드는 이미지 형상화를 통해 언어의 '지표'와 '상징'이 수행하는 역할과 같다. 따라서 창조적 삶을 특징으로 하는 예술의 한 분야인 문학의 언어는 '이미지'(혹은 아이콘) 언어에 가깝고, 언어적 개념으로써 사유하는 철학의 언어는 이미지를 표현하는 '지표'의 언어이며 그리고 과학적 명제를 통해 사물과 대상의 기능을 분석하고 판단하는 과학의 언어는 '상징'의 언어이다. 서로 다른 이 언어들은 이미지에서 지표를 매개로 상징에 도달하는 '지표화'(indexification) 과정과 상징에서 지표를 매개로 다시 이미지로 되돌아가는 '이미지화'(iconization) 과정을 거치면서 서로 영향을 주고받는다. 따라서 철학과 과학의 언어를 '지표화 과정'의 언어라고 한다면, 문학의 언어는 '이미지화 과정'의 언어라고 할 수 있을 것이다. 이러한 문학적 지식과 철학적 지식과 과학적 지식의 상호작용이 새로운 지식을 생성하며, 새로운 지식의 생성과정이 바로 노마돌로지이다.

노마돌로지의 지식적 측면에서 들뢰즈는 "화가는 텅 빈 캔버스에 그림을 그리는 것이 아니며, 작가는 텅 빈 원고지에 글을 쓰는 것이 아니다"라고 말한다. "원고지와 캔버스는 이미 존재하고 이미 만들어져 있는 상투적인 것들로 가득하기 때문에 우리에게 전망을 제시하는 혼돈으로부터 대기의 숨결을 끌어오기 위해 우선적으로 필요한 것은 지우고, 청소하고, 골라내고, 심지어 갈가리 찢어내야 한다"는 것이다. 과학의 언어가 구조의 틀 속에 있는 관계의 기능적인 엄밀성의 전달을, 그리고 철학의 언어가 이미 형상화되어 있는 이미지의 내용과 표현을 포획할 수 있는 개념의 전달을 수행한다면, 문학의 언어는 아직 관계의 기능이 드러나지 않거나 변형되는 것과 기존의 철학적 개념으로 포획할 수 없는 내용과 표현을 지닌 새로운 이미지를 형상화해야 한다는 것이다. 따라서 과학자는 문학의 언어가 수행하는 이미지의 형상화를 통해서 끊임없이 새로운 기능을 관찰할 수 있고, 철학자는 문학의 언어가 수행하는 이미지의 형상화를 포획할 수 있는 새로운 개념을 창조해야 한다. 따라서 들뢰즈가 창조한 노마드와 노마돌로지는 지속적으로 이루어지는 관계의 구조 속에서 새로운 기능을 수행하는 과학적인 언어인 동시에 새로운 이미지의 형상화를 포획할 수 있는 철학적 개념의 언어이다. 철학적이며 과학적인 역할을 담당함에도 불구하고 노마드와 노마돌로지라는 언어는 탈영토화와 재영토화 과정이라는 존재와 지식의 이미지를 형상화하는 문학뿐 아니라 예술의 역할도 담당한다.

영화는 문학의 언어가 담당하는 이미지의 형상화를 스크린으로 직접 전달한다. 따라서 영화의 이미지는 직접적 이미지인 데 비해, 문학의 이미지는 언어를 통해 형성되는 간접적 이미지이다. 문학텍스트를 구성하는 인쇄된 문자는 독자의 눈을 통해서 독자의 두뇌 속에서 이미지를 형성시킨다면, 영화텍스트를 구성하는 카메라의 눈은 스크린에 빛을 투사하여 관객에게 이미지 그 자체를 전달한다. 이러한 이미지의 직접성과 간접성은 외국문학이나 영화에서 더욱 두드러지게 나타난다. 외국문학의 시나 소설을 읽을 경우, 인쇄된 언어가 전달하는 이미지에 친숙하지 않은 독자들은 자의적으로 이미지를 구성한다. 예를 들어 앙드레 지드의 『좁은 문』에서 주인공 제롬이 사랑하는 사촌누이는 독자인 나의 사촌누이 이미지를 창출하기도 하고, 예이츠(William Butler Yeats)의 시 「이니스프리 호수 섬」(The Lake Isle of Innisfree)은 아일랜드를 다녀오지 않은 독자들에게 자신들의 고향마을이거나 언젠가 다녀온 적이 있는 어떤 호수의 섬에 대한 이미지를 창출하기도 한다. 따라서 문학텍스트가 제공하는 간접적 이미지는 시인이나 소설가의 이미지인 동시에 문학텍스트를 읽고 사유하는 주체는 독자의 눈과 두뇌이다. 이와 달리 영화텍스트의 이미지는 관객의 눈과 두뇌를 통해 제시되는 것이 아니고 카메라의 눈과 영화스크린이라는 두뇌를 통해 관객의 눈과 두뇌가 기계적으로 사유되는 것이다. 따라서 영화스크린의 직접적 이미지는 영화감독의 이미지도 아니며 관객의 이미지도 아니고 오직 카메라의 눈과 영화스크린이라는 두뇌의 기계적인 작동의 이미지이다.

문학이 제공하는 간접적 이미지나 영화가 제공하는 직접적 이미지는 서구의 전통적인 사유방식의 극복, 즉 들뢰즈가 국가철학이라고 일컫는 플라톤의 관념론과 아리스토텔레스의 실재론을 극복하고 '이미지 존재론'이라는 새로운 사유방식을 제공한다. 갓난아기가 처음으로 눈을 뜨거나 일상적으로 아침에 잠자리에서 일어나 눈을 뜰 때, 우리의 눈과 귀로 가장 먼저 보거나 듣는 것은 언어에 의해서 만들어진 의식이나 사물이 아닌 일정한 색채의 이미지덩어리들과 일정한 이미지덩어리의 작동으로 만들어지는 소리의 울림들로 이루어진, 일정한 형태로 배치되어 있는 이미지들이다. 이러한 이미지들은 사회철학의 언어적 개념으로 그 무엇(기표 signifier 혹은 지표 index)이라고 지칭되며, 자연과학의 물질적 기능으로 그 무엇이라는 의미(기의signified 혹은 상징symbol)를 형성하게 된다. 서술한 바와 같이 기표와 기의는 이미지의 한 특성이며 하나의 기능이다. 따라서 문학이나 영화가 제공하는 직접적 또는 간접적인 이미지를 사유하는 이미지 존재론은 언어로써 구성되는 의식이나 사물, 즉 이데아와 현실, 정신과 몸, 도와 덕, 이(理)와 기(氣) 등의 동서양을 막론한 국가철학의 이분법적 이원론과 일원론의 사유를 극복하고 이미지의 다양한 관계적 변형태와 관계를 통한 새로운 이미지의 생성을 사유하는 유일한 지적 수단이다.

기표라는 언어적 개념은 이성을 통한 철학적 사유를 가능하게 하고, 기의라는 언어적 의미는 물질적 반응을 통한 과학적 판단을 가능하게 하지만, 이미지라는 아름다움의 존재는 감각을 통한 예술적 정서를 생산한다. 관념론의 철학자라고 일컬어지고 있는 칸트(Immanuel Kant)조차도 『순수이성비판』에서 '아름다움에 대한 판단', 즉 미적 판단의 비개념성과 비인식적 성격을 강조하면서 예술적 정서의 "감각은 개념적 사유(철학)의 능력이나 기능적 판단(과학)의 능력에 뒤처지는 것이 아니라 그것들을 능가하는 것이기 때문에 감각은 항상 개념적 사유의 이성이나 기능적 판단의 현실성에 의해 억압되거나 길들여진다"고 역설하였다. 따라서 억압되고 길들여진 감각이 아닌 새로운 감각은 철학자들이 새로운 개념을 창조하도록 유도하고, 과학자들이 새로운 기능을 발견하도록 도와준다. 철학자나 과학자가 아닌 예술가인 시인과 소설가 그리고 영화감독은 개념적 사유의 이성이나 기능적 판단의 현실성에 의해 억압되고 길들여진 감각을 일깨우기 위하여 감각을 에워싸고 있는 철학적 이성이나 과학적 현실성의 영토로부터 탈영토화하여 이미지 자체의 아름다움을 제시한다. 따라서 아름다움이란 탈영토화의 이미지와 그 이미지가 만드는 새롭게 생성되는 감각의 아름다움이고, 문학과 영화의 이미지가 지닌 탈영토화의 아름다움을 사유한다는 것은 새로운 이미지가 제공하는 감각의 탈영토화와 재영토화 과정을 추적하고 사유하는 것이다.

이런 면에서 문학과 영화를 사유하는 독자와 관객의 비평적 관점은 철학적 관점, 과학적 관점, 예술적 관점의 세 가지로 구성되어 있다고 할 수 있다. 철학적 관점은 기존의 개념이 아닌 새로운 개념의 창조로 탈영토화의 감각을 설명해야 하고, 과학적 관점은 새로운 관계의 기능들을 발견해야 하며, 예술적 관점은 새로운 이미지가 제공하는 감각을 스스로 생성시켜야 한다. 그러나 새로운 개념과 기능은 항상 판단하고 비평하려는 인간의 한계 속에 머물러 있으려는 속성이 있기 때문에, 그 무엇보다도 으뜸은 예술적 관점이 지닌 이미지의 아름다움을 향유하고 새로운 그 무엇으로 생성되는 감각을 유지하는 것이다. 따라서 들뢰즈는 '가장 아름다운 글쓰기'란 근대적인 과학과 논리철학으로 판단하고 비평하는 것이 아니라 예술적인 생성을 만들어내는 "그 누구에게 동의하거나 그 무엇의 생성을 위하여 글쓰기를 수행하는 것"이라고 말한다. 들뢰즈가 말하는 "그 누구에게 동의하거나 그 무엇의 생성을 위하여 글쓰기를 수행하는 것"이 바로 문학과 영화의 이미지가 제공하는 감각의 탈영토화와 재영토화 과정을 추적하고 사유하는 것이다.

**[주]**

1) 근대적 문학비평의 핵심 용어인 내용과 형식의 이분법처럼 '내용과 재현'의 이분법은 항상 변화하지 않는 절대적 내용을 재현하는 것이기 때문에 지속적인 재현의 형식이 문학의 미학을 형성하는 것인 데 반해, 들뢰즈가 말하는 '내용과 표현의 형식'은 내용이 표현됨과 동시에 내용은 또 다른 내용이 되어 또 다른 표현이 필요하기 때문에 일반적이거나 예술적 표현은 항상 또 다른 내용과 표현을 필요로 한다. 이에 관해서는 Deleuze 1990; 장시기 2008, 55~61쪽 참조.

# 03 운동이미지와 근대의 장르영화들

모든 이미지는 하나의 몸을 지닌 물체이다. 따라서 의식은 하나의 몸을 지닌 물체의 이미지를 어떤 하나의 기표나 기의로 규정하는 것이다. 이런 의미에서 "모든 의식은 어떤 하나의 몸"[1)]을 재현하는 형식이다. 따라서 의식은 몸의 이미지가 지니고 있는 무한의 특성들 중에서 오직 하나의 특성만 골라내서 그 하나의 특성을 몸이라는 의식에 가두는 것이다. 이 때문에 우리는 의식으로부터 벗어나서 우리의 몸이 지닌 감각의 문을 열면 몸의 이미지들을 지각하게 되고, 감각의 문을 닫고 하나의 의식에 갇혀 있으면 몸의 이미지들을 지각하지 못하게 된다. 따라서 우주의 수많은 이미지들과 관계를 맺고 있는 동시에 수많은 이미지들과 대조를 이루는 하나의 이미지는 곧 '나의 몸'이다. 베르그송은 "외적인 이미지들이 어떻게 나의 몸이라고 부르는 이미지에 영향을 끼치는지를 나는 잘 알고 있다"고 말한다. "외적인 이미지들은 나의 몸에 운동을 전달한다. 나는 어떻게 나의 몸이 외적인 이미지들에 영향을 끼치는지도 잘 알고 있다. 나의 몸은 외적인 이미지들에 운동을 되돌려준다."(쉬잔 엠 드 라코트 2004, 13쪽) 이미지는 곧 몸이고, 이미지의 몸은 곧 운동하는 몸이다.

시나 소설의 텍스트들이 제공하는 간접적 이미지와 영화텍스트들이 제공하는 직접적 이미지의 차이는 두 가지이다. 하나는 이미지를 포착하고 사유하는 인간의 눈과 카메라의 눈이 이미지를 포착하는 차이이고, 또 하나는 인간의 두뇌와 스크린의 두뇌에서 나타나는 이미지를 사유하는 차이라고 할 수 있다. 영화문법의 창시자인 지가 베르토프(Dziga Vertov)의 말처럼, 정말로 놀라운 사실은 영화의 발생과 더불어 '기계적 시선'(Deleuze 1986, p. 40), 즉 카메라의 눈은 수세기 동안 인간의 몸에 국한되어 있던 인간의 시선의 갇혀진 영역에서 인간을 해방시켰다는 것이다. 인간의 눈이 이미지를 포착하여 두뇌에 전달하는 과정에서 만들어지는 이미지에 대한 사유의 한계는 곧 인간이 만든 이데올로기의 시선이 지니는 한계이다. 이창동 감독의 〈박하사탕〉(1999)처럼 카메라의 눈은 인간의 눈이 도저히 포착할 수 없는 기차가 철로 위를 지나가는 것을 포착할 수 있고, 샘 멘데스(Sam Mendes) 감독의 〈아메리칸 뷰티〉(American Beauty, 1999)의 첫 장면처럼 하늘에서 서서히 내려오며 도시 전체와 마을, 집, 정원 등을 순식간에 포착할 수 있다. 따라서 벨라 발라즈(Bela Balazs)는 "영화이미지의 특이한 점은 그것이 인간의 이데올로기적 시점을 해방시킨다는 것이다"(같은 책, p. 96)라고 말한다.

영화이미지는 이 세계가 미세하고 무한한 이미지들로 구성되어 있고,

그 이미지들은 서로 끊임없이 작용과 반작용을 한다는 것을 보여준다. 그 이미지들 중 하나의 이미지로 존재하는 인간이 이미지들의 운동을 자기중심으로 해석해서 일정한 이미지의 장애물이 되거나 이미지들의 작용과 반작용으로 만들어지는 속도의 감속장치 역할을 하고 있는 것이다. 따라서 이미지는 오직 이미지들로만 인식할 수밖에 없는 혼돈(chaos)의 절대적 이미지와 인간의 감각으로 포착한 질서정연(cosmos)한 상대적 이미지로 구성되어 있다. 이러한 측면에서 그림을 그리는 화가라는 예술적 주체는 혼돈의 절대적 이미지 속에서 질서정연한 상대적 이미지를 추출하는 '뺄셈 작용'(subtraction)을 하는 것인데, 들뢰즈는 이것을 구상화라고 칭한다. 그러나 사유의 거대한 추가와 종합을 수행하는 것은 혼돈의 절대적 이미지이며, 들뢰즈는 이를 추상화라고 한다. 그래서 들뢰즈는 고흐나 고갱, 베이컨(Francis Bacon)의 미술을 "유한성으로부터 무한성으로 나아가는 이동" 혹은 "영토로부터 탈영토화로 나아가는 이동"(Deleuze 1990, pp. 180~81)의 과정이 혼재되어 있는 구상과 추상의 결합이라고 말한다. 따라서 구상과 추상의 결합이라 할 수 있는 영화이미지가 제공하는 탈영토화와 재영토화 과정은 인간이 만든 질서정연한 상대적 이미지의 영토에서 혼돈의 절대적 이미지로 탈영토화하여 다시 질서정연하고 새로운 또 다른 상대적 이미지로 재영토화하는 과정이다.

근대적 예술론과는 달리 들뢰즈의 탈근대적 예술론은 화가가 그림을 그리는 것이 빈 캔버스 안에 무엇인가를 채워넣는 것이 아니라 캔버스 안에 우글거리는 무한한 잠재적 이미지들의 일부를 차례차례로 제거해 나가는 탈영토화와 재영토화 과정이라는 것이다. 이와 마찬가지로 카메라의 눈이 이미지를 찍는 것은 자연이나 우주 속에 우글거리고 있는 무한한 잠재적 이미지들의 일부를 차례로 제거해 나가는 과정이다. 이런 의미에서 영화는 인간의 눈을 통해 보이는 이미지를 사유하는 인간의 '코기토'(나는 생각한다)를 카메라의 눈으로 제시하여 이미지를 사유하는 영화스크린의 '코기토'(스크린이 사유한다)로 대체하였다. 인간의 두뇌는 세계로부터 들어오는 모든 이미지의 자극을 그대로 수용하지 않는다. 그 많은 자극을 모두 수용한다는 것은 거의 생존을 불가능하게 만드는 것이다. 인간이라는 이미지는 수많은 이미지의 작용에 그대로 반작용하지 않고 선택적으로 반작용을 한다. 물질이미지의 작용과 반작용(혹은 자극과 반응)의 연쇄는 이미 마르크스가 '물질의 운동'이라고 일컬었다. 베르그송은 마르크스가 말하는 물질의 운동을, 영화가 운동이미지의 발현으로 보여준다고 말한다. 그러나 영화의 등장이 보여주는 물질의 운동은 마르크스가 말하는 것처럼 변증법적 운동이 아니라 비변증법적인 운동이다. 들뢰즈는 이를 "운동이 이미지를 생산하고 이미지가 운동을 생산하는"(Deleuze 1986, p. 56) 지속적인 생성(becoming)운동 혹은 생산(producing)운동이라고 표현한다.

카메라의 눈 혹은 스크린에 비추이는 '빛'(light)을 통해서 우리가 인식할 수 있는 영화의, 생성 혹은 생산 운동이미지는 세 가지로 구성되어 있다. "태초에 말씀이 있었던" 것이 아니라 "태초에 빛이 있었던" 것이다. 빛이 만들어내는 하나의 이미지는 자극(또는 작용)의 '지각이미지'(perception-images)이고, 또 하나는 반응(또는 반작용)의 '행동이미지'(action-images)이며, 그리고 자극과 반응의 중간영역에 위치해 있는 지각이미지의 수용인 동시에 행동이미지의 무능력을 표시하는 '정서이미지'

(affection-images)이다(같은 책, p. 66). 영화의 지각이미지는 카메라의 눈과 외부의 이미지가 마주친 결과 생산되는 이미지의 몸이다. 인간의 눈이 외부의 이미지와 마주치면서 생산되는 지각이미지는 항상 1인칭의 주관적 시각을 가진다. 그러나 언어를 통한 문학의 간접적 이미지와 카메라를 통한 영화의 직접적 이미지는 주관적 시각이 아니라 언어의 직접화법이나 간접화법의 혼합이거나 혹은 영화의 주관적 쇼트나 객관적 쇼트의 혼합인 주관적 시각과 객관적 시각의 혼합이다. 이것이 바로 바흐친(M. M. Bakhtin)이 유럽의 르네상스 이후에 소설의 발생과 더불어 포착한 직접화법과 간접화법의 혼재인 '자유간접화법'(Deleuze 1990, p. 188)이 만드는 이미지이다. 미술의 경우 이것은 구상과 추상의 결합으로 나타나고, 음악에서는 개별적인 인물이 듣는 소리와 그 인물이 듣지 못하는 배경음악이 혼합되는 식으로 나타난다.

지각이미지에 대한 반응, 즉 행동의 무능력과 비효율성을 드러내는 정서이미지는 소설의 경우에 주인공의 성격묘사로 나타나거나 영화에서는 특정 인물의 '클로즈업'으로 나타나기도 한다. 그러나 주로 근대 리얼리즘 소설에서 주인공의 성격묘사가 어떤 인물의 계급성이나 당파성이라는 특정한 정서적 공간의 한계에 부닥치는 것과 마찬가지로, 클로즈업은 관객에게 특정한 느낌이나 정서를 제공하기 위해 운동이미지 전체가 작동하는 공간적 표지 또는 공간적 구성의 무능력인 동시에 항상 클로즈업의 이미지만 지니는 그 불특정 공간을 암시한다. 클로즈업은 어떤 한 얼굴의 인위적인 '안면성'(faciality)[2)]이지 얼굴이 그 일부를 구성하고 있는 지각이미지 전체를 사유하는 두뇌가 아니다. 따라서 우리는 클로즈업으로 만들어진 '안면성'을 지우고 두뇌가 작동하는 머리의 한 부분으로 얼굴을 재구성해야만 정서이미지의 무한성을 인식할 수 있다. 클로즈업으로 만들어진 안면성의 얼굴을 머리의 한 부분으로 재구성했을 때, 영화의 지각이미지가 만드는 정서이미지는 이미지 자체가 지닌 느낌이나 정서의 무한한 다양성을 획득할 수 있다. '다양성'은 인간의 눈이 아닌 카메라의 눈이 지닌 모든 영화이미지들에 열려 있는 시각이다. 따라서 정서이미지는 무한의 이미지인 동시에 무한성을 생산하는 이미지이다.

행동이미지가 제시하는 행위는 운동이미지 세계의 변형, 즉 운동이미지의 언어적 해석을 시도하는 것이다. 행동이미지는 작가가 세계의 이미지를 인식하여 글을 쓰거나 화가가 그림을 그리고 작곡가가 음악을 완성하는 것과 같다. 그래서 행동이미지는 지각이미지가 제공하는 다양성을 오직 하나의 장르적 도식으로 통합시키는 역효과를 낳기도 한다. 영화의 역사에서 이런 행동이미지의 역효과는 소설적 내러티브의 완결적 구조와 전통적인 서구 근대의 철학적 관점(신플라톤주의)이 결합된, 영화 황금시대를 구가하던 1920~30년대 영화들과 할리우드 전성기인 1940~50년대 영화들에서 볼 수 있다. 일반적으로 18세기 '소설의 발생'과 더불어 근대적 서술(narrative)의 상식적인 구조라고 일컬어지는 '아버지-어머니-나'라는 가족주의 삼각형 구조 속에서 '시작→전개→종결' 또는 '기→승→전→결'이라는 변증법적 종합은 정서이미지를 통한 균열의 발생을 행동이미지를 통한 문제의 해결(해결의 희망이나 문제에 대한 봉합 가능성)이라는 서술구조에 영화이미지를 종속시키는 것이다. 이것은 흔히 정신-몸의 이분법에서 파생된 주체와 객체의 분열과 주체와 객체의 합일이라는 근대 변증법 이데올로기를 재생산한다. 이 근대 이데올로기의 재생산과정에서 영화 이미지가 제공하는 무한한 미시적인 이미지의 존재들은 그 어디로 사라지고 관객은 그 미시적인 이미지들을 사유할 수 없게 된다. 행위의 모든 영역에서 서술구조의 '장르적 도식'이 영화를 전면적으로 지배하는 상황이 도래한 것이다.

운동이미지의 한 형식인 '행동이미지'가 영화의 서술구조를 지배함으로 해서 발생하는 영화의 장르적 도식은 S(상황이미지)–A(행동이미지)–S(상황이미지) 또는 그 역인 A–S–A로 이루어져 있다. 여기서 상황이미지는 운동이미지의 지각이미지와 정서이미지의 종합이다. 즉 S–A–S의 장르적 도식에서 영화 첫머리에 등장하는 지각이미지와 정서이미지의 종합인 상황이미지는 그것을 뒤따르는 소쉬르의 기표와 기의로 구성된 언어적 해석의 운동이미지에 의해 '갱스터'나 '가족' 혹은 '서부' 혹은 '운명적 사랑'의 비극 등과 같은 근대적 장르의 상황이미지에서 벗어날 수가 없다. 따라서 마지막 상황이미지는 항상 그 장르가 지니고 있는 처음 상황이미지로 끊임없이 환원된다. 이와 마찬가지로 A–S–A 도식의 근대적 장르영화도 처음에 등장하는 언어적 해석의 도구로 구성된 행동이미지가 운동이미지의 지각이미지와 정서이미지로 구성된 상황이미지를 지배하고 있기 때문에 영화 마지막에 등장하는 행동이미지는 항상 처음의 행동이미지로 환원되어 그 장르적 도식에서 벗어나지 못한다. 장르적 도식 S–A–S와 A–S–A는 약간의 차이는 있을지언정 2차 세계대전 이전의 프랑스 영화나 독일의 표현주의 영화, 미국의 아메리칸 드림을 선전하는 거대 형식의 할리우드 영화 그리고 소련의 변증법적 구성의 유파들이 공통적으로 지니고 있는 근대적 장르의 영화적 도식이다.

들뢰즈는 "행위의 모든 영역에서 서술구조의 장르적 도식이 전면적으로 지배하는 상황"을 근대성 또는 근대인에 대한 인식의 "질식할 것 같은 상황"(Deleuze 1986, p. 214)이라고 부른다. 이런 상황은 2차대전 이후에 서구 근대 국민국가를 지속시키고자 하는 '국민문명의 탄생'이라는 서술구조의 장르적 도식을 통해서 '미국 국민의 개화'를 끊임없이 재생산하는 할리우드 영화들과 '프롤레타리아의 선전'을 목표로 근대적 상황의 특수성을 '보편적인 역사의 믿음'(같은 책, p. 148)으로 확장시키는 구소련의 영화들 및 그 아류들에 의해 끊임없이 이어져 왔다. 이를 깨트린 영화들이 바로 1948년을 전후한 이탈리아의 '네오리얼리즘(neorealism) 영화'와 1958년 무렵에 등장한 프랑스의 '누벨바그(nouvelle vague) 영화' 그리고 1968년경 독일의 '뉴 저먼 시네마' 같은 '동시대 영화'(같은 책, p. 211)[3]이다. 이러한 동시대 영화들은 서술구조의 장르적 도식을 무너뜨리고 행동이미지의 통일성으로 인해 사라진 무수한 미시적인 이미지들을 다시 영화스크린에 복원시켜 관객들 스스로 이 미시적인 이미지들을 사유할 수 있게 한다. 근대적 의미에서 부조리(the absurd), 애매모호함(ambiguity)으로 지칭되는 이러한 영화들의 특성은 운동이미지와 전혀 다른 '시간이미지'가 스크린의 전면에 드러난다는 점이다. 시간이미지 속에서 운동이미지의 정서이미지는 클로즈업에 의해 오직 하나의 '안면성'으로 드러나지 않고 수많은 미시적인 이미지들의 느낌들로 나타나며, 행동이미지는 문제의 해결이나 봉합 가능성으로 드러나기보다 수많은 또 다른 지각이미지들을 생성 또는 생산한다. 이리하여 운동이미지에 시간이미지가 종속되어 있지 않고 시간이미지의 무수한 층위들 속에서 개별적인 운동이미지들이 각각 작동한다.

운동이미지의 발견과 운동이미지에 대한 사유는 물질적 대상을 관찰하고 사유하는 사진술의 발달이 가져다준 근대과학의 산물이다. 그러나 사진을 시간적으로 배치하는 영화는 물질과 세계의 운동이미지와 함께 '시간이미지'를 보여준다. 운동이미지는 지각이미지와 행동이미지·정서이미지가 하나의 공간이라는 테두리에 갇혀서 작동하는 이미지들인 데 반해, 시간이미지는 하나의 공간이 또 다른 공간으로 이동하거나 변화하는 것, 즉 하나의 운동이미지가 또 다른 운동이미지로 변화하는 것을 의미한다. 따라서 운동이미지는 하나의 영토라는 공간 속에서 이루어지는 수많은 코드들의 상호작용이라면, 시간이미지는 하나의 영토에서 다른 영토로 이동하거나 변화하는 탈영토화와 재영토화 과정을 보여준다. 하나의 도식이 와해되는 것은 새로운 도식의 창조를 수반한다. 행위의 모든 영역에서 장르영화의 서술적 도식이 전면적으로 지배하는 '질식할 것 같은 상황'에서 만들어진 동시대 영화들의 이질성은 영화에 대한 이해를 근본적으로 변화시켰다. 그 변화는 영화를 서술구조로 통제하는 운동이미지로 파악하는 것이 아니다. 영화예술의 근본은 자연의 운동과 마찬가지로 변화와 생성을 기본으로 하는 시간이미지와 그 속에서 만들어지는 지속과 분절을 통해 차이를 지속적으로 반복 생산하는 운동이미지라는 사실이다.

**[주]**

1) 1981년 1월 5일 벵센에서 들뢰즈의 강의(쉬잔 엠 드 라코트 2004, 12쪽에서 재인용).

2) 이미지의 실재는 현실로 드러나 있는 현실태(the actual)와 아직 현실로 드러나지 않은 잠재태(the

virtual)로 구성되어 있다. 얼굴의 실재도 마찬가지이다. 영화의 클로즈업이나 소설의 성격묘사로 드러나는 '안면성'은 얼굴이라는 이미지의 실재가 현실로 드러나는 현실태일 뿐이다. 따라서 클로즈업으로 드러난 얼굴의 어느 하나를 안면성 전체로 받아들일 때, 우리는 주뇌의 일부로 얼굴이 지닌 'n−1'개의 무한한 잠재적 얼굴을 인식 못하게 된다. 이에 관해서는 Deleuze & Guattari 1987(제7장 0년−안면성) 참조.

3) 들뢰즈는 근대의 고전적인 영화들과 단절하고 새로운 탈근대의 동시대적 영화들이 "왜 프랑스나 독일보다 먼저 이탈리아에서 일어났는가?"(Deleuze 1986, p. 211)라고 질문한다. 그러나 그것은 영화 내적인 것이 아니다. 2차 세계대전은 영국, 프랑스, 독일, 일본에서 시작한 근대 국민국가의 종말이다. 이 상황에서 승리의 주역인 미국 편에 달라붙은 영국이나 미국 편과 소련 편으로 분할된 독일과 달리, 프랑스와 이탈리아는 '근대 국민국가의 종말'을 뼈저리게 경험해야만 했다. 그럼에도 불구하고 프랑스는 "전쟁의 막바지에 드골의 추진력 아래 승리자들의 서클에 완전하게 소속되려는 야망을 가졌다." 프랑스 국가주의가 '영화적 이미지의 갱신'에 도움을 준 것이 아니라 이미 멸종된 '근대 국민국가'를 지속시키는 역할을 한 것이다. 한편 이탈리아는 다른 나라들과 달리 '승리자의 반열'에 들었다고 주장할 수 없었다. 따라서 이탈리아는 "억압의 저변에 있는 저항과 민중적인 삶"의 이미지들을 발견할 수 있었고, 이러한 이미지들을 포착하기 위하여 그 누구의 소유에 들어가 있지 않은 영화제도는 잠재적인 것과 조직되지 않은 것들에 대한 '새로운 종류의 영화서술'을 필요로 했다. 이러한 현상이 1950년대 후반의 프랑스와 일본 그리고 1960년대 후반의 독일에서 발생했다.

# 04 시간이미지와 탈근대의 영화들

근대의 고전적인 영화들에서 벗어난 탈근대 영화들과 함께 등장한 시간이미지에서 제시하는 시간성은 운동이미지처럼 공간적인 규정에 종속되어 있는 시간에 대한 규정이 아니다. 시간이미지의 시간성 속에서 모든 공간은 수많은 다른 공간들과 접촉하는 열려 있는 혼돈의 우주(chaos)이다. 시간이미지의 시간성은 공간적인 질서의 우주(cosmos)에서 벗어나 있기 때문에 공간적으로 규정되는 일상성으로 파악하기 힘든 미묘하고 모호한 시간에 대한 규정이다. 이처럼 미묘하고 모호한 시간이미지는 들뢰즈가 '동시대 영화들'[1)]이라고 부르는 영화들에서 운동이미지의 공간적인 규정에 종속된 시간에서 벗어나 하나의 독립된 시간성으로 드러난다. 이러한 탈근대 영화들의 시간이미지는 현실의 '질식할 것 같은 상황' 속에서 구태의연한 운동이미지의 통일이나 종합의 특성이 약화되고 또 소설과 달리 내러티브 구조의 빈자리를 영화의 지표(index)화되거나 상징(symbol)화되지 않은 순수 이미지들로 가득 채우기 때문에 드러나는 특성이다. 이 이미지들은 모든 공간을 근대적 서열체계의 장소가 아닌 상호 동등한 가치를 지닌 임의의 공간으로 변화시킬 뿐 아니라 근대적 장르의 이야기구조는 사라지고 오직 느낌과 정서의 감각들만 살아서 꿈틀대는 플롯만이 있을 뿐이다.

시간이미지는 마치 장님이 코끼리 다리를 만지면서 두뇌에서 또 다른 이미지를 그리는 것처럼 코끼리 다리의 잠재적 이미지와 두뇌의 현실적 이미지라는 두 가지의 서로 다른 이미지들로 구성되어 있다. 하나는 순수 물질의 현실적 이미지화라고 할 수 있는 '지각되는 이미지'이고, 또 하나는 물질에 대한 순수한 이미지의 기억이나 순수 잠재성이라고 부르는 '기억되는 이미지'이다. 시간이미지는 마치 빛을 통해 수많은 면들에 반사되는 얼굴과 같은 것이기 때문에 '지각되는 이미지'는 직접적인 시간이미지이고, '기억되는 이미지'는 기억에 의해 굴절되어 드러나는 간접적인 시간이미지이다. 따라서 '기억되는 이미지'를 통해 과거의 시간과 현재의 시간은 공존한다. 과거와 현재의 공존은 순수 기억을 통해서 만나는 잠재성과 나와 우리가 현재라고 믿는 순간적인 현재성의 공존이다. 그러나 이러한 과거와 현재의 공존은 "이것은 저것이다"(This is that)라고 규정하려는 우리의 일상성의 습관이나 반복의 형태로 만들어진 기억과 현재라는 순간의 일회성이나 특이성으로 존재하는 사건의 형태로 만들어진 기억의 일치이기 때문에 항상 구체적인 현재는 어떤 하나의 기억이나 기억된 과거에 종속되어 있다. 그리하여 크리스토퍼 놀란 감독의 〈메멘토〉(Memento, 2000)처럼 시간의 '기억되는 이미지'는 순수 물질의 잠재성 중에서 어느 하나만 기억하여 메모를 통한 몸의 각인으로 "이것은 저것이다"라고 말하기 때문에 그것은 이미지 그 자체가 아니라 상징(symbol)이나 기의(signified)의 형태로 드러난다. 이러한 시간이미지는 항상 "이것은 저것이다"라는 운동이미지에 종속된다.

이와 반대로 간접적인 시간이미지에 의해 수많은 면들에 반사되는 얼굴의 잠재성이 무한하게 증폭되어 현재적 인물이라고 일컬어지는 일회성이나 특이성으로 존재하는 '사건'(event)의 이미지가 있다. 이러한 사건의 이미지로 존재하는 시간이미지는 항상 "이것은 저것이다"라는 과거의 어느 하나가 만든 '기억되는 이미지'로 흡수되지도 않으면서 '지각되는 이미지'의 순수 물질이 지니고 있는 잠재성과 현실성을 동시에 획득하고 있는 경우이다. 즉 사건으로 드러난 현실적 인물이 수많은 잠재성 속으로 흡수되는 동시에 인물 자체가 일회성이나 특이성이라는 현실성을 잃지 않으면서 현재라는 순간 속에 끊임없이 떠다닌다고 일컬어지는 경우이다. 인식적 논리로만 파악할 수 있는 이러한 이미지는 마치 "존재하면서도 존재하지 않는다"라고 말할 수 있기 때문에 오직 그 자체의 물질성만을 나타내는 지표(index)이미지나 부유하는 기표(signifier)의 형태로 드러날 뿐이다.

그러나 데리다나 라캉이 이야기하는 이러한 이미지는 단지 언어를 통한 인식적 논리일 뿐 실제로 존재하는 것이 아니다. 베르그송(Henry Bergson)이 "'나의 현재'라는 것은 한 발을 나의 과거에 두고 있고 다른 한 발은 나의 미래에 두고 있다"(Deleuze 1989, p. 99)라고 말하는 것과 마찬가지로 오직 인식적 사건(혹은 지표나 기표)으로만 존재하는 현재이지 결코 감각적으로 인식하거나 지각하는 형태의 이미지는 아니다. 베르그송은 "[나의 현재가] 나의 과거에 한 발을 디디고 있는 까닭은 '내가 말하고 있는 순간은 이미 나로부터 멀어졌기 때문이고' 나의 다른 한 발이 미래에 두고 있는 까닭은 내가 말하고 있는 이 순간이 바로 임박한 미래이기 때문이다"(같은 책, p. 177)라고 말한다.

시간이미지의 시간은 결코 과거·현재·미래라는 개별적인 단위로 구성되어 있지 않다. 시간은 항상 과거와 미래를 포함한 현재라는 지속적인 변화과정의 덩어리로 존재한다. 베르그송의 말처럼 과거가 현재에 속하는 것은 지나간 순간들이 응축되어 현재에 보존되어 있기 때문이고, 미래가 현재에 속하는 까닭은 미래에 대한 기대가 응축을 통해서 현재에 예상되기 때문이다. 과거는 지나가는 현재의 순간이며, 미래는 도래하는 현재의 순간이다. 따라서 과거와 미래는 항상 현재의 수많은 층위들 중 하나이다. 간접적인 시간이미지를 통해서 언어 문법적 도식의 논리에 따라 시간을 과거·현재·미래라는 능동적인 시간의 종합이나 통일로 인식하는 것은 현재의 순간들 속에서 끊임없이 드러나는 이질성들을 근대의 장르적 '도식' 속의 시간으로 동질화시킬 뿐이다. 근대적 인식의 '도식'은 시간 속에서 드러나는 차이를 해소시키는 기능만을 담당한다. 가장 대표적인 예로, 칸트의 '능동적인 종합'의 인식에 나타나는 도식의 개념은 차이들로써 드러나는 많은 것을 보여주는 반면에 그렇게 드러난 차이들을 다시 억압할 뿐이다. 마치 바람에 휘날리는 깃발이나 바다의 파도처럼 시간이미지의 시간은 수동적인 깃발의 바람 되기나 바다의 파도 되기라는 생산과 생성의 특성만 지닌다.

시간의 수동적 종합을 생산하는 형태는 앞에서 서술한 바와 같이 세 가지이다. 하나는 마치 비가 온 뒤 처마에서 물방울이 "똑-똑-똑" 떨어지는 것처럼 하나의 '똑'과 그에 이어지는 '똑'의 반복을 파악해서 그 다음에 이어지는 '똑'을 예측하는 것이다. 물방울이 떨어지는 반복은 습관을 만든다. 즉 각각의 "똑-똑-똑"이 지니는 미묘한 차이들은 반복의 응축(constriction)을 통해서 습관을 형성시킨다. 이러한 습관은 과거에 체험하였거나 혹은 현재에 체험되는 순간을 구성하며, 이 현재의 순간 속으로 과거·현재·미래의 시간이 배치된다. 따라서 습관과 시간의 배치는 시간의 종합작용이지 각각의 현재에 만들어지는 사건의 미묘한 차이를 해소시키지 않는다.

하지만 두번째 형태의 시간의 수동적 종합은 현재와 과거의 동시성을 생산한다. 오늘 아침은 어제 아침과 동시적인 것처럼 현재적 현재는 항상 지나간 현재와 동시적이다. 즉 사건의 현재 속에 현재와 과거가 공존하기 때문에 현재와 과거의 동시성을 생산한다. 이것은 마치 "내가 첫사랑의 그녀를 기억하는 한 현재의 나는 그녀를 사랑하는 것이다"라는 말과 같다.

앞에서 이야기하는 두 가지 시간의 수동적 종합은 기억이나 습관을 통해 드러나는 간접적인 시간이미지인데, 이러한 이미지는 항상 영화이미지가 아닌 사진이나 운동이미지 혹은 운동이미지에 의해 만들어진 감각에 종속된 시간의 수동적 종합을 생산한다. 간접적인 시간이미지 속에는 과거의 다양하고 이질적인 층들이 공존하지만, 체험되었거나 체험되는 현재 속으로 과거와 현재와 미래의 시간이 배치되기 때문에 현재와 미래는 항상 또 다른 현재에 드러난 하나의 과거에 종속된다. 이와 달리 시간의 순수한 형식이라고 할 수 있는 직접적인 시간이미지는 감각이나 운동에서 벗어난 카메라의 관조적인 시선의 대상이 되는 이미지일 뿐 아니라 기억의 다양한 층위들을 떠다니는 기표(혹은 지표)나 기의(혹은 상징)가 없는 순수 이미지이다. 이 직접적인 시간이미지 속에서 현재는 항상 "관절이 어긋나버린 시간"(the articulated time)으로 매순간 일어나는 사건의 '이전'과 '이후'라는 변화만 있을 뿐이다. 직접적인 시간이미지가 제시하는 시간의 순수한 형식 속에서 시간은 결코 운동에 종속되지 않는다. 시간은 오직 변화이며, 사건을 통해 만들어진 미래의 '그 무엇 되기'(becoming something)이다.

변화의 시간, 즉 '그 무엇 되기'의 시간은 카메라의 눈에 포착된 영화이미지의 모든 미시적인 무한한 존재이미지들을 드러내어 그것들을 감각이나 정서 이미지들로 전환시킨다. 그리고 현재의 사건들로 드러난 특이성이나 잠재성 혹은 미세한 지각이미지들을 간접적인 시간이미지에 의한 수동적 종합, 즉 습관이나 기억으로 환원시키지 않는다. 따라서 특이성이나 잠재성 혹은 미세한 지각이미지들을 포착하는 감각이야말로 직접적인 시간이미지가 제공하는 순수한 시간의 형식이라고 말할 수 있다. 이러한 순수한 시간의 형식 속에서 만들어지는 감각은 이성이 아니라 우리의 몸이다. 우리의 눈은 카메라의 눈이 포착한 영화이미지를 스크린을 통해 읽는 능력을 부여받았으며, 우리의 눈으로 읽은 영화이미지들은 감각으로 전환되어 온몸으로 전달된다. 아주 미세한 소리를 의미론적이나 상상력을 발휘하여 들을 수 있는 능력을 부여받은 우리의 눈과 몸은 영화이미지의 의미나 상상을 두뇌에 전달한다. 따라서 몸의 일부인 두뇌는 감각이미지와 상상이미지를 기표나 기의(혹은 지표나 상징)의 언어문법으로 사유하지 않고 이미지 그 자체로 사유하기 때문에 감각적인 우리의 몸은 영화를 보는 사건 이전의 감각을 지닌 그 어떤 동물에서 사건 이후의 새로운 감각을 지닌 또 다른 동물로 변화하거나 '그 무엇 되기'의 생성을 수행한다.

시간이미지의 직접적인 등장과 더불어 카메라의 눈에 포착된 영화이미지의 모든 미시적인 무한한 존재이미지들을 드러내는 탈근대의 영화들은 근대의 고전적인 S–A–S나 A–S–A의 장르적 도식 영화들을 S–A–S'–A'나 A–S–A'–S'의 동시대적인 혼합장르 또는 단일한 장르를 초월하는 영화를 등장시켰다. 하나의 공간 속에서 이루어지는 운동이미지의 지각이미지와 정서이미지가 결합된 상황이미지는 또 다른 운동이미지의 일부인 행동이미지를 통해 변화된 상황이미지(S')와 행동이미지(A')를 생성 또는 생산한다. 이것은 행동이미지와 상황이미지가 또 다른 행동이미지와 상황이미지를 만드는 것과 같다. 따라서 영화의 전분부에서 만들어지는 S–A(혹은 A–S)라는 운동의 공간과 영화의 후반부에서 만들어지는 S'–A'(혹은 A'–S')라는 운동의 공간은 전혀 다른 공간의 운동이미지이거나 시간이미지에 의해 변화된 공간의 또 다른 운동이미지이다. 이러한 탈근대의 영화들에서 보이는 시간이미지는 최근의 B급영화들에서도 그대로 드러난다. 예를 들어 김상진 감독의 〈신라의 달밤〉(2001)에서 수학여행지 경주라는 상황이미지와 패싸움이라는 사건의 행동이미지는 모범생이 진짜 깡패가 되고 애송이 깡패가 선생이 되는 수학여행의 경주가 아닌 깡패들의 도시 경주라는 상황이미지와 학교마저도 깡패들의 소굴이 되는 또 다른 행동이미지를 보여준다. 이와 마찬가지로 박철관 감독의 〈달마야 놀자〉(2001)는 깡패와 중들의 만남이라는 사건을 통해 깡패가 중이 되고 중이 깡패가 되는 또 다른 행동이미지와 상황이미지를 나타낸다.

들뢰즈가 말하는 동시대의 영화, 즉 탈근대의 영화는 결코 카메라의 눈이 포착한 이미지들을 습관으로 굴절된 과거·현재·미래라는 순서로 배치하지 않고, 또 과거와 현재의 동일시라는 기억으로 굴절된 영원한 현재라는 잠재성으로 전락하게 만들지도 않는다. 탈근대의 영화들은 이미 상투적이지 않은 영화관객들의 감각을 매개로 영화이미지를 이미지의 내부, 이미지와 이미지의 관계, 사운드와 이미지, 대사와 이미지, 대사와 사운드 등의 수많은 관계들이 만드는 감각의 계열들로 보여준다. 이러한 감각의 계열들은 들뢰즈의 '몽타주'(Deleuze 1989, p. 34)[2] 개념에서 드러난다. 들뢰즈의 몽타주 개념은 간접적인 시간이미지와 직접적인 시간이미지가 드러내는 세 가지 시간형태가 영화의 두뇌인 스크린에서 어떻게 상호 작동하는가, 하는 감각적 작용의 세 가지 종합이다. 즉 과거의 습관을 형성시킨 깊은 심도의 '롱 테이크'(long take)와 현재의 사건이 진행하는 '짧은 쇼트들' 사이의 감각이미지, 기억을 통해 서로 이질적인 과거의 다양한 층위들 사이에서 만들어지는 감각적 기억의 이미지 그리고 각각의 과거 층위들과 그 모든 층위들이 현재의 시간으로 응축된 사건 사이에서 만들어지는 새로운 감각의 이미지가 들뢰즈의 몽타주이다.

들뢰즈의 몽타주 개념은 탈근대영화들이 보여주는 시간이미지 속에서 과거 습관의 생성, 현재 기억의 생성, 미래의 '그 무엇 되기'를 사유할 수 있는 도구이다. 이런 측면에서 영화의 스크린과 관객 그리고 영화가 상영되는 영화관과 바깥세계 사이에서 만들어지는 감각적 차이들도 포함한다. 마치 오랜 기간 동안 인간세계에 살고 있는 개와 늑대의 감각적 계열의 차이가 서구적 근대가 만든 백인과 흑인의 그것보다 더 큰 것처럼, 예를 들어

대한민국에서 강우석 감독의 영화 〈실미도〉(2003)를 본 사람들과 안 본 사람들의 감각적 계열의 차이는 백인과 흑인의 그것보다 더 클 수도 있다. 따라서 직접적인 시간이미지가 주를 이루는 탈근대영화들의 관객은 이미 변화와 생성을 수행하는 영화이미지의 몽타주뿐만 아니라 영화스크린과 관객 사이의 몽타주와 영화관과 바깥세계 사이의 몽타주가 만드는 감각적 차이들을 취득했다고 할 수 있다. 니체가 말하는 '초인' 그리고 로렌스가 말하는 '고귀한 야만인'의 새로운 인간이 거주하는 탈근대의 세계와 탈근대인이 이미 도래한 것이다.

**[ 주 ]**

1) 서술한 바와 같이 들뢰즈는 2차 세계대전으로 근대 국민국가가 와해되면서 시작된 1948년 무렵의 이탈리아, 1958년 무렵의 프랑스 그리고 1968년 무렵의 독일에서 등장하는 영화들의 새로운 이미지 표현형식들을 '동시대의 영화들'이라고 부른다. 그러나 현실적으로 2차대전 이후 미국과 소련의 냉전체제는 서유럽뿐 아니라 동유럽을 포함한 지구촌 전체의 신흥국가들을 미국의 자본주의 국가 혹은 소련의 사회주의 국가에 포함되어 근대 국민국가를 유지하게 만들었다. 따라서 1989년 구소련의 붕괴나 1992년 마스트리히트 조약으로 1993년부터 발효된 유럽연합이 창설되기 전까지 근대적 국가제도와 탈근대적 삶의 방식은 공존하였다. 이러한 현상을 프레드릭 제임슨(Fredric Jameson)은 후기(혹은 말기)근대라고 이야기한다. 따라서 2차대전 이후의 후기근대(the post-modern)는 미국과 소련의 냉전체제에 의해 유지되었던 사이비 근대성과 이탈리아에서 출발한 '동시대의 영화들'이 보여주고 있는 탈근대성(trans-modernity)이 혼재하는 시대였다. 이러한 혼재를 근대성과 구분하여 후기근대성이라고 지칭하고, 근대적 연속의 후기근대성과 구분하여 새로운 지구촌시대를 탈근대성이라고 지칭한다. 따라서 들뢰즈가 '동시대의 영화들' 이라고 부르는 영화들은 '탈근대의 영화들'이라고 지칭해도 무방하다고 본다.

2) 들뢰즈의 몽타주는 운동이미지가 영화의 쇼트와 동화되어 영화의 쇼트들이 카메라의 눈이라는 주체에서 스크린 이미지라는 객체로 전환되는 과정에서 생산되는 전체 이미지이다. 바로 이런 면에서 몽타주는 영화 전체를 구성하기 때문에 관객들에게 시간이미지를 전달한다. 따라서 몽타주는 운동이미지가 지배하는 근대영화들을 탈근대적으로 다시 읽을 수 있는 영화적 사유의 도구일 뿐 아니라

근대의 고전적인 영화들 속에서 틈새로 작용하는 잠재적인 시간의 이미지를 지각할 수 있는 관객의 몸을 제공한다. 이것은 마치 근대의 소설들이 전근대의 로망스나 신화들을 근대적으로 읽을 수 있도록 도와주는 서술구조를 지닌 것과 같다. 영화는 근본적으로 카메라의 눈과 스크린의 이미지, 스크린의 이미지와 관객의 몸 그리고 영화관 안과 바깥을 하나의 전체로 읽을 수 있는 몽타주를 제공한다. Deleuze 1989, pp. 34~43.

# 05 감각의 계열들과 탈근대의 영화읽기

들뢰즈가 말하는 영화이미지의 몽타주, 스크린과 관객들 사이에서 작동하는 몽타주 그리고 영화관 안과 바깥 사이에서 작동하는 몽타주를 읽기 위해서는 대상의 주체적 이해와 분석을 전제로 한 근대적 방식의 이성(理性)을 작동시키는 변증법적 계열에서 벗어나 느낌이나 감각의 새로운 계열(order)이나 계열화(ordering) 방식을 받아들여야 한다. 근대적 방식의 변증법적 계열이나 계열화 방식은 이성을 전제로 한 데 반해, 탈근대적 방식의 계열이나 계열화 방식은 몸의 감각을 전제로 한다. 근대적인 이성-감성의 이분법 속에서 만들어지는 이성 중심의 계열이나 계열화는 이성과 감성을 서로 대립적이고 투쟁적으로 만들지만, 탈근대적인 감각 중심의 계열이나 계열화는 지식이나 습관을 내포하고 있는 이성이 감각을 구성하는 하나의 부분 요소로 포함되기 때문에 이성과 감성을 서로 대립적 또는 투쟁적으로 만들지 않고 상호 공존하고 생성적인 관계로 파악한다. 그렇기 때문에 영화 스크린이미지뿐 아니라 현실의 수많은 가시적 혹은 비가시적인 이미지가 제공하는 어떤 느낌이나 정서로 구성된 감각의 계열(화)은 아직까지 알려지지 않은 새로운 이성과 정서를 끊임없이 생산하고 소비한다. 이미 혼합장르로 구성된 탈근대의 영화들이 우리를 지배하고 있는 탈근대 상황에서, 영화읽기는 근대적 문학읽기와 달리 판단하거나 재단하지 말고 아직 알려지지 않은 새로운 이성과 정서를 새롭게 설명해야 하고 그러한 설명을 위하여 끊임없이 새로운 개념을 창조해야 한다.

'근대의 종말'[1]이라고 할 수 있는 2차대전 이후에 변증법적 계열(화)에 대한 비판은 이미 사르트르의 『변증법적 이성비판』에서 '독단적 변증법'에 대한 비판으로 등장한다. 전통적인 변증법에서 주장하는 '정(thesis of the subject)－반(anti-thesis of the object)－합(syn-thesis of Subject)'은 결코 주체와 객체의 대립과 화합이 아니라 소문자 주체(a subject)가 대문자 주체(the Subject)로 전환하면서 타자(the other)나 객체(the object)의 차이를 희생시키고 유사성만 취하는 파시즘의 특성을 지닌다. 그래서 헤겔이 "독일 이데올로기가 곧 세계 이데올로기"라고 말한 것처럼 사르트르는 "헤겔 변증법은 모든 것을 절대정신의 자기 인식 속으로 소멸시키"고 "전통적인 유물변증법은 모든 것을 역사와 사회에 대한 실증적 법칙으로 퇴화시켰다"(박성수 2004, 144쪽)고 말한다. 그러나 사르트르는 "마르크스의 변증법적 이성은 세계 안에서 자기 자신을 구성하고, 그것과 다른 다양한 사유방식들을 해소시켜 버리며, 자기 자신을 보다 총체적인 새로운 형태로 다시 만들어가는 과정에 대한 사유"(같은 책, 44~45쪽)라고 비판하면서도 총체화나 능동적인 전체적 종합을 결코 포기하지 않는다.

사르트르가 마르크스의 변증법적 이성을 비판하면서도 변증법적 계열이 지닌 종합의 한계에 머무르는 이유는 근대적 타자로 존재하는 특이성들의 총체화, 즉 타자들에 대한 서술의 총체화를 신뢰하기 때문이다. 이러한 사르트르의 한계를 학기 초에 수강신청을 하는 동국대학교 영어영문학과의 예를 들어 살펴보자. 수강신청을 하는 학생들이라는 하나의 계열이 있고, 각 과목을 담당하는 교수들이라는 또 다른 계열이 있다. 학생들의 계열을 A라 하고 교수들의 계열을 B라고 하면, 계열 A에는 "a, b, c, d, e, f, g, e…"라는 무수한 학생들의 개체들이 포함되어 있으며 계열 B에도 "가, 나, 다, 라, 마, 바…"라는 무수한 교수들의 개체들이 포함되어 있다. 사르트르는 동국대학교 영어영문학과에 있는 A라는 하나의 계열 속에 있는 학생 개개인은 서로에 대해 타자로 존재한다고 본다. 또한 B라는 또 다른 계열에 속하는 교수들 개개인도 서로에게 타자로 존재한다는 것이다. 학생들이라는 하나의 계열과 교수들이라는 또 다른 계열이 절대적 존재의 의미를 획득하는 동시에 개개의 학생과 교수들 또한 절대적 존재의 의미를 지니게 된다. 이런 절대적 존재론을 맹신하는 사르트르에 따르면, 수강신청을 하는 동국대학교 영어영문학과 학생들과 수강과목을 담당하는 교수들은 다음과 같은 계열의 공통적인 특성들을 지닌다.

① 학생(교수)들 개개인의 홀로 있음의 복수성

② 학생(교수)들 상호간의 외재성

③ '수강신청을 (당)하고 있다는 사실'의 공통성

④ 수강신청을 한 학생들 자신을 나타내면서 타자(the other)로 존재하

는 각 과목을 담당하는 교수들(수강신청 과목으로 자신을 나타내면서 타자로 존재하는 각 과목을 신청하는 학생들)

⑤ A 혹은 B라는 자체 계열 안에서 끊임없이 순환하는 타자성과 동일성

문제는 수강신청이 끝난 후에 계열 A와 B가 재결합되는 과정에서 나타난다. 예를 들어 'a, c, d, g, h'의 학생들이 '가'라는 교수의 과목을 수강신청하고 'b, c, d, e, f' 학생들이 교수 '라'의 과목을 신청했다고 할 때, 새롭게 '가'라는 계열과 '라' 계열이 만들어진다. 원래 가와 라는 A계열에 속한 개체들이 아니기 때문에 새로운 가와 라는, A계열과 완전히 다른 '타자'(the Other)이다. 따라서 마르크스와 헤겔의 변증법적 계열화가 '주체의 종합' '주체의 총체화'라는 한계가 있다면, 사르트르의 변증법적 계열화는 A라는 계열과 완전히 다른 '타자의 종합' 혹은 '타자의 총체화'를 결여한 한계를 지닌다. 이러한 타자의 총체화는 귀신을 '살아 있는 자'와 '죽은 자'의 관계 속에서 제시하는 알레한드로 아네나바르 감독의 〈디 아더스〉(The Others, 2001)에서 구체적으로 드러난다. 영화에서 '죽은 자'들은 새로운 주체가 되어 '살아 있는 자'들을 타자의 귀신으로 인식한다. 2차대전 이후의 후기근대적 상황에서 서구적 근대성의 서구·백인·남성이라는 주체는 비서구·유색인·여성이라는 타자의 주체화에 의해 타자로 인식되기도 한다. 이런 면에서 마르크스와 헤겔의 근대적 변증법의 귀신이야기에 대한 서술은 '살아 있는 자'이거나 서구·백인·남성이라는 근대적 주체의 계열이 '죽은 자'이거나 비서구·유색인·여성이라는 후기근대적 주체라는 타자의 계열을 타자화하는 과정이었다. 그러나 사르트르와 〈디 아더스〉의

후기근대적 귀신이야기 서술은 '죽은 자'라는 타자의 계열이 '살아 있는 자'라는 주체의 계열을 타자화하는 과정이다.

이와 달리 들뢰즈의 계열(화)은 마르크스와 헤겔 그리고 사르트르의 계열(화)이 공통으로 지니고 있는, '주체-객체(타자)' '동일성-타자성'이 상호 순환하는 변증법적 이원론을 극복하고자 한다. 들뢰즈는 대립하고 있는 두 항, 즉 A와 B의 대응에 초점을 맞추기보다는 대립하고 있는 두 항의 경계선을 따라 분배되는 감각의 느낌들을 계열(화)라고 부른다. 예를 들어 앞에서 제시한 A계열과 B계열이 대응하여 A의 구성요소들이 B의 구성요소인 '가'나 '라'의 집합으로 다시 계열화되는 것이 아니라 A와 B의 경계선을 따라 그 구성요소들이 재배치되어 새로운 계열(화)을 구성한다는 것이다. 수강신청을 하는 동국대학교 영문학과 학생들과 교수들 사이에는 '영미문학과 공연예술' '텍스트와 비평' '영미문학과 페미니즘' '영어권 문화와 청취' 등의 과목이 있다. 이처럼 A와 B의 경계선에서 작동하는 계열(화)의 운동은 다음과 같은 특성을 지닌다.

첫째, A 혹은 B라는 스스로의 계열이 작동하는 운동

둘째, 언제나 A는 B로, 혹은 B는 A로 향하는 A되기(학생 되기) 혹은 B되기(교수 되기)라는 서로 다른 계열을 지향하는 운동

A와 B의 경계선에 따라 분배 또는 배치되는 계열(영문학과 전공과목들)은 A계열의 학생들 개개인이 자신들과 전혀 다른 감각과 느낌들을 지닌 B계열에 있는 '가, 나, 다, 라…' 교수들 되기를 달성하는 통로이고, 한편 B계열의 교수들 개개인은 A계열의 'a, b, c, d…' 학생들 되기를 달성하는 통로이다. 이러한 경계선의 계열(화)은 언어의 기호, 즉 기표와 기의의 관

계나 문법체계의 랑그(langue)와 발화의 파롤(parole)이 지니는 관계에서도 동일하게 나타난다. 기표(a, b, c, d, e…)와 기의(가, 나, 다, 라…) 혹은 랑그와 파롤의 상호 대응관계는 기표와 기의나 랑그와 파롤의 경계선을 따라 분배 또는 배치되는 이미지나 아이콘으로써 계열(화)이 달성되는데, 이 이미지나 아이콘을 들뢰즈는 '역설적 심급' 혹은 데리다와 마찬가지로 '유동하는 기표'라고 부른다. 이렇게 해서 들뢰즈의 감각이나 느낌의 계열(화)은 닫혀 있는 A와 B가 지니는 계열의 구조를 열어놓으며, A와 B 계열 내부뿐 아니라 A가 B로 향하고 B가 A로 향하는 계열구조의 안과 밖을 생성으로 이행시킨다. 이 구조의 생성은 이미지나 아이콘이라고 불리는 역설적 심급 혹은 유동하는 기표, 즉 A와 B의 관계 속에 내재해 있는 '내재성의 장'(the plane of immanence)을 사유함으로써 유추가 가능하다.

근대적 문학비평과 마찬가지로 영화서술의 상징이나 은유의 영화읽기가 아닌 들뢰즈의 감각이나 느낌의 계열에 따른 탈근대적 영화읽기는 탈근대영화들이 제시하는 영화이미지의 내부, 이미지와 이미지의 관계, 사운드와 이미지의 관계, 대사와 이미지의 관계, 대사와 사운드의 관계 등 수많은 경계선을 따라 배치·분배되는 '그 무엇 되기'의 생성을 읽어야만 한다. 이러한 탈근대적 영화읽기는 영화의 이미지가 바로 읽기의 대상이 된다는 것을 의미한다. 따라서 탈근대적 영화읽기는 영화이미지에 배치되어 있는 감각이나 느낌의 계열들이 극대화된 그 분산을 사유하는 것이다. 감각이나 느낌의 분산은 여성 되기, 동물 되기, 식물 되기, 광물 되기 혹은 바람이나 물 되기 등과 같은 소수자(minority) 되기의 느낌이나 감각을 생성시킨다. 그러므로 탈근대적 영화읽기는 소수자 되기를 통해서 생성시킨 감각이나 느낌으로 여성, 동물, 식물, 광물 혹은 바람이나 물의 새로운 이야기를 끊임없이 생성시키는 것이다.

이런 측면에서 호르헤 루이스 보르헤스(Jorge Luis Borges)는 "예술은 우리가 시를 읽을 때마다 생겨난다"고 말한다. 보르헤스의 말을 영화에 적용한다면 "'잠재적인 나'는 영화를 볼 때마다 새롭게 생겨난다." 물론 좋은 시와 나쁜 시가 있듯이, 좋은 영화와 나쁜 영화가 있다. 좋은 시를 읽을 때 좋은 예술이 생겨나는 것처럼, 좋은 영화를 볼 때 더 큰 '잠재적인 나'를 발견하게 된다.

아일랜드의 인디영화, 존 카니(John Carney)의 〈원스〉 (Once, 2006)의 예를 들어보자. 〈원스〉는 음악이 주된 모티브로 작동하는 영화이다. 그렇다고 빔 벤더스 감독의 〈부에나 비스타 소셜 클럽〉(1999)처럼 특수 장르의 음악에 정통해 있거나 스크린에 등장하는 음악의 선율에 따라 몸을 움직일 필요는 없다. 가장 훌륭한 예술은 자연이나 삶을 모방하는 것이 아니라 자연이나 삶 그 자체이듯이, 예술 중의 예술이라 불리는 음악 중에서 최고의 음악은 자연이나 삶의 소리이다. 〈원스〉에 등장하는 '그'(Glen Hansard 분)와 '그녀'(Marketa Irglova 분)가 영화를 보고 있는 우리처럼 자연적으로 존재하는 그와 그녀이듯이 그들이 부르는 음악은 우리가 살고 있는 자연이나 삶의 음악이기 때문에 영화를 보는 내내 우리의 자연이나 삶의 공간에 내재되어 있는 음악적 선율의 이미지가 현실적인 나의 이미지와 잠재적인 나(자연, 삶 혹은 생명성)의 이미지를 생성시킨다.

일상의 현실에서 살고 있는 우리는 현실로 드러나는 현실적 이미지(actual image)만 감지할 뿐이다. 그러나 실재를 구성하는 또 다른 이미지,

잠재적 이미지(virtual image)가 존재한다. 그것은 일상의 현실에서 벗어나, 정서나 감각으로 내재되어 있기 때문에 우리는 그러한 이미지를 거짓이나 허상이라고 부르거나 심지어 그런 정서나 감각을 순간적으로 포착함에도 불구하고 일상의 현실을 살아가는 우리의 삶에 전혀 도움을 주지 않는다는 이유로 무시하거나 감상주의로 호도하기도 한다. 현실적 이미지와 함께 실재의 이미지(real image)를 구성하는 잠재적 이미지는 거짓이나 허상이 아니거니와 감상주의의 낭만적 향수도 아니다. 그래서 들뢰즈는 실재의 리얼리티가 지니는 실재 이미지를 잠재적 이미지와 현실적 이미지 모두를 포용하는 '잠재성의 현실화'라고 말한다. 이 잠재성의 현실화를 가장 극적으로 보여주는 영화가 존 카니의 〈원스〉이다. 우리는 〈원스〉를 보면서 우리 자신에게 내재되어 있는 '잠재적인 나'가 꿈틀꿈틀 움직이면서 현실의 감각으로 드러나는 것을 발견하게 된다.

그 과정은 아래의 〈표〉과 같다.

〈표〉

| 이미지 존재(기호) | | |
|---|---|---|
| 1차성(잠재적 이미지) | 2차성(현실적 이미지) | 3차성(상징적 이미지) |
| 아이콘(icon or image) | 지표(index or signifier) | 상징(symbol or signified) |
| 질 기호(gualisign), 도상 기호(iconic sign), 잠재 기호(rheme, reume) | 지표 혹은 기의의 이중성(결핍의 지표와 다의성의 지표, ellipse의 이중적 의미), 실재 기호(sinsign or syn sign), 지표 가호(indexical sign), 사실 기호(dicisign) | 정신적인 것, 의미작용, 법칙 또는 관계, 상징기호(symbolic sign), 논증(언어문법 혹은 정신이미지) |

서술한 바와 같이 들뢰즈의 『영화 1, 2』와 『감각의 논리』(*The Logic of Sense*)의 이론적 토대를 제공하는 찰스 샌더스 퍼스(Charles Sanders Peirce)는 실재이미지의 존재를 세 가지로 구분하는데, 이미지 기호의 1차성과 2차성, 3차성이다. 앞의 〈표〉에서 보듯이 퍼스 언어기호학의 핵심을 이루고 있는 이미지의 세 가지 구분은 들뢰즈가 '잠재성의 현실화'라고 부르는 실재 이미지가 작동하는 방식을 잘 보여준다. 퍼스가 이미지의 1차성이라고 부르는 것은 이미지 그 자체이다. 따라서 이미지의 1차성은 퍼스의 기호학적 용어로 기호 그 자체인 '질 기호'나 이미지 그 자체인 '도상기호' 혹은 기호화될 수 있는 가능성으로 존재하는 '잠재기호'이다. 이 모든 1차성 이미지 기호들을 들뢰즈는 '정서이미지'라고 지칭하며, 정서이미지는 이미지 자체가 강렬한 강도를 지닌 정서와 감정의 질 또는 힘으로 존재한다. 따라서 "그것은 그 자체가 표현된 것으로 여겨지는 잠재성이다"(Deleuze 1986, p. 8). 우리의 일상적 인식과 달리 우리의 자연과 삶은 이러한 정서이미지들로 구성되어 있는 있다.

〈원스〉에는 그와 그녀의 잠재적인 정서이미지가 뒤엉켜서 드러날 뿐, 그들의 이미지가 지니고 있는 '현실이미지'는 크게 드러나지 않는다. 그가 가전제품 수리공이고 그녀가 길거리에서 꽃을 팔아 생계를 유지하는 여자라는 이미지 기호의 2차성과 3차성은 마치 우리의 일상적 현실과는 거꾸로 잠재되어 있는 것으로 나타난다. 잠재성에서 현실성이 출현하는 '잠재성의 현실화'라고 부르는 이미지 기호의 2차성, 즉 현실적 사물이나 사건을 지시하는 '실재 기호'나 '지표 기호' 혹은 '사실 기호'가 거의 드러나지 않든가 잠깐 드러난다 해도 그 영화적 효과는 매우 미약해 보인다. 어쩌면 이미 실연을 당한 '그'와 남편과 헤어져서 아이와 어머니를 데리고 더블린으로 이사한 '그녀'가 우리의 일반적인 인식과 달리 이미지 기호의 2차성과 3차성의 허구를 발견했는지도 모른다. 그의 방에 들른 그녀에게 "자고 가라"고 청하는 그는 아닐지라도, "일없이 만나면 불장난밖에 할 것이 없다"고 말하는 그녀는 분명히 이미지 기호의 2차성과 3차성의 허구를 발견하고 있다. 바로 이러한 요인 때문에 영화 〈원스〉에 등장하는 아일랜드의 '더블린'이라는 도시이미지와 그와 그녀의 끊임없는 운동이미지는 잠재적 이미지를 현실적으로 삼켜버리는 이미지 기호의 3차성, 즉 '상징기호'나 '논증'(언어문법 혹은 정신이미지)으로 넘어가지 않고 음악의 리듬으로 관객들에게 지속적인 정서이미지를 재생산시킨다.

80여 분 동안 끊임없이 관객들에게 그들의 현실적 이미지가 아닌 잠재적 이미지의 '정서이미지'를 재생산시키는 영화 〈원스〉는 관객들을 불안하게 만든다. 또한 〈원스〉는 스크린 속의 그와 그녀처럼 관객들에게 잠재적 이미지가 꿈틀꿈틀 움직이면서도 아직 그 어떤 이미지로 형상화되지 않는 '잠재성의 현실화'라는 영원한 현재의 불안함을 즐기게 해준다. 관객들은 그 불안함 속에서 그와 그녀가 만드는 음악의 리듬을 따라 그들의 잠재적 이미지가 생생히 살아 있었던 그들의 '그'와 '그녀'의 이미지로 몰입한다. 그 몰입의 불안함이 즐거움인 것은 그들의 잠재적 이미지가 실재의 '나'를 구성하는 정서이미지를 생산하기 때문이다. 관객들 각자의 그녀와 그를 사랑했던 영원한 현재의 순간으로 돌아간다는 것은 그 누구의 남편이나 아내 혹은 그 누구의 아들이나 딸의 일상적 현재에서 관계적 욕망 그 자체로 영원 회귀하여 고아의 무한한 잠재성을 획득하는 것이다. 관객은 현실의

'나'에서 탈영토화해서 잠재적인 '나'를 발견하여 새로운 현실의 '나'로 재영토화한다. 탈영토화의 불안함과 재영토화의 즐거움이 동시에 공존하는 것이다.

"불안한 감정이 1차성을 함의한다면, 내가 따를 수도 따르지 않을 수도 있는 법원의 출두명령은 3차성의 상징적 영역을 포함한다. 그러나 퍼스는 내 어깨에 놓인 보안관의 단단한 손은 2차성의 생경한 사실 그 자체라고 말한다."(Flaxman 2000, p. 291) 관객인 '나'가 지니고 있는 실재이미지가 스크린에 등장하는 그와 그녀의 이미지가 지닌 '생경한 사실 그 자체'라는 것을 깨닫는 순간, '나'는 이미 현실의 '상징적 영역'에서 탈영토화해서 '불안한 감정'을 포획하여 마치 "내 어깨에 놓인 보안관의 단단한 손처럼" 매우 강력하고 매우 '생경한' 또 다른 '나'로 재영토화한다. 그런데 "내 어깨에 놓인 보안관의 단단한 손"은 "음악으로 기억될 사랑의 순간/사랑하고 그리워하고 나는 너를 노래한다"는 노래를 부르는 음악적 선율의 순간이다. 그래서 그들은 우리 일상인들이 일상적 삶의 노예가 되어 '잠재적 나'를 발견할 수도 발견 못할 수도 있는 것과는 달리 현실의 일상적 삶에서 강력한 법률로 작동되고 있는 남성적 혹은 여성적 삶을 "따를 수도 있고 따르지 않을 수도" 있다.

영화에 등장하는 그와 그녀를 매개해 주는 것은 상징적 기호가 지배하는 일상적 언어가 아니고 이미지 기호의 잠재성이라고 일컫는 음악이다. 그래서 영화가 끝난 다음에도 '그'에 대한 기억은 "수염으로 가득한 노래하는 입"이고 '그녀'에 대한 기억 또한 "피아노 선율에 따라 율동하는 여린 몸"이다. 그렇다고 영화에서 항상 그가 노래를 부르거나 그녀가 춤을 추는 것은 아니다. 영화가 이어지는 80여 분의 '시간이미지'가 그와 그녀가 어울려서 만드는 음악의 '운동이미지'로 기억되고 있을 뿐이다. 영화가 끝나면서 그는 런던으로 떠나지만, 그는 영원히 "거리에서 노래를 부르는 그"이고 "그의 노래를 들으며 그 노래 속에 숨겨진 사랑의 아픔을 한눈에 알아보는 그녀"는 영원히 피아노를 치는 그녀이다. 그가 영원히 노래를 부를 수 있는 것은 그의 음악을 응원해 주는 그녀 덕분이며, 그가 용기를 얻고 런던에서의 오디션을 위해 앨범을 녹음하기로 결심하고 그것을 실행하는 것도 그녀가 있기 때문이다. "그녀가 만들어내는 피아노 선율이 나의 마음을 설레게 한다. 그녀가 부르는 노래가, 그녀가 만드는 음악이 나의 마음을 사로잡는다."

이처럼 음악은 그와 그녀를 연결시키는 자연과 삶의 생명력이다. 그의 앨범이 완성되어 가는 과정에서 그녀뿐만 아니라 앨범을 만드는 모든 '그들'이 그녀와 그가 된다. 그래서 그는 "그녀는 나의 노래를 완성시켜 준다. 우리가 함께하는 선율 속에서 나는, 나의 노래는 점점 그녀의 것이 되어간다"고 노래한다. 마침내 앨범은 완성되고, 밤을 꼬박 샌 그들 모두가 해변으로 드라이브를 가서 마치 그들의 '잠재성들'을 모두 소진한 것처럼 개인과 개인, 그들과 바다가 어우러지는 앙상블만큼 아름다운 것이 있을까? 만나는 것도 아름답지만 떠나는 것은 더욱 아름답다. '그'는 앨범을 가지고 런던으로 떠나고, '그녀'는 이제 피아노를 치기 위해 마음씨 좋은 악기가게의 주인아저씨에게 부탁하지 않고 집에서도 피아노 연습을 할 수 있다. 이제 그녀는 그의 앨범이 되었고, 그는 그녀의 피아노가 되었다. 영화 〈원스〉를 기억할 때마다 어느 국가에도 속하지 않는 아일랜드의 바다와 산 그리고 어느 개인에게도 속하지 않는 더블린의 시내와 거리들이라는 상황이미지들과 피아노 소리와 기타의 선율과 함께 '그'의 노래가 되어버린 행동이미지들이 끊이지 않고 나의 귓가를 맴돈다.

영화는 끝났다. 그래서 나는 영화관 바깥으로 나온다. 그러나 〈원스〉에 등장하는 수없이 많은 음악의 선율이 귓가에 울릴 때마다 나는 음악오디션을 받으러 런던으로 가고 있는 '그'와 피아노를 치고 있는 '그녀'의 이미지가 눈에 선하다. 그와 그녀는 결코 가수 또는 피아니스트라는 명사가 아니라 "가수가 되고 있는 중"이고 "피아니스트가 되고 있는 중"인 '런던으로 가다'와 '피아노를 치다'의 동사이다. 이러한 명사가 아닌 동사의 영화이미지는 나의 삶을 근대적 명사가 아닌 탈근대적 동사의 삶으로 만든다. 그래서 "나는 남자이다"가 아니라 나는 "남자가 되어가고 있는 중이다"이고 "나는 교수이다"가 아니라 "나는 교수가 되어가고 있는 중이다"이다. 〈원스〉를 생각할 때마다 근대적 운동이미지가 지배하는 것이 아니라 탈근대적 시간이미지가 삶과 세계에 대한 인식의 중심이 되는 것이다. 그렇게 현실의 시간이미지는 나의 잠재성에 내재해 있는 여성 되기를 하는 남성을 생산하고, 학생 되기를 하는 교수를 생산하며, 동물 되기를 하는 인간을 생산하고, 소수자 되기를 하는 다수자를 생산한다.

**[ 주 ]**

1) 지구의 이편에 있는 우리는 근대를 온전하게 경험하지도 못했는데, 지구의 저편에서는 근대의 종말을 경험한다. 그러나 근대의 생성과 근대의 종말은 제 2차 세계대전 이후 지구의 저편과 이편에서 상호 영향을 주고받으며 근대의 동시성과 비동시성으로 존재하게 된다. 이것이 미국과 소련 주도의

후기 근대적 상황이다. 따라서 한반도는 19세기 후반부터 1945년까지 초기근대의 역사적 경험과 1945년부터 한국전쟁을 거쳐 미국식 국민국가의 대한민국과 소련식 인민국가의 조선민주주의인민공화국을 건설하는 1990년까지 핵심근대의 경험을 겪었다고 할 수 있으며, 1987년 민주주의 항쟁의 승리와 1989년의 구소련의 몰락 그리고 1990년의 동서독의 통일의 영향으로 1991년에 합의된 남북기본합의서로부터 후기근대적 상황에 도래했다고 할 수 있다.

# 탈근대의 영화읽기 | Ⅲ |

# 01 탈근대영화들의 문학적 장르확산

## 1) 문학이란 무엇인가?

문학의 위기를 논하는 시대에 영화가 문학강의실을 쳐들어오고 있다. 영화가 문학강의실에서 하나의 텍스트로 사용되는 것이 과연 합당한 일인가? 우리가 살고 있는 세계와 삶이 그러하듯 문학교육에서도 항상 교육적 실천이 앞서고 교육의 이론이 뒤따르는 것이 현실이다. 따라서 최근 영화텍스트들을 문학교육의 한 방편으로 사용하는 문학교육의 실천에 대한 진지한 문학이론 논의들[1]을 보면서 "문학은 무엇인가?"라는 근본적인 질문을 하게 되는 것은 당연하다. 영화는 우리가 살고 있는 근대화과정의 산물이고, 문학은 고대부터 다양한 형태로 변형·발전해 왔다고 할 수 있다. 그러나 오늘날 우리가 지니고 있는 문학 개념에 대한 인식은 철저하게 근대적인 것이다. 근대적인 영문학교육의 입장에서 바라볼 때, 문학은 문학교육의 자료(텍스트)와 목적(내용)을 "분명하게 정의할 수 있는 그 무엇"(Webster 1996, p. 4)이었다. 대학에서 문학은 시·소설·드라마·비평이론으로 분류되기도 하고, 서점에서 문학은 철학이나 역사학과 함께 사회과학이나 자연과학과 구분되는 인문학을 구성하는 한 분과학문이거나 인문학 중에서도 문학적인 픽션과 비문학적인 논픽션으로 분류되든지 혹은 (한)국문학·영문학·일문학·독일문학 등 국가(국민)문학으로 구분되기도 한다. 그러나 이러한 구분은 단지 19세기 말과 20세기 초에 만들어진 근대적인 문학교육의 개념규정일 뿐이다.

'후기근대'라고 일컬어지고 있는 오늘날, 근대적인 문학 개념을 가지고 이루어지는 문학교육의 습관은 교육의 장뿐만 아니라 이론의 틀 속에서도 쉽게 깨어진다. 예를 들어 근대적인 문학교육에서 소설이 문학의 한 장르에 합류한 것은 20세기 초이며, 비평적 글쓰기를 문학으로 인정한 것은 아주 최근의 일이다. 이런 면에서 "루소의 『고백록』(*The Confessions*)은 철학인가 역사학인가 문학인가?" "자메이카 킨케이드(Jamica Kincaid)의 『나의 어머니의 자서전』(*The Autobiography of My Mother*)은 픽션인가 논픽션인가?" "미국에서 활동하고 영어로 작품을 쓰는 이창래의 소설들은 미국문학인가 아니면 한국문학인가?"라는 질문들에 대하여 우리는 쉽게 대답할 수가 없다. 따라서 이런 질문들은 "분명하게 정의할 수 있는 그 무엇"이라는 근대적인 문학 정의의 한계를 여실히 보여준다. 돌이켜보면 영문학교육이 근대적으로 자리 잡기 시작한 지난 한 세기조차도 문학에 대한 정의는 항상 '문제적'(같은 곳)이었다.[2)]

영화텍스트들을 문학교육에 포함시키는 논쟁에서 시작한 "문학은 무엇인가?"라는 질문의 출발점은 문학은 "분명하게 정의될 수 있는 그 무엇"이 아니라 항상 만들어지고 생성되는 '문제적인 개념'이었다는 것에 대한 동의에서 시작해야 한다. 이러한 동의는 문학이라는 문제적인 개념에 접근하는 우리가 "문학은 무엇인가?"라는 과학적으로 정의하는 근대적인 질문에서 벗어나 "문학은 어떻게 작동되는가?"라는 구축주의 관점의 탈근대적인 질문을 할 수 있게 한다. 지금은 평범하게 들릴지 모르지만, 워즈워스(William Wordsworth)가 1802년판 『서정담시집』의 「서문」에서 "산문의 언어와 운율적 구성(시)의 언어 사이에는 어떤 본질적 차이도 없다"(Wordsworth 1904, p. 736)라고 말한 것은 18세기의 신고전주의 시인들은 물론이고 동시대의 콜리지(S. T. Coleridge)에게조차도 너무나 파격적인 말이었음에 틀림없다. 그렇다고 워즈워스가 당시의 소설들을 시 중심으로 이루어진 문학의 범주에 포함시킬 만한 아량을 갖추었다고 생각되지는 않는다. 워즈워스의 낭만주의 후속세대인 셸리(P. B. Shelley)조차도 시적 권위와 가치에 대한 절대적인 옹호를 내세우는 『시의 옹호』(*A defence of Poetry*)에서 강력하게 '시의 시대들'을 제시하기 때문이다. 심지어 문학의 대중성을 토대로 종교적 영국성을 문학적 영국성으로 대체하여 근대 영문학교육의 초석을 마련한 매튜 아놀드(Matthew Arnold)도 근대적 문학비평의 초석이 되는 문학적 평가의 '시금석'(touchstone)이라든가 '공평무사함'(disinterestedness)은 '시의 연구'를 토대로 이루어진다고 보았다. 이렇듯 19세기 내내 소설장르가 대중들 사이에 폭발적으로 확산되었음에도 불구하고 소설은 시 중심의 문학논의 내지는 문학교육에서 항상 찬밥신세를 면하지 못했다.

소설장르가 대학강단에서 문학교육의 확고한 자리를 획득하는 사건은 1911년 캠브리지대학교에 영문학과가 개설되어 리비스(F. R. Leavis)가 소설이라는 장르에 관심을 두기 시작하면서부터이다. 같은 캠브리지의 영문학과 교수인 리처즈(I. A. Richards)와 엠프슨(William Empson)이 한동안 영문학교육을 대표했던 '실제비평'(practical criticism)을 토대로 시 텍스트에 중점을 두고 문학교육을 실행했다면, 리비스는 대학강단에서 최초로 그의 저서인 『위대한 전통』(*The Great Tradition*)으로 이어지는 소설텍스트에 중점을 두고 문학교육의 '세밀한 읽기'를 시도했다. 이러한 측면에서 배리(Peter Barry) 교수는 '저널리즘과 문학의 관계'에 관한 리비스의 박사학위논문과 그의 부인(Q. D. Leavis)의 '대중소설'에 관한 박사학위논문을 시 중심의 문학교육이 주류를 이루었던 당시 상황에서 거의 '혁명적인 주제들'(Barry 1995, p. 16)이었다고 평가한다. 따라서 소설텍스트들이 대학강단의 문학교육과 문학비평에서 시의 텍스트들과 동등한 위치를 차지하게 된 것은 1932년 리비스 부부가 『스크루티니』(*Scrutiny*)를 창간하여 '세밀한 읽기'의 비평적 방법을 적용한 1930년대 이후이다.

리비스가 등장하기 이전의 문학교육이나 문학에 관한 전문적인 논의에서 나타났던 소설의 푸대접은 오늘날 영화에 대한 푸대접으로 이어지고 있다. 따라서 소설이 문학의 한 장르로 확정되는 과정은 영화가 문학의 한 장르로 확산되는 현재진행형의 과정을 목도하는 하나의 모델이 될 수 있다. 이안 와트(Ian Watt)가 『소설의 발생』(*The Rise of the Novel*)에서 제시하는 것처럼 18세기 '소설의 발생'은 18세기 말과 19세기 초에 시의 변화(신고

전주의의 귀족적인 이성 중심의 시에서 낭만주의의 개인적 정서 중심의 시로의 변화)에 지대한 영향을 끼쳤고, 워즈워스의 "한 시인의 마음의 성장"이라는 부제를 달고 있는 『서곡』(*The Prelude*)은 19세기 중반과 20세기 초 소설의 주류를 이룬 '성장소설'(Bildunggusroman)의 효시 역할을 했다 (Buckley 1970, p. 91). 19세기와 20세기 초의 근대화과정을 거치면서 시와 소설 장르의 시·공간적인 전후의 상호영향은 동일한 시간 속에서 이루어지는 공간적인 쌍방향적 상호영향으로 전환된다. 조이스(James Joyce)의 소설과 엘리엇(T. S. Elliot)의 시들이 보여주는 소설의 시화와 시의 소설화는 문학의 장이라는 모더니즘의 공간에서 문학의 주를 이루는 두 장르의 쌍방향적 상호영향을 가장 잘 보여주는 예라고 할 것이다.

시와 소설의 쌍방향적 상호영향을 통한 문학이라는 개념의 의미 확산은 적어도 두 장르의 매개물인 시어와 소설언어의 본질적인 동일성을 토대로 한다. 동시대의 콜리지를 비롯한 수많은 고전적인 문학인들로부터 비난을 받았지만, 워즈워스의 "산문의 언어와 시의 언어 사이에는 어떤 본질적인 차이도 없다"는 말은 대중적으로 인식되고 마침내 소쉬르(Ferdinand de Saussure)의 언어학이 제기하는 기호이론으로 말미암아 일반적인 진실로 받아들여져 구조주의 이후의 문학비평에서 일반적인 인식론적 토대가 되었다. 시언어와 소설언어가 동일하게 작동한다는 인식이 문학교육에 영화텍스트들을 사용하는 문제에 적용되었을 때, 문학의 매개물인 문자언어와 영화의 매개물인 영상언어가 본질적으로 동일하게 작동하는가라는 문제가 제기된다. 이에 대해 심경석은 문자언어와 영상언어가 동일하다고 보는 반면에, 전인한은 문자언어와 영상언어가 근본적으로 다르다고 주장한다.[3] 『안과밖』의 문학교육과 영화에 대한 논의에서 볼 수 있는 이 같은 첨예한 대립처럼, 최근의 문학교육과 영화에 대한 논의의 핵심은 문자언어와 영상언어의 본질적인 차이와 동질성에 관한 논의가 주를 이루고 있다.

### 2) 문자언어와 영상언어의 동질성

우리는 시와 소설을 매개하는 문자언어의 특성을 기호(sign)라고 말하고, 영화를 매개하는 영상언어의 특성을 이미지라고 말한다. 그러나 기호와 이미지의 근본적인 차이나 동질성을 제기하기 전에, 우리는 근대화과정에서 인쇄술의 발달에서 비롯된 문학의 문자언어화가 구전에 의한 설화문학의 독창적인 예술적 상상력의 세계를 증진시켰는가 아니면 파괴했는가를 살펴보아야 한다. 물론 말(spoken language, speech)과 글(written language)로 구별되는 설화문학과 근대문학의 차이를 무화시키고, 둘 중 어느 하나가 더 우월하다는 방식으로 자가당착에 빠지고자 하는 것은 아니다. 문제는 전통적으로 인정하고 있는 언어가 지닌 두 가지 측면, 즉 말과 글의 차이와 유사성을 인식하여 문학이라는 문제적인 개념의 폭을 확장시킬 수 있느냐는 것이다. 즉 언어의 기호작용이라는 확정적 의미를 생산하는 근대적인 문학개념에서 이미지의 운동이라는 불확정적인 동시에 새로운 기호생산의 탈근대적인 문학개념으로 확산시킬 수 있느냐는 문제로 넘어간다.

데리다(Jacques Derrida)에 의하면, 말과 글은 모두 '음성 중심주의'를 토대로 현존의 형이상학이라는 '이성 중심주의'의 구조를 생산한다(Derrida 1976, pp. 10~18). 데리다의 이 인식은 말과 글 모두 기호라는 소쉬르의 기호체계이론에서 출발하는데, 어떤 기호의 의미는 기표(signifier)와 기의(signified)의 그물망 같은 관계로 구성된 구조 속에서 발생한다는 것이다.[4] 기호는 구조 속에서 작동한다. 이러한 기호의 구조를 소쉬르는 이해하고 해석하려는 데 반해, 데리다는 그 기호가 만드는 구조를 부정하고 그것을 뛰어넘고자 한다. 즉 기호체계가 만드는 구조의 이해와 해석은 '당대의 기호'에 대한 이해나 해석이기 때문에, 데리다는 말과 글의 기호체계가 만드는 "구조를 당대의 기호로 환원(해석하거나 이해)하고자 꿈꾸는 것은 (당대의 기호체계가 작동시키는) 폭력을 꿈꾸는 것"(Derrida 1978, p. 3)이라고 말한다. 데리다의 관점에서 기표와 기의의 관계로 구성된 구조에는 형식과 관계, 경계로 구성된 구체적인 의미의 상호의존성과 허구적 총체성만이 있을 뿐이다. 이러한 기호체계의 구조가 만드는 한계를 극복하기 위해 데리다는 '차연의 글쓰기'(writing of differance)를 제안한다(Derrida 1973, p. 129).

근대적인 문학의 이해에서 출발한다면, 데리다의 '차연의 글쓰기'는 근대적인 문학텍스트들이 지니고 있는 서구·백인·남성 중심주의의 구조에서 벗어나 탈근대적인 탈식민주의와 여성주의 그리고 생태주의의 문학텍스트들을 생성시키는 가장 적극적인 방식이다. 그러나 데리다의 말처럼 문자언어가 만든 문학적 형식의 구조에 대한 이해와 해석에서 벗어나 문학텍스트의 생산과 소비라는 유통과정의 측면에서 바라보았을 때, 말을 토대로 한 구비·설화 문학은 텍스트가 구성되는 당대의 기호구조에서 벗어나 다른 시간과 공간의 상호의존성과 총체성을 생산하는 형식과 관계 그리고 경계의 획들을 구성하는 다양한 텍스트의 생성과정을 목도할 수 있다. 이것은 문학텍스트의 유통구조를 살피는 현장연구에서 가장 잘 드러난다. 예를 들어 러시아 형식주의자 블리디미르 프로프(Vladimir Propp)는 『민담의 형태학』(*Morphology of the Folk-Tale*)에서 탐구한 민담의 구성이 '일곱 개의 행동영역'과 '서른한 개의 지속적인 기능과 요소들'로 이루어져 있다(Webster 1996, p. 50)고 밝힌다. 이것은 문학텍스트의 의미를 생산하는 형식주의적이거나 구조주의적인 탐구라기보다는 구비·설화 문학의 말이 지니고 있는 '차연의 글쓰기'가 오늘날에도 민중 속에서 지속적으로 행해지고 있는 문자언어의 명백한 생산적 증거로 읽을 수 있다.

구비·설화 문학의 말이 지니고 있는 '차연의 글쓰기'는 설화나 민담을 전하는 음유시인과 독자의 상호 생성적 관계를 암시한다. 음유시인은 설화나 민담을 듣는 독자나 관객이 처한 시·공간적 상황에 따라서 이야기하려는 텍스트의 내용과 표현형식을 달리하고, 독자나 관객은 그들 나름대로 시·공간에 따라 서로 다른 텍스트의 내용과 표현형식들을 재구축한다. 이것이 바로 소쉬르와 데리다가 간과한 언어의 기호적인 측면과 비기호적인 측면의 상호 생성적 관계가 지니는 언어적 특성이다. 즉 말이나 글을 통한 저자(혹은 텍스트)와 독자의 상호 생성적인 사회적 순환관계는 바흐친(M. M. Bakhtin)이 중세와 르네상스의 카니발 문화가 지닌 '대화언어성'(diaglossia)과 19세기 영국 소설들, 특히 디킨스(Charles Dickens)의 소설들이 지닌 언어의 '이질언어성'(heteroglossia) 속에서 발견되는 언어적 특성들이다(Bakhtin 1981, p. 61). 바흐친이 소설이나 민주주의 문화의 말이나 언어로 받아들이고 있는 "갈등하고 있는 두 힘" 혹은 "갈등하고 있는 언어 자체의 본성"은 소쉬르의 기호이론이 지니고 있는 언어에 대한 정적인 이해에서 벗어나 언어에 대한 동적인 이해, 즉 기호라고 불리는 언어와 언어 외적인 것의 상호작용 그리고 문학텍스트와 독자의 상호 생성적 관계로 나아가는 것이다.

언어와 언어 외적인 것 그리고 텍스트와 독자가 상호 생성적 관계로 나아간다는 것은 문학텍스트나 독자뿐 아니라 언어 또한 이미 의미가 형성된 과거와 현재에 갇혀 있는 것이 아니고 미래를 향해 열려 있음을 의미한다. 따라서 근대의 문학교육이 텍스트와 독자의 생성적 관계를 등한시하고 문자언어를 통한 저자의 의도나 기호체계의 해석에 몰두하는 것은 문학텍스트나 독자를 과거에 형성된 구조에 갇혀 있게 하는 것, 즉 데리다가 말하는 것과 같은 과거의 구조가 행하는 '폭력을 꿈꾸도록' 만드는 것이다. 이런 측면에서 현재는 미래의 출발점이 아니라 항상 과거의 지속이 된다. 그러나 기표와 기의의 관계로 구성되는 의미의 구조는 절대적이거나 영원한 것이 아니다. 따라서 소쉬르가 의미생산의 양면성이라고 말하는 기표와 기의의 관계에 대한 구조적 이해나 데리다가 말과 글을 모두 '이성 중심주의'라고 하는 것은 문학이라는 문제적인 개념을 과학적으로 "기꺼이 정의할 수 있는 그 무엇"으로 규정하는 근대적인 인식에서 유래한 것이다. 이러한 근대적 문학에 대한 개념의 인식에서 시와 소설을 이해하고 해석하는 데 사용되는 문자언어의 기호적 측면만 반영하는 것들이 바로 상징, 은유, 환유, 아이러니 등이다. 그러나 이러한 의미들의 상징체계는 문학예술이 작동되는 언어와 언어 외적인 것 그리고 텍스트와 독자의 감각적이고 지각적인 상호 생성적 관계를 무시하고 문학의 생성적 세계를 구조라는 '언어의 감옥'(Jameson 1972, p. 173)에 가두어놓는 것이다.

소쉬르와 달리 퍼스(Charles Sanders Peirce)는 언어의 근원을 이미지,

즉 '도상'(icon)으로 본다. 구비문학과 19세기 소설의 유통과정을 살펴볼 때, 퍼스가 이야기하는 이미지의 운동이나 데리다가 제안하는 '차연의 글쓰기'는 이미 시와 소설의 문학장르들의 관계 속에서 상호 작동되고 있다. 문학이 지니는 상호 생성적 관계의 힘, 즉 구비문학에서 음유시인과 독자가 상호 텍스트를 구성하는 힘과 근대문학에서 텍스트와 독자가 상호 의미를 생성하는 힘은 말과 글이라는 문자언어에서 작동되고 있는 이미지의 운동이다.[5] 이러한 이미지의 운동을 퍼스는 '도상적 환원'(iconic reduction)이라고 말한다.[6] 언어의 근원이라고 할 수 있는 지각이미지와 정서이미지의 도상(icon)은 언어체계라는 지표(index)를 거쳐서 언어공동체의 습관으로 정착하여 의미생성의 상징(symbol)으로 나아가고, 현재의 의미체계를 지배하고 있는 수많은 상징들의 생산은 새로운 문학텍스트들을 통하여 다시 지표와 도상으로 되돌아가서 또 다른 의미생성을 일으키는 '도상적 환원'[7] 작용을 한다는 것이다.

바흐친의 '대화언어성'이나 '이질언어성'과 마찬가지로 퍼스가 이야기하는 '도상적 환원'은 문학의 문자언어를 은유와 환유, 아이러니와 상징이라는 의미체계로 이해하고 해석하는 근대적인 명사적 이해를 새로운 의미의 생성이라는 탈근대적인 동사적 이해로 확대시키는 것이다. 예를 들어 영화 〈아모레스 페로스〉(Love's A Bitch, 2000)에서 "사랑은 개이다"라는 말과 글은 사랑이라는 명사와 개라는 명사의 동사적인 도상적 환원의 작용을 보여준다. '사랑'이라는 명사에 포함되어 있는 "X는 사랑이다"는 하나의 도상(개념 혹은 이미지)과 개라는 명사에 포함되어 있는 "Y는 개다"라는 또 하나의 도상에서 "X는 Y가 된다"라는 '사랑'의 이미지와 '개'의 이미지가 포개어지는 도상적 환원의 작용으로 드러난다. "사랑은 개이다"라는 말과 글은 은유와 상징이 아니라 "사랑이라는 이미지의 집합이 개라는 또 다른 이미지의 집합이 된다"는 이미지의 운동을 통해서 '사랑'이라는 지표와 '개'라는 지표가 확립되고, 이를 통해 "사랑은 개다"라는 상징(의미)체계로 작동한다는 것이다.[8] 따라서 "사랑은 개다"라는 말은 절대적이거나 영속적으로 작동하는 은유나 상징의 의미체계가 아니라 현실(근대 자본주의적 상황)이라는 시·공간적인 구조 속에서 생성되는 "사랑은 개가 된다"는 도상적 환원의 의미작용을 축약적으로 보여준다.

이런 측면에서 문자언어와 영상언어는 모두 이미지의 운동이다. 굳이 다른 점을 들추자면 문자언어는 문자적인 기호를 통해 도상적 환원이라고 부르는 이미지의 운동을 창출하는 데 비해 영화는 직접적인 (영상)이미지의 운동을 통해 도상적 환원의 기호를 창출한다는 점이다. 영상언어와 문자언어의 이 같은 차이는 도상적 환원이라는 이미지의 운동이 독자나 관객에게 직접적(혹은 적극적)으로 작용하느냐 아니면 간접적(혹은 수동적)으로 작용하느냐의 문제를 야기한다. 다큐멘터리나 조야한 리얼리즘 영화의 경우에 간혹 문자언어의 서술이 영상언어가 지니는 이미지의 운동을 지배하는데, 이것은 문자언어가 지닌 이중적인 특성 때문이다. 즉 문자언어의 본질은 이미지 운동이지만, 습관적으로 길들여진 기호의 상징체계는 이미 만들어진 기호체계의 구조 속에 내재해 있는 단일한 계열화의 이미지를 무비판적으로 받아들인다. 그러나 이런 습관적인 기호조차도 그것과 연관되어 있는 다른 이미지들 혹은 대립 쌍들로 만들어진 기호들과 어떻게 작동하느냐에 따라서 전혀 새로운 계열화를 창출하는 이미지의 운동으로 생성

되는 특성을 지닌다.[9)]

퍼스의 기호학에서 이러한 이중성의 중간에 위치하고 있는 것이 '지표'(index)이다(박연규 2002, 196~97쪽). 소쉬르와 데리다가 말하는 말과 글의 기표(signifier)를 퍼스는 '지표'라고 부른다. 지표의 성질은 사물이 지니고 있는 차이를 드러내는 '특이성'(haecceity)이라는 것을 내포한 '이것임'(thisness)을 의미한다. 이 지표는 특이성이나 이것임이라는 구체적인 대상과 관련되어 있으므로 지표화 과정을 통해서는 어떤 일반화도 불가능하다. 예를 들어 문학이라는 지표는 19세기까지 시라는 구체적인 대상만을 지시하는 기능을 담당했는데, 이것은 문학이라는 단일한 지표화 과정으로는 불가능하다. 워즈워스와 셸리, 아놀드의 글들에서 발견되는 것처럼 19세기까지 "문학은 시이다"라는 습관적인 도상적 환원의 과정을 통해 '문학'이라는 지표가 '시'라는 지표로 사용될 수 있었던 것이다. 그러나 19세기 후반과 20세기 초반에 근대 문학교육에서 "문학(연구)은 취향을 가꾸고, 연민을 교육시키며, 정신을 고양시킨다"(Barry 1995, p. 14)라는 문학을 언급하는 개별적인 지표들은 시 중심의 귀족주의적인 도상적 환원에서 벗어나 새롭게 등장한 시민사회를 상호 소통시킬 수 있는 새로운 도상적 환원을 통한 동사적 이해로 나아가는 것이 필요했다. 이것은 시 개념에 내포되어 있는 '시'라는 지표의 지각작용 이미지와 정서작용 이미지가 포괄적으로 "기존의 취향, 연민, 정신이 습관적으로 귀족적이거나 엘리트적이었다"는 도상적 환원의 의미를 내포하고 있었다는 것이다. 따라서 19세기 중반까지 유지되었던 귀족 중심의 중세적인 대학교육에서 시민사회가 요구하는 새로운 근대적인 대학교육이 필요로 했던 의미생성의 체계와 동떨어진 것이었다. 이러한 필요성에 따라 비로소 문학은 시민사회의 "취향을 가꾸고, 연민을 교육시키며, 정신을 고양시킨다"는 이미지의 운동을 내포하고 있는 소설이라는 또 다른 구체적인 대상을 지시하는 기능으로 확대되었다.

그러나 문제는 오늘날 소설을 통한 근대적인 문학 개념의 확산이나 의미생성의 체계가 서구·백인·남성 중심주의의 "취향과 연민, 정신을 가꾸고 교육시키며 고양시킨다"는 점이다. 이런 지표의 고착된 취향과 연민·정신을 퍼스는 '상징'(symbol)이라고 부른다. 문학에 대한 근대적인 인식과 달리, 상징은 근본적으로 존재하는 것이 아니라 문자언어의 기호를 사용하는 사회적 집단의 경험적 습관에 의해 만들어지고 길들여지는 것이다. 어떤 의미나 이미지가 '같이 던져지는 것'(to be thrown together) 또는 '같이 던지는 것'(to throw together)이라는 어원을 가진 상징은 집단적인 일반화를 통해 완전한 상징을 획득하는 듯이 보일 수도 있다(박연규 2002, 197쪽). 그러나 이 세상에서 완전한 상징은 존재하지 않는다. 상징은 항상 도상적 환원이 지닌 '개별적 상징'과 '추상적 상징'을 통해서 작용하는 불완전한 상징이다.[10] 퍼스가 말하는 개별적 상징과 추상적 상징은 기호작동으로 제한되어 있는 지표적 상징과 이미지의 운동 전체를 포괄하는 도상적 상징으로 나타난다. 따라서 서구·백인·남성 중심주의의 취향과 연민·정신을 드러내는 상징들은 문자언어가 지니고 있는 근대적으로 구성된 습관의 반복적인 운동이라는 지표적 상징의 작용으로써 잠정적으로 재구성된다. 이러한 지표적 상징의 작용이 일반화로 치닫는 근대적인 습관을 차단하여 탈근대적인 취향과 연민·정신이라는 상징으로 나아가는 길은 또 다른 전복적인 이미지의 운동, 즉 도상적 상징의 작용이 일어나야만 한다. 이것이 바로 근대의 문학교육에서 소설이 필요했던 것과 마찬가지로 탈근대의 문학교육에서 영화가 필요한 이유이다.

### 3) 탈근대적 영화의 문학적 장르 확산

모든 소설이 근대적인 서구·백인·남성 중심주의의 지표적 상징의 작용으로 일반화되는 것이 아닌 것처럼 모든 영화가 새로운 도상적 상징의 작용으로 탈식민주의·여성주의·생태주의라는 이미지의 운동을 만드는 것은 아니다. 소설의 발생이 전근대적 혹은 근대적인 이중적 이미지의 운동으로 시작된 것과 마찬가지로 영화의 발생은 근대적 또는 탈근대적인 이중적 이미지의 운동으로 시작되었다. 이것은 영화의 발생에서 드러난다. 1895년 뤼미에르 형제는 프랑스 파리에서 세계 최초로 영화를 상영하였다. 그러나 1896년 상하이의 서커스장에서 '서양그림자극'(西洋影戲)이라는 영화상영이 시작된다(후지이 쇼조 2001, 9쪽). 단순한 과학기술의 발현으로 시작한 영화장르는 근원적으로 서구-비서구의 근대적인 이분법에서 서구 중심적인 이분법의 틀을 유지시킬 수도 있고, 반대로 그러한 이분법을 깨트리는 탈근대적인 생성으로 작동할 수도 있다. 이와 마찬가지로 영화분석을 이미지에 중점을 두느냐 아니면 서술분석에 중점을 두느냐에 따라서 근대의 문학이 규정하고 있는 하나의 민족이나 국가의 고착된 의미생성체계를 강화시킬 수도 있고, 반대로 하나의 민족이나 국가를 초월한 수많은 복수적인 이미지들의 운동을 통해 새로운 탈근대적인 의미생성체계를 보여줄 수 있다는 가능성을 암시하기도 한다.

소설의 발생 초기에 소설 장르의 내러티브가 중세의 로망스에 종속되어 있었던 것처럼, 영화의 발생 초기에 영화장르의 내러티브는 수많은 문학장르의 내러티브에 종속되어 있었다. 이러한 무성영화 시대를 거쳐서 영화가 문학의 다른 장르들이 지니는 내러티브로부터 독립해서 자체의 내러티브를 갖게 되는 것은 할리우드 영화의 전성시대로 일컬어지는 1930~60년대이다. 18세기 소설이 대중적으로 확산되었던 것과 마찬가지로 영화가 폭발적으로 확산되어 하나의 산업이 된 이 기간의 할리우드 영화와 유럽 영화 그리고 중국 영화(1930~40년대의 상하이에서 1950~60년대의 홍콩으로 이동)와 일본 영화의 전성시대는 영화의 영상언어에 고유한 이미지 운동을 근대적인 지표적 상징을 통해서 고착시키는 장르영화 시대였다. "장르영화는 그것이 웨스턴이든 뮤지컬이든 혹은 스크루볼 코미디건 간에 익숙한 상황설정 아래 예상 가능한 스토리를 만들어나가는 친숙하고 1차원적인 캐릭터들을 그리는"(토마스 샤츠 1995, 34~35쪽) 것이다. 1930~60년대 할리우드 장르영화들이 보여주듯이 초기의 장르영화들은 소설의 문자언어보다 더 근대적인 습관으로 이루어진 상징의 일반화, 즉 지표적 상징만을 강화시켰던 것으로 보인다.[11)]

근대적인 장르영화들을 탈근대적인 비장르영화들로 변환시킨 것은 근대적인 소설의 탄생처럼 폭발적인 독자(관객)의 확산이었다. 샤츠가 말하듯이 구비문학과 달리 근대문학의 문자언어가 지니는 텍스트와 독자의 쌍방향적 상호영향은 19세기 (미국) 소설에서 "전체 독자층 자체의 협소함과 관객의 제한된 피드백 참여 때문에"(같은 책, 1995, 35쪽) 상당히 제한적이었다. 그러나 영화의 발생은 근대 이전의 구비문학과 근대문학이 공통으로 지닌 텍스트와 독자의 쌍방향적 상호영향에 획기적인 양적 팽창을 가져왔다. 이것은 마치 18세기 소설의 발생에 지대한 영향을 끼친 영국 '지방 순회도서관'과 '중산층 독자의 확산'을 영화에서 다시 목격하는 것과 같다. 그러나 문제는 근대적인 영화들에서 문자언어를 토대로 한 근대문학의 지표적 상징의 작용이 없다면 근대영화의 영상언어가 지니는 이미지의 도식적인 도상적 상징은 이루어질 수 없다는 점이다. 따라서 미국에서 "일주일에 한번은 규칙적으로 영화를 보러 가던 대중이 1940년대 후반에는 9천만명"(같은 곳)에 이름에도 불구하고 근대적인 서술구조를 지닌 장르영화의 아성은 깨어지지 않았다.

그러나 역으로 도상적 상징의 작용 없이 서술구조의 지표적 상징을 통한 '완전한 상징'은 존재하지 않는다. 퍼스의 말처럼 "상징은 자란다." 비록 우리가 "오직 기호로 생각할 수 있을 뿐"이지만 "상징을 경험하는 과정에서 그 상징의 의미가 자라나게 되고, 드디어 상징이 사람에게 말할 수 있게 된다"(박연규 2002, 199쪽). 따라서 근대적이 아닌 탈근대적인 방식으로 영화의 영상언어가 새로운 상징으로 관객에게 말하기 시작한 것은 장르영화가 아니라 비장르영화들에서 비롯되었다. 예를 들어 할리우드영화에서 대중성에는 실패했지만 큰 비평적 관심의 대상이었던, 장르영화 시대에 등장한 존 포드의 〈분노의 포도〉(The Grapes of Wrath), 찰리 채플린의 〈살인광 시대〉(Monsier Verdoux), 빌리 와일더의 〈잃어버린 주말〉(The Lost Weekend), 장 르누아르의 〈하녀의 일기〉(Diary of a Chambermaid) 같은 영화들은 할리우드에서 1960~70년대에 장르변형의 특성을 보이다가 1980~90년대에 들어서 본격적으로 등장하기 시작한 절충적 잡종 장르영화들의 모태가 된다. 그러나 할리우드영화들 속에서 등장한 절충적 잡종 장르영화들은 〈백 투 더 퓨처 III〉(1990) 같은 아이러니컬한 근대적인 것과 〈늑대와 춤을〉(1990)처럼 '새로운 진정성'을 보여주는 탈근대적인 것의 잡종화로 나아간다. 짐 콜린스(Jim Collins)가 말하는 '새로운 진정성'(짐 콜린스 1995, 416쪽)은 서구·백인·남성 중심주의의 근대성에서 벗어나고자 하는 탈근대성이라고 할 수 있다.

할리우드영화들이 근대적인 영화의 장르들을 깨뜨리면서 탈근대적인 서술방식으로 바뀐 '도상지형'(iconography)의 변모를 관객들에게 말하기 시작한 것은 단순히 할리우드영화 스튜디오의 분열이나 미국 관객의 습관적인 근대적 영화서술에 대한 환멸 때문만은 아니다. 근대소설의 발생이 로마교황청의 제국에서 벗어나 유럽 전체의 현상이 되었듯이 탈근대영화의 발생은 할리우드 중심에서 벗어난 전지구적 현상이다. 소설을 비롯한 여타의 근대적인 내러티브로부터 독립하기 시작한 탈근대의 영화들은 근대적인 국민문학의 범주를 깨트린다. 근대의 지표적 상징이 지닌 '상투성'(cliches)을 최초로 깬 것은 1948년경의 이탈리아, 1958년경의 프랑스 그리고 1968년경의 독일이라고 들뢰즈는 말한다(Deleuze 1986, p. 211). 로셀리니(Roberto Rossellini)와 데 세카(Vittorio De Seca) 같은 이탈리아 네오리얼리즘 영화감독의 등장, 작가주의를 지지하고 스튜디오의 조명 대신 자연광을 이용했던 프랑스의 고다르(Jean-Luc Godard)와 트뤼포(Francois Truffaut)가 중심을 이룬 누벨바그(Nouvelle Vague), 즉 뉴 웨이브 시네마(New Wave Cinema) 등장과 일본 애니메이션과 홍콩 누아르 그리고 새로운 미학적 구조를 지닌 제3세계 영화들의 출현이 할리우드영화들의 "문화지형(cultural terrain)에 대한 변모"(짐 콜린스 1995, 422쪽)를 추동한 또 다른 요인이기도 하다. 따라서 할리우드의 탈근대적 영화들이 지닌 도상적 특성의 내용은 장르영화 시대에 비장르영화를 주도했던 동유럽이나 라틴아메리카 혹은 러시아 출신 작가들의 비서구적 특성, 1980년대 이후 영화의 문화지형을 바꾼 여성관객의 폭발적인 확산에 따른 여성주의적 특성 그리고 근대 국가철학에 의한 인간중심주의에서 벗어난 자연이나 환경 친화적인 생태주의적 특성으로 구분된다.

탈근대적 영화들의 도상적 특성을 종합적으로 가장 잘 보여주는 영화 가운데 하나는 피터 위어(Peter Weir) 감독의 〈트루먼 쇼〉(Truman Show, 1998)이다. '스크루볼 코미디'와 '가족 멜로드라마'의 근대적 할리우드 영화장르를 파괴하고 있는 이 영화는 보험회사 세일즈맨으로 일하고 있는 평범한 '트루먼'이라는 영상이미지의 도상을 국가·사회(조직)·가족에 의해 규정되는 근대적 인물이 아닌 탈근대적 이미지들을 표현하는 방식으로 제시한다. 그래서 영화의 이미지는 근대의 지표적 상징으로 습관화된 현실의 이미지를 탈근대적으로 다시 사유하도록 만든다. 마치 〈트루먼 쇼〉의 영화 세트장면처럼 우리의 현실은 근대에 의해 조작된 국가라는 통제의 그물망 속에 갇혀 있다. 통제의 국가장치는 5천 대의 몰래카메라, 우주선처럼 하늘에 떠 있는 촬영용 조명 같은 기술적 장치뿐만 아니라 아버지와 아내 등 가족주의적 장치들도 포함되어 있다. 영화의 초반에 등장하는 트루먼은 인간의 존엄성을 토대로 국민이라고 믿고 있는 근대인이다. 트루먼은 그러한 근대적 믿음이 허구라는 사실을 깨닫고 근대적 공간에서 탈근대적 공간으로 탈주를 시도한다. 그러나 대부분의 근대소설이 보여주는 비극들처럼 트루먼은 탈주에 실패하지 않는다. 근대적 국가장치로부터 벗어나는 트루먼의 탈주가 성공하는 것은 영화 속에 있는 가상의 관객들뿐 아니라 각각의 영화관에 있는 실제 관객들이 국가적 통제라는 근대적 감성에서 벗어나 새로운 인간형으로 생성하고자 하는 탈근대적 감성으로 변화하는 과정에 있기 때문이다.

이러한 감성의 변화는 여성주의 영화에서 가장 두드러진다. SF갱스터 영화에서 냉혹한 근육질의 남성 주인공을 따뜻한 감성을 지닌 근육질의 여성 주인공으로 바꾼 〈에일리언〉(Alien, 1979)과 근대의 종말을 그린 〈블레이드 러너〉(Blade Runner, 1982)의 감독 리들리 스콧(Ridley Scott)은 여성주의 영화의 탈근대적 신화라고 할 수 있는 〈델마와 루이스〉(Thelma & Louise, 1991)를 발표한다. 남편에게 전화를 걸어 "당신은 나의 남편이지, 나의 아버지가 아니야"라고 반복해서 말하는 델마와 어렸을 적의 성폭력 때문에 독신생활을 하고 있는 루이스의 탈주는 〈트루먼 쇼〉와 달리 거대한 국가장치에 의해 비극적 종말을 맞는다. 이러한 근대의 남성 중심적 국가장치에 대한 여성주의의 저항은 샘 멘데스(Sam Mendes) 감독의 〈아메리칸 뷰티〉(American Beauty, 1999)에서 탈근대적인 남성의 여성 되기, 가족주의적 정착민의 소수자 되기라는 '도상지형'의 변모를 보여준다.

인간은 근대의 규정처럼 어느 국가의 국민이거나 누구의 아버지나 어머니, 누구의 아들이나 딸로 존재하는 것이 아니다. 카프카의 소설들에 등장하는 것처럼 인간은 동물이나 식물 혹은 나무나 돌과 마찬가지로 생성을 위하여 끊임없이 이주하는 개별적인 고아로 자라난다. 근대의 지표로 만들어진 습관적 상징의 사회적 성(gender)이나 국가주의와 가족주의에 의한 정착민의 사유에서 벗어나 〈아메리칸 뷰티〉가 보여주는 도상적 상징에 심취하게 되면, 주인공 버냄이 여성 되기를 통하여 새로운 남성으로 다시 태어나는 것을 목격할 수 있다. 영화의 초반부에 등장하는 "나는 죽어가고 있다"라고 말하는 40대의 무능한 가장 버냄은 가족주의와 자본주의적 틀 속에서 벗어났을 때, 더 이상 무능한 가장이 아닐 뿐 아니라 새로운 의미생성의 관계를 창출시키는 탈근대적인 생성적 인물이다. 이러한 버냄의 모습은 릭과 제인 그리고 이웃집으로 이사 온 게이부부가 파시즘에 기초한 국가장치에 의해 남성적 코드로 작동되는 릭의 아버지나 캐롤린, 안젤라와 달리 가족주의나 자본주의로부터 벗어나 있다는 것을 보여준다. 그들이 지니고 있는 소수자의 이미지들은 자본, 가족 혹은 권력으로 인간을 평가하는 근대적 습관의 상징체계에서 벗어나 새로운 생성적 관계로 인간의 의미가 생성되는 탈근대적 인물들의 총체적인 도상적 상징의 과정을 보여준다.

영상언어의 이미지를 통한 새로운 탈근대적인 도상적 상징의 성취는 최근의 탈근대문학처럼 국적 없는 작가들에 의해 이루어진다. 그 대표적인 사람이 대만 출신이면서 할리우드에서 활동하고 있는 이안 감독이다. 〈라이드 위드 데블〉과 〈센스 앤 센서빌리티〉로 근대의 핵심을 서구 감독들보다 더 예리하게 묘사한 이안 감독은 〈결혼 피로연〉과 〈와호장룡〉에서 근대적 공간과 다른 탈근대적 공간의 가능성을 제시한다. 게이부부인 웨이퉁과 사이먼 그리고 대만에서 온 부모들 때문에 전통혼례로 치른 웨이퉁과 웨이웨이의 결혼과 임신. 이들이 만드는 가족적 공간의 확산은 동양과 서양, 남성과 여성, 전통과 새로움을 조화롭고 균형 잡히게 해준다. 이러한 가족적 공간의 확산은 홍콩 무협영화의 장르를 탈근대적으로 변형시키는 〈와호장룡〉에서 삶의 공간의 확산으로 이어진다. 전통적인 홍콩 무협영화들의 영상언어가 성(城)이나 강호 혹은 성(국가)-강호의 이분법에 의한 1차원적 또는 2차원적인 공간을 제시하는 데 반해 〈와호장룡〉은 성-도시-강호라는 다차원적 공간을 제시한다.

도시는 성이나 교회를 중심으로 한 중세의 전제군주적 질서를 깨트린 원동력이었다. 이러한 도시는 오늘날 국가의 서열질서가 만드는 코스모스의 세계와 강호라는 서열이 전혀 존재하지 않는 무질서가 만드는 카오스의 세계에서 어느 곳에도 속하지 않으면서 또한 어느 곳에도 속할 수 있는 카오스모스(chaosmos)의 도형적 상징이 작동하고 있는 모델이다. 따라서 마셜 버만(Marshal Berman)이 도시를 중심으로 한 모더니즘 문학이 작동하였던 공간을 "모든 굳어 있는 것이 녹아서 공기로 변한" 시기였다고 말한다면,[12] 근대와 탈근대가 혼재해 있는 후기근대의 도시라는 공간은 전혀 '다른 동력항'으로 정의될 수 있다. 〈와호장룡〉에서 제시하는 '다른 동력항'은 도시적 공간이 전근대적인 성이나 근대적인 국가로 들어가는 진입로가 아니라 탈근대적인 강호의 세계로 나아가는 문턱이기 때문에 도시 속에 있는 "[근대의 도시가 만든] 모든 공기 같은 것이 [탈근대적으로] 굳어서 다른 문화적 모습과 문화적 공명을 가진 기념비 같은 것으로 우리 주위에 일시적으로 돌아오는 것을 의미한다"(짐 콜린스 1995, 444쪽). 탈근대영화들은 문자언어의 모태가 되는 이미지의 운동이 새로운 언어와 새로운 의미를 생성시키는 도상적 환원을 통해 이러한 탈근대적인 생성의 세계를 보여준다.

### 4) 영화비평을 통한 탈근대적 미래의 구축

지금까지 퍼스의 기호학을 토대로 문자언어와 영상언어의 동질성 그리고 19세기와 20세기 초반의 소설들이 시 중심의 전근대적인 문학을 근대적으로 확산시킨 것처럼 오늘날의 영화들이 탈근대적으로 문학의 개념을 확산시킬 수 있다는 가능성을 살펴보았다. 이러한 가능성에 대한 탐지는 단지 최근의 현상으로 한정되는 것은 아니다. 중국 근대문학의 아버지라고 일컬어지고 있는 루쉰(魯迅)은 중국 근대형성기라 할 수 있는 1930년대에 이미 『영화와 자본주의』라는 책을 번역하면서, 영화에 대한 문학적 간섭의 필요성을 절감한다(루쉰 1986). 이것은 근대의 핵심에 자리 잡고 있는 리비스 부부나 버지니아 울프의 영화에 대한 폄훼와 비교되기도 한다. 리비스 부부나 버지니아 울프에게 근대문학(특히 소설)은 하나의 완성된 예술장르이지만, 영화는 소설을 영화적으로 복사하는 아류에 지나지 않았을 것이다. 반대로 루쉰에게 서구의 근대문학이나 영화는 모두 문자언어와 영상언어를 매개로 새로운 세계를 생성시키는 예술장르일 뿐이었다. 따라서 당대가 지니고 있는 서구적 근대 완성과 동양적 근대 형성이라는 근대적 시·공간의 차이(서양적 근대문학의 완성과 동양적 근대문학의 형성)를 감안한다면, 오늘날 전지구적으로 당면한 서구·백인·남성 중심주의 근대에 대한 비판과 탈근대적인 미래의 구축이라는 탈식민주의·여성주의·생태주의의 문학적 과제는 탈근대적인 영화들에 대한 문학교육의 적극적인 간섭을 필요로 한다.

새로운 언어이미지의 운동을 사유하려는 노력과 이미 길들여진 언어적 습관을 지속시키고자 하는 대립과 갈등은 낡은 세계관과 새로운 세계관의 대립과 갈등이다. 따라서 이미지의 운동을 통한 언어적 지표의 새로운 상징은 역사적 전환기에 가장 두드러지게 나타난다. 그 대표적인 언어적 지표가 우리말의 '언어도단'(言語道斷)과 영어의 '여가'(leisure)라는 단어이다. 불가와 도가적 세계관이 지배하던 고려시대까지 '언어도단'이라는 언어적 지표는 "언어를 통해 결코 도달하지 못하는 경지의 세계"라는 상징적 의미를 지녔다. 그러나 불가와 도가적 세계관이 소수의 세계관으로 전락하고 유가적 세계관이 다수의 세계관을 차지하기 시작한 조선시대부터 언어도단이라는 언어적 지표는 "말도 안 되는 횡설수설이나 궤변"이라는 상징적 의미로 전환한다. 영어의 '여가'라는 언어적 지표도 중세의 귀족적 세계관이 지배하던 18세기 이전까지 "하릴없이 빈둥빈둥 노는 것"이라는 상징적 의미를 지니다가 19세기 이후의 산업사회가 도래하면서 "새로운 일을 하기 위해 노동력을 비축하는 놀이나 휴식"이라는 상징적 의미로 전환하였다. 이러한 동일한 언어적 지표들이 새로운 상징적 의미를 획득하는 과정은 세계관의 변화를 통한 비가시적인 이미지의 운동, 즉 도상적 환원의 과정을 전제로 한다. 새로운 도상적 환원의 과정은 오직 탈근대적 사유의 과정을 통해서만 목격할 수 있다. 은유와 환유 그리고 상징과 아이러니라는 습관적 의미에 길들여져 있을 때, 세계는 변화하는 것이 아니라 고정되어 있게 된다. 변화하는 세계 속에서 고정된 세계만 보려고 고집하는 것은 변화와 생성을 억압하는 것일 뿐만 아니라 그 변화와 생성을 파괴하는 것이기도 하다.

오늘날 탈근대적인 세계관이 문학이론과 문학교육의 실천에서 보편적인 것은 아니다. 근대적인 것과 탈근대적인 것은 문학교육의 이론과 실천의 양면에서 상호 혼재되어 있다. 따라서 본격영화들이 보여주는 근대성과 탈근대성의 양면성조차도 전지구적으로 확대된 듯이 보인다. 이러한 현상은 이안 감독의 〈와호장룡〉에 대항해서 만들어진 장예모의 〈영웅〉을 보면 뚜렷하게 드러난다. 〈와호장룡〉의 '성-도시-강호'라는 탈근대적 공간의 확대는 〈영웅〉에서 다시 '성-강호'라는 근대적인 대립의 공간으로 축소되고, 전자가 지니는 흑백과 자연의 색깔이 지니는 독자(관객)의 생성적이고 구축적인 이미지들은 후자의 화려한 빨간색과 파란색 그리고 하얀색이 지니는 근대적으로 이미 습관화된 상징의 이미지들을 관객들에게 강요하는 것으로 대체된다. 근대적인 문학(이론)과 탈근대적인 문학(이론)의 대립과 갈등을 영화관에서 목도하게 되는 것이다.

그러나 문학교육 담당자들이 근대적인 문학교육의 틀에서 벗어나 탈근대적인 문학교육의 관점에서 근대적인 텍스트와 탈근대적인 텍스트를 구분하기 시작한 것은 이미 오래된 일이다. 이와 마찬가지로 몇몇 문학교육 담당자들은 새로운 탈근대적 문학교육의 텍스트들을 발견하기 위해 근대적인 정전이 아닌 비정전의 텍스트들에 눈을 돌리기도 한다. 따라서 또 다른 문학교육 담당자들이 학생들과 함께 근대적인 영화와 탈근대적 영화를 구분하고 새롭게 만들어지고 있는 탈근대적인 영화들을 발견하려고 노력한다면, 그것은 영화문학을 발전시킬 뿐 아니라 문학의 지평도 근대적인 것에서 탈근대적인 것으로 확대시킬 수 있는 길이 될 것이다.

[주]

1) 심경석 2002, 120~32쪽. 이곳에서 심경석은 최근의 문학교육과 연관시킨 영화에 대한 논의를 "문학과 영상 사이의 밀월을 시대의 흐름으로 보고 이에 동참하는 영미어문학 강좌 교수"에 대한 강한 비판(정규환 2001, 221~26쪽)과 "영상매체를 영문학 수업에 적극적으로 활용하"면서도 문학의 "우월적 지위를 암묵적으로 인정"하는(김종갑 2001, 308~10쪽) 두 부류를 비판하면서 '영화(장르)로서의 영화'와 '문학으로서의 영화'를 문학교육에 도입해야 한다고 주장한다. 필자는 심경석의 주장에 적극적으로 동의하면서, 그의 논의를 더욱 치열하게 지속시키고자 한다.

2) 영문학교육은 1828년 당시의 조그마한 런던대학(London College)에 최초로 영문학 교양과목이 개설된 이래로 19세기 내내 영국의 여러 대학에서 영문학과 개설을 둘러싸고 논쟁이 일어났다. 이러한 논쟁들은 마침내 1892년 옥스퍼드의 영문학과 개설과 1911년 캠브리지의 영문학과 개설로 일단락된다. 이에 관해서는 Barry 1995, pp. 12~15 참조.

3) 전인한 2002, 133~47쪽. 이 글에서 전인한은 문자언어의 의미형성 방법과 영상언어의 의미형성 방법은 다르기 때문에 문학과 영화는 문학과 미술 혹은 문학과 음악처럼 서로 다른 장르일 뿐만 아니라 영화교육은 문학교육에 아무런 도움이 안 된다고 주장한다. 전인한의 이러한 이해는 소쉬르의 기호이론에 전적으로 의지하고 있다. 필자는 이 견해에 동의하지 않는다. 질 들뢰즈(Gilles Deleuze)가 『안티 오이디푸스』와 『천 개의 고원』에서 이야기하는 것처럼 소쉬르의 기호이론은 프로이트의 정신분석학 이론처럼 전형적인 근대의 산물이다.

4) 제임슨은 소쉬르의 『일반 언어학 강의』가 기존의 '논리학과 언어학의 동일시'에서 벗어나 기호학을 창시하였고, 데리다는 소쉬르를 계승하여 '기의'의 구성이라는 구조주의적 시각에서 물질적인 '유동적 기표'로 해석의 시각을 이동하였다고 말한다. 그러나 바로 이런 측면에서 제임슨은 소쉬르와 데리다가 언어를 오직 기호의 작동으로만 파악하였기 때문에 '언어의 감옥'에 갇혀 있는 꼴이라고 비판한다. 이에 관해서는 Jameson 1972; 장시기 1996 참조.

5) 이러한 이미지의 운동은 문학교육 현장에서 일상적으로 일어난다. 학부에서 영문학을 공부한 한 여성 사회학자는 다음과 같이 고백하고 있다. "내가 대학 다닐 때 워즈워스의 「건초더미에서」나 예이츠의 「나 일어나 이니스프리로 가리라」 이런 시를 읽으며 떠올렸던 것은 영국의 목초지가 아니라 피난시절 유년을 보낸 외가 동네의 정경이었다."(조은 2003, 41쪽)

6) 박연규 2002, 175~99쪽. 퍼스의 책은 C. S. Peirce, *Charles Sanders Peirce's Collected Papers*(4vols., Cambridge: Harvard U. P., 1934~48).

7) 문학텍스트에서 이러한 도상적 환원을 가장 잘 보여주는 것은 호손(N. Hawthorne)의 『주홍글자』이다. 주인공 헤스터가 가슴에 달고 다니는, 청교도 사회에서 부여받은 '간음녀'(Adulteress)를 상징적으로 의미하는 'A'라는 글자는 텍스트 전체가 보여주는 이미지들의 도상적 환원을 통하여 '천사'(Angel)나 '훌륭한 사람'(Able)을 상징하는 또 다른 'A'로 이동한다. 이것은 소설텍스트가 문자언어를 통해 보여주는 '도상적 환원'의 작용이라고 할 수 있다.

8) 멕시코의 이냐리투(Alexandro Gonzalez Inarritu) 감독의 최근 영화 〈아모레스 페로스〉(Amores Perros, 2000)는 세 쌍의 남녀, 즉 옥타비오와 수잔나, 다니엘과 발레리아, 엘 치보와 마루엘 치보의 사랑의 에피소드를 그리면서 멕시코 자본주의적 상황에서 만들어진 "사랑은 개"라는 '도상적 환원'의 이미지 운동을 잘 드러내고 있다.

9) 이러한 예를 우리는 홍상수의 〈오! 수정〉에서 살펴볼 수 있다. 이 영화는 동일한 영상이미지와 청춘 남녀의 만남이라는 사건들을 두 개의 의미화 과정으로 제시한다. 하나는 습관적으로 길들여진 남성 중심으로 계열화된 '처녀성 파괴'의 도상적 환원이고, 또 하나는 수정이라는 인물이 주체적으로 새로운 의미의 계열화를 생성시키는 '여성 되기'의 도상적 환원이다. 전자를 근대적인 도상적 환원이라고 한다면, 후자를 탈근대적인 도상적 환원이라고 말할 수 있다.

10) 퍼스가 이야기하는 '개별적 상징'은 '지표→상징'으로 작동하는 의미체계이고, '추상적 상징'은 '도상(이미지)→지표→상징'으로 작동하는 의미체계이다. 우리는 일반적으로 문학의 개별 장르들에서 소설은 '개별적 상징'의 작용이 강하고, 시는 '추상적 상징'의 작용이 강하다고 말할 수 있다. 그러나 근대문학 비평이론의 한 정점이라고 할 수 있는 미국의 신비평이론에서 강조하는 '언어의 의미'만을 강조할 때, 우리는 시 텍스트 속에서도 쉽게 '추상적 상징'의 작용을 등한시하고 '개별적 상징'의 작용만을 살피는 잘못을 범할 수 있다.

11) 영미 그리고 프랑스와 독일, 소련의 영화들이 성취한 근대적인 업적을 들뢰즈는 그들 각각이 지닌 근대적인 문학적 업적과 동일시하고 있다. 들뢰즈는 이러한 성취들을 영미 계통의 "유기적이며 능동적인 경험주의의 영화들" "유기적이거나 물질적인 소비에트의 변증법적인 영화들" "유기적인 것과 단절하고 있는 프랑스의 양적이고 심적인 영화들", 그리고 "비유기적인 삶과 비심리적인 삶을 함께 묶는 독일의 내포적이고 정신적인 영화들"로 구분하고 있다(Deleuze 1986, p. 55).

12) Berman 1982. 마셜 버먼의 근대성에 관한 논의는 이승렬 1998(88~109쪽) 참조.

# 02 폭력의 근대적 이해와 탈근대적 이해

### 1) 근대영화의 계보학

초기근대(the early modern)나 핵심(혹은 본격)근대(the high modern)의 근대적 국가주의에서 폭력은 필연적이다. 그리고 말기(혹은 후기)근대(the post-modern, late modern)의 자본주의에서 폭력은 필요악이다.[1] "폭력은 필연적이다"라거나 "폭력은 필요악이다"라는 근대적인 폭력의 논리가 횡행하고 있는 지배와 피지배(혹은 저항)의 이분법이 근대 자본주의의 인식론적 토대가 되는 상황에서 정치(학)는 항상 폭력을 행사하는 권력과 연관되어 있다. 흔히 정치적 권력의 획득이나 개인이나 집단의 정치적 신념을 달성하는 방법은 물리적 폭력과 이데올로기적 폭력으로 양분되어 있다고 판단한다. 이런 면에서 근대의 문명사적·민족사적 역사의 관점에서 폭력을 필연적이거나 필요악이라고 생각하는 수많은 근대적 교양인들은 역사적으로 중요한 사건들을 폭력에 의한 어느 한 민족(집단)의 다른 민족(집단)에 대한 지배로 당연하게 받아들인다. 이러한 문명사·민족사적 역사의 관점에서 만들어진 가족주의적 역사서술은 단지 민족이나 종족 혹은 정치적 집단이나 가족의 존재론적 서술에 한정되어 있는 것이 아니라 근대적인 개개인의 존재론적 서술을 그 인식론적 토대로 삼는다. 근대적인 민족이나 종족 혹은 정치적 집단이나 가족과 마찬가지로 근대적 개인은 지식이나 교양, 권력이나 자본을 문화로 위장한 폭력으로 또 다른 개인에 대한 지배를 합법화하여 정치적 권력이나 경제적인 자본의 획득을 정당화한다.

합법화라는 측면에서 "폭력은 필연적이다" "폭력은 필요악이다"라는 근대적인 폭력의 논리가 관철되는 물리적 폭력의 토대는 법률이라는 이데올로기적 폭력을 근거로 한다. 근대화과정의 기간 동안 존재했고 지금도 여전히 존재하는 지배이데올로기나 저항이데올로기에서 "법률적인 제도를 통한 민주주의"라는 공통의 근대적 이데올로기는 "폭력은 필연적이다" "폭력은 필요악이다"라는 물리적 폭력과 이데올로기적 폭력을 행사하는 권력의 주체를 유지·발전시킨다. 이러한 "법률적인 제도를 통한 민주주의"라는 물리적 폭력을 지지하는 이데올로기적 폭력은 "나(I)나 우리(we)라는 개인이나 집단이 원하는 것은 그(he)나 그들(they)도 똑같이 원하고 있다"는 법률적 동일성을 토대로 "폭력은 필연적이다" "폭력은 필요악이다"라는 지배와 피지배(혹은 저항)의 이분법적 정치(학)의 인식론을 확대재생산한다. 그러나 근대적인 이데올로기적 폭력을 합법화하는 법률적 동일성의 '나'나 '우리'는 자연적 존재의 나, 우리가 아니라 근대적인 민족이나 종족 혹은 정치적 집단을 구성하는 나 또는 우리이다. 따라서 "폭력은 필연적이다" "폭력은 필요악이다"는 물리적 폭력과 이데올로기적 폭력이 관통되는 법률적 동일성의 나, 우리는 과거나 현재·미래의 사건들에 대한 근대의 문명사적·민족사적 서술에 내재해 있다.

근대 이전의 '신-사제-인간' '왕-신하-백성'이라는 물리적 폭력이 이루어지는 지배와 피지배의 삼각구조에 내재해 있는 나, 우리가 근대적인 이데올로기적 폭력이 행사되는 '국가-정부-시민(혹은 인민)'이라는 새로운 지배와 피지배의 삼각구조로 재코드화되는 과정에는 '아버지-어머니-나'라는 근대적으로 형성된 가족주의적 삼각구도가 주요한 작용을 한다. 서구 유럽의 산업화와 도시화·자본주의화가 심화되는 18세기 중반부터 형성되기 시작하여 핵심근대라고 일컬어지는 19세기 말과 20세기 초에 완성된 '아버지-어머니-나'를 기반으로 한 근대의 핵가족제도는 '아버지'라는 폭력의 지배적 주체와 '나'(아버지의 아들)라는 폭력의 피지배적 주체를 근대적 서술에 내재하고 있는 법률적 동일성의 나, 우리와 동일시하여 그러한 나, 우리를 가족이라는 공간 속에서 만들어진 나, 우리가 아니라 자연적 존재의 나, 우리라는 잘못된 믿음으로 각인시킨다. 이 믿음은 들뢰즈가 "근대 자본주의 이데올로기"(Deleuze and Guattari 1983, pp. 262~71)라고 명명한 프로이트의 정신분석학에서 아버지에 대한 동일시와 저항, 즉 폭력적인 지배적 욕망과 피지배(저항)적 욕망을 '오이디푸스'라고 믿는 것에서 출발한다. 그러나 개인적인 '나'가 '우리'가 되는 관계를 추구하는 욕망의 리비도(libido)를 오이디푸스라고 명명하는 것은 '아버지-어머니-나'라는 가족주의적 삼각구도 속에서 바라보는 나의 욕망이며, '나'를 근대적인 남성적 주체로 보는 남성중심주의의 잘못된 믿음이다.

"폭력은 필연적이다" "폭력은 필요악이다"라는 폭력에 대한 근대적 이해의 밑바탕을 이루는 나, 우리에 대한 새로운 접근은 들뢰즈가 '근대의 고전적인 영화들'과 다른 나, 우리에 대한 새로운 감수성의 등장이라고 일컫는 '동시대의 영화들'(Deleuze 1986, p. 211)에서 나타난다. 흔히 1940년대 후반 이탈리아의 네오리얼리즘, 60년대 초 프랑스의 누벨바그 그리고 60년대 후반 독일의 뉴 저먼 시네마를 지칭하는 동시대의 영화들은 스크린에 등장하는 사건들을 근대적인 가족주의나 국가주의를 토대로 문명사적 혹은 민족사적으로 서술하는 것이 아니라 사건 그 자체의 '시뮬라크르'(simularcre)로 등장한다. 이러한 시뮬라크르 속에서 드러나는 개인이나 관계적 개인들의 나, 우리는 그 누구의 아버지나 어머니 혹은 그 누구의 아들이나 딸이 아니라 관계를 추구하여 그 무엇이 되고자 하는 노마드들(nomads), 즉 고아 혹은 친구 혹은 연인들이다. 그러나 '동시대의 영화들' 속에서 시뮬라크르의 사건으로 등장하는 노마드들이 모두 "폭력은 필연적이다" "폭력은 필요악이다"라는 폭력에 대한 근대적 이해에서 벗어나 "모든 폭력은 파괴적이다"라는 폭력에 대한 탈근대적(the trans or beyond-modern) 이해를 보여주는 것은 아니다. 이것은 흔히 '말기근대'라고 일컬어지고 있는 오늘날의 영화들이 모두 들뢰즈가 말하는 '근대의 고전적인 영화들'과 구분되는 동시대의 영화들이 아니며, 또한 들뢰즈가 말하는 '동시대의 영화들'조차도 시뮬라크르의 사건들 속에서 노마드들의 고아나 친구 혹은 연인으로 지속되지 않고 다시 근대적 의미의 국가인 혹은 가족인으로 환원되는 영화들도 있다.

흔히 말기근대로 일컬어지는 오늘날의 영화들 속에는 영화의 탄생과 더불어 '핵심근대'적인 문명사적·민족사적 혹은 정치적 집단이나 가족사적 이야기 서술에 영상스크린이 인위적으로 종속되어 있는 근대의 고전적인 영화들, 이러한 근대적인 이야기 서술에서 벗어나 영상스크린이 제시하는 시뮬라크르의 사건들을 통해서 근대적인 이야기 서술이 전제하는 국가인이나 가족인과 다른 노마드나 친구 혹은 연인들로 등장하지만 영화이야기를 통해 국가인이나 가족인으로 다시 환원되는 말기근대의 영화들 그리고 영화의 시작부터 끝까지 노마드나 친구 혹은 연인으로 유지되는 탈근대의 영화가 공존한다. 이 세 종류의 영화들은 관객들에게 "폭력은 필연적이다" "폭력은 필요악이다" 혹은 "모든 폭력은 파괴적이다"라는 핵심근대적 또는 말기근대적 혹은 탈근대적 사유의 토대를 제공한다. 따라서 필자는 개인적·집단적인 폭력에 대한 사유가 어떻게 영화를 통해서 근대·말기근대·탈근대 사유를 합리화하고 그러한 사유를 확대 재생산하는가를 이 세 종류 영화들을 가지고 구체적으로 살펴보고자 한다.

### 2) 폭력에 대한 근대적 이해의 두 가지 방식

들뢰즈는 "영화의 발견은 곧 운동이미지의 발견"(같은 책, p. 12)이라고 말한다. 들뢰즈가 '유기적인 구성'의 미국 유파, '변증법적 구성'의 소비에트 유파, 인상주의나 데카르트주의의 프랑스 유파 그리고 표현주의의 독일 유파로 구별하는 근대의 고전적인 영화들은 시간의 간접적인 이미지들을 통한 운동이미지의 영화적 구성을 일컫는다(같은 책, pp. 29~55). 근대의 고전적인 영화들의 운동이미지는 시간의 간접적인 이미지 때문에 운동이미지가 지닌 지각이미지(the perception image), 정서이미지(the affection image), 행동이미지(the action image)라는 세 개의 영화이미지들 중에서 어느 하나를 강조하거나 개별적 이미지들의 상호 연결되는 차이는 있을지언정 운동이미지의 진행과정을 보여주기 위한 근대적 이야기 서술에 의한 지배를 받는다.[2] 문제는 이러한 근대적 이야기 서술의 영화들이 2차대전 이후에도 아메리칸 드림이라는 근대의 지배적 이데올로기가 살아 있는 미국이나 그에 대한 저항이데올로기가 매우 강력한 구소련에서는 여전히 지속되었지만 2차대전을 거치면서 근대적 이야기 서술의 한계에 부닥친 유럽이나 일본에서는 상황에서 행동으로 이동하는 행동이미지의 큰 형식이라고 할 수 있는 '상황이미지(S)–행동이미지(A)–상황이미지(S)'의 영화나 행동에서 상황으로 이동하는 행동이미지의 작은 형식이라고 할 수 있는 '행동이미지(A)–상황이미지(S)–행동이미지(A)'의 영화가 모두 한계에 부닥쳤다는 것이다.

이러한 한계는 근대적 이야기 서술이라는 서구·백인·남성 중심주의로 구성된 근대성의 "적극적인 사업을 구성할 수 있는 미학적이고 정치적인 기획"(같은 책, p. 210)이 미국과 구소련에서는 여전히 가능했지만 유럽과 일본에서는 불가능했다는 것을 의미한다. 이러한 불가능성은 퍼스(Peirce)가 '3차성'이라고 부르는 이른바 "관계에서 자신의 가장 적절한 재현을 발견하는"(같은 책, p. 197)[3] 제3의 '정신적 이미지'에 의해 S–A–S의 영화나 A–S–A의 영화들이 지니는 정신적 부적절성이 드러나 지각이미지와 정서이미지를 비롯한 상황이미지와 행동이미지의 위기를 초래했다는 것이다. 즉

S–A–S의 영화에서 앞의 상황이미지와 뒤의 상황이미지의 동일성이 깨어지고 A–S–A의 영화에서 앞의 행동이미지와 뒤의 행동이미지의 동일성이 깨어져서 S–A–S′ 혹은 A–S–A′가 형성된다는 것이다.

아마 우리에게 익숙한 갱스터영화 중에서 S–A–S 또는 A–S–A에 가장 충실한 영화는 프란시스 포드 코폴라 감독의 〈대부〉(Mario Puzo's The Godfather, 1972)[4]라고 할 것이며 S–A–S′나 A–S–A′에 가장 충실한 영화는 곽경택 감독의 〈친구〉(2001)라고 할 수 있다.[5] 〈대부〉는 "돈 콜레오네(Vito Corleone, 마론 브란도 분)의 호화저택에서 막내 딸 코니(Connie Corleone Rizzi, 탈리아 샤이어 분)와 카를로(Carlo Rizzi, 지안니 루소 분)의 초호화판 결혼식이 거행"되면서 영화가 시작한다. 영화를 보는 관객들은 스크린의 영상이미지들을 통해 이탈리아의 시칠리에서 미국으로 이민을 와서 모진 고생 끝에 "암흑가의 보스로 군림하는 마피아의 두목 돈 콜레오네"를 지각할 수 있으며, 그가 재력과 조직력을 동원하여 돈 콜레오네 가문의 갖가지 고민을 호소하는 사람들을 해결해 주기 때문에 사람들이 그를 '대부'(代父)라고 부르는 상황을 정서적으로 받아들인다. 이러한 지각이미지와 정서이미지의 결합이 만들어낸 상황이미지는 단지 하나가 아니다. 또 다른 지각이미지로 "돈 콜레오네가 아홉 살 때 그의 고향인 시칠리에서 가족 모두가 살해당하고 오직 그만 살아남아 미국으로 도피하여 밑바닥 범죄세계를 경험하면서 확고한 기반을 다진 후에 부모의 복수를 위해 시칠리로 돌아와 조직적 범죄를 통해 비약적인 성공을 거두게 되었다"는 돈 콜레오네의 근대적인 가족사에 대한 지각이미지와 돈 콜레오네의 라이벌인 "타탈리아 패밀리의 마약밀매인 솔로소(Sollozzo, 알 레티에리 분)가 돈 콜레오네를 죽이면 천하가 자기 손아귀에 들어온다고 생각해 그를 저격하여 중상을 입히는" 대립과 갈등의 정서이미지가 또 다른 상황이미지를 만들어 돈 콜레오네 가문의 '아버지-어머니-나'라는 질서 정연한 가족주의적 삼각구도와 암흑가 패밀리에 소속한 각각의 인물들이 지니고 있는 대립과 갈등이 일어난다. 그럼에도 불구하고 돈 콜레오네 패밀리의 나름대로 질서를 가진 '대부-대모-나'라는 암흑가의 삼각구도는 지각이미지와 정서이미지가 결합된 거대한 상황이미지를 만든다.

이러한 상황이미지는 돈 콜레오네의 중상과 더불어 영화의 대부분을 차지하는 서로 죽이고 죽는 폭력이 난무하는 행동이미지를 아주 당연한 귀결로 만든다. 〈대부〉라는 영화의 핵심을 이루고 있는 서로 죽고 죽이는 행동이미지들은 "폭력은 필연적이다"라는 핵심근대의 가족주의적이고 민족주의적이며 국가주의적인 근대적 이야기 서술을 완성시킨다. 이 행동이미지들 속에서 새로운 아버지로 돈 마이클 콜레오네(Don Michael Corleone, 알 파치노 분)가 등장하고 "냉정하고 치밀하기 그지없는" 이 새로운 대부가 등장하는 영화의 마지막 부분은 다시 마이클을 정점으로 '아버지(마이클)-어머니(조직)-나'라는 가족주의적 삼각구도 속에서 "폭력은 필연적이다"라는 핵심근대의 가족주의적이고 국가주의적인 상황이미지로 끝을 맺는다. 이런 면에서 "영화의 속편은 결코 성공하지 못한다"는 영화인들의 속설을 깨트린 〈대부 2〉의 성공은 〈대부〉의 S-A-S 전개과정을 A-S-A로 약간 비틀어 핵심근대의 "폭력은 필연적이다"는 근대적 이야기 서술을 보여주기 때문이라고 할 수 있다. 〈대부 2〉는 "새롭게 등장한 젊은 대부 마이클이 본거지를 라스베이거스로 옮기고 패밀리의 사업을 가능한 한

합법적인 것으로 전환하려고 애쓰지만, 그를 제거하려는 음모에 부딪히고, 그는 치밀하고도 전격적인 일격으로 냉혹하게 반대파들을 제거한다." 이러한 영화 시작부분의 행동이미지들은 영화의 이미지들을 주도하고 있는 "폭력은 필연적이다"라는 가족주의와 국가주의의 "조직을 굳건하게 확대해 나가는" 상황이미지가 뒷받침되고 있다. "형마저 죽이고 아내와도 헤어지는" 마이클이 근대적 이야기 서술의 합리성을 획득하는 것은 "그의 성장과정과 대비시켜 아버지 비토 콜레오네가 시칠리에서 양친을 잃고 미국으로 건너와 뒷골목 노동자에서 마피아의 보스로 성장하기까지의 경과"가 대칭적으로 이루어지기 때문이다. "냉정하고 치밀하기 그지없는" 마이클과 근대 초기에서 "인간적인 보스로 성장하는" 비토의 대비는 "폭력은 필연적이다"라는 핵심근대의 이야기 서술이 말기근대의 "폭력은 필요악이다"라는 신자유주의의 이야기 서술이 등장할 수밖에 없는 근대 자본주의의 말기근대적 심화를 보여준다고 하겠다.

〈대부〉와 마찬가지로 국내에서 인기절정의 흥행을 구가했던 〈친구〉는 〈대부〉와 같은 깡패영화를 '친구'라는 이름으로 접근하였음에도 불구하고 파시즘적이며 '아버지-어머니-나'라는 가족주의의 가부장적인 근대의 덫에서 완전히 벗어나지 못한다.[6] 그런데 문제는 의리나 우정 혹은 사랑의 항수는 영화 〈친구〉에 존재하지 않고, 그 의리나 우정·사랑이라는 근대적 추상명사가 말기근대의 자본이나 권력관계에 의해 규정되고 있음을 〈친구〉는 생생하게 보여주고 있다. 〈대부〉가 깡패사회 속에 들어가 깡패사회의 적나라함을 보여주는 것과는 달리 〈친구〉는 깡패사회와 일정한 거리를 두고 깡패사회를 바라볼 수 있는, 퍼스가 말하는 '3차성'의 정신적 이미지를 제공하는데, 그것은 감독이 권력과 자본으로 뒤엉켜 있는 깡패들의 관계를 친구의 관계로 패러디했기 때문이다. 〈친구〉에 등장하는 친구 네 명은 항상 우등생이고 나중에 엘리트 지식인집단에 들어갈 가능성이 농후한 상택(서태화 분)과 '전통과 명예'(?)를 자랑하는 깡패패밀리의 가정에서 깡패로 자라난 준석(유오성 분) 그리고 사회로부터 멸시를 받는 장의사 가족으로부터 벗어나기 위해 깡패라는 권력관계 속으로 들어간 동수(장동건 분)와 싸움도 잘하지도 못하거니와 공부도 못하는 너무나도 평범한 중호(정운택 분)이다.

친구들의 관계와 깡패들의 사회를 매개하는 3차성의 정신적 이미지를 가장 극명하게 드러내는 이야기가 영화의 '액자서술'이라고 할 수 있는 "조오련과 거북의 경주에 대한 이야기"이다. 그 시대에 수영을 가장 잘하는 조오련과 물속에서 삶을 영위하는 거북의 경주에 관한 이들의 논쟁은 〈친구〉라는 영화의 상황이미지들을 만드는 친구들의 관계가 지니고 있는 허구성과 권력의 구도라는 사회 속에서 깨어져 나가는 우정을 암시한다. 즉 조오련이라는 한 시대의 걸출한 영웅적 인물과 물속에서 물을 먹고 그럭저럭 살아가는 거북이라는 이 시대의 이름 없는 평범한 사람(중호 혹은 민중)의 경주는 온 사방이 물인 바다처럼 무한의 이 우주 속에서 아주 명백한 승리자가 있다. 다름 아니라 평범한 사람을 암시하는 거북이라는 민중이다. 그러나 수영장 혹은 일정한 단거리 경주를 나타내는 권력구조의 사회 틀 속에서는 다르다. 거북에게 수영복과 수영모를 씌우고 자유형이니 접영이니 하는 규칙을 세우고, 자기 경주라인에서 벗어나지 못하게 하는 권력이나 법이라는 틀 속에서 거북은 조오련의 경쟁자가 되지 못한다.

준석이라는 전문적인 깡패집안의 깡패 아들은 이러한 권력관계의 틀과 자본주의적 관계의 치밀함을 아주 잘 인식하고 있다. 〈대부〉에서 미 육군 사관학교 출신의 장교 아들이 마피아 패밀리의 대를 잇는 것과 마찬가지로, 혹은 마피아 패밀리를 합법적인 기업으로 탈바꿈시키는 법률가인 형처럼 권력지향의 깡패집단은 주먹이나 폭력만으로 유지되는 것이 아니라 근대 국가주의적 지식인과의 결탁이 있어야만 그 지속적인 유지가 가능하다. 준석은 이것을 너무나도 잘 알고 있다. 그래서 준석에게 "상택이는 친구고 나는 네 꼬붕이가?"라는 동수의 항변은 수영장에서 수영복과 수영모를 쓴 거북이 조오련에게 항변하는 것과 같다. 준석은 깡패집단의 권력관계 속에서 우정이나 의리라는 허구적 로맨스를 사용할 줄 아는 전문가일 뿐 아니라 근대 깡패사회에서 여성이 자본의 역할을 하고 있음을 알고 있다. 그래서 아버지라는 하나의 권력기구에 의해서 어머니의 삶이 망가졌다는 것을 알면서도 자기가 다시 아버지라는 권력기구를 욕망하고, 진숙(김보경 분)이라는 여자를 상택에게 상납할 줄도 안다. 동수는 그러한 관계를 모르는 얼치기깡패인 셈이다. 따라서 영화의 핵심부라고 할 수 있는 행동이미지를 구성하고 있는 "폭력은 필연적이다"라는 근대적 이야기 서술은 단지 준석과 동수의 대립과 갈등 구조 속에서만 인식이 가능하고 그러한 구조에서 벗어난 3차성의 정신적 이미지를 제공하는 상택[7]과 중호의 이미지들 속에서 '폭력은 필요악'일 뿐이다.

### 3) 폭력에 대한 탈근대적 이해

근대의 고전적인 영화들에서 벗어날 수 있는 동시대의 영화들을 탄생시킨 퍼스의 3차성이라는 정신적 이미지는 근대영화들이 보여주는 운동이미지, 즉 지각이미지와 정서이미지가 결합하여 만들어내는 상황이미지와 이 상황이미지가 만드는 행동이미지에 대항(혹은 병행)하는 영화의 또 다른 이미지가 아니라 상황이미지와 행동이미지의 결합이나 행동이미지와 상황이미지의 결합이 또 다른 상황이미지나 행동이미지를 창출하는 매개항일 뿐이다. 들뢰즈는 이러한 하나의 운동이미지(지각이미지+정서이미지+행동이미지)가 또 다른 운동이미지로 전환하는 퍼스의 3차성이라는 매개항을 "정신적 이미지 또는 관계이미지"(Deleuze 1986, p. 371)라고 부른다. 따라서 "폭력은 필연적이다" "폭력은 필요악이다"라는 영화에서 완전히 벗어나 "모든 폭력은 파괴적이다"라는 탈근대영화들은 하나의 관계가 또 다른 관계로 완전히 전환하는, 즉 하나의 운동이미지(S–A, A–S)가 또 다른 운동이미지(S′–A′, A′–S′)로 완전히 전환하는 S–A–S′–A′ 또는 A–S–A′–S′의 영화에서 드러난다. 여기서 S–A 혹은 A–S를 주관하는 시간과 A′–S′와 S′–A′를 주관하는 시간은 전혀 다르다. 간단하게 S–A나 A–S를 주관하는 시간을 연대기적 서술을 토대로 하는 근대적인 시간이라고 한다면, A′–S′와 S′–A′를 주관하는 시간은 사건을 통하여 새로운 현재를 끊임없이 창출하는 탈근대적인 시간이라고 할 수 있을 것이다. 사진이미지와 다른 영화이미지의 위대한 특성이라 할 수 있는 '시간이미지'는 근대영화들 속에서 운동이미지에 종속되어 영화스크린에서 크게 작동하지 않는 반면에, 탈근대영화들에서 비로소 운동이미지를 가동시키는 주요한 영화의 핵심 이미지로 부각된다(Deleuze 1989, pp. 68~97).

시간이미지가 가장 부각되는 영화는 프랑스의 누벨바그를 주도한 프랑수아 트뤼포가 '황혼의 시인'(A Poet of Nightfall)이라고 불렀던 니콜라스 레이(Nicholas Ray, 1911~79)[8)]의 영화들이라고 할 수 있다. 니콜라스 레이의 영화들을 탈근대적이라고 말하는 이유는 레이의 영화들 가운데 가장 성공적이었을 뿐 아니라 대중적으로도 사랑을 받은 〈이유 없는 반항〉(Revel without a Cause, 1955)에서 가장 잘 드러난다. 청소년들의 '이유 없는 반항'을 합리화하는 영화에서 생략되어 있는 상황이미지는 "친구를 사귀지 못하고 학교에 적응하지 못하고 술을 마시고 경찰서에 잡혀가는" 주인공 청소년 짐 클라크(제임스 딘 분)의 '반항'이라는 행동이미지를 유발하는 근원이다. 이러한 반항은 근대적인 의미에서 바라보면 '이유 없는 반항'이지만 탈근대적 의미에서는 충분히 '이유가 있는 반항'이다. 짐의 반항은 근대적인 서구·백인·남성 중심주의 서열체계가 만든 불합리하고 비이성적인 권위주의에 대한 저항이다. 따라서 경찰서에서 만난 짐과 주디, 플라토는 모두 버즈 일당이 보여주는 것처럼 근대사회에 적응해서 근대인으로 사회화하지 못하고 근대의 주변인이거나 소수자로 머문다. 성인이 아닌 청소년이라는 점에서 무시당하는 이들의 저항은 짐의 아버지가 보여주는 근대적 가족주의에 대한 저항이고, 무차별적으로 법을 행사하는 경찰로 대표되는 근대적 법치주의에 대한 저항이며, 또한 학교를 중심으로 사건이 벌어진다는 점에서 근대적 국가주의의 교육제도에 대한 저항이다. 따라서 버즈 일당의 근대적 적응과 짐 친구들의 근대적 부적응 혹은 탈근대적 저항이라는 서로 다른 시간이미지는 S–A에서 S′ –A′를 모두 보여주는 S–A–S′ –A′를 통해서 버즈와 플라토의 죽음이라는 "모든 폭력은 파괴적이다"라는 탈근대적 인식론에 접근한다.

〈이유 없는 반항〉처럼 니콜라스 레이의 영화에 등장하는 3차성, 즉 정신적 이미지들을 창출하는 인물들은 대부분 근대의 주변인이거나 소수자들이다. 〈그들은 밤에 산다〉(They Live By Night, 1948)에 등장하는 보위는 "살인누명을 쓰고 감옥에 갇혀 있다가 탈옥한 후에 어쩔 수 없이 은행강도"가 된 근대적 남성의 주변인이고, 보위와 함께 도망을 치는 키치는 알코올중독자이면서 딸의 피를 빨아먹으며 빈둥빈둥 갱들의 뒤치다꺼리를 하고 사는 아버지 밑에서 억지로 자동차 정비사로 사는 적극적인 남성적 여성이라는 근대적 여성의 주변인이다. 보위와 키치에게 근대 미국 사회는 대낮에도 거리를 활보하며 사는 경찰로 대변되는 국가주의의 깡패들과 밤에만 활보하고 다니는 티뎁이나 치카모 같은 가족주의의 깡패들로 이분될 뿐이다. 또한 〈어둠 속에서〉(On Dangerous Ground, 1952)에 등장하는 짐 윌슨(Jim Wilson)은 성공하지 못한 미식축구 스타 출신의 형사이고 시골의 외딴 집에 사는 메리 월든(Mary Walden)은 시각장애인이다. 〈자니 기타〉(Johnny Guitar, 1954)에 등장하는 자니 로건(Johnny Logan)은 총을 버린 과거의 총잡이이며, 파국의 두 주인공인 비엔나(Vienna)와 에마 스몰(Emma Small)은 근대적 남성 중심주의에 반하는 탈근대적 여성과 전근대의 봉건적 여성이다. 이와 더불어 〈실물보다 큰〉(Bigger Than Life, 1956)에 등장하는 에드 에브리(Ed Every)는 불치병으로 1년의 시한부 삶을 판정받은 작은 시골마을의 초등학교 교사이고, 〈에버글레이즈에 부는 바람〉

(Wind Across the Everglades, 1958)에 등장하는 월트 머독(Walt Medoc)과 코튼마우스(Cottonmouth)는 교사직에서 쫓겨난 사냥감시관과 스스로 근대적 인간세계로부터 벗어나서 야생의 형식으로 사는 전근대적이거나 원시적인 사람이다.[9)]

니콜라스 레이의 영화들에서 나타나는 "모든 폭력은 파괴적이다"라는 탈근대성은 각각의 영화에서 보여주는 운동이미지의 공간이 결코 폐쇄적인 공간이 아니고 각각의 운동이미지가 드러나는 공간과 공간은 관계이미지라고 부를 수 있는 3차성의 관계들에 의해 상호 연결되어 있으며, 시간의 변화에 따른 근대적 공간과 탈근대적 공간이 서로 공존한다는 것을 보여준다. 공간과 공간은 강(〈에버글레이즈에 부는 바람〉)이나 사막(〈자니 기타〉) 그리고 산과 들판(〈어둠 속에서〉) 등 시간이미지의 변환이라는 문턱으로 연결되어 있다. 따라서 레이의 영화들은 관객들로 하여금 공간과 공간의 차이와 하나의 공간에서 다른 공간으로 이동하는 와중에 나타나는 시간적 변화를 사유할 수 있도록 해준다. 〈자니 기타〉에서는 개척시대의 서부라는 중세의 봉건적인 공간과 탈봉건적 공간이 적대적으로 공존하며, 〈어둠 속에서〉는 근대적인 도시와 전근대적인 농촌이 상호 대립적으로 공존함을 보여주며, 〈에버글레이즈에 부는 바람〉은 근대적으로 개척된 인간 중심의 자연과 생태적으로 스스로 존재하는 자연이 상호 공존한다. 7편의 영화들 중에서 유일하게 근대적 형태의 비극과 일맥상통하는 〈그들은 밤에 산다〉와 〈이유 없는 반항〉 〈고독한 영혼〉(In a Lonely Place)이 다른 영화들이 제공하는 새로운 공간을 제시하지 못한다는 점에서 근대 고전주의 영화들과 유사한 특징을 보이지만 레이의 영화들은 하나같이 "폭력은 필연적이다" "폭력은 필요악이다"라는 근대성의 부조리를 "모든 폭력은 파괴적이다"라는 근대의 주변인들이 지니는 탈근대성으로 고발한다는 점에서 탈근대적이다.

〈실물보다 큰〉은 사실적이고 실제적인 의미에서 근대성의 파괴적이고 추악한 모습을 고발한다. 지각이미지와 정서이미지가 결합된 작은 시골마을의 초등학교 교사인 에드 에브리는 지적이고 감성적인 동시에 따뜻함과 풍요로움을 모두 갖춘 한 가족의 가장이라는 근대적인 이데올로기가 작동하는 하나의 상황이미지(S)는 부족한 생활비를 충당하기 위해 비밀리에 택시기사로 일하는 등의 행동이미지(A)로 드러나고, 이러한 근대적인 시간이 지배하는 운동이미지는 "스트레스와 과로로 시한부인생의 판정을 받는다"는 전혀 다른 탈근대적 상황이미지(S′)를 창출한다. 에드는 이른바 '기적의 약'이라는 호르몬치료제 코티존의 도움을 받아 건강을 회복하지만, 약을 통해 형성된 강력하고 폭력적인 아버지이자 교사라는 나르시시즘의 과대망상증은 무차별적인 폭력으로 드러나 그의 아내와 아들은 물론이고 친구와 학교구성원들의 삶을 모두 위협하는 행동이미지(A′)가 된다.

〈에버글레이즈에 부는 바람〉은 19세기 말과 20세기 초의 미국 근대화 과정에서 서부개척과 함께 이루어진 남부개척이 사실은 "폭력은 필연적이다" "폭력은 필요악이다"라는 근대성을 합리화하는 과정이었다고 고발한다. 그러나 영화는 단순히 근대성의 파괴성과 폭력성을 고발하는 데 그치지 않고 자연과 인간의 공존은 인간이 자연을 지배하는 것이 아니라 자연 속에서 혹은 자연과 더불어 자연을 향유하는 것임을 탈근대적 인간과 전근대적 인간의 정서적 교감으로써 보여준다. '에버글레이즈' 늪지에서 새들을 사냥하는 밀렵꾼들과 그들의 보스인 코튼마우스는 늪지 바깥에서 일어나고 있는 근대적 삶의 방식에 저항하여 늪지로 들어온 사람들이다. 그러나 그들은 늪지에서 자연을 파괴하고 깃털을 모아 여성용 모자를 만들기 위해 새들을 죽여 시장에 내다파는 근대적 악의 전부가 아니다. 단순히 유행을 따라 장식용 깃털 모자를 쓰고 다니는 대부분의 여성들, 모자와 깃털을 팔고 사는 상인들, 대규모 깃털을 밀매하는 시의회 의원 그리고 서서히 죽어가는 생태계의 자연을 나 몰라라 상관하지 않는 일반사람들 모두가 파괴적이고 폭력적인 근대적 악의 공범자들이다. 이러한 상황에서 자연에 대해 원시적 이해를 하는 남자와 탈근대의 생태적 이해를 하는 남자의 서로에 대한 이해와 공감은 1950년대 미국 사회의 제국주의적 매카시 선풍이라는 암울한 근대 속에서 희미하게나마 탈근대의 미래에 대한 희망을 불어넣는 것이다.

근대의 핵심 속에서 온갖 질시와 비난을 무릅쓰고 탈근대의 미래를 투사하는 니콜라스 레이의 영화적 성취는 영화적 공간의 이동과 시간의 흐름에서 만들어지는 관계변화를 세밀하게 추적하기 때문이다. 그 관계는 친구와 연인이 맺는 서로 눈에 보이지 않는 관계의 선분에 따라 힘을 주고 힘을 받는 사랑과 우정이다. 근대적 공간에서 사랑과 우정은 항상 계급적·서열적·권위주의적인 자본과 권력과 가족을 매개로 한 지배종속관계이다. 그러나 탈근대적 공간에서 사랑과 우정은 계급적이지도, 서열적이지도 않으며 권위주의적이지도 않다. 뿐더러 탈근대적 사랑과 우정은 나무와 돌, 바람과 물이 보여주는 것처럼 자본이나 권력 혹은 가족을 매개로 이루어지지 않는다. 탈근대적 이동이 자유로운 열린 공간에서 이루어지는 사랑은 월트 머독과 코튼마우스처럼, 〈자니 기타〉에 등장하는 자니 로건과 비엔나처럼 혹은 〈그들은 밤에 산다〉의 보위와 키치, 〈어둠 속에서〉에서의 짐 윌슨과 메리 월든처럼 정서와 감각으로 서로에게 매료되고 매료시키는 자연 그대로의 사랑과 우정이다. 니콜라스 레이는 시간이미지를 전면에 내세우면서 근대적 운동이미지의 공간에서 탈근대적 운동이미지의 공간으로 탈주하는 사람들을 통해 근대의 폭력적인 사랑과 우정의 관계가 탈근대의 상호생성적인 사랑과 우정의 관계로 변화하는 것을 보여주고 사색하게 한다.

#### 4) 근대영화의 운동이미지를 넘어선 탈근대영화의 시간이미지

들뢰즈가 베르그송의 『창조적 진화』(*Creative Evolution*, 1907)와 『물질과 기억』(*Matter and Memory*, 1896)을 가지고 다시 강조하는 이미지로 존재하는 물질의 운동이미지와 시간이미지는 1895년 영화의 발생과 더불어 영화의 영상이미지를 제시하고 그것을 통해 관객이 사유하는 주요한 도구가 되었다. 그러나 근대적인 이야기 서술이 영화를 만드는 주요한 동인이 되면서부터 시간이미지는 운동이미지에 종속되어 영화를 보는 관객들은 시간의 변화를 통한 이야기의 재구성을 사유하는 것이 아니라 이야기의 운동을 통해 고착된 근대적 관계에 매몰되었다. 끊임없는 이야기의 생산이라는 측면에서 운동이미지가 주요한 동기를 이루는 근대의 고전적인 영화들은 상당기간 동안 관객들에게 사랑을 받았다. 그러나 앞에서 살펴본 것처럼 이런 영화들은 "폭력은 필연적이다"라는 근대 서구·백인·남성 중심주의 근대성을 재생산하고 "폭력은 필연적이다"라는 폭력의 국가주의와 가족주의를 재구성한다. 그러나 근대화과정에서의 감수성 변화로 본래 인간이나 물질이미지가 그러했던 것처럼 시간이미지가 영화를 만드는 주요한 동인으로 작동함에 따라 "폭력은 필연적이다"라는 근대성의 재생산과 재구성이 불가능한 영화사적 단절이 일어났다. 근대와 탈근대가 공존하는 말기근대의 공간에서 "폭력은 필연적이다"라는 근대의 인식론적 운동이 작동하는 근대적 공간과 "모든 폭력은 파괴적이다"라는 탈근대의 인식론적 운동이 작동하는 탈근대적 공간은 서로 다른 공간이지만 동시대의 영화들에서 함께 공존한다.

서로 다른 근대적 공간과 탈근대적 공간이 동시대의 영화들에서 공존하고 있는 이유는 "폭력은 필요악이다"라는 탈근대적 영화의 형식 속에 근대적 영화의 내용이 들어가 있는 동시대의 영화들과 "폭력은 필요악이다"라는 말기근대의 인식론으로 무장한 말기근대의 영화감독과 관객들이 존재하기 때문이다. 예를 들어 니콜라스 레이의 〈실물보다 큰〉에서 주인공 에드는 점점 더 '코티존'에 중독되고, 심지어 자신을 지배하고 폭력을 행사하는 아버지(에드)에게 저항하는 아들을 기독교 성서에 근거하여 살해하려는 계획까지 세운다. 친구의 도움으로 가까스로 에드는 병원에 입원하지만, 의사들은 에드가 살기 위해선 아직 실험중인 코티존을 계속 복용해야 한다고 말한다. "모든 폭력은 파괴적이다"라는 탈근대적 인식이 드러나는 상황에서 "폭력은 필연적이다" "폭력은 필요악이다"라는 핵심근대 또는 말기근대적인 인식이 과학실험과 그러한 과학을 통해서 권력을 획득하고 있는 병원이라는 사회체에 의해 조장되고 있는 것이다. 근대적인 사회체의 병원은 가정, 학교, 경찰, 국가 등으로 변형되어 나타나기도 한다. 영화는 끝나고 영화를 사유하는 관객들이 "폭력은 필연적이다" "폭력은 필요악이다" 또는 "모든 폭력은 파괴적이다"라고 사유하거나 행동하는 것은 자유다. 그래서 오늘날의 세계에는 근대인과 후기근대인, 탈근대인이 공존한다.

그러나 희망은 있다. 〈실물보다 큰〉에서 에드가 살기 위해선 그의 부인과 아들은 죽음을 무릅쓰고 폭력이 난무하는 공포 속에서 살아야만 한다. 따라서 "폭력은 필연적이다"라거나 "폭력은 필요악이다" "모든 폭력은 파괴적이다"라는 폭력의 근대적 이해와 탈근대적 이해에 대한 판단은 아버지라는 근대적 권력의 주체와 그 도구의 입장이 아니라 여성과 어린이라는 근대의 주변인 혹은 근대의 국가인이나 가족인이 아닌 탈근대의 노마드 입장에서 이루어져야 한다. 이런 측면에서 "폭력은 필연적이다" "폭력은 필요악이다"라는 핵심근대성과 말기근대성을 보여주는 영화들이 모두 서구·백인·남성의 근대적 주체들이 전면에 등장하고 비서구·유색인·여성들이 완전히 배제되고 있는 것은 결코 우연이 아니다. 뿐만 아니라 최근에 국내에서 발표된 〈실미도〉나 〈올드 보이〉 같은 영화들이 시간이미지의 주도 아래 근대적 공간과 탈근대적 공간의 운동이미지가 공존하는 탈근대영화들이 지닌 완벽한 S–A–S′–A′ 혹은 A–S–A′–S′의 영화이미지들을 보여준다는 점은 말기근대의 역사적 상황에서 우리 영화들이 지니고 있는 "모든 폭력은 파괴적이다"라는 탈근대의 인식이 탈근대의 공간에서 주도적 역할을 한다고 볼 수 있겠다.

**[ 주 ]**

1) 프레드릭 제임슨에 따르면 역사적 기간으로 민족(혹은 국민)국가의 형성을 통해 자본주의화·산업주의화·도시화가 심화되는 (서구적) 근대화과정은 18(17)세기 중반부터 19세기 중반까지를 '초기근대'나 '근대형성기'(the formation of modern), 19세기 중반부터 20세기 중반(2차 세계대전)까지를 '핵심근대' 그리고 20세기 중반부터 오늘날까지를 '후기근대'로 구분한다. 이에 관해서는 Jameson 1990, pp. 194~252 참조.

2) 이러한 근대적 이야기 서술의 지배를 받는 영화들은 흔히 지각이미지와 정서이미지가 결합된 상황(Situation)이 행동이미지의 행동(Action)으로 드러나는 '심리사회영화' '서부영화' '역사영화'(Deleuze 1986, p. 140)와 행동에서 상황으로 드러나는 채플린의 '풍속 희극영화'와 혹스의 '네오웨스턴'(같은 책, p. 141) 같은 장르영화들로 구분할 수 있다.

3) 퍼스의 3차성이나 이미지(icon)—지표(index)—상징(symbol)이라는 3차적인 언어기호학에 관해서는 박연규 2002(175~202쪽) 참조.

4) 1999년, 미국에서 들뢰즈가 말하는 새로운 감수성의 영화라고 할 수 있는 〈아메리칸 뷰티〉가 예상을 깨고 박스 오피스 1위를 하면서 수많은 영화기록은 다시 씌어지기 시작했다. 그러나 영화 〈아메리칸 뷰티〉의 수많은 기록갱신에도 불구하고 여전히 깨어지지 않는 미국 영화사의 아성 가운데 하나는 몇십 년 동안 이어지는 미국 전체 인기영화 1위의 기록이다. 물론 전미 인기영화 1위는 〈대부 1, 2, 3〉이다. 이 기록은 신기하게도 폭력에 대한 근대적 이해와 탈근대적 이해의 측면에서 현실을 가늠하는 하나의 척도가 될 수도 있다. 즉 〈아메리칸 뷰티〉를 근대의 이성과 감성으로 받아들일 수 없는 탈근대의 영화라고 한다면, 〈대부〉는 근대의 이성과 감성으로 받아들이며 즐길 수 있는 영화이기 때문에 〈대부〉가 여전히 미국 전체 인기영화 1위라는 기록은 오늘날의 미국을 탈근대적 시대가 아닌 말기근대로 규정할 수밖에 없는 시대적 상황을 반영하는 징후라고 할 것이다.

5) 근대의 총체적 모습을 볼 수 있는 '개념적 인물들' 속에서 '깡패'라는 인물은 단연 돋보이는 근대성의 숭고한 미학적 재현이라고 할 수 있다. 현실의 역사에서 히틀러나 스탈린뿐 아니라 나폴레옹이나 링컨, 케네디의 인물형 속에서 의리와 집념으로 표현되는 깡패의 속성은 그들의 영웅적 속성이자 성격적 결함의 한 표시가 되기도 한다. 이러한 속성은 서구의 근대적 인물뿐만 아니라 우리의 근대적 인물들 속에서도 뚜렷하다. 우리의 가장 근대적인 인물들 중 하나인 박정희의 경우, 진정한 깡패 중의 깡패가 아니고 무엇인가? 따라서 근대의 정점에서 잉태되어 근대성과 탈근대성의 미학을 동시에 지니고 있는 영화예술에서 깡패영화라는 장르는 영화의 예술적 특성을 적나라하게 보여주는 기제 역할을 하고 있다. 근대 서구·백인·남성 중심주의 계몽을 통한 지배의 확산은 때때로 무지몽매한(?) 저항에 부닥치기 때문에 문명의 확산을 위한 폭력의 사용은 이따금 필수불가결한 요소가 되기도 한다(Deleuze 1986, p. 211). 근대성은 순수한 이상적인 계몽을 전제로 하기 때문에 폭력과 전쟁의 평가는 반드시 이긴 쪽이 정의가 된다. 따라서 근대적인 영화들에서 가장 깡패적인 깡패영화의 진수는 전쟁영화라고 할 수 있다. 할리우드에서 만든 모든 전쟁영화나 60~70년대 한국 반공

전쟁영화는 그 이후의 모든 깡패영화의 근원적인 모델역할을 하고 있는 것이 사실이다.

6) 그럼에도 불구하고 〈친구〉는 히틀러, 박정희, 케네디 같은 근대적 깡패의 개념적 인물들을 〈대부〉처럼 신비화하지 않고 탈신비화하여 일상적 인물로 제시하기 때문에 근대성을 해체하고 탈근대로 나아가는 문턱에 다가가 있다. 그것은 아마도 근대화에 실패하고 분단국가로 남아 있을 수밖에 없는 우리 한국 사회에서 〈친구〉가 흥행에 성공한 진정한 이유일지도 모르며, 아직 희망이 살아 있는 근거일 수도 있다. 이런 면에서 〈친구〉는 근대적인 이야기 서술로 만들어진 깡패영화의 장르에서 벗어나 깡패영화에 대항하는 새로운 영화의 장르를 만들려고 시도한다.

7) 근대적인 가족주의나 국가주의의 이야기 서술이라는 전형적인 근대 지식인 엘리트의 속성에서 상택은 법관이 되거나 육군사관학교 출신의 장교가 되거나 아니면 정치가나 기업가가 되어야만 한다. 그렇다면 아마도 준석과 상택이의 관계는 새로운 한국판 〈대부〉를 형성할 수도 있었을 것이다. 그러나 상택은 영화감독을 지향하는 얼치기예술가 지식인이다. 근대의 지배적인 과학적 지식과 달리 예술적 지식은 권력에 대항하여 또 다른 권력을 지향하는 것이 아니라 권력관계로부터 벗어나 권력관계를 조망하면서 무한의 바다와 무한의 삶을 창조하고자 한다. 그래서 상택은 준석과 동수의 관계에서 일정한 거리를 유지하며 권력관계가 지닌 "폭력은 필연적이다"라는 근대적 구조를 드러낸다. 영화의 마지막에서 상택으로 대변되는 화자는 '조오련과 거북의 경주'에서 거북을 선호하는 중호 편에 동수가 서 있었음을 분명히 암시한다. 장의사 아버지에게서 벗어나려 하면서도 벗어나지 못하는 동수라는 인물이 보여주고 있는 거북의 특성은 우리 관객들에게 연민과 애정을 갖게 만든다. 왜냐하면 대부분의 관객은 조오련 같은 준석이나 상택이 아니라 동수나 중호 같은 거북들이기 때문이다. 따라서 영화가 진행되면서 상택과 다른 집단에 들어간 동수에게 자그마한 박수를 보내면서, 그의 불안한 미래에 대한 불안감을 갖게 된다. 그 불안감은 애초에 바다에서 살아야 하는 거북이 조오련과 경주하기 위해 수영장에 들어간 그런 불안감이다. 그리고 준석과 동수의 마지막 대면장면이 나오는 지하 홀에서 도피를 권유하는 준석에게 "갈려면 네가 가라"라고 말하는 동수에게 박수를 보내면서, 허구의 우정과 의리(혹은 그가 준석에게 지니고 있는 열등의식) 때문에 공항으로 가기 위해 홀 밖으로 나오는 동수를 보면서 급박한 음향과 함께 깡패의 인생이 끝나고 영화도 끝나가는구나 하는 허탈감을 맛보게 된다. 처음의 상황이미지와 또 다른 상황이미지를 보여주는 마지막 상황이미지는 "폭력은 필요악이다"라는 말기근대의 인식론은 제공하지만 폭력으로부터 벗어날 가능성은 존재하지 않는다.

8) 니콜라스 레이는 건축학을 전공한 라디오 시나리오 작가이면서 감독(영화배우로도 활동했음)으로 활동하다가 1950년대의 미국을 대표하는 영화감독이 된 사람이다. 그러나 그는 생전에 할리우드영화가 지배하는 미국의 영화판에서 전형적인 3류감독이라는 비판을 받았으며, 심지어 그의 대표작인 〈이유 없는 반항〉 외에는 단 한 편도 아카데미영화상 후보에조차 오르지 못했다. 이처럼 레이는 그의 명성에 비해 상당히 불행했던 영화감독이었고, 미국 영화계로부터 제대로 된 대우와 평가를 못 받은 것은 물론 심지어 비난과 질시를 받았다고 할 수 있다. 그 이유는 아마도 레이의 영화들이

당시 미국 영화계 사람들과 관객들의 심기를 불편하게 만들었고, 심지어 미국이라는 제국주의와 국가주의에 기초한 서구·백인·남성 중심주의 가족주의적 근대성에 매몰되어 있는 미국 백인들에게 적대적이었기 때문일 것이다.

9) 이와 같은 서구·백인·남성 중심주의 합리성과 이성으로 포장된 근대성의 불합리와 비이성에 대한 고발은 〈그들은 밤에 산다〉가 근대적인 갱스터와 로맨스의 장르를 넘나들어 서로 다른 근대와 탈근대의 시간이미지가 지배하는 두 개의 운동이미지가 서로 섞여서 근대적인 이야기 서술이 지배하는 장르들을 뒤섞기 때문이다. 이와 마찬가지로 〈어둠 속에서〉는 하드보일드 탐정영화 장르와 가족 멜로드라마 장르를 뒤섞고, 〈자니 기타〉는 서부극과 휴먼드라마 장르를 넘나들며, 〈실물보다 큰〉은 스크루볼 코미디와 가족 멜로드라마 장르를 깨트려서 근대 부조리의 사회고발 영화가 되고, 〈에버글레이즈에 부는 바람〉은 다큐멘터리와 서부극, 휴먼드라마의 장르를 넘어서 자연생태영화의 새로운 분야를 개척하고 있다. 니콜라스 레이의 영화들이 보여주는 근대의 고전주의적 할리우드 영화장르의 파괴는 무분별하고 획일적인 상업적 영화산업의 종말과 예술적인 작가영화의 탄생을 의미한다. 그러나 거의 자전적인 영화라고 할 수 있는 〈고독한 영혼〉에서 보여주는 것처럼 할리우드 영화계는 니콜라스 레이를 완전히 받아들이지 못하고 끝없는 쇠락의 길을 걷는다. 미국에서 니콜라스 레이가 제대로 평가받기 시작한 것은 이미 레이가 사망한 이후인 1980년대라고 할 것이다. 이것은 미국의 불행인 동시에 문화식민지 형식으로 할리우드의 영향을 받을 수밖에 없었던 우리와 같은 제3세계의 불행이다.

# 03 일본의 근대영화와 탈근대영화

## 1) 독도문제와 일제 식민지역사를 바라보는 동아시아적 시각

'독도문제'와 '일본 제국주의 36년의 식민지역사'는 대한민국과 일본의 근대적 관계를 선명하게 드러낸다. 일본의 집권정권은 집권의 위기상황을 맞을 때마다 이른바 '망언'이라고 일컬어지는 '독도의 일본 영유권'과 '일제 36년 지배'의 정당성을 제기한다. 이것은 마치 지난 박정희나 전두환 독재정권이 집권정권의 위기상황일 때마다 '간첩단사건'이나 '북한 정권의 포악성'을 끄집어내는 것과 같다. 김일성이나 김정일 정권의 입장에서 박정희나 전두환 정권의 행동은 망언 또는 망동이지만, 박정희·전두환 정권의 입장에서 간첩단사건이나 북한 정권의 포악성 문제는 '충언'이며 '구사일생의 충성스러운 사건'이다. 마찬가지로 해마다 반복되는 일본 관료의 독도문제와 일제 36년의 정당성 제기는 대한민국 정부와 국민의 입장에서 망언이고 망동이지만, 일본 제국주의 정권 입장에서는 일본 정권을 연장시키는 충언이요 구사일생의 충성스런 사건이다. 그러나 대한민국과 조선민주주의인민공화국의 관계를 남한과 북한의 대립이나 북조선과 남조선의 대립으로 보지 말고 한반도의 근대화과정에서 살펴보아야 하듯이, 대한민국과 일본의 관계는 한민족과 일본 민족의 대립과 갈등이 아닌 동아시아의 근대화과정 속에서 들여다보아야 한다.

근대적 의미에서 일본의 근대 권력체계와 대한민국의 근대 권력체계는 항상 상부상조의 관계이다. 그 근원은 일본의 근대가 제국주의적 근대이고 대한민국의 근대가 식민주의적 근대이기 때문이다. 일본의 근대는 메이지유신을 통해 제국주의 국가로 출발하였고, 대한민국의 근대는 일본을 비롯한 서구 열강에 의한 굴욕적인 개항과 일제 식민지국가로 출발하였다. 천황제를 토대로 한 일본 제국주의적 근대의 권력체계는 메이지유신 이후로 근본적인 성격이 변하지 않고 현재까지 유지되고 있으며, 조선의 국왕제를 폐지한 대한민국 식민지적 근대의 권력체계는 일제 식민지시대 이후로 친일의 근본적인 성격이 변하지 않고 오늘날까지 이어지고 있다. 그러나 문제는 이 두 개의 권력체계가 일본 제국주의 국가의 태평양전쟁 패망 이후로 본래의 제국주의적·식민주의적 색깔을 숨긴 채 자신들의 정권을 보장해 주고 지원해 주는 미국 지배정권의 하수인 역할을 담당한다는 것이다. 일본의 근대정권은 마치 제국주의적 성격을 포기한 것처럼 미국을 숭앙하는 자유주의 국가로 포장하고, 대한민국의 근대정권은 마치 일제 식민주의적 권력의 성격에서 벗어난 자율적인 정권인양 미국을 숭앙하는 자유주의 국가로 포장하였다.

일본과 대한민국의 근대정권은 국제적 관계에서 미국 지배권력의 지시만 따르면 된다. 따라서 미국이라는 거대 제국주의 국가의 지배 아래서 일본의 제국주의적 근대정권과 대한민국의 식민지적 근대정권의 문제는 국제적인 관계에서 발생하는 것이 아니라 각각의 지배권력이 토대를 두고 있는 일본과 대한민국의 영토 내부에서 일어난다. 일본의 근대권력은 외부적으로 제국주의적 색깔을 포기한 것처럼 보이지만 내부적으로는 제국주의적 일본제국의 향수와 부활을 꿈꾸는 정치·경제·사회·교육의 제국주의 집단들에 그 권력적 토대를 두고 있다. 마찬가지로 대한민국의 근대권력은 겉으로는 식민주의적 색깔을 포기한 것 같지만 내부적으로는 일제 식민주의 시대의 향수와 부활을 꿈꾸는 정치·경제·사회·교육의 친일집단들에 그 권력의 토대를 두고 있다. 그리하여 매년 되풀이되는 '독도문제'와 '일제 식민지 36년'에 대한 망언과 규탄은 항상 일본에서는 일본 근대정권의 유지와 강화용으로, 대한민국에서는 대한민국 근대정권의 유지와 강화용으로 이용되었다. 일본에서 망언을 하고 망언을 지지하는 집단은 천황제로써 획득한 자신들의 권력을 계속 유지하고자 하는 제국주의 집단들이고, 대한민국에서 '망언을 규탄'하고 그 규탄을 지지하는 집단은 친일로써 획득한 자신들의 권력을 유지해 나가려는 식민주의 집단들이다.

지난 한 세기 동안 일본과 대한민국의 근대권력을 유지·강화시켜 온 권력적 근친관계는 2005년 들어 서서히 깨어지고 있다. 근대의 권력적 근친관계에 틈새가 생기기 시작한 것은 일본이 아니라 대한민국이다. 이른바 참여정부의 노무현정권 등장이 그것이다. 그리고 노무현정권의 등장보다 더 중요한 것은 식민지적 근대이면서 아류제국주의 흉내를 내는 식민지적 독재권력에 신물이 난 대한민국 민중과 외부적으로는 친미이면서 내부적으로는 친일의 대한민국 권력이 지닌 근대적 식민지성 때문에 이미 탈근대적 지구촌문화에 익숙해진 젊은이들이 노무현정권을 지지하였다는 것이다. 지난 50여 년(혹은 근대화의 한 세기) 동안 유지되어 온 대한민국의 근대정권과 달리, 노무현정권은 근대적 소수자들과 탈근대적 문화인들에게 권력적 토대를 두고 있다. 노무현정권을 유지하고 지속하고자 하는 사람들은 이러한 그들의 권력적 토대를 충분히 알고 있을 것이다(혹은 분명히 알아야 하고, 그것을 알지 못하면 정말로 하루살이 권력의 하수인으로 끝날 것이다).[1] 따라서 노무현정권은 정권 차원에서 독도문제와 일제 36년 지배에 대한 일본 권력집단의 망언과 망동을 책망해야 하고, 심지어 일본 권력집단의 사과를 받아내지 못한다면 외교관계의 단절까지 결행해야 한다. 그것이 노무현정권이 살아남는 유일한 길이다.

비록 미국의 하수인으로 이라크에 군대를 파병한 친미적인 노무현정권이라 하더라도 일제 36년의 역사를 근대의 치욕적인 사건으로 굳건히 기억하고 있는 대한민국의 대다수 국민들에게 노무현정권은 최소한 일본에 대해서만큼은 식민지적이거나 굴욕적이지 않은 자율적이고 능동적인 정권임을 보여주어야 한다. 그렇게 해야만 비로소 일본과 대한민국에서 지난 한 세기 동안의 지배와 저항, 망언과 규탄이라는 근대적 반복이 사라지고 친구나 연인처럼 한국인과 일본인의 자유롭고 평등한 정치와 경제를 비롯한 삶 일반의 문화적 교류가 가능하다. 대한민국 근대화과정의 실상이 식민지적이거나 친일 혹은 친미의 집단이 아니라 권력집단과 멀리 떨어져 있으면서 이중삼중의 억압과 굴욕을 견뎌내고 독자적인 개개인의 삶을 성취하고자 한 소수자들, 즉 노동자·농민·지식인·여성 등이었듯이, 일본 근대화과정의 실상 또한 제국주의적이거나 친미적인 집단이 아니라 일본의 근대 권력집단과 멀리 떨어져서 제국주의적 근대의 억압과 굴욕을 견뎌내고 자율적인 개개인의 삶을 성취하려 한 일본 영토 내의 소수자들, 즉 노동자·농민·지식인·여성 등임은 명백한 사실이다. 이것은 일본의 가장 근대적인 영화들과 1950년대 이후의 탈근대적 영화들이 잘 보여주고 있다.

### 2) 일본 근대영화의 풍자와 해학

1897년부터 시작된 일본 영화의 역사는 일본 제국주의 국가의 권력체계처럼 결코 서구 추종적이거나 국가주의적이지 않았고, 영화 본래의 성격처럼 일본 본래의 전통적인 공연예술의 영향을 받은 대중적인 특성을 보인다. "1910~20년대 일본 영화관들은 이미 [일본 근대화과정에 맞춰] 어느 정도 계층화가 이루어진다. 즉 [제국주의적 근대화를 지향하는] 상류계층이나 지식인계층이 선호하는 서양 영화를 상영하는 극장과 하층계급인 일반인들이 주로 보는 유치한 시대극들, 일본인들이 흔히 '찬바라 영화'라고 부른 것들을 상영하는 극장으로 구분이 되어 있었다." 이러한 구분은 비록 근대영화일지언정 일본 영화는 결코 서구 추종적이지 않았음을 보여준다. 이런 면에서 1920~30년대에 절정에 달했던 일본 근대영화는 서구적 근대의 장르영화와 흡사한 '시대극영화'라는 장르라고 할 수 있다. 일본의 가장 근대적인 시대극 영화를 만든 사람이 바로 태평양전쟁의 전쟁터에서 죽은 야마나카 사다오(山中貞雄) 감독이다.

"그가 전쟁터에서 죽은 것은 일본 영화계 최대의 손실"이라고 오즈 야스지로가 회한을 담아 술회한 야마나카 사다오 감독은 "30편에 가까운 시대극영화를 만들었지만 현재 남아 있는 작품은 〈백만 냥의 항아리〉(1935)를 포함하여 단 3편뿐"이라고 한다. 〈백만 냥의 항아리〉는 "1920년대부터 1960년대까지 30편 이상의 영화가 만들어진 유명한 〈단게 사젠 이야기〉(丹下左膳余話)를 코믹하게 그려낸 [일본 근대영화의 매우 완성도 높은] 독특한 시대극영화"이다. 이 영화에서 주인공은 기존의 '단게 사젠' 영화처럼 비장한 이미지로 나오는 것이 아니라 비장함과는 거리가 먼, 시시콜콜한 문제로 걱정하는 거의 동네아저씨와 진배없는 인물로 등장한다. 이처럼 일본 근대적 서술구조의 지배를 받는 동시에 서구적 근대가 지닌 새로운 근대적 감성의 주인공이 등장하는 것은 일본의 근대적 대중 장르영화가 미국을 비롯한 서양의 근대영화와 결합하여 일본 나름의 독특한 근대영화의 완성도를 보여주는 것이라 하겠다. 〈백만 냥의 항아리〉에 등장하는 단게 사젠은 한 눈과 한 팔을 잃고 아내가 운영하는 술집에서 소일하는 떠돌이 사무라이이다. 단게 사젠은 "야규 가문의 영주가 선대 가문의 유산으로 물려받은 백만 냥의 가치가 있는 항아리를 둘러싼 소용돌이"에 휘말린다.

서구의 근대적 주류가 산업화와 함께 등장한 상업부르주아와 중세 귀족계급의 결합으로 이루어졌듯이, 일본 제국주의적 근대의 주류 역시 서구화과정에 등장한 상업부르주아와 근대 이전의 귀족가문 영주들이 결합하여 형성되었다. 따라서 일본 근대의 제국주의 이데올로기를 떠받치는 토대는 전근대적 천황제와 결합된 사무라이 정신이다. 〈백만 냥의 항아리〉는 천황제의 토대가 되는 사무라이 영주 아규 가문의 두 형제가 전혀 귀족적 능력을 갖추지 못한 무능력한 바보인 동시에 '백만 냥의 가치'가 있는 항아리조차 식별할 줄 모르는 문화적 측면에서 천치임을 희화화한다. 사무라이(칼싸움)의 전근대적 능력을 갖춘 사람은 조금은 멍청하고 약간 바보스러운 애꾸눈의 외팔이 단게 사젠이다. 그리고 백만 냥의 가치가 있는 항아리를 식별할 줄 아는 사람은 넝마주이의 어린 딸과 여성적인 정감을 지닌 단게 사젠과 티격태격 부부싸움을 하며 작은 주막을 운영하는 그의 부인이다. 〈백만 냥의 항아리〉의 일본 제국주의적 근대 주류계급에 대한 풍자와 전근대적 가치에 대한 해학은 일본적 근대를 달성한 실상이 바로 넝마주이, 떠돌이 사무라이, 술집 여주인, 아버지를 잃은 어린 소녀 등과 같은 근대적 주변인들이었음을 말해 준다.

〈백만 냥의 항아리〉 같은 일본 대중영화의 제국주의적 근대에 대한 풍자와 해학은 일본의 누벨바그를 대표하는 스즈키 세이준(鈴木清順) 감독의 〈도쿄방랑자〉(1966)에서도 그대로 드러난다. 흔히 "갱스터, 누아르, 로드무비, 뮤지컬, 멜로드라마, 웨스턴, 슬랩스틱 코미디 등의 장르를 넘나드는 구성"으로 1950년대 후반과 60년대 일본 영화의 새로운 흐름을 주도했다고 평가되는 〈도쿄방랑자〉는 비록 표현형식은 근대에서 조금 벗어난 후기 근대적이라고 할 수 있을지 몰라도 내용형식은 여전히 근대성의 범주에서 못 벗어난다. 그 이유는 스즈키 세이준 감독의 폭력과 코미디에 대한 집착 때문이다. 비록 그가 다양한 근대적 영화장르를 넘나들고 있지만 여전히 폭력과 코미디에 대한 대중적 상업성의 집착은 근본적으로 그의 영화들이 영화적 사건과 이미지들을 소홀히 하고 근대적 서술구조에서 벗어나지 못하는 원인이 된다. 관객들은 영화 초반부나 중반부에서 벌써 그 결말이 어떻게 될지를 추측할 수 있다. 총알이 빗발치는 야쿠자들의 사생결투에서 살아남는 주인공 테츠의 곡예는 마치 총알과 포탄이 빗발치는 전투에서 용감무쌍하게 살아남는 70년대의 우리 반공영화를 보는 듯하다.

〈도쿄방랑자〉에 등장하는 테츠는 의리 있고 싸움 능력이 뛰어난 거의 신화적인 존재의 깡패(야쿠자)이다. 정말로 웃기는 이야기. 의리 있고 싸움 잘하면 깡패가 신이 되는가? 한마디로 테츠는 깡패가 아닌 평범한 시민으로 살고자 한다. 그럼에도 불구하고 그는 여전히 깡패생활을 청산하고 평화롭고 안전하게 여생을 지내려 하는 구라타파 두목 구라타의 오른팔 역할을 한다. 그러나 아무런 관계의 변화 없이 혹은 깡패생활로 축적한 재산을 비롯한 모든 권력의 포기 없이 어떻게 깡패에서 벗어날 수 있는가? 영화에서 그것은 어느 정도 가능한 모티프를 가지는데, 그 모티프는 테츠가 구라타를 비롯한 모든 관계를 단절하고 방랑자(노마드)가 되는 것이다. 하지만 테츠는 방랑자도 제대로 못 된다. 그는 도쿄가 아닌 지방의 구라타파에 들어가, 거기서도 여전히 적대적인 오츠카파와 대립하면서 이런저런 깡패들의 싸움에 말려든다. 영화는 내내 나쁜 깡패와 좋은 깡패, 즉 선의 깡패와 악의 깡패로 이분된 두 개의 세계만 있을 뿐이다. 미국의 부시가 선의 국가와 악의 국가를 이분하듯이 국가주의에 기초한 근대는 항상 좋은 국가와 나쁜 국가, 좋은 남자와 나쁜 남자 혹은 선의 인간과 악의 인간만 존재한다. 이것이 이른바 이데올로기가 사라졌다고 말하는 후기근대의 포스트모더니즘이라는 제국주의 경제(혹은 자본)지상주의의 신자유주의 이데올로기이다.

이 세상은 결코 선-악의 이분법으로 존재하지 않는다. 선-악 이분법은 근대의 폭력으로 이루어진 지배권력을 유지하기 위한 수단일 뿐이다. 테츠의 '의리 있고 능력이 뛰어난 깡패'라는 신화가 인간의 내러티브가 만든 허상의 신화이듯이 '좋은 깡패와 나쁜 깡패'라는 계몽방식도 지배와 피지배를 유지하기 위한 근대적 내러티브가 만든 허상의 이야기일 뿐이다. 깡패는 깡패일 뿐이다. 마침내 구라타와 오츠카는 자본을 통한 상호공존을 모색하고, 구라타는 오츠카의 청탁을 받아들여 테츠를 암살하라는 명령을 내린다. 좋은 깡패(혹은 좋은 아버지)라고 믿었던 구라타에게 배신을 당한 테츠는 도쿄로 돌아가 오츠카와 구라타를 다 처치한다. 유치하고 식상할 대로 식상한 근대적 영화서술의 대단원! 〈도쿄방랑자〉라는 가요는 주인공 테츠를 영웅의 신화로 끊임없이 신비화하고 있지만, 영화를 보는 관객들 속에서 터져나오는 것은 코미디를 보듯 희희낙락하는 웃음뿐이다. 웃음의 절정은 영화의 마지막 장면에서 테츠가 오츠카 일당과 구라타를 처치한 후에 사랑하는 여자의 손길을 뿌리치고 혼자 떠나는 장면이다. 인위적인 내러티브의 절정! 선도 아니고 악도 아니면서 관계에 따라서 선도 될 수 있고 악도 될 수 있는 근대적 소수자를 대표하는 여성과 관계없이 어떻게 근대적 깡패구조에서 벗어날 수 있단 말인가!

### 3) 일본 탈근대영화의 고백과 희망

일본 영화의 탈근대적 근대의 고백과 희망은 1960년대 이후에 지속적으로 근대적 내러티브가 만든 후기근대 영화의 근대적 연속이 아닌 영화적 이미

지와 사건을 통한 변화와 생성을 보여주는 탈근대의 영화들이다. 신도 가네토(新藤兼人)와 이마무라 쇼헤이(今村昌平)의 〈벌거벗은 섬〉(裸の島, 1960)과 〈일본곤충기〉(にっぽん昆蟲記, 1963)는 이러한 일본 탈근대영화들을 대표한다. 탈근대적 미래의 희망보다는 탈근대적 근대의 고백에 중점을 두고 있는 신도 가네토 감독은 1951년 영화사를 설립하여 이른바 일본 영화의 독립영화시대를 열었으며, 1952년 〈원자폭탄의 아이들〉(原爆の子)이라는 탈근대적 근대의 고백영화를 기점으로 1960년 모스크바영화제에서 〈벌거벗은 섬〉이 그랑프리를 차지하면서 서구 영화들의 탈근대적 근대의 고백영화들과 나란히 탈근대의 영화시대를 열었다. 또 우리에게 〈붉은 다리 아래 따뜻한 물〉(赤い橋の下のぬるい水, 2001), 〈간장선생〉(Kanzo Sensei, 1998), 〈우나기〉(The Eel, 1997), 〈나라야마 부시코〉(Narayama Bushiko, 1982) 같은 탈근대영화로 잘 알려진 이마무라 쇼헤이 감독은 탈근대적 근대의 고백보다는 일본 근대화과정의 비주류이면서 소수자라 할 수 있는 여성들의 여성성 발현과 남녀의 여성적 관계가 지니는 탈근대적 희망에 초점을 맞춘 영화를 선보인다.

〈벌거벗은 섬〉은 "아이를 잃고 오열하는 어머니의 울음소리를 제외하고는 단 한마디의 대사도 나오지 않는" 이미지와 사건으로만 이루어진 영화이다. 그럼에도 불구하고 영화는 끝날 때까지 줄곧 관객을 긴장시켜 스스로 영화의 이미지들과 수없이 많은 대화와 사색을 하게 만든다. 근대적인 내러티브의 측면에서 영화는 "세토 내해의 작은 섬에서 보리와 고구마를 키우며 살고 있는 한 가족의 이야기"라고 간략하게 정리할 수 있다. 그러나 물이 전혀 나오지 않는 섬에서 부부가 밭에 물을 대기 위해 새벽부터 인근 섬에 가서 물을 길어오고 또 배에 올라 노 젓는 모습이나 물지게를 지고 움직이는 섬세한 발자국, 아침을 먹느라 어린 두 아들과 온 가족이 이리저리 움직이는 이미지들은 삶과 노동의 소중함과 일본 근대화과정에서 소외당한 농민과 여성·어린이들이 지닌 삶의 진실을 전달한다. 물지게를 지고 언덕을 오르는 여성의 몸짓은 마치 춤사위를 하는 춤꾼의 예술이고, 어린아이들이 고기를 잡느라 작살을 휘두르는 모습은 기술과 인간이 결합된 예술적 세련됨을 드러낸다. 삶과 노동과 놀이에서 예술을 발견하는 근대적 소수자들의 이미지는 결코 지배와 피지배나 선과 악이라는 근대적 이데올로기의 서술구조에 갇혀 있을 수가 없다.

〈벌거벗은 섬〉에서 부부의 모습은 함께 노동하고 함께 생활하는 평등한 두 생명체의 이미지일 뿐이다. 이러한 이미지에서 벗어나는 두 개의 사건이 있다. 하나는 여자가 밭에서 실수로 물통의 물을 엎지르는 이미지의 장면이고, 또 하나는 아들의 죽음으로 아내가 물통을 뒤엎고 밭고랑의 고구마줄기들을 파헤치며 오열하는 이미지의 장면이다. 첫번째 장면에서 남자는 여자에게 다가가 사정없이 따귀를 갈겨버린다. 따귀를 맞은 여자는 묵묵히 다시 물지게를 지고 물을 길러 언덕을 내려간다. 두번째 장면에서 남편은 아내를 못 본 척하면서 속으로 오열하며 묵묵히 고구마줄기 구덩이에 물을 준다. 남성은 분노를 표현하고, 여성은 슬픔을 표현한다. 이와 더불어 남성은 과정에 대한 책임을 지고, 여성은 결과에 대한 즐거움을 향유한다. 분노의 표현은 과정에 대한 책임이고, 슬픔의 표현은 결과에 대한 고통의 울부짖음이다. 여성은 남성의 과정에 대한 책임에 순응하고, 남성은 여성의 결과에 대한 즐거움과 고통을 공유한다. 과정에서 여성은 남성이 되고, 결과에서 남성은 여성이 된다. 아들의 죽음에 내포된, 의학이라는 근대화의 혜택을 전혀 못 받는 부부가 지니고 있는 너무나 아름답고 조화로운 남성과 여성의 상생! 그러나 일본 제국주의 국가는 근대적 지배와 피지배 관계를 고착시키고 강화하기 위해 농민과 같은 소수적 남성의 여성성을 빼앗고 소수적 여성의 남성성을 강탈했다.

전근대적 천황제를 토대로 한 일본 제국주의가 패망한 후에 등장한 〈벌거벗은 섬〉과 같은 진지한 탈근대적 근대의 고백은 전지구적인 이데올로기적 냉전체제가 무너진 1980년대 이후의 탈근대영화를 주도한 이마무라 쇼헤이의 〈일본곤충기〉에서 더 적극적으로 드러난다. 〈간장선생〉에서 구체적으로 드러나듯이, 단적으로 말해 이마무라 쇼헤이 감독은 일본 근대사를 '일본 곤충기'로 보고 있다. 이것은 정말로 근대적 의미의 언어학이나 심리학이 이야기하는 은유나 상징의 언어가 아니다. 실제로 일본 근대사는 서구의 유럽이나 미국 근대사와 마찬가지로 일본 근대인이라고 일컬어지는 곤충들의 역사이며 곤충들의 삶이다. 곤충들이 기록한 일본 근대의 역사는 힘과 폭력을 구사하는 권력을 지닌 곤충과 힘과 폭력에 이리 쫓기고 저리 쫓기는 권력 없는 곤충들만 있을 따름이다. 곤충들의 관심은 어떻게 사느냐나 어떻게 관계를 맺느냐가 아니라 단지 생명을 유지하여 살아남는 것일 뿐이다. 내 옆에서 수많은 곤충들이 죽어가고 피를 흘려도 아무런 관심 없이 오로지 자기 생명을 유지하고 똥이나 버러지를 먹으면서라도 살아남는 것만이 중요할 따름이다. 심지어 곤충은 자신이 살기 위해 가족뿐 아니라 연인이나 친구도 무참히 살해하거나 전쟁터에 보낸다. 우리는 곤충으로부터 질기고 질긴 삶의 생명력이라는 교훈을 얻을 수 있을까?

1919년에 야마가타의 산골에서 누구의 씨인지도 모르고 태어난 스기모토 도메는 어머니와 함께 사는 지체장애인의 아버지를 이상적인 남편으로 생각하고 마치 아버지와 친구나 연인 관계인 것처럼 자라난다. 그러나 역설적이게도 그가 인간이라는 동물로 자라나는 순간은 아버지와 함께 사는 어린 시절과 초등학교 시절뿐이다. 도메가 곤충이 되고 곤충으로 살아가는 일본 근대의 서술은 도메가 초등학교를 졸업하고 방직공장 공원으로 일하면서부터 시작된다. 도메는 여성노동자를 관리하는 마츠나미의 여자가 되고, 자신의 탄생과 마찬가지로 누구의 씨인지도 모르는 아이를 낳는다. 1945년 태평양전쟁이 끝나고 마츠나미는 노동운동가가 되고, 도메는 여성노동자를 지휘하는 노동운동의 간부가 된다. 그러나 중간관리자인 과장이 된 마츠나미는 도메 곁을 떠나 자기 살길을 찾고, 도메는 도쿄로 가서 미군 파출부 노릇을 한다. 섹스를 통한 생명성의 발현이라는 그녀의 곤충적 욕망은 미군 현지처의 아이 목숨을 앗아가고, 도메는 일본 근대화의 식민주의적 제국주의로 흥성하는 신흥종교단체에서 콜걸이 되어 마침내 콜걸조직을 운영하는 마담뚜가 된다. 도메는 자신을 곤충으로 만드는 일본 근대의 구조 속에서 마침내 중간 크기의 힘과 권력을 지닌 곤충이 되어 힘이 약한 다른 곤충들을 죽이거나 파괴한다.

영화에서 곤충이 되지 않고 인간이라는 동물로 존재하는 남성은 오로지 약간의 지체장애인으로 등장하는 도메의 아버지와 미군 현지처를 따라다니는 재일'조선인'(영화에 등장하는 조선인이 지체장애인인지 아니면 일본어를 구사하지 못하는 언어장애인인지는 명확하게 드러나지 않는다)뿐이다. 그들이 곤충이 되지 못하는 이유는 지체장애인이어서 일본 근대라는 곤충들의 그물망 속으로 들어갈 수 있는 능력이 없기 때문이다. 도메가 콜걸조직의 운영으로 감옥에 갔다 온 사이, 산골에서 고등학교를 다니는 도메의 딸도 곤충이 될 위험에 빠진다. 그러나 곤충들의 역사를 지닌 일본 근대가 영원히 지속될 수는 없다. 우리의 근대사와 마찬가지로 일본인들이라고 영원히 '곤충기'의 역사를 지니고 있을 수는 없다. 도메의 딸은 마치 〈벌거벗은 섬〉에 등장하는 부부처럼 남자친구와 함께 산골에 자율적인 농장을 만들어서 운영하여 〈일본곤충기〉의 근대적 역사에서 벗어나고, 아직도 곤충들이 우글거리는 도쿄의 근대적 구조가 지닌 곤충들의 그물망 속에서 그녀의 어머니 도메를 구출한다. 곤충들의 세계에서 인간들의 세계로 가는 도메의 걸음걸이는 뒤뚱거린다. 그녀는 도쿄의 곤충들이 신고 다니는 뾰족구두를 벗어버리고 맨발이 되어서야 비로소 인간의 걸음걸이를 할 수 있게 된다.

〈일본곤충기〉 같은 이마무라 쇼헤이의 탈근대영화들은 아직 근대의 탈을 벗어버리지 못한 근대적 관객들의 심기를 불편하게 만든다. 〈간장선생〉은 근대적 지식인들을 불편하게 만들고, 〈우나기〉는 근대적 소시민들의 심기를 불편하게 만들고, 〈붉은 다리 아래 따뜻한 물〉과 〈나라야마 부시코〉는 이른바 문화(culture)로 포장한 문명(civilization)의 이기라고 할 수 있는 근대적 교양을 수단으로 근대적 남성세계에 길들여져서 생성적이고 창조적인 여성성을 상실한 근대적 여성들의 심기를 불편하게 만든다. 그러나 이마무라 쇼헤이의 탈근대영화들을 보는 불편함은 마치 도메의 뾰족구두가 산길을 걷는 데 불편함을 주는 것처럼 근대적인 지식인과 소시민·여성들이 근대적 곤충들의 세계에서 탈근대적 인간들의 세계로 넘어가는 데 반드시 거쳐야 하는 정서적 감각의 불편함이다. 그렇게 오랫동안 곤충들의 세계에 살았던 도메가 자신의 삶의 고향으로 가는 것을 불편하게 느끼는 것처럼, 근대적 지식인과 소시민·여성 들이 이마무라 쇼헤이의 탈근대영화들을 보며 느끼는 불편한 심기는 잃어버렸지만 아직도 마음 한구석에서 나의 삶을 지탱시켜 주고 그래도 살아 있는 것에 대한 희망을 부여하는 인간이라는 고향의 감각과 정서이다. 정말로 문제는 불편함을 불편함으로 여기지 못하거나 심지어 탈근대영화가 제시하는 불편함을 근대적 제국주의나 식민주의에 길들여진 곤충들의 잣대로 가치를 폄훼 또는 아예 무시하는 잘못된 신화와 계몽의 근대적 예술관이다.

#### 4) 동아시아의 탈근대적 한류열풍과 일본의 탈근대성

전지구적으로 1940년대 후반 이탈리아 영화의 네오리얼리즘, 50년대 후반과 60년대 일본과 프랑스의 누벨바그 그리고 60년대 후반의 뉴 저먼 시네마는 90년대 후반과 21세기 초 대한민국의 탈근대영화들로 계승되고 있다. 우리의 탈근대영화들이 그 모태가 되는 네오리얼리즘, 누벨바그, 뉴 저먼 시네마 영화들과 다른 점은, 이전의 영화들이 아직 근대가 완전히 청산되지 않은 상황에서 후기근대의 포스트모더니즘 영화와 탈근대의 트랜스모던 영화의 구분이 애매모호한 데 반해 우리의 영화들은 트랜스모던(trans-modern)의 특성들을 뚜렷하게 보인다는 점이다. 이러한 특성은 최근 중국이나 베트남, 대만, 태국 등 동아시아 나라들에서 일어나는 한류열풍과 이른바 근대의 선진국이라고 일컬어지는 일본에서 일어나는 한류열풍의 차이에서 매우 두드러진다.

일본을 제외한 동아시아에서 일고 있는 한류열풍은 90년대 후반과 21세기 초에 달성한 '주체적 서구화'에 대한 열풍이다. 서구 문명을 침략적이고 파괴적인 형태로 경험한 동아시아 국가들 중에서 가장 일찍 서구의 제국주의에서 탈피한 북조선의 주체성은 90년대 후반과 21세기 초에 달성한 남한의 민주주의적 역량과 결합하여 남한 대중문화가 지닌 주체적 서구화의 모습으로 강력한 문화적 영향력을 행사하고 있다. 미국 제국주의로부터 벗어나기 위해 수많은 희생을 치른 베트남이나 중국의 경우 나름대로 근대화를 달성하기 위해 어쩔 수 없이 미국 문화를 받아들여야만 하는데, 미국 대중문화와 거의 흡사한 한국 대중문화는 그들이 강하게 요구하는 주체적 서구화의 근대적 코드와 잘 연결된다. 물론 통일도 되지 않고 통일의 저해가 되는 국가보안법 폐지에 진통을 겪고 있는 한반도 상황에서 우리의 주체적 서구화가 어느 정도 진실한 것인지는 다시 되새김질해 보아야 할 문제이다. 그러나 분명한 것은 아직도 미국 군대가 서울 한복판에 건재하게 자리를 잡고 있는 상황에서 우리 대한민국이 달성한 정치적 민주주의의 정도는 우리의 성숙한 주체적 서구화의 문화적 역량을 충분히 자랑해도 모자람이 없다고 생각한다.

한편 최근 일본에서 일고 있는 한류열풍은 분명히 일본을 제외한 동아시아의 한류열풍과 질적으로 다르다. 단적으로 일본의 한류열풍은 최근 일본 중년여성들의 '욘사마 열풍'처럼 주체적 서구화에 대한 열풍이라기보다 주체적 또는 식민지적인 남성적 근대성과 동떨어져 있는 한국 남성들의 겸손하고 따뜻한 '탈근대적 여성성의 발현'에 대한 열풍이라 할 수 있다. 욘

사마 열풍의 핵심을 이루는 드라마 〈겨울연가〉에 등장하는 배용준은 부드러운 여성적 이미지일 뿐만 아니라 남성-여성의 이분법이 전혀 존재하지 않는 부드러움의 강함을 여실히 보여주는 마치 어머니와 같은 남자의 이미지를 지닌 '탈근대적 여성성'의 인물이다. 이러한 현상은, 일본을 제외한 근대적 완성도가 낮은 동아시아 나라들의 한류열풍이 남성과 여성의 구분 없이 전국적인 현상인 데 비해 일본의 한류열풍은 제국주의적 근대의 완성도가 높은 일본 남성을 제외하고 일본의 근대화과정에서 소수자로 내몰린 여성들의 반란처럼 나타나고 있다는 점에서도 찾을 수 있다. 이미 언론에서 드러난 것처럼 아시아의 유럽, 동아시아의 일본제국을 꿈꾸는 일본의 근대권력 체계 속에 들어가 있는 남성들의 '제국주의적 서구화'가 지니는 일본 여성들의 한류열풍에 대한 두려움과 공포는 독도문제나 일제 36년의 역사 왜곡 문제보다 더욱 강렬하다. 일본의 소수 남성과 여성들은 이미 강력한 탈근대적 삶의 방식으로 영화와 같은 탈근대의 문화를 향유하고 있다.

일본이나 유럽의 1950년대와 60년대의 탈근대영화들 그리고 오늘날 대한민국에서 만들어지고 있는 탈근대영화들은 하나같이 근대 국가주의(자국·자민족 중심주의)의 역사읽기에서 벗어나 탈근대의 노마드적 역사읽기, 남성 중심적 폭력주의에서 벗어나 여성적 관계의 생산성, 인간중심주의의 권위주의나 개발주의에서 벗어나 자연생태주의의 평화적이고 상생적인 공존 그리고 무엇보다도 근대적으로 고착된 공간에서 시간의 변화를 소외시키지 않고 시간의 변화에 의한 공간과 공간 속에 있는 인간을 포함한 모든 개체의 생성을 보여준다. 이마무라 쇼헤이의 〈간장선생〉에서 제시하는 것처럼 일본이 근대적 제국주의와 아류제국주의에서 벗어나지 못하는 것은 일본의 근대적 의식을 지배하고 있는 미국의 제국주의적 근대성과 근대적인 대한민국의 식민주의적 근대성이다. '미국-일본-대한민국'이라는 근대적 지배권력의 서열체계에서 바야흐로 대한민국의 권력체계가 벗어나고 있다. 이런 면에서 일본의 식민권력이 아닌 노무현정권은 일본 근대권력에 적극적으로 대응해야 하고, 우리 대한민국 국민은 일본 민중들과 더불어 마치 2002년 한일월드컵 경기를 즐기듯이 혹은 탈근대영화를 감상하듯이 아주 유연하게 일본 근대권력이 무너지는 것을 즐기고 감상하면 된다. 그러한 상호 생성과 변화는 일본과 대한민국을 포함한 동아시아뿐 아니라 미국과 유럽 등 지구촌 전체를 탈근대적으로 변화시킬 것이다.

[주]

1) 이 글을 책으로 펴내기 위해 원고를 교열하고 있는 지금, 노무현정부는 몰락했을 뿐만 아니라 노무현 전 대통령은 새로 등장한 이명박정부의 탄압으로 자살하였다. 노무현정부의 이러한 결말의 전적인 책임은 그들의 정권이 근대적 소수자들과 탈근대적 문화인들에게 권력적 토대를 두고 있다는 역사적 사실을 망각하였기 때문이라고 할 것이다.

# 04 미야자키 하야오 영화의 탈근대성

## 1) 미야자키 하야오 영화의 근대적 난해성과 탈근대적 감각의 즐거움

〈바람계곡의 나우시카〉(1984), 〈천공의 성 라퓨타〉(1986), 〈이웃집 토토로〉(1988), 〈붉은 돼지〉(1992), 〈모노노케 히메〉(1997), 〈센과 치히로의 행방불명〉(2001) 등 애니메이션 영화로 일본뿐 아니라 전세계에 잘 알려진 미야자키 하야오(1941~ )는 영화비평 전공자들에게 몹시 난해한 영화감독으로 정평이 나 있다. 그러나 그의 영화가 난해하다는 것은 근대문학의 서술구조 분석이나 해석에 익숙한 영화평론가나 근대적 의미의 고급 영화관객들에게 국한된 것이지, 어린이부터 노인에 이르기까지 그의 영화를 즐기는 다양한 관객들은 과거(〈천공의 성 라퓨타〉 〈붉은 돼지〉 〈모노노케 히메〉), 현재(〈이웃집 토토로〉 〈센과 치히로의 행방불명〉), 미래(〈바람계곡의 나우시카〉)

를 자유자재로 넘나들고 동양(〈센과 치히로의 행방불명〉 〈이웃집 토토로〉)과 서양(〈붉은 돼지〉 〈천공의 성 라퓨타〉)을 모두 아우르는 그의 전지구적인(〈바람계곡의 나우시카〉 〈천공의 성 라퓨타〉 〈모노노케 히메〉) 영화이미지들을 쉽게 즐기고 사랑한다. 이처럼 어린이를 비롯한 일반인들의 사랑을 받는 영화가 영화전공자들이나 고급 영화관객들에게 난해하게 받아들여지는 이유는 어린이를 비롯한 일반인들이 만화나 애니메이션을 보면서 스스로 만드는 상상력이 영화비평 전공자들이나 고급 영화관객들에게 부재하기 때문일 것이다.

들뢰즈의 말처럼 영화적 상상력은 영화에 등장하는 내러티브가 아니라 스크린이 제공하는 영화이미지가 만든다. 어린이나 일반인들은 영화의 내러티브를 구성하는 근대문학의 서술구조 분석이나 해석 이론이 부재하기 때문에 만화나 영화를 이미지 그 자체로 즐긴다. 영화이미지에 대한 소비적 향유가 미야자키 히야오의 영화를 감상하는 어린이나 일반인들에게 자기 자신이나 세계에 대한 새로운 감각들을 제공하기 때문에, 그들은 미야자키 히야오의 영화들을 감각적 혹은 정서적으로 소비하고 향유하는 것이다. 결국 미야자키 히야오의 영화들이 난해하다고 평하는 영화비평 전공자들이나 고급 영화관객들이 부닥치는 상상력의 부재는 곧 영화이미지를 감각적·정서적으로 소비 혹은 향유하지 못하고 영화의 서술구조 분석이나 해석에 편집증적으로 집착하기 때문이다. 언어를 버리면 이미지는 곧바로 감각이나 정서가 되어 새로운 언어를 창조한다. 따라서 근대적인 서술구조 분석이나 해석이 불가능한 미야자키 히야오의 영화를 감상하는 영화비평 전문가나 고급 영화관객들은 들뢰즈의 말처럼 영화를 "해석하거나 이해하려고 하지 말고" 영화가 제공하는 감각이나 정서 이미지에 "곧장 자기 자신을 접속시켜야 한다."

영화이미지가 제공하는 감각이나 정서에 "자기 자신을 접속시키는" 것은 나 자신에 내재해 있는 새로운 감각이나 정서를 생성시키는 것이기 때문에, 영화비평 전문가나 고급 영화관객들은 자신 속에 생성되어 있는 새로운 감각이나 정서를 새롭게 서술해야 할 책임을 가진다. 여기에서 '새롭다'는 의미는 근대적 문학·영화에 대한 비평이 주로 분석과 해석에 기초하기 때문에 해석과 분석이 불가능한 새로운 감각이나 정서를 서술할 수 있는 탈근대의 역사적 상상력이 필요하다는 의미이다. 〈바람계곡의 나우시카〉에서 '기계가 된 나우시카', 〈천공의 성 라퓨타〉에서 '전설 속의 공주 시타의 친구가 된 파즈', 〈이웃집 토토로〉에서 도토리나무의 요정 토토로나 오무라라는 곤충의 친구가 된 사츠키와 메이, 〈붉은 돼지〉에서 돼지가 된 마르코 패곳 대위(Captain Marco Pagot) 그리고 〈센과 치히로의 행방불명〉에서 귀신이 된 센과 치히로는 정신–물질(기계), 인간–동물, 문명–자연, 지구–우주, 가시적인 것–비가시적인 것 등의 수많은 이분법적 인식론이 존재하는 근대적 서술방식에서는 도저히 서술이 불가능한 감각과 정서이다. '기계가 된 나우시카' '외계인이 된 지구인' '자연이 된 인간' '돼지가 된 인간' '귀신인 된 치히로'는 정신–물질의 이분법에서 파생한 수많은 이분법적 서술을 극복하는 탈근대의 역사적 상상력을 토대로 한 새로운 서술이 필요하다.

탈근대의 역사적 상상력에서 보면, 미야자키 히야오의 거의 모든 영화들은 근대적이거나 탈근대적인 사건들이 새로운 감각과 정서를 제공하는 모태가 된다. 〈바람계곡의 나우시카〉는 근대 산업사회의 자연오염으로 인한 지구의 멸망 후, 즉 근대적 현재부터 1천 년이 지난 미래의 사건이다. 이 영화가 제시하는 영화이미지들이 비록 1천 년 이후의 지구를 다루고 있지만, 인류가 멸망하고 기계들의 세계가 된 그러한 지구를 만든 역사적 계기는 근대 산업사회이다. 그리고 〈천공의 성 라퓨타〉는 조나단 스위프트(Jonathan Swift)의 『걸리버 여행기』(*Gulliver's Travels*)에 등장하는 '공중에 떠 있는 섬 라퓨타'를 패러디한 '천공의 성 라퓨타'에서 떨어진 시타 공주가 근대적인 광산촌 마을에 사는 소년 파즈와 만나면서 이야기가 시작된다. 또 〈이웃집 토토로〉와 〈센과 치히로의 행방불명〉은 근대적인 일상사들 중 하나인 '가족의 이사'라는 사건으로 이루어지며, 〈붉은 돼지〉는 서구적 근대의 핵심적 사건이라고 할 수 있는 이탈리아 파시즘의 군국주의에 의한 '2차 세계대전'이 영화의 계기가 된다. 이처럼 미야자키 히야오의 영화들이 근대적 사건들과 밀접하게 연관되어 있음에도 불구하고 그가 자신의 마지막 작품으로 공언한 〈모노노케 히메〉는 마치 고대의 어느 마을이나 이 지구상에 있을 법도 한 사건과 이야기를 다룬다. 그러나 아이러니하게도 〈모노노케 히메〉의 전근대적 영화서술이 만든 영화이미지들의 감각이나 정서는 근대적 사건을 다루는 다른 영화들의 감각이나 정서와 아주 유사하다. 이것이 바로 탈근대의 역사적 상상력을 통해 〈모노노케 히메〉를 근대적으로 새롭게 서술해야 하는 필요성이라고 간주한다.

일반적으로 근대성을 '서구·백인·남성 중심주의'라고 말하는 것은 서구적 근대가 만든 국가주의(nationalism), 인간(백인) 중심의 인정주의(humanism), 남성적 권위 중심의 가부장주의(patriarchism)가 전지구적인 근대적 상식 이데올로기로 자리를 굳혔다는 것을 의미한다. 이런 측면에서 〈모노노케 히메〉는 전근대적인 영화의 플롯임에도 불구하고 국가가 형성되는 과정에 있는 동양과 서양의 관계, 신(God)이 살고 있다고 여겨지는 자연과 인간의 관계 그리고 근대적 가족주의에 의해 왜곡된 남성과 여성의 관계가 영화를 이끌어가는 거대한 서사(narrative)적 이미지의 중심이 되고 있다. 〈모노노케 히메〉의 서사적 내용이 지닌 다양한 근대적 특질은 이 영화가 미야자키 히야오의 다른 영화들과 관계를 맺는 '상호텍스트성'(intertextuality) 속에서 탈근대적으로 근대를 서술할 수 있는 영화적 계기를 만들어준다. 이러한 계기는 〈모노노케 히메〉의 근대에 대한 새로운 역사적 서술을 탈근대의 역사적 상상력으로 바라보아야 하는 영화비평의 과제라고 보인다. 그리고 〈모노노케 히메〉의 근대에 대한 탈근대의 역사적 서술이 바로 미야자키 히야오의 영화가 지니고 있는 탈근대성이다. 따라서 필자는 미야자키 히야오의 다른 영화들이 제공하는 탈근대성을 토대로 한 탈근대의 역사적 상상력을 가지고 〈모노노케 히메〉의 근대에 대한 역사적 서술을 제시하고자 한다.

### 2) 〈모노노케 히메〉에 나타난 탈근대의 역사적 상상력

〈모노노케 히메〉는 자연과 인간의 구별이 없는 에미시 마을에 전혀 알 수 없는 '자연의 재앙'이 닥치면서 영화가 시작한다. 에미시 마을에 닥친 자연의 재앙은 인간에 대한 증오와 원망이 가득 찬 타타리가미(재앙의 신)가 느닷없이 마을을 덮쳤기 때문이다. 타타리가미는 화살에 맞아 죽으면서 에미시의 차기족장인 아시타카의 오른팔에 죽음의 각인을 새긴다. 이 사건으로 말미암아 자연의 일부로 자연과 더불어 사는 에미시 마을에 자연과 인간의 대립이 생겨나고, 이 대립은 사건 이전의 '서서히 살아가는' 생명체의 인간을 사건 이후의 '서서히 죽어가는' 존재로 변화시키는 또 다른 사건들의 원인이 된다. 자연과 관계를 맺으면서 삶에 대한 욕망을 지녀야 하는 인간이 자연과 대립하면서 죽음에 대한 욕망을 지니게 되는 이러한 현상은 에미시 마을 같은 동쪽 나라뿐 아니라 동서남북의 모든 나라들이 근대와 더불어 형성시킨 정신분석학적 현상이다. 영화에서 마을의 원로이면서 무녀인 히이사마가 "서쪽에서 불길한 일이 일어나고 있음"을 제시하는 것처럼 자연과 인간의 대립을 통한 죽음에 대한 욕망의 원인은 서쪽 국가들에서 일어나는 '불길한 일'이다.

에보시 마을의 차기족장인 아시타카는 근대 초기의 많은 동아시아 선각자들처럼 원인을 모르는 '자연과 인간의 대립'과 그로 인해 자신의 몸에 각인되어 있는 '죽음에 대한 욕망'의 원인을 찾기 위해 카야가 선사한 '흑요석'을 지니고 서양으로 떠난다. 아시타카가 서양으로 가는 길목에서 목격하는 모습들은 인간과 인간, 마을과 마을, 나라와 나라가 서로 죽이고 죽는 전쟁이미지들이다. 아직 비행기가 일반화되지 않았던 일본의 근대 초기에 배를 타고 유럽으로 가는 도중에 있는 중국의 남부 해안도시들, 인도차이나반도, 영국의 식민지 인도, 아랍 국가들은 모두 근대화과정의 크고 작은 전쟁의 격전지들이었다. 혹은 조선인 최초로 미국과 유럽을 여행한 유길준처럼 태평양을 거쳐 아메리카 대륙을 지나 영국과 유럽 대륙에 도달하는 과정 역시 근대화과정의 크고 작은 수많은 전쟁의 격전지를 거쳐야 했다. 그 와중에 아시타카는 지코보라는 인물로부터 시시가미(사슴 신) 숲에 관한 이야기를 듣게 된다. 〈모노노케 히메〉의 무대가 지구 전체라는 측면에서, 거대한 동물의 신들이 살고 있는 시시가미 숲은 유럽과 바다를 사이에 두고 있는 아프리카나 아메리카의 이미지를 떠올리게 한다. 동양에서 배를 타고 유럽으로 가려면 반드시 아프리카 혹은 아메리카를 거쳐야 하는 것처럼 아시타카는 시시가미 숲에 먼저 닿는다.

시시가미의 숲도 지구의 다른 지역들과 마찬가지로 전쟁의 이미지들이 가득하다. 철을 만드는 타타라바 마을의 지도자 에보시(Lady Eboshi)와 들개의 신인 모로(Moro)의 전투는 아프리카(혹은 아메리카)라는 자연과 유럽이라는 문명의 대립을 암시한다. 에보시의 일당인 부상당한 코우로쿠 일행을 구하던 아시타키는 멀지 않은 곳에서 에보시의 총에 맞은 모로를 치료하는 '모노노케 히메'인 산(San)을 보게 된다. 산의 이미지는 아시타카의 고향인 에미시 마을의 카야와 유사하지만, 산이 품고 있는 문명에 대한 적대감은 자신을 동물의 한 종(들개 신 모로의 딸)으로 여기면서 인간임을 부정하게 만든다. 또 아시타카는 코다마(숲의 요정)들의 안내를 받아서 코우로쿠 일행과 함께 타타라바 마을에 도착하여, 그곳에서 철을 생산하는 타타라바 마을의 지도자 에보시를 만난다. 에보시는 철을 생산하는 여성들을 비롯하여 병에 걸린 소수자들을 연민하고 보호한다는 점에서 에미시 마을의 카야와 비슷하지만, 남성병사들을 지도하고 인간을 위해 시시가미 숲을 정복하려는 전투성의 면에서는 모노노케 히메인 산과 유사성을 가지기도 한다.

앞에서 제시한 바와 같이 〈모노노케 히메〉의 전반부에 드러난 이미지들은 서구적 근대화와 더불어 제기된 동양과 서양의 관계, 자연과 인간(문명)의 관계, 남성과 여성의 관계의 다양한 서술적 이미지들과 뒤엉켜 있다. 마치 오늘날의 탈근대에 대한 문제가 유럽의 지식인들에게서 제기되고 있는 것처럼, 미야자키 히야오는 이러한 서로 뒤엉켜 있는 근대의 문제들에 대한 원인을 서구의 이미지로 제시되고 있는 타타라바 마을에서 찾는다. 근대 초기에 일본 선각자들이 유럽에 머물면서 유럽의 지식을 습득한 것처럼, 타타라바 마을에 머물게 된 아시타카는 자신에게 죽음의 저주를 내린 타타리가미(재앙의 신)가 에보시의 총에 맞은 '멧돼지 신'이었다는 사실을 알게 되고, 자연의 숲에서 신들을 몰아내고 보다 살기 좋은 마을을 만들려는 에보시의 계획 또한 듣게 된다. 에보시가 이야기하는 "보다 살기 좋은 마을을 만들려는 계획"은 서구적 근대의 계몽주의(enlightenment) 지식이다. 타타라바 마을처럼 서구의 보다 살기 좋은 마을을 만들려는 계획은 스페인과 포르투갈의 아메리카 식민지화나 영국과 프랑스에 의해 식민지화된 아프리카를 연상시키는 시시가미의 완전한 정복이나 머나먼 동쪽에 있는 에미시 마을에 불어닥친 자연적 재앙의 문제처럼 서구가 아닌 비서구 세계의 완전한 정복이나 파괴를 전제로 한다.

마치 서구의 근대화과정에서 영국과 프랑스의 아프리카 정복이나 아메리카 대륙에서 일어난 백인과 인디언 전쟁을 암시하는 것처럼 시시가미 숲의 동물들과 에보시가 이끄는 타타라바 마을의 싸움은 전면전으로 발전한다. 이것이 1차, 2차 세계대전이다. 이 전쟁과정에서 모노노케 히메의 도움을 받아 모든 생명을 관장하는 시시가미 신으로부터 새로운 생명을 부여받은 아시타카는 근대의 수많은 지식인과 종교인들처럼 들개의 신 모로에게

"인간과 신이 공존할 수 있는 방법이 없느냐"고 묻는다. 그러나 그런 절망적인 질문에도 불구하고 인간과 신들의 최후의 결전은 다가오고, 마침내 자연과 생명을 관장하는 시시가미 숲은 피비린내와 신들의 시체가 즐비하고 시시가미 신은 에보시에게 목이 잘린다. 이 과정에서 마치 근대화과정에서 제3세계 국가들에서 유행처럼 번진 급진적 사회주의와 탈식민주의처럼 옥코토누시는 인간에 대한 분노와 증오로 타타리가미가 되고, 타타리가미가 된 옥코토누시는 자신의 동료였던 산마저 옥코토누시에게 흡수되어 타타리가미가 되어가는 불행을 겪는다. 산을 구해 주는 것은 시시가미 신이고 그 대가로 시시가미 신의 목이 달아나고, 2차대전과 그 이후의 미국을 암시하는 듯한 지코보 일행은 이미 근대화과정에서 죽어버린 신의 이름으로 선과 악을 구분하고 문명과 야만을 이분화하기 위한 수단을 마련하는 것처럼 준비한 통 속에 이미 죽은 신인 시시가미의 목을 담아 도망간다. 그러나 문제는 목을 잃은 시시가미의 몸에서 생명을 빨아들이는 무서운 힘이 퍼져 나온다. 마치 후기근대의 지구촌 전체와 마찬가지로 숲과 모든 생명이 죽어간다.

그러나 아시타카는 부상당한 에보시를 구하여, 제2차 세계대전의 일본을 암시하는 사무라이가 타타라바 마을을 침입하여 파괴하려는 근대적 계몽주의를 통해서 "보다 살기 좋은 마을을 만들 계획"을 가지고 있는 타타라바 마을을 도와 구해 주어야 한다. 마치 2차 세계대전 와중에 아시아와 아프리카·아메리카의 수많은 연합군의 도움으로 나치즘과 파시즘의 군국주의를 물리친 영국과 미국을 암시하는 것처럼, 산과 아시타카의 도움으로 에보시 일행은 숲에서 탈출하여 타타라바 마을을 구하고 아시타카는 시시가미 숲으로 되돌아가서 시시가미의 목을 돌려준다. 목을 돌려받은 시시가미는 자신을 희생시키면서 숲의 파괴를 중단시킨다. 시시가미 신은 죽었지만 자연은 살아났다. 제3세계 민족해방주의자들이나 생태주의자들처럼 산은 자신들만의 "보다 살기 좋은 마을을 만들 계획"을 가진 '서구적' 인간들을 용서할 수 없다고 자연의 숲으로 되돌아가고, 아시타카는 타타라바 마을에서 에보시의 도움을 받아 산을 만나러 '숲'으로 갈 것을 약속한다.

서구의 근대화과정이 전세계로 확장되면서 형성된 서구(국가)·백인(인간)·남성 중심주의에 저항하며 만들어진 서구 제국주의에 대항하는 탈식민주의적 인물의 아시타카, 백인 중심의 휴머니즘에 대항하는 생태(자연)주의적인 인물의 산 그리고 남성 중심의 가부장주의에 대항하는 계몽주의에 토대를 둔 여성주의적 인물의 에보시는 근대화과정이 일단락되고 있는 '후기근대의 세계'(the post-modern world)에서 각각 개별적인 이미지로 존재한다. 이러한 영화이미지들 속에서 근대화과정의 산물이라고 할 수 있는 산의 자연(생태)주의는 여전히 인간(백인 문명)—자연(유색인 문화)의 이분법에 머물러 있기 때문에 근대 이전의 자연으로 복귀하고, 에보시의 (사회주의적) 여성주의는 남성(부르주아의 전쟁과 파괴)—여성(프롤레타리아의 생산과 노동)의 이분법에 머물러 있기 때문에 타타라바 마을이 암시하는 근대 이전의 공동체로 복귀한다. 그러나 동일한 근대화과정의 산물이라 할 수 있는 아시타카의 비서구적 탈식민주의는 서구—비서구의 이분법에 머물러 국가주의를 끊임없이 재생산할 가능성을 가진 에미시 마을로 복귀하지 않는다. 이미 에미시 마을의 차기족장으로 예정되어 있는 아시타카는 에미시 마을의 카야가 애정의 증표로 준 '흑요석' 펜던트를 산에게 주었다.

국가주의나 지역주의로 환원되지 않는 아시타카는 마치 〈모노노케 히메〉의 영화감독인 미야자키 히야오처럼 국적불명의 노마드이며, "근대의 풍경은 외부인에 의해 발견된다"는 가라타니 고진이 말하는 근대적 외부인, 즉 근대의 탈근대인이다. 이러한 근대의 탈근대인은 근대화과정 동안 서구 중심의 국가주의, 백인 중심의 휴머니즘, 남성 중심의 가부장(권위)주의를 서구 문명의 계몽주의적 지식으로 습득했거나 혹은 그러한 사고방식에 저항하는 탈식민주의·생태주의·여성주의 지식을 습득한 아시타카 같은 비서구 지식인들이 어쩔 수 없이 도달할 수밖에 없는 종착점이라고 할 수 있다. 후기근대의 새로운 주류를 형성하고 있는 비서구 지식인들은 비록 계몽주의적 지식으로 무장되어 있다 하더라도 서구 출신이거나 백인 태생이거나 남성의 젠더를 지닐 수 없는 한계를 가질 수밖에 없고, 탈식민주의와 생태주의·여성주의 지식도 휴머니즘과 권위주의를 재생산하는 국가주의를 포기해야만 한다. 따라서 〈모노노케 히메〉가 제시하고 있으면서도 근대에 대한 역사적 서술이기 때문에 탈근대적인 상황에서 드러나지 않은 아시타카와 산과 에미시의 개별적 또는 상호 관계적인 영화이미지들은 미야자키 히야오의 탈근대적 영화이미지들의 주를 이룬다.

### 3) 미야자키 히야오의 탈근대성

〈모노노케 히메〉의 마지막 장면에서 타타라바 마을에 있는 국적불명의 노마드 혹은 타타라바 마을이 지닌 근대적 풍경의 외부인이면서 탈근대인의 이미지를 가진 아시타카는 〈붉은 돼지〉에서 마르코 패곳 대위로 등장한다.

일본 군국주의와 마찬가지로 이탈리아 군국주의의 파시즘이 맹위를 떨치는 상황에서 그가 국가의 임무를 충실히 수행하는 것은 사랑하는 여성의 적이 되는 것이고, 동일한 근대적 가치 중 하나인 친구를 죽음으로 몰고 가는 반휴머니스트(anti-humanist)가 되는 것이다. 따라서 패곳은 생텍쥐페리의 『어린왕자』에 등장하는 어린 왕자처럼 국적불명의 노마드가 되는 동시에 '돼지'가 된다. 붉은 돼지는 〈모노노케 히메〉에서 인간에 대한 분노와 증오로 타타리가미가 된 옥토노쿠시의 부활의 이미지이다. 그러나 붉은 돼지는 인간에 대한 분노와 증오로 타타라가미가 되지 않은 옥코토누시이기 때문에 근대적 의미의 하늘을 지배하는 해적으로 나타나는 군국주의의 파시즘과 남성적 가부장주의의 권위주의에 저항하는 것이지 〈모노노케 히메〉에 등장하는 산의 이미지를 지닌 '피콜로'(비행기 제작자)의 손녀인 '피오'(그녀는 아버지가 없다)나 에보시의 이미지를 지닌 '지나'(패곳이 사랑했으나 이탈리아와 다른 오스트리아 국적이기 때문에 결혼하지 못한 여자)를 파괴하지 않는다. 오히려 붉은 돼지가 된 패곳은 근대적 의미의 결혼에 실패한 지나의 여성주의적 감각이나 근대적 의미의 아버지가 존재하지 않는 피오의 소녀적 신비주의의 감성을 매료시킨다.

미야자키 히야오의 탈근대성은 〈붉은 돼지〉에서 패곳의 탈근대적 노마드의 이미지와 다른 후기근대적 의미의 사이비 노마드(pseudo-nomad)로 미국인 도널드 커티스의 이미지를 제시함으로써 패곳의 '동물(돼지) 되기'(becoming animal) 이미지를 더욱 부각시킨다. 로렌스(D. H. Lawrence)가 그렇게 열광했던 것처럼 근대적 의미에서 미국은 '노마드의 나라'이고 미국인은 근대적 의미의 국적 없는 '노마드들'이다. 그러나 도널드 커티스는 근대적 구도의 한계 속에서 자신이 지니고 있는 남성적 가부장주의의 권위주의와 자신의 능력과 기능을 과신하는 휴머니즘 때문에 존재하지도 않는 허구적 국가주의에 매몰된다. 국적 없는 오스트리아령 아드리아해에 있는 지나의 레스토랑에서 '미국인'이라는 근대적 서술로 드러나는 도널드 커티스의 이미지는 남성과 백인 중심의 가부장주의와 휴머니즘에 기초한 서구 국가주의의 파시즘적 인물의 부활을 목격하게 된다. 그의 허구성을 파악하고 폭로하는 것은 〈모노노케 히메〉의 에보시와 유사한 지나의 여성주의적 감각이다.

〈모노노케 히메〉의 마지막 장면에서 시시가미 신이 죽은 '숲'으로 되돌아간 자연인이거나 생태주의자인 산의 이미지는 〈이웃집 토토로〉에 등장하는 열한 살 사츠키와 네 살 메이의 이미지 속에서 다시 부활한다. 근대적 도시에서 살다가 어머니의 병 치료 때문에 전원마을로 이사를 가 자연과 더불어 사는 사츠키와 메이는 도토리나무의 요정 토토로의 친구가 되고 오무라는 곤충의 친구가 된다. 사츠키와 메이가 만나는 자연은 시시가미라는 모든 생명을 지배하는 유일신이 살아 있는 종교적 신비주의의 숲이 아니라 인간과 더불어 가시적·비가시적인 모든 존재가 각각의 생명으로 존재하며 서로 어울리는 생태적인 자연이다. 가시적·비가시적인 모든 존재의 생명성을 제대로 파악하지 못하는 사람들은 〈모노노케 히메〉의 타타라바 마을에 정착하여 근대적 계몽주의에 훈육되었거나 타타라바 마을 같은 근대적 도시에서 성인이 되고 결혼한 아시타카의 이미지처럼 대학교에서 강의하기 위해 정기적으로 도시를 방문하는 사츠키와 메이의 아버지이고 또 타타라바 마을의 지도자인 에보시의 이미지처럼 도시에서 페미니즘의 전투성으로 살다가 병을 얻어 요양하는 사츠키와 메이의 어머니이다.

아이러니하게도 〈이웃집 토토로〉에서 두 딸을 보호하고 양육하는 사람들은 그들의 아버지와 어머니가 아니라, 사츠키와 메이가 토토로나 오무와 함께 그들의 아버지와 어머니를 위안하고 보호한다. 근대적인 이성이나 과학적 합리성의 측면에서 어린이는 부모인 어른보다 열등하기 때문에 어른의 보호와 양육을 받아야 한다. 이런 보호와 양육의 결과는, 어린이들이 지니고 있는 감각과 정서는 비정상의 광기(madness)로 치부되고 이성과 합리성의 교육을 습득한 어린이는 어른의 세계인 근대적 서구·백인·남성 중심주의의 서열구조에 편입되는 것이다. 그러나 탈근대적인 감각이나 예술적 정서의 측면에서 어린이의 감각과 정서는 어른들이 서구·백인·남성 중심주의의 근대적 이성과 합리성의 영토로부터 탈영토화하는 도구인 동시에 어린이의 감각과 정서를 토대로 근대성이 아닌 탈근대성의 탈식민주의와 생태주의·여성주의로 재영토화하는 새로운 이성과 합리성의 수단이다. 이러한 측면에서 거대한 신의 전지전능함과 동일시되는 〈모노노케 히메〉의 자연과 달리 어린이가 지닌 순수한 내재성의 감각이나 정서와 동일시되는 〈이웃집 토토로〉의 자연은 탈근대적인 새로운 질서의 이성과 합리성이 전제되어야 하는 토대이다. 근대적 인간의 이성과 합리성은 탈근대적 자연의 이성과 합리성의 일부분으로 존재할 뿐이다.

〈모노케 히메〉에서 노동자나 여성을 비롯한 근대적 소수자들의 지도자인 계몽주의자·사회주의자 혹은 여성주의자인 에보시의 이미지는 근대가 소멸한 먼 훗날의 미래를 다루고 있는 〈바람계곡의 나우시카〉에서 인간이 아닌 '기계'가 된 나우시카로 부활한다. "보다 살기 좋은 마을을 만들 계획"으로 찬란하게 발전하던 인류의 문명은 '불의 7일간'이라 불리는 전쟁으로 말미암아 문명과 자연을 동시에 파괴하였다. 이런 상황에서 나우시카가 '기계가 되었다'(becoming machine)는 것은 우리가 근대의 상황 속에서 이해하던 인간과 자연이 모두 현재와 전혀 다른 종류의 '종'(spacies)이 되었음을 의미한다. 강과 바다는 독이 되어버렸고, '부해'라고 불리는 유독성가스를 뱉어내는 균류식물의 숲이 확장되고 있다. 바람계곡에는 나우시카가 살고 있는 것처럼 부해에는 오무라는 거대한 곤충이 살고 있는데, 껍질이 얼마나 단단한지 대포에 맞아도 뚫리지 않는다. 근대적 상황에서 인간이 태풍이나 자연재해를 당해 낼 수 없는 것처럼 바람계곡의 인간들은 오무를 당해 낼 방법이 없다. 오무가 죽어서 만드는 포자는 부해를 확장시키고, 부해의 확장은 오무의 무리를 배가시킨다.

〈모노노케 히메〉에서 에보시가 철을 생산하고 가공하는 뛰어난 능력을 지닌 것처럼 나우시카는 자연과 교감할 수 있는 특별한 능력으로 부해의 비밀을 캐는 연구를 하고 있다. '바람계곡'이 도르키메니아의 군사력에 의해 점령당한 후에 나우시카는 아시타카의 이미지를 연상시키는 페지테의 왕자 아스벨과 함께 부해의 밑바닥으로 내려가게 된다. 그들이 알게 된 부해의 비밀은 "인간이 파괴한 자연을 복구하기 위하여 수많은 부해의 식물들이 흙과 물을 정화해서 깨끗한 지하수를 모든 생명체에 공급하고 있다"는 것이다. 또한 오무는 지하수의 생산을 담당하고 있는 부해를 소비하면서 보호하고 있는 것이다. 완전히 파괴된 자연 속에서 기계가 된 곤충과 식물이 생산과 소비를 담당하고 있듯이 기계가 된 인간은 생산과 소비를 원활하게 해주는 분배를 담당해야 한다. 들뢰즈의 말처럼 기계적 욕망은 '생산과 소비·분배'의 삼각구조로 유지된다. 이러한 자연 전체의 기계적 욕망을 발견한 나우시카와 아스벨은 바람계곡과 페지테로 돌아가서 근대와 같은 전쟁의 지도자 역할을 하는 것이 아니라 자연의 소수자로 전락한 인간을 위해 부해와 오무 그리고 인간, 즉 생산기계와 소비기계와 분배기계의 재배치를 담당할 것이다.

근대 속의 탈근대인이라 할 수 있는 산과 아시타카와 에보시의 개별적인 이미지는 〈센과 치히로의 행방불명〉과 〈천공의 성 라퓨타〉에서 탈근대적 남성과 여성의 이미지들의 결합으로 부활한다. '가시적인 세계'와 '비가시적인 세계'의 관계를 다루고 있는 〈센과 치히로의 행방불명〉에서 가시적인 세계는 〈모노노케 히메〉의 숲으로 돌아간 산과 신이 사라진 이후의 숲 혹은 미야자키 히야오의 탈근대적 관점에서 바라본 자연이나 어린이의 세계이다. 그리고 비가시적인 세계는 자연과 유리되어 살고 있다고 허구적으로 믿고 있는 우리 근대 문명사회와 어린이가 아닌 근대의 성인들이 향유하고 있는 근대 자본주의 세계이다. 〈모노노케 히메〉의 산이 시시가미 신의 죽음으로 모노노케 히메라는 본래의 이름을 상실하였듯이, 이미 돼지로 변한 부모들을 구하기 위해 근대 자본주의적 삶과 가치가 횡행하는 유바바의 온천장으로 들어간 치히로는 본래의 이름을 상실하고 센이라는 새로운 이름을 얻는다. 그가 본래의 이름인 치히로라는 이름을 얻고 이미 돼지로 변한 부모를 구하는 것은 마치 타타라바 마을에 남아서 근대 자본주의적 삶과 가치에 대항하여 싸우는 아시타카의 이미지와 흡사한 하쿠라는 인물의 도움을 받아서야 가능해진다.

〈센과 치히로의 행방불명〉과 달리 〈천공의 성 라퓨타〉는 에보시와 아시타카의 이미지들이 남성과 여성으로 결합하는 탈근대성을 보여준다. 강으로 에워싸인 타타라바 마을의 지도자 에보시와 마찬가지로 '천공의 성' 공주 시타는 〈모노노케 히메〉에서 타타라바 마을을 공격하는 사무라이 일당처럼 수많은 근대의 공적(空賊)들에 의해 '소수자들의 지도자' 혹은 '계몽주의' 혹은 '사회주의' 이상을 지닌 천공의 성에서 추락한다. 근대적으로 추락하는 시타는 타타라바 마을에 머물러 있는 아시타카의 이미지처럼 근대적인 광산촌에서 탈근대적인 꿈을 꾸고 사는 파즈라는 소년과 만나면서 구출된다. 계몽주의나 여성주의, 사회주의를 암시하는 '비행석'을 뺏으려는 근대의 수많은 '공적'들과 '탄광촌'이라는 근대의 조건 속에서 시타와 파즈가 '천공의 성 라퓨타'에 도달하기 위해 끊임없이 시도하는 수많은 모험은 예술적 모험이다. 근대적 조건에서 철학이나 과학, 정치학이나 경제학은 근대로부터 벗어나 탈근대에 도달할 수 없다. 『걸리버 여행기』에 등장하는 '공중에 떠 있는 섬 라퓨타'처럼 예술적인 꿈의 세계만이 지속적으로 탈근대의 조건을 만든다. 이처럼 근대적 조건이 지배하는 상황 속에서 에보시와 아시타카의 이미지들은 문학이나 영화와 같은 예술적 세계를 창조함으로써 탈근대적인 남성과 여성으로 결합할 가능성을 보여준다.

#### 4) 탈근대 이미지들의 탈근대적 서술

〈모노노케 히메〉에 나타난 탈근대의 역사적 상상력은 서구적 근대화로 형성된 근대성의 서구·백인·남성 중심주의가 얼마나 파괴적이고 폭력적인 것인가를 보여줄 뿐 아니라 서구의 근대성이 토대를 두고 있는 서구(문명)-비서구(야만), 백인(인간)-유색인(동물), 남성-여성의 이분법이 얼마나 허구적인지를 잘 보여준다. 그러나 무엇보다도 미야자키 히야오 〈모노노케 히메〉의 영화이미지의 뛰어남은 근대적 의미의 서구와 비서구, 백인과 유색인, 남성과 여성의 대립과 갈등은 근대의 틀 속에서 서로를 파괴할 뿐이라는 사실을 적나라하게 보여준다는 점이다. 〈모노노케 히메〉에서 에보시의 '보다 살기 좋은 마을을 만들려는' 계몽주의적 노력은 타타라바 마을의 여성과 병자들을 보호하고 양육하지만 타타라바 마을의 바깥, 즉 시시가미의 숲을 파괴하는 것이다. 이러한 대립과 갈등의 근대적 세계에서 아시타카와 산 그리고 에보시는 순간적·일시적인 관계 유지는 있을지언정 항상 개별적이거나 고립된 세계에 갇혀 있다. 고대그리스의 도시국가나 중세유럽의 기독교주의 세계처럼 개별적이거나 고립된 세계는 항상 주체(우리)-타자(그들)의 이분법에서 벗어날 수가 없다. 따라서 〈모노노케 히메〉가 보여주는 미야자키 히야오의 "[서구적] 근대에 대한 [전지구적] 탈근대의 역사적 상상력"은 개별적이거나 고립적인 영화이미지가 아니라 관계적이거나 열려 있는 영화이미지들을 제시함으로써 가능했다고 할 수 있다.

미야자키 히야오의 다른 영화들과 마찬가지로 〈모노노케 히메〉는 동양과 서양, 인간과 동물(자연), 남성과 여성을 구분하여 어느 하나의 입장에서 다른 대상을 묘사하거나 서술하지 않는다. 동양과 서양의 구별은 세계의 구성에서 아메리카와 아프리카를 배제하거나 희생시키고, 인간(문명)과 동물(야만)의 구별은 존재의 세계에서 자연의 식물이나 무생물체의 다양한 존재양식들을 배제하거나 희생시키며, 남성과 여성의 구별은 관계의 구조 속에서 어린이와 노인을 비롯하여 바람과 돌, 물과 같은 모든 중성적 존재들을 배제 또는 희생시킨다. 이런 측면에서 〈모노노케 히메〉에는 동양과 서양, 인간과 동물, 남성과 여성의 구분 자체가 존재하지 않는다. 동양이나 서양은 모두 마을이나 도시로 대표되는 삶의 공동체이고, 인간과 동물은 모두 무리들 속에서 서로 관계를 맺으며 삶을 영위하는 노마드 무리를 지칭하는 것이며, 남성과 여성은 서로가 서로를 매료시키거나 매료당하는 생산적인 미래의 가능성을 열어놓고 지속적인 관계를 추구하는 생성적 존재이다. 〈모노노케 히메〉의 이 같은 영화이미지는 근대의 역사적 서술에 등장하는 '계몽'이나 '개발' 혹은 '발견'이나 '발전' 같은 근대적인 역사서술 용어가 들어갈 수 있는 여지를 남겨두지 않는다. 계몽이나 개발은 타자에 대한 '무지'이거나 '파괴'이고, 발견이나 발전은 아예 타자를 인정하지도 않는 주체의 무차별적인 '폭력'이거나 궁극적인 죽음으로 나아가는 '퇴보'이다.

미야자키 히야오의 영화들이 보여주는 탈근대성과 달리 아직도 계몽이나 개발, 발견이나 발전 같은 근대의 역사적 서술이 판치는 서양이나 동양, 인간이나 동물, 남성이나 여성의 어느 한 입장에서 바라보는 선-악의 이분법에서 벗어나 우리가 살고 있는 근대에 대한 탈근대의 역사적 상상력을 발휘하는 것은 동양과 서양, 인간과 동물, 남성과 여성 사이에 존재하는 관계의 이미지를 사유하는 것이다. 〈모노노케 히메〉에서 등장하는 관계의 이미지는 그 어느 곳에도 정착하지 않고 떠돌고 있는 아시타카이다. 아시타카는 동양(동쪽에 있는 에미시 마을)과 서양(서쪽에 있는 타타라바 마을) 사이에 있고, 그 누구와도 대화를 하는 인간과 동물 사이에 있으며, 남성과 여성 모두를 매료시키는 남성과 여성 사이에 있다. 아시타카의 입장에서 동양과 서양, 인간과 동물, 남성과 여성은 그 어느 쪽도 선이나 악으로 규정할 수 없으며, 또한 그 어느 쪽도 선 또는 악이 될 수 있는 가능성을 지닌다. 아시타카와 같은 관계적 존재가 노마드이고, 이러한 노마드를 사유하는 탈근대성의 사유방식이 바로 노마돌로지이다. 이런 측면에서 〈모노노케 히메〉를 비롯한 미야자키 히야오의 영화들은 근대의 이분법 속에 갇혀서 근대 바깥을 사유하지 못하는 우리 근대인들에게 탈근대의 세계를 보여주는 아주 훌륭한 노마돌로지의 텍스트들이다.

# 05 〈한반도〉와 〈괴물〉의 가로지르기와 탈근대성

## 1) 영화 〈한반도〉와 〈괴물〉의 탈근대성

탈근대의 철학자로 알려진 질 들뢰즈는 근대가 아닌 탈근대의 동시대 영화들로 1940년대 후반의 이탈리아 '네오리얼리즘'과 60년대 초반의 프랑스 '누벨바그'를 제시한다.[1] 들뢰즈가 제시하는 동시대 영화들의 공통적인 특성은 이 영화들이 근대의 유럽 영화들이나 할리우드의 단일 장르 영화들과 달리 두 개 이상의 장르를 혼합하여 근대의 '고전적인' 장르영화들이 지니고 있는 '운동이미지'의 결정론적인 우주의 모습을 개연적·생성적인 탈근대적 우주의 모습으로 대체하는 '시간이미지'를 영상스크린에 제시하고 있다는 것이다. 운동이미지를 부분 요소로 사용하고 있는 확대된 시간이미지의 탈근대[2] 영화들은 비록 불확실한 결과들을 내포하고 있음에도 불구하고 오늘날의 황폐한 후기근대 사회가 스스로를 지속시키는 에너지의 원천을 미래로부터 끌어온다는 혁신적인 영상이미지들을 제시한다. 이러한 영화적 현재 속에 내재해 있는 미래는 오늘날의 근대적으로 구성된 과거와 현재를 탈근대적으로 재구성할 수 있는 비평적 틈새를 관객들에게 제공한다. 그 틈새는 근대적으로 구성된 과거와 현재의 시각으로 결코 메워질 수 없는 틈새이고, 오직 현재를 지속시키는 에너지의 원천을 지닌 미래의 시각으로만 메워질 수 있는 비평적 틈새이다.

탈근대영화들의 비평적 틈새는 우리 영화들에서도 드러난다. 2006년 여름에 우리 영화시장을 석권한 〈한반도〉와 〈괴물〉은 요즈음의 다른 영화들과 마찬가지로 들뢰즈가 말하는 이탈리아의 네오리얼리즘이나 프랑스의 누벨바그와 유사한 탈근대영화들이며, 특히 이탈리아의 네오리얼리즘과 유사한 한국의 네오리얼리즘 영화들이라 할 수 있다. 네오리얼리즘 영화는 일반적인 사실이나 보편적인 역사적 사건들에서 드러나는 전형적인 상황을 제시하는 사실주의와 다큐멘터리 영화 또는 이들과 명백하게 다른 상상적·허구적 사건이나 상황을 제시하는 판타지나 공상영화를 혼합해서 사실과 허구의 간극을 메우고 상식적인 근대의 이데올로기와 가치체계를 전복시켜 현재와 다른 미래를 상상하거나 새로운 가치체계를 사유하게 한다. 이런 면에서 〈한반도〉와 〈괴물〉은 한반도와 동아시아에서 근대적으로 구성된 상식적인 근대 이데올로기와 근대성의 가치체계를 전복시켜 현재와 다른 한반도와 동아시아를 상상하거나 탈근대적 가치체계를 사유할 수 있게 한다. 따라서 〈한반도〉와 〈괴물〉에 대한 비평 또한 근대적 문학비평이나 영화보기에서 벗어나 탈근대적 문학비평이나 영화보기의 틀을 구성해야 한다.

서구적 근대나 후기근대의 기간에도 존재했던 훌륭한 문학과 마찬가지로 훌륭한 영화들은 구체적이고 단일한 장르적 모형으로 존재하기보다는 소설이나 영화를 보는 독자와 관객들로 하여금 소설이나 영화 텍스트를 매개로 수많은 현실적 '가로지르기'[3]를 가능케 함으로써 현재와 다른 현재나 미래를 상상하고 새로운 가치체계를 사유하게 한다. 독자나 관객들은 텍스트가 제공하는 현실적 가로지르기를 통해 개인과 사회에 대한 예술적·사회적·과학적 상상력을 발휘한다. 이 같은 독자나 관객의 가로지르기 상상력을 극대화하는 서술적 방법은 가장 일반적이고 보편적인 사실에서 출발해서 영화나 문학의 상상적 추론을 만들어내는 것이다. 〈한반도〉에서 "남과 북이 통일을 약속하고 그 첫 상징인 경의선 철도의 완전 개통식을 추진"하는 행사는 가까운 미래의 일이지만, 2000년의 6·15남북공동선언은 분명히 '남과 북이 통일을 약속'한 우리 모두가 알고 있는 가장 일반적이고 보편적인 역사적 사실이다. 영화 〈한반도〉는 바로 이러한 남과 북의 분단과 통일이라는 한반도의 보편적인 역사적 사실에서 출발한다. 마찬가지로 〈괴물〉의 첫 장면에 등장하는 미군부대 의무실의 '독극물 한강 방류' 사건이나 후기근대의 대한민국 사회에서 거의 하루에 한 건씩 일어나는 어느 샐러리맨의 '한강 투신 사건'은 우리 모두가 알고 있는 일반적이고 보편적인 역사적 사실들이다.

그리고 〈한반도〉와 〈괴물〉에는 들뢰즈가 각 시대와 텍스트 그리고 텍스트의 맥락을 파악할 수 있는 개념적 인물로 제시하고 있는 '백치'(idiot)가 등장한다(Deleuze and Guattari 1994, pp. 61~67). 〈한반도〉에 등장하는 역사학자 최민재(조재현 분)와 〈괴물〉에 등장하는 박강두(송강호 분)가 바로 근대의 '공적인 선생'과 대립하는 '사적인 사상가'의 임무를 수행하고 있는 백치의 인물들이다. 들뢰즈는 이렇게 말한다. "공적인 선생은 끊임없이 [근대적으로] 배운 개념(합리적 동물이라는 인간)들을 지칭하는 데 반하여 사적인 사상가는 모든 사람이 스스로 소유하고 있는 본래의 힘들로 개념을 형성한다."(같은 책, p. 62) 〈한반도〉의 최민재는 국가적인 제도의 박사학위를 받은 역사학자임에도 불구하고 "합리적 동물이라는 인간이 [근대적 교육제도 속에서 근대적 학습으로] 배운 [역사적] 개념들"을 버리고 자신이 "스스로 소유하고 있는 본래의 힘들로 [한반도의 역사적] 개념을 형성한다." 박강두는 아예 '근대적으로 배운 개념들'도 존재하지 않는 듯하고, 심지어 근대적으로 존재하는 경찰·병원·언론·국가의 모든 권위적인 제도의 개념들도 무시하고 "스스로 소유하고 있는 본래의 힘들로 사유"하고 행동한다. 이 둘의 차이는 최민재가 초기근대와 핵심근대의 텍스트와 맥락을 파악할 수 있는 '낡은 백치'라면 박강두는 말기근대와 탈근대의 텍스트와 맥락을 파악할 수 있는 '새로운 백치'라는 사실이다.

근대의 '합리적 이성'만 해체하고 또 다른 대안의 사유로 넘어가지 못하는 후기근대성으로 남아 있는 "낡은 백치는 단지 이성으로 사유하는 것을 원했지만, 소크라테스보다는 욥에 가까운 새로운 백치는 [근대의 대문자로 이루어진] 역사의 모든 희생자를 [자신의 삶과 사유 속으로] 흡수하고자 하기"(같은 책, pp. 62~63) 때문에 근대의 '합리적 이성'을 해체할 뿐만 아니라 새로운 탈근대적 '삶의 방식(문화)'이라는 '느낌의 구조'(Williams 1961, p. 48)로 사유하고 행동하는 토대를 제공한다. 이러한 측면에서 들뢰즈가 탈근대의 사유와 텍스트 읽기의 방법론으로 제시하는 '가로지르기'는 〈한반도〉와 〈괴물〉에서 유용한 비평적 사유와 탈근대적 읽기의 도구이다. 즉 〈한반도〉와 〈괴물〉의 가로지르기를 통한 '상호텍스트성'(intertextuality)은 두 영화가 지니고 있는 (후기)근대성과 탈근대성을 사유할 수 있는 도구일 뿐만 아니라 두 영화의 스크린이미지에 등장하는 대한민국·한반도·일본·미국·동아시아 등 국가와 지역의 '지도그리기'[4]를 탈근대적으로 재구성할 수 있는 길이기도 하다. "〈한반도〉와 〈괴물〉의 탈근대적 가로지르기"는 〈한반도〉와 〈괴물〉이라는 영화뿐만 아니라 영화와 현실, 근대적 상황과 탈근대적 상황을 모두 아우르는 '가로지르기'인 것이다.

### 2) 〈한반도〉와 〈괴물〉의 근대성과 탈근대성

현실의 리얼리티에 바탕을 둔 미래에 대한 상상은 우리의 현실을 지배하고 있는 과거지향적인 철학적 사유나 '절대적 현재'를 암암리에 믿고 있는 과학적 판단[5]을 뛰어넘는 예술적 창조의 힘이다. 영화 〈한반도〉에서 과거의 근대지향적인 철학적 사유를 대변하는 인물은 국무총리(문성근 분)이다. 그는 과거에서 현재까지 줄기차게 이어져 온 일제 식민지시대와 미국 제국주의 신식민지시대의 사유일 수밖에 없는 사실을 아주 명확하게 "나 한 사람이 매국노로 손가락질 받아도 온 국민이 살 수 있다면 나는 끝까지 매국노가 될 겁니다!"라는 말로 표현한다. 심지어 그는 애타게 찾던 '국새'가 발견되어 일본의 위협이 사라진 뒤에도 자주적이고 독립적인 대통령이 경의선 개통이나 통일이 된 후에도 이웃 일본과의 관계는 여전히 중요하기 때문에 "함께 일하자"는 제안을 일언지하에 거부하고 유유히 대통령 집무실을 걸어나간다. 그의 행동과 판단을 지배하는 것은 변화하고 있는 현실이나 새로 도래하고 있는 미래의 또 다른 상황이 아니라 대한민국 근대화과정의 역사적 사실들로 축적되어 있는, 거의 한 세기 동안 우리를 지배한 과거 근대화과정의 역사적 인식들이다.

그러나 영화를 보는 대부분의 관객들은 경제적 이익으로 대변되는 이른바 '합리적 이성'을 지닌 과거 근대화과정의 희생자인 동시에 저항자이다. 〈괴물〉의 박강두와 마찬가지로 거의 '백치'에 가까운 역사학자 최민재(조재현 분)가 대학에서 쫓겨나고 밥벌이 때문에 어쩔 수 없이 '근대적 교양'의 품위를 갖춘 아줌마들에게 한반도 근대사를 강의하다가 속이 후련하게 소리를 냅다 지르며 쫓아내는 장면, 대통령(안성기 분)이 각료들의 온갖 반대에도 불구하고 "진실을 덮은 시점에서 얻을 수 있는 것은 원만한 해결이 아니라 비겁한 타협입니다"라고 말하면서 '국새발굴진상규명위원회'를 구성하여 마치 암행어사제도처럼 최민재에게 전권을 위임하는 장면 그리고 마침내 일본 해상자위대가 동해상에 진을 치고 한반도를 위협하고 있을 때 해군작전사령관(독고영재 분)이 대통령의 무전전화를 받고 "객관적으로 봤을 땐 이길 승산이 없습니다. 하지만, 전쟁이 수로 이기는 건 아니라고 생각합니다. 만약 꼭 이겨야만 한다면, 이길 수 있습니다"라고 말하는 장면 등은 일제 식민지 36년에서 해방되어 광복 60년이 되어서야 비로소 영화에서나마 일본 제국주의를 극복하고 있다는 환희가 온몸에 희열을 안겨준다.

하지만 이것은 동아시아에서 근대가 만든 제국주의와 식민지 관계를 은폐시킨 허구적 감상주의의 희열이지 진정한 근대 극복의 희열은 아니다. 이러한 허구성은 영화를 이끌고 있는 '역사학자' '진실' '국새발굴진상규명위원회' '객관성' 등과 같은 '합리적 이성'을 지시하는 언어의 현실적 허구성에서 잘 드러난다.

그러나 근대적 지식인이 모두 국무총리 권용환 같은 인물과 역사학자 최민재 같은 인물의 이분법으로 구성되어 있는 것은 아니다. 근대적인 개별 장르들인 사실주의 영화와 판타지 영화가 결합하여 탈근대적인 사실적 판타지 영화가 만들어지듯이, 근대적인 개별 지식들인 과거지향의 철학적 사유와 현재에 드러난 사실들에 대한 과학적 판단이 결합할 때 비로소 제국주의–식민지, 지배–종속, 억압–저항의 근대적 이분법에서 어느 한편에 속하는 것 같은 근대적 지식인은 근대의 이분법적 대립항을 포용하면서 근대를 넘어서는 탈근대의 지식인으로 탈바꿈할 수 있다. 이러한 탈근대적 지식인의 가능성을 지닌 인물이 바로 대통령(안성기 분)과 국정원 서기관 이상현(차인표 분)이다. 대통령은 식민지나 남북분단 상황이 아닌 탈근대의 한반도가 갖추어야 할, 스스로 판단하고 스스로 대처하는 탈근대의 한반도를 대표하는 대통령이다. 이상현은 "식민지시대에 일본은 악역이었지만, 대한민국에서 일본은 꼭 존재해야 할 스폰서입니다"라고 말하듯이, 과거를 구성하는 근대 초기의 식민지시대와 현재를 구성하는 핵심근대나 후기근대를 구분해서 판단한다. 그렇기 때문에 그는 너무나도 허무맹랑하고 불확실한 탈근대의 미래보다는 근대적 과거부터 현재까지 지속된 확실한 현재의 근대화과정에 안주하지만, 마침내 '국새'를 찾아내자 총리에게 다가가 "저는 그것이 거짓이니까 막은 거지만· 총리님은 그게 진실이니까 막은 거 아닙니까!"라고 항변하는 미래지향적인 현실 판단의 탈근대적 지식인으로 거듭날 수 있었다. '국새'처럼 이미 존재하는 진실은 허구이지만 미셸 푸코(Michel Foucault)가 지적하듯이 "새로 발견되는 진실"은 새로운 권력관계에 따라 "새로운 진리로 구성된다."

그러나 영화 〈한반도〉가 명명백백한 '남북통일 약속'에서 출발하여 허무맹랑하고 얼토당토않은 '국새'를 매개로 대한제국 말기의 근대 전환기와 21세기 초의 탈근대 전환기의 역사적 유사성이라는 사회적 상상력을 제시하면서도 강력한 현재적 진실성을 제시하지 못하는 이유는, 영화에 등장하는 대한민국 정부가 '남북통일 약속'으로 인해 미래의 한반도를 과거 제국주의 식민지와 신식민지의 근대적 한반도에 가두어놓으려는 일본 우익정부의 제국주의와 대립함에도 불구하고 '통일약속'의 한쪽 파트너인 북한의 구체적 인물들이 등장하지 않을 뿐더러 '통일'이라는 역사적 대세를 주도하는 민중이나 시민이 아무런 변화의 역할도 담당하지 않기 때문이다.[6] 김정일 국방위원장(백일섭 분)은 영화의 초반부에 잠깐 등장하였다가 사라지고, '한반도 근대사' 강의를 듣는 중년여인들이나 국새를 찾는 비밀작업에 동원된 노동자들은 순진하다 못해 무식하기가 거의 하늘을 찌를 정도인 사람들로 등장한다. 이러한 영화 〈한반도〉의 맹점은 비록 그 영화적 시점이 '남북통일 약속'으로 인해 언젠가 분명히 있을 '경의선 개통' 시기임에도 불구하고 한반도와 일본의 종속과 저항이라는 대립문제를 단순히 근대적 상층부의 문제로만 축소시켜 제시하기 때문이다.

"권력과 지식은 직접적으로 서로를 내포하고 있다. 지식의 장을 상호구성하지 않는다면 권력관계는 존재하지 않는다. 동시대의 권력관계를 전제하거나 구성하지 않는 지식은 존재하지 않는다."(Foucault 1975, p. 27) 이런 면에서 〈괴물〉은 〈한반도〉가 한반도나 한반도와 일본의 관계를 대한민국 상층부 문제로 축소시켜 제시한 맹점과 한계를 넘어서서 미래지향적으로 우리 사회를 바라볼 뿐 아니라 '괴물'이 될 수밖에 없는 한국 근대사회의 몸통을 속속들이 파헤쳐 영화관객들 개개인이 처한 상황에 따라 현실적 가로지르기를 가능하게 한다. 이 현실적 가로지르기를 통해서 〈괴물〉의 관객들은 건강하고 생성적인 탈근대적 개인과 사회의 몸으로 재구성할 수 있는 예술적·사회적·과학적 상상력을 지니게 된다. 왜냐하면 〈괴물〉의 영화스크린이 〈한반도〉의 '남북통일 약속'처럼 거대서사가 아니고 "미군부대 내에서 백인 군의관 장교가 한국인 병사에게 독극물을 하수구에 버리라"고 명령하고 "약간의 항의와 더불어 명령을 수행하는 한국인 병사의 모습"을 보여주는데다 거의 하루에 한 건씩 일어난다는 '한 시민의 한강 투신자살'이라는 한국 사회의 일상적 사건에서 출발하기 때문이다.

근대의 거대담론을 제시하는 영화가 스크린과 관객의 거리를 멀리 떨어트려 놓음으로써 구체적인 사회적 상상력의 힘을 저해하는 것에 반해서, 영화이미지들로 제시되는 일상적 삶은 영화스크린과 관객의 거리를 좁혀서 관객들로 하여금 일상적 현실에서 벗어나서 영화적 이미지들 속에 안착하여 관객의 현실과 스크린의 현실에 가로놓여 있는 문턱을 자유롭게 넘나들게 한다. "햇살 가득한 평화로운 한강둔치에서 아버지(변희봉 분)가 운영하는 간이매점"과 그곳에서 "늘어지게 낮잠을 자는 박강두(송강호 분)"의 모습은 '나'의 '또 다른 나'이면서 '평화로운 한강둔치'가 암시하는 '한강의 기적'이 만든 한국 사회의 근대화가 전혀 개의치 않을 뿐 아니라 그 자신 또한 '평화로운 한강둔치'가 암시하는 '한강의 기적'을 전혀 개의치 않는 한국 근대사회의 전형적인 '타자들'이기도 하다. 이 근대적 타자들은 〈괴물〉의 주인공들과 더불어 영화의 스크린이 제시하는 '시간이미지'의 변화과정에 따라서 근대의 지식이 아니라 탈근대의 지식을 구성하는 탈근대의 '노마드적 주체'가 된다. 관객은 아주 편안하게 주체(주인, 지배자)–타자(노예, 피지배자)의 이분법에서 벗어나 노마드적 특성을 지닌 '백치' 박강두가 되어 주체이면서 타자이고, 타자이면서 주체가 된다.

〈괴물〉의 탈근대성은 가족이미지에서 드러난다. 〈괴물〉에서 아버지와 박강두의 관계가 지니는 이중삼중의 이미지는 '아빠'라는 소리와 함께 등장한 "올해 중학생이 된 딸 박현서(고아성 분)가 잔뜩 화가" 나서 "꺼내놓기도 창피한 오래된 핸드폰"과 "학부모 참관수업에 술 냄새 풍기며 온 삼촌(박해일 분)"과 이제 "막 시작한 전국체전 양궁경기에 출전한 고모(배두나 분)"의 모습으로, 근대적 의미의 '가족'과 전혀 다른 이미지를 제공한다. 그러나 이런 근대적 의미에서 비상식적인 가족이 어찌 박강두 가족뿐이겠는가? 더더욱 근대의 지배적 학문이 된 '정신분석학'에서 프로이트가 그토록 강변하여 마치 허구적 진실인양 '아빠–엄마–나'라는 근대적 이데올로기가 되어버린 가족(Deleuze and Guattari, 1983, pp. 262~71)은 단지 〈한반도〉에 등장하는 국무총리 권용환이나 국정원 서기관 이상현의 가족일 뿐, 한국사회의 대부분을 구성하고 있는 박강두나 박현서 혹은 낮술을 즐기는 박남일(삼촌)이나 전국체전 동메달리스트 박남주(고모)의 가족은 아니다. 근대적 가족주의의 가족이 아닌 실제 존재하는 가족인 그들은 근대가 공유하고 있는 정신분석학의 지식도 모를 뿐더러 그러한 지식이 만든 '아버지–어머니-나'라는 권력관계를 알지 못하거니와 알려고도 하지 않는다. 바로 이런 차이가 〈한반도〉의 개념적 인물이 '낡은 백치'인 데 반해 〈괴물〉의 개념적 인물은 한반도 근대화과정의 모든 희생자를 대표하는 '새로운 백치'가 되는 요소이기도 하다.

근대적 가족주의의 가족이 아니라 자연스러운 삶의 관계들이라는 탈근대적 '느낌의 구조'를 공유하고 있는 그들에게 "햇살 가득한 평화로운 한강둔치"나 한강을 사이에 두고 남과 북으로 펼쳐져 있는 고층빌딩의 서울, 즉 근대화과정으로 이른바 '한강의 기적'을 이룩한 나라는 우리나라가 아니라 '저들의 나라' '너희들의 나라'일 뿐이다. 그러한 '저들의 나라'와 '너희들의 나라'에서 박강두가 온전한 삶을 유지하는 방법은 오직 근대적인 세상과 단절하고 잠을 자는 것밖에 없다. 그가 두 눈을 크게 뜨고 깨어 있을 때는 오직 딸 현서와 대화를 할 때뿐이다. 그의 동생이며 가족 중에서 유일하게 대학을 나온 운동권 출신의 박남일은 대낮에도 술을 마셔야만 '저들의 나라' '너희들의 나라'에서 세상과 부닥치며 살 수 있다. 또한 그의 여동생 박남주는 양궁과녁 한가운데 있는 유리알을 깨트릴 정도의 실력이 있음에도 불구하고 '저들의 나라' '너희들의 나라'가 만든 규율에 의해 실격패가 된다. 그 '저들의 나라' '너희들의 나라' 한가운데 있는 한강에서 '괴물'이 나타난 것이다. 그러나 '저들의 나라' '너희들의 나라'를 '우리나라'라고 말하는 우리는 그 괴물을 "마냥 신기해하며 핸드폰과 디카로 정신없이 찍어"대다가 "정체를 알 수 없는 그 괴물이 둔치 위로 올라와 '우리나라'의 '우리들'을 거침없이 깔아뭉개고 무차별로 물어뜯기" 시작하자마자 비명을 지르며 뿔뿔이 달아날 뿐이다. 한강의 기적이라 일컬어지는 그 한강에서 괴물과 사투를 벌이며 투쟁하는 사람은 '우리나라'의 '우리들'이 아니라 이 땅을 책임지겠다며 와서 아무렇지도 않게 한강에 독극물을 버린 미군부대의 한 병사와 '우리나라'의 '우리들'에게 소외되어 있는 '새로운 백치' 박강두뿐이다.

〈괴물〉이 근대적 대한민국의 전형적인 타자라고 알고 있고 또 그것을 굳게 믿고 있는 미군병사와 박강두가 오늘날 한반도의 진정한 주체라는 사실을 제시하는 것은 〈괴물〉이 지닌 탈근대성이다. 그러나 미군병사가 한반도의 주체라는 사실은 분단된 한반도의 근대적 진실이지만, '새로운 백치'로 등장하는 박강두가 한반도의 주체라는 사실은 탈근대의 통일된 한반도적 관점을 지닌 새로운 진실이다.[7)] 박강두의 가족이 보여주는 근대의 비정상적인 가족이 진짜 가족이듯이 우리나라의 '우리들'이 한반도의 진정한 주체가 아니라 이른바 '우리들'이 배제하고 질시하는 '너희'나 '저들'이라고 부르는 미군병사와 박강두가 "우리를 깔아뭉개고 무차별로 물어뜯어 죽이"는 괴물과 싸우는 진정한 주체들이다. 이것은 근대적 관점에서 비정상적이고 비현실적인 모습처럼 보이지만, 탈근대적인 관점에서 보면 지극히 정상적인 오늘날의 소위 우리나라라고 말하는 대한민국의 역사적 진실을 지닌 현실이다. 그 싸움의 과정에서 마치 한국전쟁이나 1970년대의 휴전선 미루나무 사건처럼 미군병사는 장렬하게 영웅적인 전사를 하고, 이름 없는 투쟁의 전사였던 박강두의 딸 현서는 괴물의 꼬리에 낚아채어 괴물과 함께 드넓은 한강으로 사라져버린다. 문제는 박강두처럼 새로운 백치이면서 영화관객이기도 한 이른바 '우리나라'라고 말하는 한반도의 '우리들'이다. 박강두처럼 우리들이 미군에 의해 '괴물 바이러스 오염지역'으로 선포된 한강지역을 자유자재로 넘나듦으로써 한강·한반도·동아시아의 주체가 되는 것이 진정으로 근대를 극복하고 탈근대의 지식을 소유하는 것이다.

〈한반도〉에 등장하는 국무총리 권용환이나 국정원 서기관 이상현 그리고 그들이 되고자 그 밑에서 일하는 '우리들'은 장렬하게 전사한 미군병사를 위해 눈물을 흘리지만 그와 함께 싸운 박강두나 우리의 삶을 위협하는 괴물에게 납치된 미순이나 효순이와 흡사한 현서의 생사는 안중에도 없다. 그래서 우리는 유엔 산하 세계보건기구(WHO)가 한반도 북쪽지역을 '오염지역'으로 선포한 것과 마찬가지로 미국이나 미군이 한강유역을 "오염지역으로 선포한 것"을 너무나도 정상적인 것으로 받아들이고[8] 마치 냉전이데올로기 바이러스처럼 우리나라의 '우리들'이 '괴물'일 뿐만 아니라 '괴물 바이러스'에 걸렸음을 알지 못한다. 심지어 우리나라의 우리들은 우리가 만든 "괴물에 의해 팔과 다리가 잘려나갔거나 피해를 입고 무서워서 도망친" 이른바 우리나라의 '우리'가 아닌 '우리들'이 바이러스에 걸렸다고, 우리에게 '괴물'을 선사하고 그 괴물과 싸우면서 장렬하게 전사한 미국이나 미군의 '포로수용소'에 가두어버린다. 그 미군의 포로수용소에서 자식들은 어디론가 멀리 떠나고 혹은 아내와 남편이 없는 할아버지와 아저씨와 아줌마들이 논두렁에 나자빠져 자신의 삶의 터전을 보호하려 한다. 그러나 〈한반도〉에 등장하는 국무총리 권용환과 같은 우리들은 국가발전을 들먹이면서 미군의 포로수용소를 강화시키는 역할에 참여할 뿐이다. 영화 〈괴물〉의 '한강유역'뿐 아니라 '평택 대추리' 등 대한민국 그 어느 곳이라도 미국이나 미군이 필요하다고 말만 하면 대한민국 군대와 경찰이 동원되어 그곳을 미군의 포로수용소로 만들어버릴 수 있다.

이름 없는 아버지 박희봉과 생계도 팽개치고 잠만 자는 박강두, 대학 운동권 출신이면서도 운동권에서 소외되어 있는 박남일, 자신의 삶을 온전히 쏟아붇는 분야에서 일류도 이류도 아니고 삼류이어야 하는 박남주 그리고 괴물에게 잡혀가서 공포와 두려움과 싸우며 괴물과 처절하게 맞부딪치는 박현서는 영화를 보는 우리 보통 사람들의 무의식에 잠재되어 있는, 사람이 사람답게 살고자 하고 나라가 나라답게 존재하게 하는 인간의 가장 근본적인 '욕망'[9]이다. 사람이 사람답게 살고자 하는 욕망, 인간이 모여 존재하는 가족이나 사회가 가족답게, 사회답게 존재하려는 욕망은 너무나도 근원적인 욕망이기 때문에 그 어떤 죽음의 공포와 두려움도 이겨낼 수 있다. 오늘날의 대한민국과 그 수도 서울이라는 근대적 휘황찬란함이 만들어 놓고 그것이 만들어진 근원조차 파악하지 못하는 파괴적 '괴물'과의 싸움에서 아버지 박희봉은 처참한 죽음에 이르지만 그의 죽음은 잠만 자고 어린 딸의 자라나는 모습에서만 즐거움을 찾는 박강두로 하여금 깨어 있는 삶을 선택하게 만들며, 어리고 연약한 박현서는 아버지에게 또 다른 희망의 미래를 일구는 아들 세주(이동호 분)를 선사한다. 괴물과의 싸움에서 미래의 희망을 생성시키는 박희봉과 박현서처럼 우리가 '삼류'라고 말하는 박남일과 박남주는 서로 협력하여 괴물을 화형에 처함으로써 미국이나 미군의 판단이 아니라 스스로 생각하고 판단하여 미국이나 일본 중심의 근대적 질곡에서 벗어나 탈근대적 미래의 가능성을 제시한다.

### 3) 한반도와 한반도인의 탈근대적 지도그리기

〈한반도〉에서 구한말 왕실과 경의선 완전개통을 눈앞에 둔 오늘날의 대한민국 정부를 비교하는 것은 구한말의 초기(혹은 전)근대의 역사적 상황과 오늘날의 탈(혹은 후기)근대의 역사적 상황을 가로지를 수 있는 토대를 마련한다. 이러한 가로지르기는 영화 〈한반도〉에서 제시하지 않는 구한말 왕실 바깥과 오늘날 한반도의 반쪽을 구성하고 있는 북한을 하나의 한반도라는 관점에서 사고하게 한다. 즉 구한말 개화(진보)당과 수구(보수)당의 갈등과 대결은 서구와 일본의 제국주의 근대와 다른 한반도의 근대를 달성할 수 있는 기회를 송두리째 빼앗기고 나라를 외세의 손에 넘겨주는 결과를 가져왔다.[10] 전근대의 전제군주 왕국 중국과 러시아에 의지한 수구파가 몰락하고 근대 신흥제국으로 성장하고 있는 미국과 일본을 등에 업은 개화파가 승리하는 듯이 보였지만, 그것은 개화파의 승리도 수구파의 승리도 아니다. 개화파나 수구파는 물론 당시 한반도를 구성하고 있던 대한제국 전체의 몰락이었다. 일제 36년 식민지역사는 한반도에서 진보당도 사라지게 하고 보수당도 사라지게 했다.

근대화과정에서 만들어진 일제 식민지와 남북분단 상황에서 벗어나 탈근대적인 하나의 한반도라는 관점에서 보면, 오늘날 구한말을 구성했던 개화당과 수구당은 한반도의 남과 북을 구성하고 있다. 근대 서구·미국 중심의 세계체제에서 구한말의 개화당은 대한민국의 개화국가가 되었고, 구한말의 수구당은 조선민주주의인민공화국이라는 수구국가가 되었다. 초기근대의 개화당과 수구당이 근대화과정의 식민지와 분단과정을 넘어서 탈근대를 준비하는 개화국가와 수구국가가 된 것이다. 그러나 그것은 불완전한 근대이다. 초기근대나 핵심근대의 근대화과정에서 드러난 개화파와 수구파의 대립과 갈등은, 이미 개화파와 수구파의 대립과 갈등을 깨고 개화(진보)당과 수구(보수)당의 조화로 후기근대 사회를 건설하고 있는 미국이나 일본 혹은 근대적 강대국을 꿈꾸는 중국이나 러시아의 식민지로 전락하는 것이다.

그러나 지금은 전지구적으로 구한말의 근대가 아니라 근대의 질곡을 벗어나고자 하는 21세기의 탈근대시대이다.[11] 송두율 교수가 지적하듯이 개화당이나 개화국가가 말하는 세계성은 수구당이나 수구국가가 말하는 주체성 없이는 불가능하고, 수구당이나 수구국가가 말하는 주체성은 개화당이나 개화국가의 세계성 없이는 불가능하다.[12] 또한 탈근대세계는 한반도를 에워싸고 있는 일본과 중국, 러시아와 미국으로 이루어져 있지 않다. 오늘날의 한반도 문제는 평등한 정치·경제·문화를 교류하고자 하는 프랑스와 독일을 비롯한 유럽연합 국가들, 근대의 흑백대립을 탈근대의 흑백통합으로 이끈 남아프리카를 비롯한 아프리카 국가들, 아직도 근대의 고통에서 신음하고 있는 이슬람 국가들을 포함한 아시아의 여러 나라들 그리고 부시 미국 대통령을 '악마'라고 지칭한 베네수엘라·브라질·칠레 등 라틴아메리카 국가들 모두가 한반도와 관계를 맺는 세계이다.

2차 세계대전이 끝나고 영국, 프랑스, 독일, 일본 등 근대 제국주의 국가들의 헤게모니가 파시즘과 나치즘에 대항하여 연합국을 구성하였던 미국과 구소련으로 이동한 것은 미국과 구소련이 근대 민족국가 중심의 제국주의에서 벗어날 수 있는 연방국가와 연합국가의 틀을 가졌기 때문이다.

그러나 미국과 구소련은 구역질나는 근대에서 벗어나기는커녕 다시 냉전 이데올로기의 미국 제국주의와 구소련 제국주의를 통해서 근대 국가주의로 복귀했다. 이와 같은 말기근대 제국주의는 세계를 미국과 소련 편으로 양분하였고, 서구적 근대를 구성하는 또 다른 구성요소인 자본주의의 헤게모니를 쥐고 있는 미국의 경제제재조치로 놀랄 만한 과학기술을 담보했던 구소련이 생필품 부족 때문에 자멸하게 되었다. 말기근대의 한 대칭축을 잃어버린 미국 제국주의는 중국을 또 다른 근대의 대립적 동반자로 상정하는 동시에 아직 근대 제국주의의 망상에서 완전히 벗어나지 못한 일본이나 영국의 근대 제국주의적 향수를 부채질하면서 말기근대의 희미한 불꽃을 이어나가고 있다.

이런 측면에서 '괴물'은 단지 한강유역에서만 만들어지는 것이 아니라 미국과 유엔이 오염지역으로 선포한 한반도 북쪽에서도 만들어진다. 지구촌 전체의 평등한 상품교환과 문화교류를 지향하는 남아프리카나 칠레 같은 탈근대 자본주의 국가들조차도 여전히 근대적인 제국주의를 꿈꾸고 있는 미국의 경제제재조치를 견디기는 힘들다. 더군다나 근대 제국주의 세계체제에도 편입하지 못한 북한이나 쿠바 혹은 이란이 미국의 경제제재조치를 견디고 있는 것은 실로 기적이라고 아니할 수 없다. 그중에서도 가장 혹독한 미국의 경제제재조치를 견디고 있는 나라가 북한이다. 마치 〈괴물〉에서 한국인 병사가 미군 장교에게 '독극물'을 한강에 버리면 안 된다고 항의하는 것처럼 우리는 그동안 북한이 한국전쟁의 두 당사자인 북미회담을 갈망했고, 북미평화협정 체결을 요청했음을 잘 알고 있다. 미국은 제국주의를 유지하는 데 반드시 필요한 괴물(혹은 악마)을 설정하기 위해 북미평화협정 체결은 물론이고 북미간의 대화조차 단절시키고 한반도의 남과 북이 합의하여 만든 개성공단의 상품조차 대한민국산 상품으로 인정하지 않고 자본주의적 상품교역 자체를 말살시키고 있다. 구한말의 수구당이 아닌 21세기의 수구국가 북한이 할 수 있는 마지막 항거가 핵실험이다. 파키스탄이 이미 핵으로 무장한 인도의 침략으로부터 인도반도 전체의 대립적 평화구도를 정착시키기 위하여 핵실험을 한 것처럼, 북한은 한반도의 분단을 영구적으로 고착화시켜 한반도의 대립적 평화구도를 정착시키기 위해 핵실험을 한 것으로 볼 수 있다.

오늘날 근대사나 근대문학사를 연구하는 많은 학자들이 지적하는 것처럼, 구한말 개화당의 김옥균은 수구당의 대원군을 만나야 했고, 대원군은 김옥균과 녹두장군 전봉준을 만나야 했다. 이와 마찬가지로 오늘날의 개화국가 대한민국 지도자는 일본이나 미국, 중국, 러시아의 눈치를 보아야만 하는 것이 아니라 오늘날의 수구국가인 한반도 북쪽에 있는 또 다른 지도자를 만나서 미국이 해결하지 못하고 중국과 일본과 러시아 그 어느 나라도 해결을 원치 않는 한반도 문제에 종지부를 찍어야 한다. 그것은 지난 2000년 남과 북의 상호체제를 인정하는 6·15남북공동선언에서 합의한 '남북통일 한반도연합(혹은 연방)' 국가를 선언하는 것이다. 그것만이 한반도가 우리를 에워싸고 있는 미국·일본·중국·러시아가 원하는 영구분단 체제나 식민지지배로부터 스스로 벗어나는 길이다. 미국은 파키스탄의 도움을 받아 아프가니스탄을 침공하고 혹은 사우디아라비아나 요르단의 도움을 받아 이라크를 침공했듯이 대한민국의 도움을 받아 북한을 공격할 수 있다. 그러나 오늘날 아무리 천하의 미국이라 하더라도 일본의 도움을 받아 한반도 전체를 공격할 수는 없다.

아직도 근대의 망상에 사로잡혀 있는 서구의 지식인들이 수없이 많은데, 그중 하나가 빅토르 데이비스 한슨(Victor Davis Hanson)이다. 그는 "서구 문명만이 인류에게 유용한 유일한 경제체제를 제공했고, 물질적이고 기술적인 진보를 우리에게 허락하는 합리주의적 전통을 유산으로 남겼으며, 개인의 자유를 확보하는 유일한 정치적 구조와 인류에게 최상의 것을 가져다주는 윤리와 종교의 제도를 제공했다"(Hanson 2001, p. 455)고 근대적 망상에 사로잡혀 자랑한다. 동시에 그는 지구 전체의 서구화 속에서 "서구보다 더 서구화된 것을 자랑하는 일본[제국주의]의 공포는 자본주의 중국의 등장뿐만 아니라 남한의 자본주의와 북한의 핵무기로 만들어지는 새로 통일된 한반도 민족주의적 정체성의 예측 불가능성"(같은 책, p. 454)이라고 말한다.

다시 근대로 회향하고 있는 일본의 두려움을 이처럼 적나라하게 밝힌 서구 근대 제국주의 지식인도 그리 흔치 않을 것이다. 그러나 "남한의 자본주의와 북한의 핵무기로 만들어지는 새로 통일된 한반도 민족주의적 정체성의 예측 불가능성"은 근대적 진단이지 탈근대적 진단이 아니다. 근대적으로 이 '예측 불가능성'을 판단하는 것은 "새로 통일된 한반도의 민족주의적 정체성"을 근대적인 미국이나 일본 편 아니면 중국이나 러시아 편으로 판단하는 것이다. 또 다른 근대적 판단으로 "새로 통일된 한반도 민족주의적 정체성의 예측 불가능성"은 일본이나 중국과 같은 또 하나의 아류제국주의 국가의 탄생이다. 그러나 탈근대적으로 "새로 통일된 한반도의 민족주의적 정체성"은 노무현정부가 등장하면서 강력하게 추진한 '동아시아

허브' 라는 예측 가능성이다. 이 예측 가능성은 영화 〈한반도〉에서 남과 북이 합의한 '경의선 철도 개통식' 을 방해하는 일본에 대한 강력한 저항이며, 그 저항은 근대화의 기간 동안 끊임없이 지속되었던 일본의 한반도에 대한 간섭을 중지시킬 수 있을 것이며, 일본뿐 아니라 중국의 동북공정 변화 그리고 영화 〈괴물〉에서 나오듯이 정치·사회·문화·교육·경제 모든 분야에서 끊임없이 '괴물' 을 잉태시키는 미국의 간섭을 중지시킬 수 있을 것이다.

제국주의와 식민지, 지배와 피지배, 주인과 노예 관계의 지속이라는 근대성 속에서 예측 불가능한 "새로 통일된 한반도의 민족주의적 정체성"은 이 세상의 모든 관계를 일 대 일 상생관계로 전환시키는 탈근대성 속에서 '동아시아의 허브'라는 예측 가능성이다. 이것은 이미 근대적인 흑백대립을 탈근대적인 흑백통합으로 변환시킨 남아프리카가 아프리카의 악의 축에서 '아프리카의 허브'로 탈바꿈한 역사적 사실에서 그대로 드러난다. "새로 통일된 한반도의 민족주의적 정체성"이 드러내는 '동아시아의 허브'라는 예측 가능성은 미국에 대한 일본의 식민지성을 벗겨내고 일본으로 하여금 동아시아와 아시아의 일원으로 탈바꿈하게 만들 것이며, 근대의 피해자였던 중국이 또 다른 근대의 가해자로 변해 가고 있는 근대 제국주의 국가의 특성으로부터 벗어나 탈근대의 동아시아와 아시아의 일원으로 탈바꿈하게 만들 것이다.

더구나 "새로 통일된 한반도의 [탈근대적] 민족주의적 정체성"은 근대적 경제발전의 한계에 다다른 한반도 남쪽의 자본주의와 상품생산력을 북쪽의 양질의 노동력으로 증진시킬 수 있을 것이고, 기아선상에서 헤매고 있는 북쪽의 대외고립을 남쪽이 가지고 있는 대외 외교능력으로 탈출시킬 수 있을 것이다.

#### 4) 영화로 돌아오기

소설이나 시는 다양한 의미를 지닌 소설이나 시의 텍스트인 것처럼 영화는 단지 다양한 의미를 가진 영화텍스트일 뿐이다. 문학이나 음악 혹은 미술 작품과 마찬가지로 영화는 사실이 아니고 그것을 바탕으로 독자나 관객이 현실을 사유하고 상상할 수 있게 해주는 예술작품이다. 가령 영화 〈한반도〉는 한반도가 아닌 현실 한반도의 반쪽인 대한민국 사회에서 살거나 사유해야 하는 근대적 한계를 관객들에게 제공하고, 영화 〈괴물〉처럼 미군과 한국 사회의 근대적 주류가 만들어낸 '괴물'이 죽을 것이라는 탈근대적 가능성을 관객들로 하여금 예측 불가능하게 만든다. 따라서 〈한반도〉가 제시하는 '경제적 이익'과 '자위대'로 상징되는 일본의 제국주의적 영향력이 한반도에서 사라지고, 〈괴물〉에 등장하는 괴물을 한반도에서 영원히 사라지게 하는 탈근대성을 사유하기 위해서는 서로의 '가로지르기'가 필요하다. 탈근대의 한반도는 〈한반도〉에 등장하는 대통령이나 최민재 같은 지식인이 필요하고 〈괴물〉의 박강두 가족의 사투와 같은 처절함이 요구된다. 물론 영화 〈괴물〉은 잠재적으로 〈한반도〉가 예술적으로 성취한 것보다 더 거대한 생성적 힘의 가능성을 지닌다.

두 영화의 가로지르기가 한반도의 잠재적 가능성을 탈근대의 미래로 만드는 것과 마찬가지로 일제 식민지시대와 해방 이후의 분단된 한반도를 남과 북으로 분리시키지 않고 하나의 한반도 근대사로 바라볼 필요가 있다. 가로지르기는 영화 〈한반도〉와 〈괴물〉을 상부상조 관계로 만들어준다. 그 이유는 두 영화가 이미 말하고 있다. 〈한반도〉에서 이야기하는 '경의선 철도의 완전 개통식'이나 〈괴물〉이 말하는 '한강둔치의 괴물 출몰'은 미래의 어느 날이지 현재의 오늘은 아니다. 두 영화에서 이야기하고 영화를 보는 우리 관객들이 살고 있는 '현재의 오늘'은 6·15남북공동선언으로 '남북통일을 약속'한 시기이고, 평택 대추리 사건이나 일상적인 한강 투신사건처럼 지속적으로 '괴물'을 만들어내고 있는 말기근대의 시대이다. 탈근대의 미래는 말기근대의 현재에 잠재되어 있다. 따라서 〈한반도〉에서 현재 '일본 자위대'를 물리치는 대통령, 국정원 서기관, 역사학자라는 대한민국의 상층부와 〈괴물〉에서 서울의 중심부 한강둔치를 활주하는 괴물을 물리치는 시민 박강두, 삼류 운동권 출신 박남일 그리고 삼류 운동선수 박남주로 구성되는 대한민국의 토대가 서로 결합했을 때, 미래의 그 어느 날 일본 자위대는 스스로 물러가고 미국 혹은 미군과 한국 사회가 결합하여 만든 괴물은 사라질 것이고, 한반도와 동아시아의 탈근대적 지도그리기는 완성될 것이다.

**[ 주 ]**

1) Deleuze 1989, pp. 1~24. 여기서 들뢰즈는 이탈리아의 네오리얼리즘과 프랑스의 누벨바그 영화들을 '동시대의 영화들'로 지칭하고 할리우드의 장르영화들과 프랑스·독일·러시아의 영화들을 '고전적 영화들'이라 부른다. 이에 관해서는 장시기 2003, 159~83쪽 참조.

2) 근대의 개념은 아그네스 헬러(Agnes Heller)와 프레드릭 제임슨(Fredric Jameson)의 근대성 개념과 동일하다. 이들은 서구의 근대성을 18~19세기 중반의 초기근대, 19~20세기 중반의 핵심근대, 2차

세계대전 이후부터 오늘날까지를 후기근대로 구분한다. 그러나 흔히 동시대로 표현되고 있는 '포스트모더니티'는 문화적 현상(혹은 전혀 사색되지 않은 일반적인 개념)의 포스트모더니티와 지식의 논리(사색적이며 근대에 대한 반성적 개념)의 포스트모더니티로 구분할 수 있다. 전자가 후기근대성의 제국주의 문화이데올로기라면, 후자는 근대의 제국주의–식민지 이분법에서 벗어난 탈근대의 지식이다. 이에 관해서는 Heller 1999; 장시기 2006, 199~225쪽 참조.

3) 가로지르기(transversality) 개념을 최초로 제시한 사람은 들뢰즈가 아니라 가타리이다. 들뢰즈가 서문을 쓴 『가로지르기의 정신분석』(*Psychanalyse et transversalite*)에서 사회의 '주체집단'을 분석하기 위해 가타리는 '가로지르기'라는 개념을 도입한다. 브라이언 마수미(Brian Massumi)가 "가장 혁명적인 거리두기"라고 부르는 '가로지르기'는 텍스트와 텍스트, 사물과 텍스트, 사물과 사물의 가시적·비가시적 존재의 모든 관계에서 가능하다. 이에 관해서는 Massumi 1992, pp. 106, 183 참조.

4) 이미지가 언어를 모방하는 것이 아니라 언어가 이미지를 모방하는 것처럼 "지도가 현실을 모방하는 것이 아니라 현실이 지도를 모방한다." 이런 측면에서 한반도와 동아시아의 근대적인 지도는 우리의 근대적인 사유와 삶을 규정한다. 한반도를 둘이 아니라 하나로 사유하고 '한강의 괴물'을 한강에 가두어놓는 것이 아니라 한반도와 동아시아 전체로 확장시켜 사유하는 것이 탈근대의 한반도와 동아시아 지도그리기인 것이다. 와카바야시 미키오 2006 참조.

5) 들뢰즈와 마찬가지로 근대성 연구자인 아그네스 헬러도 서구 근대성의 논리를 영원한 현재라는 '과학의 논리'와 지배–피지배가 지속되는 과거지향적인 '철학의 논리'라고 말하고 있다. 이에 관해서는 Heller 1999, pp. 64~114 참조.

6) 이것은 근대적 영화의 한계인 동시에 하나의 한반도나 탈근대의 동아시아를 사유하거나 창조하는 예술의 장애요인으로 '국가보안법'이 살아 있는 현실 속에서 영화감독이 선택할 수 있는 길이기도 하다. 이 점은 강우석 감독의 이전 영화 〈실미도〉가 1960년대 말의 북파간첩을 다루면서 실제 행동이 남파간첩과 유사한 점을 강조하여 한반도의 핵심근대를 구성하고 있는 남과 북의 상호유사성, 즉 상호 대립적 공존관계를 보여주는 데서도 드러난다. 이에 관해서는 장시기 2005, 396~401쪽 참조.

7) 〈괴물〉의 영어제목은 〈The Host〉(주인, 숙주)이다. 한국어제목이 '괴물'이고 영어제목이 '주인(숙주)'이라는 사실은 모든 사물과 마찬가지로 대부분의 소설과 영화 텍스트가 시간과 공간의 차이에 따라 다르게 읽혀진다는 탈근대적 텍스트의 독해를 요구한다. 즉 〈괴물〉에서 보여주는 박강두와 미군이 '주체'라는 사실은 근대적으로 대한민국의 '주체'라고 생각하는 영화관객들에게 '괴물'을 생산하게 만든 주역이라는 근대성의 진실을 제시하며, 〈주인〉이라는 영화를 바라보는 외국 관객들에게 미국이나 미군이 주인 노릇을 하는 대한민국에서 진정한 주인은 박강두와 같은 대한민국 민중이라는 탈근대성의 진실을 부각시킨다.

8) 대한민국의 미국에 대한 종속이나 식민지 상황은 단지 미군주둔이나 미군의 '독극물 한강 방류 사건'으로 규정되는 것이 아니라 '괴물'의 등장과 더불어 괴물에 대한 대처와 판단 등 모든 상황을 미

국의 판단에 의존한다는 것이다. 이것은 봉준호 감독이 이전에 발표한 〈살인의 추억〉에서도 마찬가지이다. 〈살인의 추억〉에서 살인에 대한 강력한 과학적 단서로 제공된 범인의 정액에 대한 판단은 대한민국에서 이루어지지 않고 미국으로 보내져서 미국에게 맡긴다. 〈괴물〉에서는 이 같은 미국에 대한 종속이나 식민지적 상황이 더욱 강력하게 드러나 언론·지식인·경찰 등 대한민국의 모든 사회 분야로 확대된다.

9) 초기근대의 기독교나 핵심근대의 프로이트, 후기근대의 라캉이 한 정신분석학의 욕망에 대한 분석은 근본적으로 욕망을 부정하고 사회적으로 욕망을 계몽시키는 것이다. 그러나 들뢰즈의 탈근대적 욕망에 대한 분석은 근본적으로 욕망을 긍정하고, 사회적이거나 가족주의적으로 변형된 욕망의 재현을 생성적·생산적 흐름의 상태를 복원시키는 방법이다. 이에 관해서는 Deleuse and Guattari 1983 참조.

10) 김태준 2004, 9~26쪽 참조. 이 글은 동아시아의 근대는 일본식 근대와 중국식 근대가 있었고, 근대 초기의 조선에는 개화당과 수구당만 있었다는 근대적 역사인식에서 벗어나 동아시아에 대한 탈근대적 역사인식을 제시한다. 19세기 말과 20세기 초에 서양의 충격에 의한 동아시아의 근대화는 중국식 근대와 일본식 근대, 조선식 근대가 개별적으로 존재했고, 당시 조선에는 개화당과 수구당만 있었던 것이 아니라 개화당과 수구당을 조화하고 상생시키려 한 점진적 개화주의가 존재했다. 이런 조선식 근대 그리고 개화당과 수구당을 조화롭게 상생시키고자 한 점진적 개화주의가 바로 유길준의 『서유견문』(西遊見聞)에 등장하는 그의 '개화론'이다. 유길준의 개화론은 "무릇 개화란 인간의 온갖 사물이 가장 아름다운 경지에 이르는 것을 말한다. …세계고금의 어느 나라를 돌아보더라도 개화의 극진한 경지에 도달한 나라는 없다. …개화란 온갖 사물을 깊이 연구·경영하여, 날로 새롭고 더 새로워지도록 기약하는 상태를 가리킨다"(같은 글, 135쪽)로 요약될 수 있다.

11) 송두율 2002 참조. 구한말의 유길준과 같은 오늘날의 탈근대적 역사인식은 송두율 교수의 '통일론'에서 그 맥을 잇는다. 송두율 교수는 "거문고와 가야금을 구별할" 줄 모르면서 "서양 음악가나 연주단이 오면 표를 구하기 위해서 장사진을 치는"(같은 책, 228쪽) 상황에서 한반도의 통일은 "북이 어떤 사회를 건설하려 하는지 우선 그들의 눈으로 보며 배우는 태도"와 "남이 어떤 사회를 건설하려 하는지 우선 남의 눈으로 보려는 태도"(같은 책, 105~106쪽)를 중시하면서 "인간과 인간, 인간과 자연의 화해를 생각하고, 이러한 사고의 지평을 전지구적 차원까지 넓힐 수 있는, 통일된 조국을 그려보는 정치적 상상력"이라고 역설한다.

12) 송두율, 2001 참조. 송두율 교수는 한반도의 통일이 '북의 자주성'과 '남의 세계성'이 하나가 되는 것이라고 말한다. 이것은 역으로 통일의 과정을 통해 남이 북의 자주성을 획득하고, 북이 남의 세계성을 획득해야 한다는 것을 의미한다. 이러한 통일과정을 무시하고 자주성이 더 우월하다거나 세계성이 더 우월하다고 이야기하면 안 된다. '개'와 '화'가 서로 결합하여 '개화'라는 하나의 언어가 되듯이, 자주성과 세계성이 결합해야만 하나의 온전한 나라가 된다. 이런 의미에서 백범 김구 선생의 '아름다운 나라'론은 유길준의 개화론과 송두율의 통일론을 잇는 역사적 가교 역할을 한

다. "백범 김구 선생은 해방된 조선이 '강대국'이 되기를 바라지 않고 오히려 '아름다운 나라'가 되기를 바랐다. 오늘날 모두 '개술대국' '정보대국' '경제대국'이 되는 희망을 이야기하지만 '아름다운 나라'나 '도덕이 선 나라'에 대해서는 별로 이야기하지 않는다. 물론 기술도 정보도 주요하다. 그러나 인간과 인간, 인간과 자연이 화해할 수 있는 통일된 '아름다운 나라'를 건설한다는 희망이 깔려 있지 않는 그러한 '기술대국' '정보대국' '경제대국'은 갈등과 추함만을 낳게 될 뿐이라는 것을 잊어서는 안 된다."(같은 책, 259~60쪽)

# 탈근대 영화감독들의 노마돌로지 | Ⅳ |

01 **이안 감독:**
근대적 이분법의 해체와 탈근대적 생명의 생성

02 **알레한드로 곤잘레스 이냐리투 감독:**
탈근대인의 근대에 대한 감각의 보고서

03 **미야자키 하야오 감독:**
탈근대의 가시적 세계와 비가시적 세계의 공존

04 **박찬욱 감독:**
근대의 이중성과 탈근대의 노마드 이야기

05 **홍상수와 김기덕 감독:**
근대성과 탈근대성이 혼재하는 후기근대의 영화이미지

# 01 이안 감독:
# 근대적 이분법의 해체와 탈근대적 생명의 생성

## 1) 〈와호장룡〉의 탈근대적 욕망과 탈근대적 공간

### :: 욕망의 공간을 구성하는 무협영화의 새로운 지평: 〈와호장룡〉

후기근대의 동양과 서양을 넘나들며 인간의 욕망과 그 욕망이 발현되는 사회적 공간에 대한 지속적인 탐구를 시도한 이안 감독은 그 결정판으로 19세기 중국을 배경으로 한 무협영화 〈와호장룡〉(Crouching Tiger, Hidden Dragon, 2000)을 만들었다. 1992년 〈쿵후 선생〉(Pushing Hands)으로 데뷔한 이안 감독은 그후 발표한 〈아이스 스톰〉(The Ice Storm, 1997)과 〈결혼 피로연〉(the Wedding Banquet, 1993), 〈음식남녀〉(Eat, Drink, Man, Woman, 1994), 〈라이드 위드 데블〉(Rride With the Devil, 1999)에서 동양과 서양은 물론이고 근대와 탈근대를 넘나든다. 예를 들어 〈라이드 위드 데블〉에서 이안은 미국 남북전쟁을 통해 19세기 미국의 자유를 근대적 유럽의 근대성으로부터 해방시켰다. 19세기의 탈근대적 공간이었던 미국 남북전쟁을 다루는 〈라이드 위드 데블〉에서 독일계 미국인과 흑인노예 출신의 미국인은 남자들의 '우정'이라는 근대적 단일 민족이나 가족의 이미지를 탈근대적으로 제시한다. 그러나 그들의 탈근대적 우정은 미국이라는 근대적 국가의 영토화된 공간에서 탈근대적 전망의 부재를 보여주는 전형적인 근대의 비극으로 제시되어 동·서양의 탈근대적 의식을 지닌 관객들에게 신선한 충격을 던져주었다.

이미 그는 〈아이스 스톰〉과 〈결혼피로연〉 〈음식남녀〉에서 개인적이면서도 사회적인 욕망의 이중성이 녹아들어 있는 근대적 의미의 '가족'을 탈영토화와 재영토화가 끊임없이 일어나는 탈근대 공간으로 보여줌으로써 일상성 속에서 근대(가족주의) 극복의 탈근대 가족의 가능성을 제시하였다. 〈아이스 스톰〉에서 가족구성원들이 지닌 자유로운 욕망의 탈영토화와 재영토화 과정은 미국 중산층이라는 억압된 근대적 시민의식과 가족주의에 의해 완전히 차단되어 있다. 그리하여 지루하고 끈적끈적하게 제시되는 욕망의 지저분한 억압적 이미지들은 20년 만에 들이닥치는 '아이스 스톰'과 함께 가정의 파멸로 이어지는 절대적 탈영토화로 끝을 맺는다. 들뢰즈의 지적처럼 상대적 탈영토화와 재영토화가 지속적으로 일어나지 않을 때, 프로이트가 말하는 죽음의 욕망은 절대적 탈영토화의 전형적인 근대적 비극을 이룬다. 그러나 근대 가족주의나 억압된 시민의식이 아닌 자유로운 욕망의 탈영토화와 재영토화 과정을 보여주고 있는 이안 감독의 〈결혼 피로연〉과 〈음식남녀〉는 가족이나 가정의 새로운 생성적 이미지들로써 근대·전근대의 전통적인 가정이나 가족의 화해를 보여주며, 나아가 사회적 욕망과 개인적 욕망이 합치되는 새로운 가족의 탈근대적 영화의 시간이미지들을 창출하고 있다.

근대적 욕망의 이중적 공간을 지리적으로 확대시킨 것이 〈와호장룡〉이다. 그러나 이안이 제시하는 공간은 근대적 이분법에서 벗어난다. 영화 〈와호장룡〉은 19세기 중국을 배경으로 강호의 세계라는 절대적 자유의 공간과 황제의 서열체계가 있는 성(城)이라는 절대적 억압의 공간(영화에서 성은 배경으로만 존재하지 실제로 드러나지 않는다) 그리고 성의 서열체계(혹은 신분관계)가 지닌 억압과 강호의 자유가 혼재되어 있는 19세기 중국의 도시라는 이중적 욕망의 공간 등 세 공간의 복합물로 이루어져 있다. 이안이라는 뛰어난 감독에 의해 절대적 자유의 공간이었던 근대 무협영화의 허구적 상상의 공간이 개인적인 동시에 사회적인 욕망의 이중성을 볼 수 있는 현실적 공간으로 새롭게 탄생했다고 할 것이다. 그리고 19세기 중국이라는 역사적 배경은 강호와 도시·성이라는 세 개의 공간이 상호 개별적으로 존재하지 않고, 마치 오늘날의 거대도시들처럼 세 개의 세계가 상호작용하고 있는 욕망의 탈영토화와 재영토화 공간임을 확실하게 보여줌으로써 오늘날의 욕망이 지닌 다양성의 원형적 모델들을 제시한다.

절대적 자유의 공간인 강호의 세계에서 최고 고수가 되어 마침내 스승도 모르는 득도의 순간에 리무바이(주윤발 분)가 느끼는 '바닥모를 슬픔'은 강호의 공간에서 도시의 공간으로 이동(재영토화)하면서도 또한 도시의 공간에서 강호의 공간으로 이동(탈영토화)하고자 하는 욕망의 근원적인 이중성이다. 즉 리무바이가 마치 절대적 탈영토화의 죽음과 같은 득도의 순간에 그것에서 벗어나 속세로 재영토화하여 돌아오는 것은 〈아이스 스톰〉에서 보여준 절대적 탈영토화가 죽음을 암시하는 것과 마찬가지로 속세로부터의 절대적 탈영토화인 득도의 세계도 또 다른 의미의 죽음을 암시한다는 자연적 사실을 제시한다. 따라서 생명의 욕망은 관계적이고, 들뢰즈가 『안티 오이디푸스』를 시작하는 첫 문장에서 지적하고 있듯이 지속적인 탈영토화와 재영토화의 흐름이다. 이것은 마치 불교에서 열반의 세계가 궁극적인 깨달음의 세계와 죽음의 세계를 동시에 의미하는 것과 같다고 할 것이다.

그러나 문제는 이런 절대적 탈영토화의 세계인 득도의 세계를 벗어남과 동시에 리무바이는 욕망의 이중성이라는 사회적 연결의 그물망에 또다시 갇히게 된다는 점이다. 사랑하는 수련(양자경 분)과 결혼하여 평범한 삶을 살고자 하는 개인적 욕망과, 천방지축인 용(장쯔이 분)에 대한 사랑을 탈영토화하려는 욕망의 이중적 가능성을 무당파의 방주로서 사회적으로 승화시키고자 하는 사회적 욕망의 대립과 갈등이 리무바이의 삶 속에 뒤엉켜 들게 된다. 들뢰즈의 말대로 이것은 "욕망이 결코 개인적인 것이 아니라 근원적으로 사회적인 것"임을 암시한다. 그리고 오늘날의 남성들의 세계와 마찬가지로 모험주의적이고 경쟁주의적인 일부 페미니스트들이 보여주는 남성과 여성의 사회적 관계를 상실한 욕망의 절대적 탈영토화가 파괴적이고 폭력적이라는 것을 파란여우를 통해 이미 제시하고 있다. 그러나 이안 감독은 들뢰즈처럼 욕망이 선험적으로 악하거나 선한 것으로 규정되는 근대적 의미의 욕망이 아니라 욕망 그 자체가 발현되는 사회적 관계의 상황에 따라서 악할 수도, 선할 수도 있다는 욕망의 이중성을 제시한다. 이를 위해 이안 감독은 전통적인 무협영화가 제시하는 강호의 공간을 성의 공간과 연결되어 있는 도시의 공간으로 끌어오는 것이다. 따라서 영화는 강호의 공간에서 도시의 공간으로 들어오는 리무바이와 수련 그리고 도시의 공간에서 강호의 공간으로 나가려는 용과 그를 사랑하는 호의 중첩된 관계의 연결망으로 이루어져 있다.

이러한 과정에서 이안 감독이 제시하는 영상미학은 서구 근대적 영화들이 제시하는 인정주의(humanism)의 근대 영웅주의 미학이 아니라 탈근대적인 비인정주의(non-humanism) 내지는 생태주의의 자연미학이다. 〈아이스 스톰〉의 부정적인 절대적 탈영토화도 죽음과 연결되어 있고, 리무바이의 긍정적인 절대적 탈영토화도 죽음과 연관되어 있는 것처럼 인간의 삶과 죽음은 자연적 과정의 일부분이지 서구 근대의 인정주의에서 볼 수 있는 가족·종족·종교에 기초한 절대불변의 영웅주의(〈벤허〉 〈글라디에이터〉 〈대부〉) 이미지들이 아니다. 그렇기 때문에 〈와호장룡〉 영화이미지들의 절정을 이루는 대나무숲 위에서 리무바이와 용의 결투는 대나무와 바람과 칼이 부딪치는 자연의 이미지들 속에서 그러한 자연에 순응하는 리무바이와 그에 역행하는 용의 대립적 이미지들을 뚜렷하게 부각시킨다. 그리고 영화의 마지막 장면에서 마침내 이르는 용의 깨달음이 인정주의적인 인간관계를 벗어나는 절대적 탈영토화라는 죽음의 이미지와 절대적 자유의 공간인 강호의 세계라는 동양의 전통적인 '서역 이미지'가 혼합되어 제시되는 것은 오늘날의 사회에서 욕망의 자연스러운 발현을 꿈꾸는 이안 감독의 탈근대적 비인정주의 내지는 자연미학의 제시라고 할 것이다.

:: **장예모와 이안 그리고 〈와호장룡〉과 〈영웅〉**

한반도와 마찬가지로 근대적 비극으로 권력이 분할되어 있는 두 개의 중국에서 대만 출신의 이안 감독이 만든 〈와호장룡〉에 대적하기 위해 중국이 자랑하는 장예모 감독이 〈영웅〉(2003)을 만들었다. 그도 그럴 것이 미국을 비롯하여 서구 언론에서 〈와호장룡〉에 대한 찬사는 한마디로 굉장했다. "[근대적] 서구인들이 모르는 아름다움에 대한 표현의 극치라고…." 그러나 미국을 필두로 한 서구와 비교해 볼 때 〈와호장룡〉의 중국 상영은 참패였다. 〈영웅〉은 성공했을까? 그러나 〈영웅〉이 상영된 후 주위사람들 대부분이 〈영웅〉이 〈와호장룡〉을 능가하지 못한다고 말한다. 중국과 마찬가지로 우리나라에서도 〈와호장룡〉의 흥행은 그리 성공적이지 못했다. 미국 등 서구에서 박수를 치려고 손을 들기만 해도 우르르 몰려들어 마구 박수를 쳐대던 우리들이 드디어 "모두가 Yes라고 말할 때, No라고 말하는" 정말로 애매모호한 용기를 갖게 된 것이다. 그러나 '노'라고 답한 사람들이 탈근대를 인식하고 있는 사람들은 아니다. 이 같은 용기를 가진 사람들은 근대적 국가서사에 매몰되어 있는 일반적인 근대의 관객들이다. 일반관객들을 따라갈 것인가? 항상 그랬던 것처럼 그런 영화감독들이 있다.

근대적 국가서사에 매몰되어 있는 일반관객들의 용기에 힘입어 서구의 영화미학에 도전을 한 것은 비단 장예모 감독만이 아니다. 한국의 대표(?) 영화감독이라고 일컫는 임권택 감독의 〈취화선〉(2002)도 어쩌면 근대적 천재의 서사구조로 모차르트의 일생을 담은 밀로스 포만 감독의 〈아마데우스〉(Amadeus, 1984)에 버금가는 근대적 천재의 서사구조로 장승업이라는 19세기의 화가를 다루겠다는 야망이었는지도 모른다. 한국 영화의 새로운 전성기를 연 강제규 감독의 〈쉬리〉(1999)는 할리우드영화에 대항한, 그래서 그에 버금가는 스펙터클의 성공이었는가? 아니다. 〈쉬리〉의 성공은 이미 구소련의 몰락과 함께 탈근대세계가 도래했음에도 불구하고 여전히 분단 상태에 놓여 있는 영화 외적인 상황에 더 많은 성공의 요인이 있었다고 보아야 한다. 따라서 한국 영화나 중국 영화가 살아남는 길은 하루라도 빨리 근대적 국가·가족·종교 혹은 천재의 서사구조에서 벗어나서 영화 본연의 변화와 생성을 보여주는 시간이미지의 탈근대적 서사구조를 만들어야 한다. 근대적 방식에서 영화의 국가주의는 관객이 아니라 영화를 만드는 영화사와 영화감독에게 존재한다. 〈취화선〉이나 〈쉬리〉보다 더 적은 자본을 들이고 성공한 이정향 감독의 〈집으로〉(2002)라는 영화가 있지 않은가?

그러나 이안의 〈와호장룡〉과 장예모의 〈영웅〉은 조금 다른 면모를 보여준다. 이안은 대만 출신이면서 할리우드에서 성공한 감독이다. 그래서 이안 감독의 〈와호장룡〉에 대한 서구의 찬사는 서구 근대(영화)의 미학에 대한 새로운 미학의 출현을 환영하는 것이다. 새로운 미학을 보여주는 것은 〈와호장룡〉만이 아니다. 할리우드에서 만들어진 샘 멘데스 감독의 〈아메리칸 뷰티〉(1999)가 그렇고, 〈오! 수정〉(2000) 같은 홍상수 감독의 영화들이 그렇고, 압바스 키아로스타미 감독의 〈내 친구의 집은 어디인가〉(1987)를 비롯한 이란 영화들이 그렇다. 이들과 달리 서구에 대항하여 서구와 같은 근대국가를 달성한 중국으로부터 국가적 지원을 받고 있는 장예모 감독은 잃어버린 근대의 영광을 되찾으려 애쓰는 할리우드의 근대적 감독들처럼 새로운 탈근대의 미학에 도전하고 있다. 그러나 근대의 미학과 탈근대의 미학은 근원적으로 다르다. 〈와호장룡〉에 등장하는 인물들은 국적과 신분이 없거나 있어도 그것과 전혀 상관 없는 노마드의 인물들이지만, 〈영웅〉에 등장하는 인물들은 국적(혹은 대항국적)이나 서열체계의 신분을 가진 국가적 인물들이다. 〈와호장룡〉의 인물들은 국적이나 신분이 없기 때문에 근대적으로 해석이 불가능한 데 비해, 〈영웅〉의 인물들은 비록 고대 진나라 시대 사람들이지만 근대적으로 해석이 가능한 인물들이다. 이것은 마치 할리우드의 영웅에 관한 영화들이 고대그리스인이나 히브리인 혹은 고대 영국인, 로마제국의 국민, 중세의 기독교인 혹은 근대 영국인이나 미국인을 다루기 때문에 근대적으로 해석이 가능한 것과 마찬가지이다.

〈와호장룡〉과 〈영웅〉의 인물들이 국적이나 신분이 있는지 혹은 없는지의 차이는 영화의 공간이 보여주는 공간들의 차이와 밀접하게 연관되어 있다. 서술한 바와 같이 〈와호장룡〉에서 보여주는 공간은 성(혹은 국가)이라는 하나의 점과 그 점을 에워싸고 있는 도시라는 하나의 원 그리고 도시의 원을 에워싼 더 커다란 강호의 세계가 있다. 도시는 성(국가나 왕이라는 신분 서열체계)에 속해 있는 동시에 강호(점으로 구성되어 있는 노마드 세계)에 속해 있기 때문에 보통사람들, 즉 민중들이 살고 있는 세계이다. 〈와호장룡〉의 주인공들은 강호의 세계에서 도시의 세계(영웅의 세계에서 민중의 세계)로 들어갔다가 다시 도시의 세계에서 강호의 세계(민중의 세계에서 영웅의 세계)로 나온다. 영화의 시작부터 끝날 때까지 국적과 신분으로 구성된 성의 세계는 단 한번도 등장하지 않는다.

이와 달리 〈영웅〉에서 보여주는 공간은 성의 세계와 강호의 세계라는 두 개의 대립적인 세계이다. 성과 강호는 일 대 일로 병치되어 있지만, 영화가 보여주는 강호도 사실은 강호가 아니라 민중이 존재하지 않는 자그마한 성이다. 일반인들이 사는 도시는 단 한번도 등장하지 않거니와 마치 전혀 존재하지 않는 듯하다. 신하나 하인은 독립된 개인이라기보다 왕이나 주인의 수족이다. 따라서 세상의 싸움은 왕과 주인의 싸움이다. 영웅들은 오직 두 계열들로 나뉘는데, 하나는 천하통일을 꿈꾸는 진시왕 계열이고 또 하나는 진시왕을 암살하려는 계열이다. 그의 신하가 되느냐 아니면 그를 암살하고 새로운 영웅이 되느냐, 두 길밖에 없다. 그런데 문제는 그의 신하가 되는 것도 성안으로 들어가는 길이고, 그를 암살하는 것도 성안으로 들어가는 길이다. 두 가지 길인 것 같지만 사실은 하나의 길이다. 왕-신하, 국가-국민이라는 하나의 길밖에 없다.

### :: 이안 감독의 노마돌로지 세계와 장예모 감독의 국가철학의 세계

앞에서 보는 바와 같이 이안 감독의 노마돌로지 세계와 장예모 감독의 국가철학의 세계는 전혀 다른 세계이다. 이것은 색깔로 드러난다. 〈와호장룡〉의 영상이미지는 흑백의 무색 아니면 무한의 이미지를 지닌 자연의 색깔이라면, 〈영웅〉은 빨간색·파란색·하얀색으로 이루어져 있으며, 심지어 자연의 색깔조차 인위적으로 바꾼다. 근대의 이상인 자유·평등·박애를 상징하는 세 가지 색깔은 영웅 다섯 명을 표시하는 색깔이다. 이안 영화의 무색이나 자연의 색깔에 대항하여 장예모가 보여주는 삼색의 미학은 무엇인가? 그것은 서구 근대의 미학이다. 삼색은 한때 이안의 고향 '대만'을 일궈낸 장개석이 추구하던 색깔이 아닌가? 장개석이 서구의 힘을 빌려서 중국의 천하통일을 도모했을 때, 서구와 마찬가지로 빨간·파란·흰색의 삼색기를 치켜들지 않았는가? 그리고 장개석을 앞잡이로 한 서구 근대에 저항한 마오쩌둥도 무색 혹은 자연의 색깔을 노동자와 농민의 색깔로 치장한 빨간·파란·흰색의 삼색기를 들고 천하통일을 위한 '대장정'에 오르지 않았던가?

〈영웅〉에서 색깔은 고전에 등장하는 다섯 명의 영웅들을 근대적 이미지로 기호화하는데, 강호의 영웅들은 모두 빨간색(박애)에서 파란색(자유)으로 그리고 파란색에서 흰색(평등)으로 이동한다. 가장 먼저 빨간색과 파란색을 거쳐 흰색으로 이동하는 사람은 파검(양조위 분)이다. 두번째로 이 과정을 거치는 사람은 진시황(진도명 분)이지만, 그는 수천수만의 국가장치에 의해 다시 빨간색으로 돌아온다. 이것은 필연적이다. 왜냐하면 그의 파란색은 국가라는 허구의 그늘 아래 있는 평등이기 때문이다. 세번째로 마지막 흰색에 도달하는 사람은 무명(이연걸 분)이고, 네번째와 다섯번째가 비설(장만옥 분)과 장천(견자단 분)이다. 가장 먼저 흰색에 도달한 파검은 나머지 사람들이 흰색에 이르는 깨달음을 얻게 하기 위해 자신의 죽음을 대가로 치러야 한다. 이 죽음이라는 대가는 비설에 대한 사랑 때문이다. 무명 역시 깨달음의 대가로 자기 목숨을 내어놓아야 하며, 예월(장쯔이 분)을 통한 비설의 깨달음은 사랑하는 연인(파검)의 죽음과 자신의 죽음을 대가로 지불한 이후이다. 오직 장천만이 살아서 '검을 버린다'(破劍).

그런데 따지고 보면, 흰색은 인위적인 것이고 자연적인 것은 무색이다. 따라서 〈영웅〉의 모든 인물이 흰색에 도달했다는 것은 〈와호장룡〉이 처음부터 끝까지 보여주는 무색과 자연의 색깔에 이르렀다는 것이다. 이것은 무협영화의 진수인 결투장면에서 드러나는데, 〈와호장룡〉의 결투장면은 도시의 집들과 어우러지는 흑백의 무색화면과 자연의 대나무들과 어우러지는 자연의 색깔이라면 〈영웅〉의 결투장면은 노란 은행나무 잎들을 빨간 색으로 물들이듯이 호수 위를 제비처럼 방울방울 튀거나 날아오르는 인위적인 상상의 색깔이다.

문제는 무색과 자연의 색깔이 자연과 하나 되는 물아일체(物我一體)의 경지에 도달하는 데 비해, 인위적인 색깔은 단순히 인간적 상상력의 기교만 보여준다는 것이다. 근대적인 빨간색과 파란색을 아우르고 있는 흰색은 무색이며 자연이다. 인위적(국가철학의 계몽이나 이에 대한 저항적 조직의 계몽)으로 흰색을 칠하려 할 때, 그 색깔은 항상 진시황처럼 거대한 국가장치에 의해 빨간색과 파란색으로 되돌아간다. 근대적 국가주의의 환원체계다. 빨간색과 파란색으로 되돌아가는 흰색은 항상 신비주의로 채색된다. 〈영웅〉의 시나리오는 종교적 신비주의가 살아 있던 고대의 설화를 토대로 하지만, 〈와호장룡〉은 고대(중세) 성의 세계와 강호의 세계가 도시에서 만나 서로 어우러진 근대의 세속적 소설을 토대로 한다. 〈영웅〉의 장천이 마침내 흰색에 도달하여 살고 있는 곳이 성의 세계일까 아니면 강호의 세계일까? 아마 그는 도시 한구석으로 숨어들었을 것이다. 이름 없는 민중(무명)이 진시황을 살려주고 스스로 죽음을 택했듯이….

## 2) 〈색/계〉: 근대의 비극적 연극배우들

### :: 이안 감독의 탈근대성과 〈색/계〉(色/戒)

이안 감독의 영화를 보는 것은 탈근대시대를 사는 즐거움이다. 들뢰즈의 말처럼 영화 스크린이 우리의 '두뇌'이고 스크린을 장식하는 이미지를 만든 카메라의 렌즈가 우리의 '눈'이라면, 이안의 영화들은 우리의 눈과 두뇌가 이미지를 탈근대적으로 보고 사유하게 만든다. 이미 동양–서양, 남성–여성, 성(城)–강호(江湖) 등의 이분법적 근대의 세계를 해체하고 동양이면서 서양이 되어버린 미국의 뉴욕 사회, 남성이면서 여성이 되어버린 미국의 웨스턴 무비를 해체하는 새로운 서부사회, 서열체계가 존재하는 성이면서 전혀 존재하지 않는 강호가 혼재하는 19세기 중국의 도시를 〈결혼피로연〉 〈브로크백 마운틴〉(Brokeback Mountain, 2005), 〈와호장룡〉 등의 영화로 보여준 전형적인 탈근대 감독 이안은 바야흐로 〈색/계〉(2007)에서 '색'이 담고 있는 개인과 '계'가 담고 있는 사회라는 개인–사회의 근대적 이분법을 해체하고 개인과 사회를 가로지르는 탈근대적 욕망의 세계를 제시한다.

〈색/계〉는 1942년 상하이에서 시작한다. 1942년의 상하이는 일본 근대국가의 제국주의가 멸망의 길로 들어서는 태평양전쟁이 발발한 지 1년이 된 시기이고, 1938년 중일전쟁 이후 일본 식민지가 된 곳이다. 따라서 1942년의 상하이는 친일–반일의 이분법이 지배하는 한편, 서구적 근대성의 서양–동양 이분법이 은폐되어 있는 중국 초기근대(근대 국민형성기)에서 핵심근대(근대 국민국가형성기)로 이행하던 시공간이다. 이러한 시공간 속에서 막부인(탕웨이 분)은 친일파의 핵심인물인 동시에 일본 식민지정부 장관을 지내는 이(양조위 분)의 고급저택에서 친일파 부인들과 마작을 즐기다가 갑자기 집을 나와 한 카페에 앉아 과거를 회상한다. 그녀가 막부인이 아니라 왕치아즈라고 불리던 때는 1938년의 홍콩이다.

중일전쟁이 발발한 1938년 홍콩은 영국의 식민지이다. 발랄한 대학생 왕치아즈는 2차 세계대전이 일어나기 전에 영국으로 간 아버지를 기다리는 외로운 소녀이다. 그녀의 아버지는 영국 식민지정부의 관료인가? 영화에서는 그녀의 아버지에 관한 이야기는 거의 없다. 그러나 지난 1997년 7월 1일 홍콩이 영국으로부터 중국에 반환된 이후, 영화 속에서 홍콩 대학생들과 연극관람 시민들이 "일본타도! 중국해방!"을 부르짖는 모습을 영화이미지로 받아들이는 것은 영국의 식민지였던 홍콩과 식민지정부의 친영관료였던 왕치아즈 아버지의 부재가 하나의 근대적 연극으로 보일 수밖에 없게 하는 요소이다. 왜 당시 홍콩에서 "영국타도! 중국해방!"이라는 부르짖음이 들리지 않는가? 그래서 그런지 왕치아즈는 아버지 없는 고아의 외로움을 극복하기 위해 대학 연극부에 들어가는데, 왕치아즈의 연극부 활동은 아버지의 부재와 광위민(왕리훙 분)에 대한 사랑의 대체물이다. 그래서 근대의 삶은 실재가 아니라 국가주의와 가족주의의 연극이다.

왕치아즈의 연극활동이 아버지의 부재와 광위민에 대한 사랑의 대체물임에도 불구하고 그녀가 연극을 하면서 발견하게 되는 것은 가족주의의 아버지라는 존재나 국가주의의 아버지를 대체하는 광위민에 대한 사랑이 아니라 그녀 자신의 고유한 개인적 욕망이다. 그렇다. 욕망은 항상 관계적 욕망이기 때문에 사회적 욕망으로 존재하고, 그러한 욕망을 지닌 개인은 항상 사회적 개인으로 존재한다. 이제 그녀를 규정하는 정체성은 아버지의 부재나 광위민에 대한 사랑이 아니다. 연극 그 자체를 사랑하고 연극을 통해 삶의 욕망에 깃든 쾌락을 향유하는 그녀는 연극배우이다. 그러나 1938

년이라는 근대의 시공간 속에 있는 그녀는 영화를 보고 있는 21세기 탈근대세계에 살고 있는 우리 관객들의 눈에 보이는 것을 못 본다. 근대의 비극은 항상 이렇게 시작한다. 자신이 지닌 생명의 욕망과 그 욕망이 만드는 자신의 관계적 정체성을 발견하지 못하는 근대인은 늘 아버지의 부재나 아버지의 부재를 대체하는 사랑의 대상으로 환원된다.

왕치아즈는 자신의 욕망을 발현하는 연극배우가 되는 것이 아니라 연극배우의 연극을 구성하는 근대사회에 매몰되어 버린다. 그것은 근대 가족주의에 토대를 둔 영국에 있는 아버지의 부재에 책임이 있는 것도 아니고, 근대 국가주의에 토대를 둔 광위민의 항일이데올로기에 책임이 있는 것도 아니다. 왕치아즈와 달리 광위민의 욕망이 발현되고 그의 정체성이 발견되는 곳은 연극활동이 아닌 항일운동이다. 그래서 그의 연극부는 예술단체가 아니고 연극을 통해서 홍콩에 사는 근대시대의 위선적인 중국인들의 애국심을 고취하는 항일운동단체이다. 이렇듯 광위민은 자신의 정체성을 만들어주는 자신의 사회적 욕망을 위장하기보다 실제로 드러낸다. 광위민과 그의 동료들 대부분은 잠재되어 있는 실재적 욕망을 드러내는 데 반해 왕치아즈는 자신의 잠재되어 있는 욕망을 드러내기보다 현실적으로 드러난 아버지의 부재나 광위민에 대한 사랑이라는 현실적 욕망만이 실재적 욕망이라고 착각하고 있는 것이다. 그래서 그녀는 서구 근대성이 만든 비극적 근대의 비극배우가 된다.

광위민과 그의 동료들은 마치 연극부를 구성하듯이 홍콩에 온 친일파의 핵심인물이자 모두의 표적이 된 정보부 대장을 암살할 계획을 세운다. 관객들이 "왕치아즈, 그것은 연극이야. 너는 전문적인 연극배우가 되어야해!"라고 소리쳐도 소용이 없다. 관객들이 광위민과 그 동료들에게 "진정으로 중국의 독립을 원한다면, 이미 대장정을 마친 마오의 중국공산당이나 장개석의 국민혁명군으로 들어가라!"고 소리쳐도 소용이 없다. 왕치아즈의 손이 광위민을 비롯한 동료들의 손과 포개어지는 순간 사회와 개인을 이분법으로 구분하고, 그로 말미암아 마치 연극을 하듯 자신의 사회적 욕망을 상호 공유하고 분배하는 사회적 무리가 아닌 개인적 영웅주의로 포장하는 근대인의 비극이 눈에 선하다. 탈근대시대에 근대인의 비극을 비판적으로 즐기는 것은 영화의 어느 지점에서 비극이 희극으로 전환될 수 있는 은폐된 욕망의 발현을 추적하는 것일 수도 있다.

아니나 다를까? 막부인으로 신분을 위장하고 '이'의 아내(조안첸 분)에게 접근하여 신뢰를 쌓아나가면서 '이'를 암살할 기회를 노리는 왕치아즈는 근대적 현실의 완벽한 연기자가 된다. 그녀의 연기는 고상함과 저열함의 이분법, 즉 삶의 방식을 고급문화와 저급문화의 이분법으로 나누어 근대적 이상이라는 정신의 고상함을 추구하고 현실이라는 육체의 저열함을 극복하고자 하는 정신–몸의 이분법에 토대를 둔 근대성에 근거하고 있다. 그러나 고급문화와 저급문화의 이분법은 지배와 피지배의 도구이고, 개인의 사회적 욕망은 항상 이러한 이분법을 극복하려는 새로운 욕망의 생산이다. 그럼에도 불구하고 왕치아즈는 자신의 사회적 존재를 확인시켜 주는 생명력의 근간이 되는 성적 욕망을 위장된 연기의 고상함, 고급문화, 이상과 정신으로 억누른다. 따라서 그녀의 욕망은 억압된 섹슈얼리티로 드러나고, 근대적 이상을 달성하기 위한 현실의 도구로 타락한다. 그녀는 돌아오지 못할 강을 건넌 것인가?

아니다. 현실의 삶에는 항상 연극의 막간극처럼 하나의 정체성을 구성하는 배우의 역할에서 또 다른 정체성을 가진 배우로 거듭나는 탈영토화와 재영토화의 순간이 존재한다. 이것이 영화에서 드러나는 시간이미지이다. '이'가 상하이로 발령이 나고 그들의 계획이 무산되자, 홍콩의 무대가 사라지고 상하이의 무대가 등장하는 영화의 막간극의 순간이 된다. 광위민과 그의 동료들이 홍콩의 무대를 해체하고 왕치아즈는 미완성 극에 대한 회한에 차 있는 순간, 전혀 예상치 못했던 관객이 무대로 들어선다. 그들의 연극적 음모를 모두 알고 있는 이 예상치 못한 관객 앞에서 광위민과 그의 동료들은 고상함이 아닌 저열함이라는 살인의 제의에 참여한다. 근대적 고상함이 탈근대의 저열함이 되는 순간이다. 그러나 모두가 근대의 현실이 만든 폭력의 제의에 참여하는 순간에도 왕치아즈는 그 제의에 참여하지 못한다. 그래서 친구들은 연극을 마치고 현실에 참여함에도 불구하고 그녀는 아직 연극무대에서 현실의 무대로 들어가지 못한다. 동일한 것의 반복인가, 차이나는 것의 반복인가?

### :: 근대의 예정된 비극

서구의 핵심근대가 제국주의 전쟁으로 자멸하는 막바지, 1942년의 상하이에 사는 왕치아즈를 포함한 일반인들의 삶은 자본의 노예로 찌들대로 찌들어 있다. 앞길이 막막한 왕치아즈에게 중국 독립암살단의 일원이 된 광위민이 찾아와서 다시 '막부인'이 되어주기를 부탁한다. 현실의 삶에서 자신의 역할을 잃어버린 왕치아즈가 3년이라는 막간극의 휴식을 마치고 다시 연극무대로 복귀하는 것은 너무나도 당연하지 않을까? 자신들이 사회를 구성해서 자신들의 사회적 욕망을 발현할 수 없었던 중국 근대의 시공간 속에서 광위민과 왕치아즈의 관계는 근대성의 노예일 수밖에 없다. 왕치아즈와의 관계가 거듭될수록 점점 경계를 풀고 그녀를 더욱 깊이 사랑하게 되는 '이'도 마찬가지이다. 이미 그들은 스스로 다짐한 연기의 역할에서 벗어나 각자에게 잠재되어 있는 실재의 욕망과 맞닥뜨린다. 그러나 그들은 그 실재의 욕망이 무엇인지 알지 못한다. 인간만이 아니라 연극이라는 예술장르와 섹스라는 관계의 행위도 각각 살아 있는 생명체이다. 그러나 근대는 인간만이 아니라 연극과 섹스도 '기관들로 가득 찬 몸'으로 만든다.

파시즘이 지배하는 근대 국민국가주의는 모든 인간의 관계를 사디스트와 마조히스트로 만든다. 가족주의와 국가주의의 몸은 사디스트와 마조히스트의 몸이다. 그래서 아버지와 남자와 지배자는 사디스트의 몸이 되고, 저항하는 아들과 여성과 피지배자는 마조히스트의 몸이 된다. 사랑하는 여자가 친구와 섹스하는 것을 지켜보아야 하는 광위민의 마조히스트적인 쾌락이나, 사랑하는 남자 앞에서 다른 남자와 섹스를 해야 하는 왕치아즈의 마조히스트적인 쾌락은 근대 가족주의와 국가주의의 이성이 만든 사랑의 근대적 '괴물'이다. 광위민과 왕치아즈는 쾌락과 순종을 혼동하고, '이'를 포함한 근대인들의 삶 속에는 항상 순종과 쾌락의 고통이 공존한다. 그러나 사랑이 원래 그렇거나, 색스가 원래 그렇거나 혹은 인간관계가 원래 그런 것은 아니다. 근대적 사랑, 근대적 섹스, 근대적 인간관계가 사랑하고 섹스하고 관계를 맺는 기관들 없는 몸을 파시스트의 몸 혹은 마조히스트의 몸이라는 기관들로 가득 찬 몸의 괴물로 만드는 것이다. 탈근대의 위대한 영화감독 이안은 탈근대시대에 살고 있는 탈근대인들에게 근대의 괴물들을 에로틱한 섹스의 여러 장면들로 보여준다.

1942년이라는 중국의 근대적 전환기. 식민지 근대국가이면서 식민지 지배자들은 상하이라는 삶의 무대를 조망하는 배경의 장식으로만 존재하고, 서구적 근대성에 소극적으로 저항하면서 매몰되어 가는 서구적 근대국가를 지향하는 장개석의 국민군 그리고 서구적 근대성과 일본 제국주의에 적극적으로 저항하면서 저항적 근대국가를 지향하는 모택동의 해방군이 서로 분열된 상황에서 서구적 근대성의 자본주의가 만든 자본의 이익을 챙기는 다이아몬드 상으로 대표되는 서구인들만이 보호되는 상하이. 탈주의 선이 전혀 존재하지 않는 것 같은 상황에서 탈근대의 틈새를 보여주는 에로티시즘의 섹스는 영화에서 세 번 등장한다. 첫 장면은 여성성의 욕망을 드러내는 왕치아즈가 남성성의 욕망을 드러내는 '이'의 사디스트적 욕망에 무참히 짓밟히는 장면이고, 두번째 장면은 '이'의 의도에 따라 왕치아즈가 마조히스트적인 욕망을 발현하는 기기묘묘한 장면이다. 이 두 장면은 마치 근대의 포르노그래피나 누드화처럼 매우 잘 설정되어 있는 인위적인 그림 장면으로 제시된다. 그러나 이 두 장면을 보고 프로이트의 정신분석학으로 아버지의 부재를 대체하는 오이디푸스의 욕망이라고 말한다거나 혹은 라캉의 후기근대 정신분석학으로 섹스는 근원적으로 부재하다고 단언하면 안 된다.

욕망은 프로이트의 말처럼 오이디푸스이거나 라캉의 말처럼 부재가 아니라, 들뢰즈의 말처럼 존재의 내재성이고 현실의 일 대 일 관계에서 발현되는 생성과 생산이다. 마침내 근대의 인위적인 개인의 '색'(lust)과 사회적 '계'(caution)에서 벗어난 왕치아즈와 '이'는 근원적 욕망(desire)의 자연스러움에 도달하며, 남성성과 여성성의 경계를 무너트리고 남성성과 여성성이 혼합되는 둘만의 새로운 사회를 구성한다. 이는 왕치아즈가 되고 왕치아즈는 이가 된다. 이것이 〈색/계〉에 등장하는 섹스신의 세번째 장면이다. 그러나 욕망의 자연스러움은 관계의 자연스러움을 구성해야 하고, 남성성과 여성성이 혼합되는 새로운 사회는 친일과 반일, 남성과 여성의 이분법이 존재하는 근대사회가 아니다. 그래서 탈근대사회를 지향하는 오늘날의 세계에서 근대의 권력 지향적이고 근대의 사회적 계율에 충실한 이의 여성성이 발현되는 순간과 연극무대에서 벗어나 현실적 삶의 자연스러움에 도달한 왕치아즈를 보는 순간, 근대의 비극에서 벗어나고자 하는 관객의 쾌락을 발견하게 된다. 관객들이 친일과 반일의 이분법에서 벗어나 영화의 이가 되고 왕치아즈가 되는 순간이다. 이처럼 탈근대영화의 몽타주는 관객들의 감각 속에서 발현한다.

### 3) 〈색/계〉에 대한 탈근대적 글쓰기의 불안함과 즐거움

그러나 이렇게 〈색/계〉의 정서이미지들을 향유하면서 탈근대의 글쓰기가 지니는 즐거움만 향유되는 것은 아니다. 이안 감독이 영화로 보여주고 있는 근대의 '색/계'가 너무나도 불안하게 근대의 유령처럼 나와 우리 주위를 맴돈다. 나의 불안함은 〈색/계〉에 등장하는 1930~40년대의 근대인들이 21세기의 오늘날에도 여전히 중국과 한국과 일본 등 동아시아에 존재하고, 그 시대에 형성된 근대의 사회적 구조가 오늘날의 사람들을 근대적으로 퇴행하게 만드는 것을 수없이 목격하기 때문이다. 한반도에서 이와 같은 퇴행성은 남북분단으로 근대의 유령을 구성한다. 그럼에도 불구하고 〈색/계〉 같은 영화를 보고 글쓰기를 하는 즐거움이 존재한다. 그것은 관계나 섹스의 아름다움이 근대의 유령보다 더 강렬하고 생성적이기 때문이다. 그렇다고 근대의 유령이 횡행하는 사회 속에서 나만이 오직 탈근대인이라고 주장하는 것은 아니다. 그냥 그 시대가 씁쓸하고, 그렇게 씁쓸하게 그 시대를 보여주는 이안 감독에게 탈근대적 동지의 고마운 마음을 전달하고 싶을 뿐이다.

# 02 알레한드로 곤잘레스 이냐리투 감독: 탈근대인의 근대에 대한 감각의 보고서

## 1) 〈아모레스 페로스〉에서 근대적 관계의 '개 되기'

### :: 근대적 질문과 탈근대적 질문

영화에 대해 특별한 애정을 보여주고 있는 단국대 영문과의 성은애 교수는 멕시코의 알레한드로 곤잘레스 이냐리투 감독의 〈아모레스 페로스〉를 보고 이렇게 말한다. "영화의 마지막, 마치 고야가 말년에 자기 집 벽에 잔뜩 그려놓은 '검은 그림'의 색조와 닮은 황량한 벌판으로 엘 치보와 검정개 코피가 터벌터벌 걸어간다. 사랑은 그런 건가? 사랑이 그런 것인지는 몰라도, 최소한 사람 사는 건 그런가 보다. 정말 그런 거 같다…."(http://finching.net) 성교수의 말에 전적으로 공감을 하면서 자문해 본다. "사람 사는 것이 엘 치보와 검정개 코피가 황량한 벌판으로 떠나는 것 같다면, 사랑은 모두가 사치와 허영, 얼토당토않은 낭만적 환상으로 이루어진 것인가?" 아무리 고민해도, 그 답은 '그렇다'와 '아니다'를 반복하면서 '예와 아니오'의 근대적 문제로 회귀한다. 그래서 들뢰즈는 무의식의 욕망은 "예와 아니오를 모른다"고 말한 것일까? 그래서 우리는 "그것이 무엇인가"라는 근대적 문제의식에서 벗어나 "그것은 어떻게 작동하는가"라는 탈근대적 문제의식으로 전환해야 하는 것인가?

"그것은 어떻게 작동하는가"라는 탈근대적 문제의식을 지닐 때, 우리는 〈아모레스 페로스〉의 마지막 장면에서 엘 치보와 검정개 코피가 황량한 벌판(혹은 1980년대나 90년대의 그 누군가가 강원도나 지리산의 깊은 산중)으로 떠나야만 하는 과정을 살피게 된다. 그렇게 생각하다 보니, 〈아모레스 페로스〉의 마지막 장면이 빔 벤더스 감독의 〈텍사스의 파리〉(Paris, Texas, 1984)의 마지막 장면과 아주 유사하다. 그러나 영화 〈텍스사의 파리〉의 마지막 장면은 사랑과 섹스에 환멸을 느낀 주인공이 혼자서 황량한 벌판으로 떠난다. 그렇다. 〈아모레스 페로스〉에 등장하는 개가 없다. 또다시 '사랑은 개'라는 아모레스 페로스, 이 영화제목의 섬뜩한 용어에 현혹되어 생각하다 보니 쿠엔틴 타란티노 감독의 〈저수지의 개들〉(Reservoir Dogs, 1992)이 생각난다. 그리고 홍상수 감독의 데뷔작 〈돼지가 우물에 빠진 날〉(1996)의 돼지도 '사랑은 개'라는 〈아모레스 페로스〉와 동일한 이미지들로 다가온다.

후기근대의 멕시코와 미국과 대한민국의 '개 되기'라는 사랑의 근대적 이미지들이 동시성과 비동시성으로 공존하는 순간이다.

〈저수지의 개들〉에는 여성이 단 한 명도 등장하지 않는다. 감옥에서 나오자마자 은행을 털기 위해 모인 남자들은 마치 곽경택 감독의 〈친구〉(2001)에 나오는 유오성이나 장동건처럼 쌍소리를 하면서도 남성적인 힘과 깡패의 의리가 철철 넘치는 멋있는 친구들로 나온다. 서로 가명으로 부르는 6명의 갱단은 서로의 개인적인 삶의 흔적들에 대해선 절대 묻지도 답하지도 않는다는 불문율이 존재한다. "의리에 살고 의리에 죽는다"는 대원칙을 가지고 있는 이들은 마침내 은행을 터는 데 성공한다. 그러나 6명의 갱단 속에 경찰끄나풀이 있을 줄이야. 비밀아지트의 창고에 모인 갱들은 마치 저수지 앞에 모여 있는 목마른 개들과 흡사하다. 단지 갱들만 개들과 흡사한 게 아니라 경찰끄나풀로 갱단에 들어간 비밀경찰이나 은행을 털면서 일어난 갱들과 경찰의 싸움에서 포로로 잡혀온 경찰까지 똑같은 개들이다. 저수지 앞에 모여 있는 목마른 개들이 순서대로 저수지 물을 마시면 아무런 문제가 없을 터인데, 이 개들은 누가 먼저 물을 마시려고 하면 자기가 먼저 마시겠다며 서로서로 물어뜯는다. 결과는 모두의 처절한 상처투성이 죽음이다. 근대영화의 절정을 보여주는 프란시스 포드 코폴라 감독의 갱스터 장르 〈대부〉나 그 이전의 미국 할리우드 서부영화와 홍콩 갱스터 영화들이 모두 남성들로 구성된 '저수지의 개들'에 관한 이야기이다.

개와 늑대는 동종의 동물이지만, 그 차이는 개와 사람의 차이보다 더 크다. 개가 늑대무리에서 벗어나 사람들과 관계를 맺으면서, 그 관계가 인간과 개라는 서열관계가 되면 개는 '사람 되기'를 수행하고 사람은 '개 되기'를 수행한다. 그래서 우리는 이따금 신문에서 '주인 찾아 삼만 리'라는 사람 되기를 수행하는 개의 고상한 이야기를 읽기도 하고, 개처럼 무자비하게 민중과 시민과 어린 소녀들을 개 패듯이 두들겨패는 경찰이나 군대를 목격하게 된다. 이렇게 개의 사람 되기와 사람의 개 되기를 생각하다 보니, 〈아모레스 페로스〉에 등장하는 세 가지 사랑의 관계가 '사랑은 개'처럼 근대적 사랑의 개 되기가 아닌가 하는 생각이 든다. 〈아모레스 페로스〉에서 이야기하는 사랑이 남성과 여성의 관계이지만, 이야기와 카메라의 초점은 남성 중심으로 작동되고 여성은 철저히 배제되어 있다. 옥타비오와 그의 형수 수잔나의 관계는 옥타비오에게 초점이 가 있고, 다니엘과 슈퍼모델 발레리아의 관계는 광고회사 사장 다니엘의 관점이고, 칼 마르크스를 닮은 엘 치보와 그 가족(아내와 딸)의 관계는 과거 사회주의 무장투쟁혁명을 위해 가족을 버렸던 엘 치보의 시각이다. 그리고 이들 세 가지 관계를 대표하는 것이 투견용 개, 애완용 강아지, 주인 잃은 길거리의 개다.

근대의 이성애적 사랑관계가 '투견용 개 되기' '애완용 강아지 되기' '주인 잃은 길거리 개 되기'의 관계를 맺는 방식은 근대적 사유나 삶의 방식과 불가분의 관계로 연결되어 있다. 서구적 근대가 구성하고 있는 근대적 남성과 여성의 이성애적 관계는 남성-여성의 이분법적 대립으로 이루어진 '대립적 투쟁의 관계', 부르주아나 남성 중심의 자본소유관계, 이데아 중심의 지식으로 구성된 '계몽주의적 주인과 노예의 지배-피지배관계'라고 할 수 있다. 그리고 이 세 가지 관계에는 항상 자본이 매개되어 있다. 예를 들어 사회적 하층민인 옥타비오와 수잔나의 관계는 대립적 투쟁의 관계이다. 옥타비오가 형수 수잔나를 사랑한다는 것은 형과 대립적 투쟁의 관계가 됨을 의미하고, 아버지가 없는 가족 내에서 가족주의의 아버지가 되는 길은 형의 소유인 수잔나를 쟁취하는 것이다. 그래서 옥타비오는 투견용 개가 된다. 그리고 근대 자본주의 사회의 모든 구성원들을 자본을 중심으로 한 대립과 투쟁 관계로 몰고 가는 근대 멕시코 사회는 옥타비오의 개도 투견용 개가 되게 한다. 옥타비오나 '코피'라는 개의 입장에서 보면, 대립과 투쟁의 싸움 사회는 본원적이다.

가만히 있어도 다른 투견개가 목숨을 내걸고 싸움을 걸어오기 때문에 자신도 목숨을 걸고 싸우지 않으면 안 된다. 더구나 자신이 선택하기도 전에 이미 주인 옥타비오가 목숨을 내걸고 사랑싸움에 뛰어든 이상 자신은 그에 이끌려 싸움터로 나가서 죽기 아니면 살기로 싸워야 한다. 투견개가 된 옥타비오에게 형수를 사랑하는 것을 막는 형이나 어머니, 사회 전체가 제거해 버려야 할 적이듯이, 옥타비오가 된 코피는 이 세상의 모든 개라는 개는 목숨을 다해 죽여야만 하는 적이다. 그러나 멕시코 근대사회에서 부르주아계급이면서 사회적 상층민을 구성하고 있는 다니엘과 발레리아의 관계는 부르주아 혹은 남성을 중심으로 한 소유관계이다. 자본의 소유관계를 구성하는 소유자의 입장에서는 줄기차게 그 소유를 지켜나갈 수 있는 절대적 권력이라고 할 만한 자본을 가져야만 하고, 소유당하는 입장에서는 끊임없이 그 소유를 유지시킬 수 있는 자본을 유혹하는 아름다움을 지녀야만 한다. 그래서 다니엘은 자식을 낳고 나이가 들면서 아름다움을 상실한 아내를 버리고 싱싱한 아름다움을 지닌 발레리아라는 애완용 강아지를 구입한다. 그러나 다니엘은 새로운 보금자리로 구입한 아파트의 마루를 제대로 고칠 수 있을 만큼 자본이 넉넉하지 못하다. 그래도 상관없다. 자신이 소유한 발레리아의 아름다움이 자신이 소유하고 있는 광고회사를 통해서 새로운 자본을 벌어들일 것이고, 그 자본으로 발레리아를 계속 소유할 수 있을 테니까.

다니엘과 발레리아의 자본을 매개로 한 소유관계가 유지되는 것은 끊임없이 아름다움을 팔아야만 하는 애완용 강아지 되기다. 그러나 우리의 일상적 삶은 우연의 연속인바, 사랑을 듬뿍 받던 부유함을 상징하는 애완용 강아지 리치는 얼결에 마루 밑으로 들어가 못 빠져나오는 것처럼 발레리아도 우연한 사고로 한쪽 다리를 잃는다. 자신이 들어간 구멍을 다시 찾아나오지 못하는 리치처럼, 다니엘과 발레리아는 자신들의 관계를 재구성할 수 있는 새로운 삶의 관계를 창조하지 못한다. 자본과 아름다움의 상실은 곧 관계의 상실을 의미한다. 영화이미지에서 칼 마르크스를 닮은 지식인 엘 치보와 그의 가족이 맺는 관계는 엘 치보라는 지식인의 머리로 구성되어 있는 계몽주의적 주인과 노예의 지배-피지배관계이다. 계몽주의적 지배-피지배관계는 주로 플라톤이나 신플라톤주의 지식의 이데아 중심의 이성을 토대로 구성된 것이지 상호생성을 원칙으로 하는 노마드적 관계의 지식으로 구성된 것이 아니다. 그렇기 때문에 엘 치보는 가족이라는 이데아보다 더 큰 이데아로 작동하는 사회와 국가의 혁명을 위해 가족을 버리고 게릴라활동을 하다가 장기복역을 하고 출소하지만, 새로운 관계 속으로 들어간 가족에게 돌아가지도 못하고 딸을 그저 먼 발치에서 바라보기만 하며 허름한 창고에 기거하면서 청부살인을 하고 산다. 그가 맺고 있는 유일한 관계는 여기저기서 주워온 개들을 아무런 희망도 없이 보살펴주는 것이다. 엘 치보는 주인 없는 떠돌이개가 된다.

### :: 사건의 근대성과 탈근대성

〈아모레스 페로스〉에서 세 가지 사랑이야기는 서로 다른 옴니버스 형식으로 등장한다. 이 옴니버스 이야기들이 하나의 근대적 '개 되기'의 사랑이라는 것은 이냐리투 감독이 제시하는 극적인 사건이미지를 통해서 드러나는데, 옥타비오의 차와 발레리아 차가 충돌하는 '사건'이다. 전쟁과 마찬가지로 전근대 상황에서 길을 가다가 호랑이나 사자에게 잡아먹히듯이, 근대의 상황에서 교통사고로 죽거나 부상당하는 것은 가장 흔한 '사고'이다. 옥타비오는 교통사고로 죽음을 맞이하고 발레리나는 다리불구가 된다. 그리고 우연히 이 교통사고를 목격한 엘 치보는 피투성이가 된 채 버려져 있는 옥타비오의 개를 발견한다. 이들 모두에게 이 사건은 죽음, 다리불구 그리고 개의 발견이라는 흔히 일어나는 우연한 교통사고이지만, 관객들에게 이 교통사고는 하나의 '사건' 이 된다. 사건과 사고의 차이는 영화의 시간이미지와 운동이미지의 차이와 같다. 근대적 삶을 영위하는 주인공들에게는 '사고'이지만 근대와 탈근대의 와중에 있는 관객들에게는 근대가 탈근대로 굴절되는 '사건'이다. 이렇게 해서 비로소 관객은 옥타비오와 수잔나의 사랑, 다니엘과 발레리아의 사랑, 엘 치보와 그의 딸에 대한 사랑이 모두 근대의 '개 되기' 사랑이라는 영화 몽타주를 발견하게 된다.

관객과 가장 가까운 위치에 있는 사람은 엘 치보이다. 우연히 교통사고를 목격하고 피투성이가 된 검정개를 주워온 엘 치보는 정성들여 치료해 주지만, 이렇게 회복된 검정개는 마치 자신의 과거처럼 그가 데리고 있던 다른 개들, 즉 자신의 가족들을 모두 물어서 죽인다. 주인 없는 이 개는 교통사고로 죽은 옥타비오의 개 코피이다. 그래서 우리는 코피와 마찬가지로 엘 치보의 계몽주의적 관계를 구성하는 근원적 모델은 옥타비오와 수잔나의 관계 같은 대립적 투쟁관계에서 비롯되었다는 것을 알게 된다. 그리고 주인 없는 개가 지난날 코피라는 이름을 상실했듯이 엘 치보는 혁명가라는 이전의 이름을 버리고 황량한 들판으로 길을 떠난다. 근대적 관계에서 주인 없는 개는 수많은 주인 없는 개들을 죽이는 떠돌이 투견용 개가 될 수밖에 없다는 사실을 깨달은 것일까? 실제로 이들 세 쌍의 관계는 하나의 '사건'으로 서로 얽혀 있다. 수잔나가 옥타비오의 돈을 가지고 도망친 후, 옥타비오는 다시 돈을 벌기 위해 투견장으로 가지만 그곳에서 부르주아 사기꾼을 칼로 찌르고 정신없이 차를 몰고 도망을 치다가 발레리아의 차와 충돌하여 발레리아는 다리불구가 되고, 이 교통사고에서 치명상을 입고 길거리에 버려진 코피를 데리고 가는 것은 엘 치보이다.

온통 피로 물들여져 있는 영화의 모든 장면들은 근대적 삶이나 남성과 여성의 이성애적 관계가 생명의 관계가 아니고 죽음의 관계임을 말해 준다. 〈아모레스 페로스〉가 이야기하는 삶과 사랑은 인간의 근원적인 삶과 사랑이 아니라 근대적 삶, 근대적 사랑의 관계이다. 이러한 관계에서 벗어나는 길은 엘 치보처럼 현실적 관계를 떠나 황량한 사막이나 첩첩산중으로 들어가는 것뿐이다. 마치 "아브라함이 이삭을 낳고, 이삭이 야곱을 낳고, 야곱이 …를 낳고" 하는 연쇄고리처럼 근대적 가족주의의 대립적 투쟁의 관계는 자본의 소유관계를 낳고, 자본의 소유관계는 계몽주의적 지배와 피지배 관계를 낳고, 계몽주의적 지배-피지배관계는 대립적 투쟁의 관계를 낳는 변증법적 연쇄고리는 현실로부터 탈영토화하여 그 어딘가로 떠나지 않는 이상 끊을 수가 없다. 이탈리아 비가스 루나 감독의 영화 〈하몽 하몽〉

(A Tale of Ham and Passion, 1992)이나 홍상수 감독의 〈돼지가 우물에 빠진 날〉은 이러한 근대적 관계의 비생명성과 죽음이 극단적으로 발현된 영화서술이다. 그래서 우리는 유대교의 연쇄고리에서 벗어나려는 사람들이 예수를 기다리듯이 근대적 죽음의 연쇄고리를 끊고 길을 떠난 엘 치보가 되돌아오기를 기다리는 것 아닐까? 그리고 엘 치보가 돌아오는 것은 대립적 투쟁의 관계나 소유관계 혹은 계몽주의적 지배-피지배관계가 아닌 상호생성의 탈근대적 관계를 보여주는 영화나 문학서술을 통해서 가능한 것이 아닐까?

### 2) 〈21 그램〉: '21그램'의 위대한 생명력

#### :: 3이라는 숫자는 1과 2 다음이 아니다

"사람이나 동물이 죽으면 21그램이 빠져나간다"고 한다. 물론 이것은 과학적 명제이다. 그래서 누구는 18그램일 수 있고, 또 누구는 25그램일 수 있다. 하여튼 "21그램. 5센트짜리 동전 다섯 개의 무게. 벌새 한 마리의 무게. 초콜릿바 한 개의 무게." 혹자는 그것을 사랑이라 하고, 또 혹자는 그것을 영혼이라고 한다. 그렇다면 사랑이나 영혼은 인간의 고유한 그 무엇이 아니다. "동물도 죽으면 21그램이 빠져나간다"고 하니까. 21그램이라는 사랑이나 영혼의 무게를 인간 중심주의 언어에서 벗어나 이미지 그 자체로 존재하게 하는 방법은 없을까? '불성'(佛性)이라고 할까? 석가모니는 인간뿐만 아니라 개에게도 '불성'은 존재한다고 했다. 그러면 식물에는 21그램이 존재하지 않을까? 그것은 모를 일이다. 식물은 인간을 포함한 동물처럼 순식간에 생명력이 사라지지 않거니와 사라진다 하더라도 정확하게 그 순간을 알지 못한다. 그래서 식물의 이미지를 인간이나 동물의 이미지로 환원시키는 것이 아니라 인간과 동물의 이미지를 식물의 이미지로 사유해야 하는 것 아닐까? 식물의 살아 있음은 그 식물의 힘에서 발견된다. 그래, 힘, 살아 있음, 그 살아 있음의 힘, 생명력이라고 하자.

영화 〈21그램〉(2003)에서 알레한드로 곤잘레스 이냐리투는 힘, 살아 있음, 그 살아 있음의 힘, 생명력의 '21그램'을 그 무엇이라고 명명하지 않는다. 마치 식물의 살아 있음을 전달하려고 작심한 것처럼 그냥 '21그램'의 위대한 생명력의 움직이는 이미지만 전달한다. 생명력의 움직이는 이미지는 하나나 둘이 아니라 셋 이상의 무리가 작동하는 '다수성'(multitude) 속에서 드러난다. 그래서 21그램의 영화이미지를 전달하기 위해 이냐리투는 세 사람의 살아가는 이야기를 보여준다. 이냐리투는 유난히 3이라는 숫자를 좋아한다. 〈아모레스 페로스〉에서 보여주는 세 쌍의 파괴적인 사랑이야기. 〈바벨〉에서 세 지역의 대화단절. 나는 그가 숫자 3을 고집하는 이유를 근대의 질곡에서 벗어나기 위함이라고 생각한다. 주인-노예와 가해자-피해자로 드러나는 서구-비서구, 남성-여성, 인간-동물의 이분법에서 벗어나기 위한 방법은 루쉰(魯迅)의 『광인일기』에 등장하는 '주인-광인-노예'[1] 나 이냐리투의 〈21그램〉처럼 '가해자-수혜자-피해자' 의 3이나 삼분법의 관계로 세계의 이미지를 보아야 한다.

숫자 3은 단순히 1과 2 다음에 오는 숫자가 아니다. 1은 일원론이나 유일신 사상에서 말하는 1이고, 2는 이원론이나 이분법에서의 2이지만, 3은 다원론이나 삼라만상에서 '수없이 많음'을 의미하는 3이다. 따라서 이냐리투가 〈아모레스 페로스〉에서 '사랑은 개'가 되는 세 쌍의 파괴적인 이야기는 영화에 등장하는 세 쌍의 이야기만을 다루는 것이 아니라 근대 자본주의 세계를 살아가는 모든 사람들의 사랑이야기를 말하는 것이며, 〈바벨〉(Babel, 2006)에서 대화의 단절은 모로코와 일본, 미국과 멕시코의 국경지역만이 아니라 대한민국의 서울과 남과 북의 국경 역할을 하고 있는 금강산과 개성의 한반도를 포함한 지구 전체를 의미한다. 그래서 〈21그램〉에 등장하는 세 사람은 '21그램'을 스스로 영위할 줄 모르는 오늘날의 이 세계에 살고 있는 보편적인 근대적 인간 모두를 뜻한다.

#### :: 사건의 내재성

모든 영화나 소설, 이야기와 마찬가지로 〈21그램〉은 '사건'을 다룬다. 모든 사건은 '21그램'이 존재하기 때문에 일어나는 사건이다. 그래서 사건은 항상 그 사건에 연루되어 있는 21그램을 지닌 생명체의 '내재적 특성'[2]을 드러낸다. 〈21그램〉에서 그 사건은 〈아모레스 페로스〉에서의 사건처럼 우리의 일상사로 드러나는 '교통사고'라는 사건으로 표출된다. 그러나 이 교통사고가 사건의 표면적인 특질만 보여주는 '사고'가 아니라 21그램을 가진 모든 생명체의 내재적 특성을 모두 보여주는 '사건'이 되는 것은 영화에 교통사고의 가해자와 피해자뿐 아니라 그 사고의 수혜자도 등장하기 때문이다. 따라서 영화는 수혜자인 대학교수 폴 리버스(숀 펜 분), 피해자인 행복한 가정을 꾸리고 있는 크리스티나 펙(나오미 와츠 분) 그리고 가해자인 독실한 기독교신자 잭 조단(베네치오 델 토로 분) 순으로 등장한다.

그러나 주인-노예나 가해자-피해자의 이분법이 근대적 산물이듯이,

가해자-수혜자-피해자라는 구분도 근대적 이분법에서 벗어나려는 하나의 인식론적 수단일 뿐이지 영원한 것은 아니다. 영화는 사건의 가해자와 수혜자, 피해자라고 명명되는 인물들이 뒤죽박죽 뒤엉켜서 가해자와 수혜자와 피해자가 서로 구분되지 않는 혼돈의 상황으로 끝이 난다. 그러나 혼돈으로 뒤죽박죽된 영화이미지의 여운은 우리의 일상적인 사건이미지들과 너무도 유사해서 21그램을 가진 나와 우리의 아픔과 모순을 더욱 쓰라리게 만든다. 하지만 그것은 21그램의 생명력 때문이 아니다. 21그램의 생명력을 근대의 일상적인 주인-노예관계에 종속시켰기 때문에 발생하는 파괴성이다. 21그램의 생명력이 존재하는 한, 21그램의 생명력을 지닌 모든 생명체는 그 생명력을 무한대로 가동시켜야 한다. 그러나 영화 〈21그램〉에 등장하는 세 사람은 우리 근대인들과 마찬가지로 그렇지 못하다.

폴 리버스는 죽음을 눈앞에 두고 있다. 그런 그에게 옛날에 떠났던 아내 메리(샬롯 갱스부르 분)가 돌아와서 돌봐준다. 하지만 돌아온 아내는 죽어가는 그의 정자만이 필요하다. 그녀는 인공수정을 통해서라도 아기를 갖고 싶어 한다. 이것은 인위적인 관계이다. 관객은 죽음을 눈앞에 두기 전까지 그의 21그램에 활력을 불어넣은 것은 아내가 아니라, 대학교수라는 그의 직업이 암시하듯이 '지식'이었음을 쉽게 파악할 수 있다. 그래서 그는 21그램이 몸에서 사라지려는 순간에 아내가 필요로 하는 정자를 쉽게 내주고 싶어 하지 않은 것 같으며, 아직 21그램이 작동하는 삶의 순간을 누리기 위해 화장실에서나마 담배 피우는 것을 즐긴다. 그러나 지식과 그의 관계가 살아 있는 또 다른 21그램을 지닌 생명체와 맺는 관계보다 더 그의 21그램을 활력적으로 만들었던 것일까? 영화는 '아니다'라고 말한다.

가정주부인 크리스티나 펙은 그녀를 사랑하는 남편과 그녀가 사랑하는 두 딸이 있기 전까지는 약물중독자였다. 이제 그녀의 21그램을 가동시키는 대상은 남편 마이클과 사랑스런 두 딸이다. 남편에 대한 사랑과 두 딸에 대한 애정은 남편과 두 딸이 각각 지니고 있는 21그램을 활력적으로 가동시킨다. 그러나 그녀의 21그램을 가동시키는 관계대상은 무엇인가? 그녀가 돌보아주는 남편과 두 딸의 21그램이 아니라, 그녀의 21그램을 돌보아주는 그 무엇. 옛날에는 약물이었고, 남편과 두 딸이 없는 틈틈이 즐기는 수영과 같은 그 무엇. 그녀에게는 그것이 없다. 폴 리버스의 지식과 그 무엇이 그녀에게는 필요하다. 그녀의 21그램을 가동시키는 그 무엇이 전혀 없었던 것은 아니다. 폴 리버스의 지식처럼 그녀의 21그램을 생성시키는 그 무엇은 아마도 남편과 두 딸 등 '가족'이라는 무리였을 것이다.

경제적으로 궁핍한 잭 조단의 21그램을 가동시키는 힘은 기독교의 하나님이다. 하나님이 그의 21그램을 가동시킨다. 그는 아내 마리앤(멜리사 레오 분)과 두 아들이 있지만, 아내와 두 아들은 그가 돌보아주는 21그램을 가진 생명체들이 아니며, 그의 21그램을 가동시키는 삶의 관계의 힘이 아니다. 기독교 하나님을 알기 전까지 그의 21그램을 가동시켰던 힘은 범죄였고, 가난에 찌든 고단한 삶이었다. 그래서 조단의 아내는 범죄자였던 옛날의 조단이 더 좋았다고 말한다. 두 아들도 마찬가지일 것이다. 그때 조단의 21그램을 가동시키는 힘은 기독교의 하나님이 아니라 아내와 두 아들이었으리라. 그리고 조단 또한 아내와 두 아들의 21그램을 가동시키는 힘으로 작동했으리라.

지식과 가족, 종교는 근원적으로 인간의 21그램을 가동시키는 추상적 힘이다. 그러나 그것들이 근대 자본주의가 제공하는 자본의 안락과 연결될 때, 그것들은 일상적으로 일어나는 수많은 사건들 속에서 인간의 21그램을 가동시키는 것이 아니라 제거해 버린다. 그것들은 자신의 21그램만이 아니라 타인의 21그램까지 제거하여 근원적인 21그램의 생명력을 모두 파괴해 버린다. 그러나 근대 지식과 가족과 종교가 모든 21그램의 생명력을 파괴하는 수단으로 작동하는 사건은 사건이라기보다 사고로 조작되어 나타나는 근대적 현상일 뿐이다. 사건에는 선과 악이 없다. 사건은 21그램의 생명력이 추구하는 관계의 선분을 굴절시켜 또 다른 21그램의 생명력을 가동시킬 뿐이다. 21그램의 생명력이 작동하는 개인적(인문학)·사회적(사회과학)·자연적(자연과학) 관계를 탐구하는 것이 지식이다. 따라서 근대를 지속시키는 힘으로 작동하는 종교-지식-가족 관계에서 가장 중요한 것은 지식이다. 〈21그램〉에 등장하는 '사건'은 그 사건에 연루되어 있는 가해자와 수혜자와 피해자의 내재적 특성뿐 아니라 그들이 가진 종교와 지식과 가족의 내재적 특성도 드러낸다.

#### :: 사고를 통한 가족주의와 기독교주의의 부활

사고와 달리 사건에는 의미가 없다. 사건에 의미를 부여하는 것은 21그램을 지닌 인간이다. 폴 리버스는 심장이식수술로 사라져 가는 21그램을 다시 얻었지만, 다시 얻은 21그램으로 이전의 21그램을 작동시켰던 지식세계로 돌아가지 않는다. 그것은 대학교수라는 직업이 암시하듯이 그의 근대적 지식이 자본의 안락과 연결되어 있음을 의미한다. 그래서 그는 21그램의 생명력을 21그램의 심장으로 혼동한다. 그럼에도 불구하고 지식과 그의 아내를 작동시키는 힘으로 연결되지 못하는 새로운 21그램은 또 다른 살아 있음의 관계를 추구한다. 그 대상이 크리스티나 펙이다. 그러나 리버스와 펙의 관계는 자연스러운 관계가 아니라 인위적인 관계이기 때문에 전혀 의미 없는 사건을 선과 악으로 판단하는 하나의 사고로 변형시킨다. 이미 사라진 가족의 가족주의를 부활시키고, 이미 사라진 기독교 하나님의 기독교주의를 부활시킨다.

마침내 살아 있는 사람들도 모두 파멸한다. 중요한 것은 지식이나 가족, 종교가 어떤 실체를 지닌 것이라기보다 단지 과거나 현재의 21그램을 가동시키는 관계의 힘이라는 사실이다. 그러나 관계의 힘으로 작동하였던 지식의 관계와 가족의 관계 그리고 종교의 관계가 사라진 지식주의·가족주의·종교주의는 21그램을 가동시키는 힘이 아닌, 그것을 파괴하는 힘으로 작동한다. 가족을 잃은 슬픔과 비통함 속에서 자신에게 다가오는 폴 리버스를 보며 새로운 21그램을 가동시키려는 크리스티나 펙의 21그램 생명력은 폴 리버스의 인식 속에 머물러 있는 21그램의 심장 때문에 교통사고를 선과 악의 근대적 이분법으로 인식하는 가족주의의 세계로 다시 들어간다. 또 자신의 하나님을 잃은 슬픔에 빠져 마치 광야를 헤매는 모세나 예수처럼 방황하는 잭 조단이 마침내 기독교주의에서 벗어나려고 할 때, 사고의 수혜자인 폴 리버스가 근대적 이분법을 통한 복수의 화신으로 변하는 것은 그를 다시 선과 악의 이분법이 작동하는 기독교주의나 기독교적 허무주의자로만 작동하게 한다.

21그램의 생명력을 가동시키는 지식을 생산하지 못하는 폴 리버스는 스스로 목숨을 끊었다. 아마도 그는 살아 있으면서도 근대적 지식 때문에 자신의 21그램을 제대로 가동시키지 못한 사람이었는지도 모른다. 그래서 사고의 수혜자는 사고의 피해자가 된다. 사고의 피해자인 크리스티나 펙과 사고의 가해자인 잭 조단은 살아서 서로 대면한다. 그들은 사고를 사건으로 변형시키지 못할까? 그들이 폴 리버스처럼 사고의 피해자에서 새로운 사고의 가해자가 되거나 혹은 사고의 가해자에서 새로운 사고의 피해자가 되는 것은 근대적 이분법의 악순환이다. 그들이 사고를 사건으로 인식하게 될 때, 그들은 선과 악의 이분법으로 유지되는 가족주의와 기독교주의에서 벗어나고 가해자와 피해자의 지속적인 악순환에서 벗어나 21그램의 생명력을 작동시키는 새로운 관계로 맺어질 수 있을 것이다. 영화는 그러한 희망을 제시하지 않는다. 가족과 사회와 국가는 21그램의 생명력을 작동시키는 다수성의 가족과 사회와 국가가 아니라 가족주의와 기독교주의와 국가주의의 기관들로 가득 찬 몸으로 작동하고 있기 때문이다.

### 3) 〈바벨〉: 근대의 비극, 소통과 대화의 근대적 단절에 대한 탈근대적 감각의 보고서

#### :: 근대적 언어와 지도

근대적인 세 종류의 사랑을 모두 인간이 아닌 '개의 사랑'이라고 명명한 영화 〈아모레스 페로스〉를 만든 멕시코 출신의 알레한드로 곤잘레스 이냐리투 감독이 〈21그램〉에 이어 〈바벨〉을 만들었다. 〈바벨〉에서 이냐리투 감독은 전지구적 근대를 기독교의 성서에 등장하는 바벨(바빌론)로 명명하면서 "바벨의 비극이 근대문명의 비극"이라고 강조한다. 비극은 본원적인 것이 아니라 근대 국가주의와 가족주의가 인간의 삶을 기독교주의 비극으로 환원시킨다는 것이다. 하나의 언어로, 심지어 하나의 언어도 없이 느낌과 정서만으로 살기에도 충분했던 근대 이전과 달리 근대의 심장인 미국이나 일본 혹은 근대의 주변부인 모로코나 멕시코, 대한민국이든 근대세계에서는 두세 개 이상의 언어가 대화에 필수적이다. 그러나 대화를 위해서 두세 개 이상의 언어가 필요하면서도 근대적 세계의 소통은 단절되어 있고, 대화가 거의 불가능해 보인다.

영화에서는 영어, 스페인어, 일본어, 아랍어, 베르베르어 그리고 수화까지 여섯 가지 언어가 등장하여 각각 사용하는 사람들의 입과 몸에서 튀어나온다. 스크린에는 이 언어들을 번역한 한글자막이 나온다. 〈바벨〉을 관람하는 우리는 일곱 가지 언어로 영화를 보고 있는 셈이다. 그러나 영화가 끝나고 관객들은 자리에서 일어나며 "이게 무슨 의미야?" 하고 서로 물어본다. 같이 영화를 본 대학원생들도 서로 앞을 다투어 "영화가 전달하려는 의미가 무엇이에요?" 하고 나에게 묻는다. 나는 그들을 보며 쓴웃음을 지을 수밖에 없다. 영화텍스트 전체의 해석을 나에게 요구한다면, 내가 어떻게 그 많은 언어를 다 섭렵할 수 있느냐고 짜증이 섞인 목소리로 답할 수밖에 없지 않은가?(영어와 한글도 제대로 못하는데… 쩝쩝…) 스크린 속에서 피를 흘리고, 아름다운 소녀의 발가벗은 몸이 그대로 드러나고, 사막 한가운데서 갈증에 죽어가는 사람들이 있는데 슬퍼하고 흥분하고 안타까워하는 것이 마땅하지, 영화 속의 사람들마저 대화와 소통이 단절되어 있는데 쓸데없이 언어를 해석하려고 머리를 쥐어짜야 하는가?

영화의 배경은 지구 전체를 가로지른다. 아프리카의 북단이면서 지중해를 사이에 두고 유럽과 맞닿아 있는 모로코의 사막지역, 그곳에서 동쪽으로 한없이 가다 보면 만나는 아시아 대륙의 끝자락 일본 도쿄 그리고 다시 동쪽으로 태평양을 가로질러 아메리카 대륙에 있는 멕시코와 미국 접경지역의 미국 도시와 멕시코 마을. 그러나 지리적으로 너무나도 멀리 떨어져 있는 이곳들에서 일어나는 여러 사건들이 마치 한 마을에 사는 사람들이 일으키는 사건처럼 서로 연결되어 소통과 대화의 단절이라는 근대의 비극으로 이어져서 서로 죽음으로 몰아간다. 딱히 그 누구의 잘못도 아니다. 보이지 않는 손에 의한 모략도 아니다. 그렇다고 부부간의 대화와 소통의 단절을 극복하기 위해 모로코를 여행하는 리처드(브래드 피트 분)와 수잔(케이트 블란쳇 분)의 잘못도 아니고, 부인과 엄마를 잃고 슬퍼하는 아버지 야스지로(야쿠쇼 코지 분)와 딸 치에코(링코 기쿠치 분)의 잘못도 아니며, 그렇다고 모로코의 철없는 양치기 유세프와 아흐메드 형제들의 잘못도 아니다. 자신도 모르게 그 무엇인가에게 목숨을 저당 잡히고 살아야만 하는 것, 이것이 근대의 비극이다.

이러한 근대의 비극에서 벗어나는 길은 근대의 언어관과 근대적 지도 그리기에서 벗어나야만 한다. 따라서 유세프와 아흐메드 형제들이 사는 곳은 꼭 모로코가 아니고 이라크나 콩고일 수도 있고, 야스지로와 치에코가 사는 곳은 꼭 도쿄가 아니라 런던이나 상하이가 될 수도 있고, 리처드와 수잔이 사는 곳이 꼭 로스앤젤레스가 아니라 뉴욕이나 서울일 수도 있다. 그리고 영화에 등장하는 미국과 멕시코의 접경지역이나 멕시코 마을은 북조선과 중국의 접경지역이거나 북조선의 조그만 마을일 수도 있다. 우리가 살고 있는 이 지구촌은 서로의 삶의 관계로 연결되어 있는 하나의 지구이지 국가와 도시 혹은 동서남북으로 구분되는 것이 아니다. 영화 〈바벨〉은 언어의 은유와 상징을 통한 의미전달이나 대화의 무의미성을 이야기할 뿐만 아니라 국경과 도시의 근대적 지도가 허물어졌다는 것을 보여준다. 은유와 상징을 통한 의미전달이나 대화 의미성에 대한 절대적 믿음은 자신이 사용하거나 알아듣는 언어의 은유나 상징 이외의 언어에 대한 적개심과 공포를 수반하며, 한반도의 휴전선과 같은 근대의 국경과 도시의 근대적 지도는 실재가 아닌 지도 속에서만 숨 쉬는 자기폐쇄성을 확산시킨다.

**:: 근대의 비극, 적개심과 공포의 자기폐쇄성**

이냐리투 감독은 영화를 만든 후에 "영화만큼 강력하게 언어의 장벽을 무너뜨리는 것은 없다"거나 "우린 생각에 대한 '경계' 대신 지역에 대한 '경계'에 대해서만 얘기한다. 내가 생각하기에 진정한 경계란 우리 안에 존재하는 것이다"라고 말했다고 한다. 영화를 언어가 아닌 스크린에 등장하는 이미지들에 대한 느낌과 정서로 받아들일 때, 우리는 이냐리투의 영화처럼 근대의 언어들이 만든 적개심과 공포로 이루어진 '언어의 장벽을 무너뜨릴' 수 있다. 그리고 '지역에 대한 경계'가 곧 '생각에 대한 경계'임을 자각하면서 나나 우리 속에 있는 '근대적 경계'에서 벗어날 때 비로소 한반도의 남이나 북, 한국이나 일본, 미국이나 멕시코, 아프리카나 아시아라는 근대적으로 구획된 국가적 혹은 지역적인 경계를 뛰어넘어서 근대가 만든 지구촌 전체의 적개심과 공포의 원인을 찾아낼 수 있고, 그 적개심과 공포에서 벗어나 평화와 공존을 사유하고 실천할 수 있을 것이다.

마치 우리의 반공이데올로기처럼 적개심과 공포는 근대적으로 습득되고 교육받은 것이다. 영화에서 드러나는 모든 인물들의 이미지들을 느낄 때, 우리는 근대라는 '바벨의 문명'으로부터 멀리 떨어져 있으면 있을수록 그 인물들의 이미지 속에는 적개심과 공포가 전혀 자리 잡고 있지 않다는 것을 발견하게 된다. 모로코 사막에 살고 있는 주민들, 도쿄 한복판에 있는 벙어리소녀 그리고 미국 중산층 도시의 한 가족 속에 포함되어 있는 어린 남매와 멕시코 출신 보모, 멕시코의 전통적인 마을에서 결혼축제를 벌이고 있는 마을사람들… 이들에게 사막에 대한 공포, 자연에 대한 적개심, 인간에 대한 적개심과 공포는 존재하지 않는다. 사막과 자연, 남성과 여성은 서로 어울리고 함께 즐거워하는 관계의 대상일 뿐이다. 그래서 항상 새로운 관계는 흥분과 즐거움을 제공하고, 새로운 관계형성은 사막이나 밀림을 여행하는 것과 같은 새로운 세계를 발견하는 축복인 동시에 모험이다.

그러나 근대라는 바벨의 문명으로부터 멀리 떨어져 있는 사람들이 맛보는 관계 맺기의 흥분과 즐거움 그리고 관계형성이 제공하는 축복과 모험은 근대라는 바벨의 문명이 확산되면 될수록 하나씩 사라지기 시작한다. 그 이유는 근대라는 바벨의 문명이 만든 적개심과 공포라는 언어와 국가적 경계의 바이러스가 후기근대의 미국 중심의 세계화라는 미명 아래 전지구적으로 확산되고 있기 때문이다. 그것은 바벨의 문명이 만든 '여행'이 아닌 '관광'으로 적개심과 공포의 바이러스가 세계를 돌아다니기 때문이다. 바이러스는 지역적 경계가 만든 지역적 주체가 존재하지 않기 때문에 결코 경치만 바라보고 사라지는 관광만 하고 돌아가지 않는다. 또 경치만 즐기는 관광은 존재하지 않는다. 경치(혹은 풍경 landscape)에는 항상 그 지역의 문화(삶의 방식)가 만든 풍습(habitus)이 도사리고 있다. 미국인 부부 리처드와 수잔은 출산하면서 죽은 셋째아이 때문에 서로에게 지녔던 적개심과 공포를 해소하기 위해 모로코 여행을 결심하고 모로코의 사막지역을 관광버스를 타고 지나간다. 수잔이 리처드의 손길을 애타게 그리워하듯이 서로에 대한 적개심과 공포에서 서서히 벗어나는 과정이다.

그러나 리처드와 수잔 그리고 함께 관광버스에 탑승한 대부분의 유럽인들과 미국인들에게는 근대가 만든 눈에 보이지 않는 적개심과 공포가 존재한다. 그것은 지역적으로 비서구 지역에 대한 적개심과 공포이고, 인종적으로 유색인들에 대한 적개심과 공포이며, 성적으로 여성에 대한 적개심과 공포이다. 마치 영화 〈부시맨〉에서 어느 날 느닷없이 하늘에서 콜라병이 떨어지듯이, 마치 1960년대와 70년대의 대한민국 농촌마을에 어느 날 갑자기 라디오나 텔레비전이 들어오듯이 혹은 모로코 사막마을의 어린 형제 유세프와 마흐메드에게 어느 날 갑자기 수백 발의 탄환과 장총 한 자루가 쥐어지듯이, 관광버스를 타고 자신의 삶과 모로코 사막지역의 경관을 차창으로 스쳐 지나가며 자기생각에 빠져 있는 수잔의 어깨에 총알이 관통한다. 눈에 보이지 않은 채 근대의 일상 속에 은폐되어 있는 적대감과 공포의 바이러스는 '테러'라는 전혀 다른 이름으로 버스를 집어삼키고, 모로코를 집어삼키고, 미국과 세계를 집어삼킨다.

이와 반대로 근대 서구·백인·남성 중심주의가 만든 비서구·유색인·여성에 대한 적대감과 공포의 바이러스는 근대적인 의미에서 서구와 비서구, 백인과 유색인, 남성과 여성의 경계에 있는 총이라는 문명, 미국과 멕시코의 국경수비대, 소년들의 시선에 의해 유세프와 마흐메드 형제, 아멜리아의 조카인 멕시코 청년, 일본의 벙어리 소녀 치에코에게 감염되어 미국 경찰, 모로코 민병대, 누이, 이웃, 아버지, 일본 소년들에 대한 적대감과 공포로 왜곡되어 나타난다. 유세프와 마흐메드 형제는 모로코의 사막에서 양떼를 돌보며 광활한 대지와 호흡하면서 소년에서 남성으로 자라나는 나름의 사춘기 고통을 겪고 있다. 그래서 흙벽돌집의 구멍 난 틈새로 하나밖에 없는 누이의 알몸을 훔쳐보기도 하고, 주체할 길 없는 남성성을 발산하기 위해 자위를 하기도 한다. 그러나 장난삼아 쏜 총이 미국인 관광버스를 명중하면서 두 형제는 서로에 대해 적대감과 공포를 가지게 되며 그들과 마찬가지로 소녀에서 여성으로 자라나는 누이를 마치 창녀인 것처럼 아버지에게 고발한다.

**:: 근대적 비극과 바이러스의 자가생산성**

근대문명이 아직 완전하게 닿지 않은 모로코 사막지역의 근대 바이러스나 근대문명이 활짝 꽃을 피운 일본 도쿄의 근대 바이러스는 원천적으로 동일하다. 바이러스 감염이 소년에서 소녀로 이동했을 뿐이다. 소녀에서 여성으로 자라나고 있는 치에코는 어머니의 갑작스럽고 충격적인 자살로 따뜻하고 생성적인 가족관계의 상실을 경험한다. 아버지에 대한 무조건적인 적대감과 공포의 바이러스는 동년배 소년들에 대한 무조건적인 성적 접근으로 비화되다가 이미 서구·백인·남성 중심주의의 근대 바이러스에 치명적으로 감염되어 있는 소년들의 청각장애인에 대한 적개심과 공포를 그들에게 되돌려준다. 불행 중 다행으로 치에코가 근대의 중심에서 근대의 언어와 지도가 만든 적개심과 공포라는 근대 바이러스에 감염되지 않은 청년형사를 만남으로써 적개심과 공포의 근대 바이러스를 스스로 치유하고 아버지와 따뜻하게 화해하는 모습은 바벨(바빌론)의 도시가 된 도쿄 한가운데서 나름대로 탈근대의 메시지를 전달하고 있다는 이냐리투 감독의 낙관적 희망을 엿볼 수 있는 조그마한 희열이기도 하다.

그러나 이냐리투 감독은 자신에게 몹시 낯설기도 한 일본에서 근대의 적대감과 공포라는 인간 바이러스가 사라진 탈근대의 낙관적 희망을 제시하면서도, 자신의 조국 멕시코에서 관객이 맛볼 수 있는 희열은 조금도 제공하지 않는다. 물론 멕시코 마을의 결혼축제 모습에는 그 어떤 적대감과 공포도 존재하지 않는다.

그에게 적대감과 공포의 바이러스가 만연한 공간은 모로코의 사막마을처럼 멕시코 속에 있는 미국과 미국 속에 있는 멕시코이다. 미국과 멕시코의 경계에서 24시간 활동하는 국경수비대와 끝없이 이어진 CCTV의 풍경은 적대감과 공포의 바이러스를 확산시키는 근대의 바벨탑이다. 미국에서 15년 동안 일을 하고 모든 생활터전이 그곳에 있음에도 불구하고 단지 국적이 없다는 이유로 아들 결혼식에 참석하기 위해 자신이 돌보는 아이들을 데리고 멕시코 고향마을을 다녀온 것이 빌미가 되어 아멜리아(아드리아나 바라자 분)는 미국 백인 정부의 비서구·유색인·여성에 대한 적개심과 공포의 희생자가 되어서 멕시코로 추방되어야 한다. 인간의 똥을 먹으며 자란 돼지를 인간이 잡아먹듯이, 미국 백인 정부의 비서구·유색인·여성에 대한 적개심과 공포는 근대적인 미국이 만든 자본의 똥을 먹고자 하는 비서구·유색인·여성의 미국인 되기, 백인 되기, 남성 되기 속에서 더욱더 큰 바이러스로 자라난다.

적개심과 공포를 배우고 마침내 고모와 어린아이들을 사막에 내팽개치고 달아난 아멜리아의 조카 산티아고(가엘 가르시아 베르날 분)는 불법체

류자가 되어 미국 어딘가를 헤매고 있을 것이다. 그에게는 유세프와 마흐메드 형제 손에 쥐어진 장총과 같은 권총이 한 자루 있다. 비극은 비극을 부르고, 바이러스는 바이러스를 먹고 자란다. 그 비극과 바이러스가 우리에게도 존재한다.

그래서 우리는 휴전선이라는 근대의 지도를 지우지 못하고, 적대감과 공포감만 키우는 미국인 되기와 백인 되기와 남성 되기를 반복하면서 코리언과 한민족의 유색인과 여성에 대한 적대감과 공포감으로 근대적 삶을 유지한다. 그래서 영어몰입교육이라는 근대적 언어관과 한반도에 만들어진 근대적 지도는 자기폐쇄성이라는 근대 바이러스를 통해서 소년과 소녀에서 남성과 여성으로 자라나는 청소년들을 일제고사와 서열화를 통하여 서로 적대적으로 만들고, 상생의 가족을 분열시키고, 탈근대의 지식을 생산해야 할 대학의 상아탑을 기업의 시장으로 만들고, 집단과 무리의 사회가 만드는 자기생산성을 폐쇄시켜 자기파멸로 나아가는 개체로 환원시킨다. 대한민국을 아시아 대륙에 붙어있는 지리적 공간으로 만드는 것이 아니라 태평양 한가운데 있는 후기근대의 근대적 바이러스의 근원지인 미국 소유의 작은 섬으로 만드는 것이다.

**[ 주 ]**

1) 일본의 나쓰메 소세키처럼 중국 근대의 아버지라고 일컫는 루쉰은 헤겔의 '주인-노예'의 변증법에 반대하며 '주인-광인-노예'라는 삼중의 사회적 구조를 제시한다. 루쉰은 「등하만필」(燈下漫筆)이라는 글에서 "중국의 역사는 노예가 되고 싶어도 될 수 없는 시대와 잠시 안전하게 노예가 될 수 있는 시대의 순환에 지나지 않는다"고 말한다. 이에 관해서는 루쉰 1985; 1987에 게재되어 있는 「현인과 바보와 종이라는 우화」; 「광인일기」; 「등하만필」 참조.

2) 들뢰즈는 인간을 포함한 모든 존재의 내재적 특성이 지닌 실재를 '현실적인 것'(the actual)과 '잠재적인 것'(the virtual)으로 구분한다. 현실적인 것은 현실의 표면 위로 드러나서 우리가 인식할 수 있는 것이고, 잠재적인 것은 현실의 표면 위로 드러나지 않기 때문에 우리가 인식하지 못한다. 이 현실적인 것과 잠재적인 것은 '사건'을 통해서 서로 식별 가능한 것으로 드러난다. Deleuze 1989, pp. 70~71.

# 03 미야자키 하야오 감독: 탈근대의 가시적 세계와 비가시적 세계의 공존

## 1) 전근대 혹은 근대 초기의 귀신이야기

### :: 전근대의 귀신이야기

1960년대 나의 고향마을은 여전히 전근대 혹은 근대의 국가주의와 가족주의가 확고하게 자리를 잡지 않은 근대 초기의 삶을 영위하고 있었다. 그러나 그 모습은 지난 한국전쟁 때 벌어진 한바탕 소동이 훑고 지나간 후의 일이었다. 어른들은 그때 일에 대해 아무 말도 하지 않았고, 우리는 학교에 들어가서 '빨갱이'니 '무찌르자 공산당'이니 사람을 잡아먹는 '괴뢰도당'이니 따위의 말을 들을 때까지 우리 마을이 지구의 중심에 있는 하나의 마을이라고 생각했다. 초등학교에 들어가서야 비로소 우리 마을 옆뿐 아니라 그 옆에도 마을이 있고, 커다란 산 너머에도 마을이 여러 개 있다는 것을 알았다. 그리고 무엇보다도 대한민국을 알기 전에 그것보다 더 큰 미국이 있음을 알게 된 것처럼, 주변의 대도시 청주나 충주를 미처 알기도 전에 대한민국 도시 중에서 서울이 최고라는 것을 알아버렸다는 것이다.

그 시절 고향마을에서 가장 즐거운 날은 떡을 하느라 집 안이 북적거리는 대보름 같은 명절이었다. 먹을 것이 그리 많지 않던 시절에 떡을 하는 날이면 마치 축제를 하는 것처럼 할아버지할머니가 사시는 큰집의 마당이 들썩들썩했다. 큰어머니와 작은어머니는 물론이고 당숙모와 옆집 아주머니들까지 오셔서 한바탕 이야기보따리를 풀어놓으면 크고 작은 웃음소리가 쉴 새 없이 온 집을 가득 메웠다. 이런 날이면 당연히 사촌형제들과 동네아이들까지 가세하여 마당과 길거리를 뛰어다니며 노는 것이 우리의 일과였다.

그러나 떡을 하면 귀찮으면서도 신기한 일 가운데 하나는 떡 심부름이었다. 떡 심부름의 대상은 생명체와 무생명체를 망라했다. 어머니가 제일 먼저 떡을 갖다 놓는 곳은 형과 나의 앉은뱅이책상이었다. 그리고 이웃집에 떡을 갖다 주는 심부름은 그 집 사람이 떡을 받아들고 '고맙다'는 인사를 하면서 기특하다고 머리를 쓰다듬어 주거나 아니면 다른 음식을 접시에 얹어주는 것이 상례이니 하등 귀찮을 게 없었다. 그러나 "귀신에게도 떡을 갖다 주어야지" 하시면서, 밤늦게 마루나 부엌은 물론이고 헛간, 화장실, 대문, 장독대, 마을 어귀에 있는 정자와 효자문에도 떡접시를 갖다 놓으라고 시키면 귀찮기도 하고 무섭기까지 했다. 그것은 떡접시만 갖다 놓으면 되는 게 아니라 한두 시간 후에 그 접시를 다시 가지고 와야 했기 때문이다. 다시 접시를 가지러 가서 행여 귀신이 떡을 다 먹었는지 안 먹었는지

살피는 일이 어린 나에게는 무척이나 무섭고도 소름이 끼치는 일이었다. 그리고 실제로 가보면 이따금 접시가 깨끗이 비어 있거나 다른 음식이 놓여 있기도 했다.

이 같은 심부름은 서울로 이사를 온 뒤로도 계속되었다. 농사를 짓다가 서울로 와서 변변한 일자리가 없었던 아버지는 약국을 하시는 작은아버지에게 돈을 빌려 집장사를 하셨기 때문에 우리 집은 유난히도 이사를 많이 다녔다. 그래서 중·고등학교 시절에도 이사떡을 하는 날이면 그 심부름은 당연히 나의 몫이었다. 다만 서울로 이사 오고 난 뒤로는 마을 어귀의 정자와 효자문은 없어졌지만, 대신 텔레비전이며 화장실, 욕실이 떡 심부름 대상으로 추가되었다. 그리고 나이차가 많이 나는 형님이 처음 차를 샀을 때도 그 차 위에는 어김없이 떡접시가 놓여 있었다. 지금은 아버지와 어머니 두 분이 고향으로 가셔서 살고 계시지만, 아마 우리 집에 같이 계셨더라면 어머니는 떡을 하면 지하주차장에 있는 내 차는 물론이고 컴퓨터책상이나 베란다 혹은 나의 연구실에도 떡접시를 갖다 놓으라고 하실지도 모를 노릇이다. 생각해 보면, 어머니에게는 당신이나 당신 가족들 하나하나가 관계를 맺고 있거나 새롭게 관계 맺는 모든 대상에 떡을 갖다 놓는 것이 당연한 일이었다. 아마도 어머니가 관계 맺고 있는 모든 대상을 귀신이라고 생각하셨거나 귀신이 있다고 믿었기 때문일 것이다. 그 귀신들을 보살피고 또 그 귀신들이 우리를 보살펴주는 것에 감사하기 위해 어머니는 귀한 떡을 하면 늘 보답하시곤 했던 것이다.

이렇게 추억으로만 존재했던 어머니의 귀신이 다시 나의 문학과 지식 연구에 크게 자리 잡기 시작한 것은 황석영의 소설 『손님』을 비롯하여 알레한드로 아메나바르 감독의 영화 〈디 아더스〉(The Others, 2001)와 강문 감독의 〈귀신이 온다〉(Devils on the Doorstep, 2000) 그리고 미야자키 하야오 감독의 만화영화 〈센과 치히로의 행방불명〉을 보고 나서이다. 소설 『손님』과 이 세 편의 영화는 모두 귀신이야기를 다루고 있다. 그러나 이 영화들은 여름이면 어김없이 등장하는 텔레비전의 납량특집이라든가 미국 할리우드풍의 황당무계한 귀신이야기가 아니라 우리의 이성과 감성과 지식으로 받아들일 수 있는 역사와 삶이 귀신으로 점철되어 있다는 것을 보여준다.

**:: 황당한 귀신이야기와 진지한 귀신이야기**

황당한 귀신이야기와 진지한 귀신이야기의 차이는 귀신에 대한 접근방식의 차이에 있다. 대체로 텔레비전의 납량특집이나 할리우드풍의 귀신이야기는 처녀귀신이나 달걀귀신 혹은 드라큘라나 드래곤처럼 이미 존재하는 귀신이 얼마나 무섭고 무차별적으로 악을 행하는가에 집중되어 있다. 따라서 이런 귀신이야기에 접근하는 독자나 청중들은 귀신이 실제로 존재하는가 하지 않는가를 놓고 열띤 토론을 하지만, 그 토론의 결론은 항상 개개인이 그 귀신의 존재를 믿느냐 믿지 않느냐에 따라 극단적인 근대의 개인주의 세계관을 강화시킬 따름이다.

이런 귀신의 존재를 믿는 사람들은 귀신을 총괄하는 절대적이고 전지전능한 신에 기대어 귀신을 쫓아내야 한다고 생각하며 혹은 개개의 귀신에 굴복해서 귀신을 달래기에 여념이 없다. 또한 이런 귀신의 존재를 믿지 않는 사람들은 눈에 보이는 가시적인 세계의 절대성에, 즉 오늘날의 가시적 세계를 지배하고 있는 돈이나 명예 혹은 국가나 사회의 인간중심적 지배질서에 안주하게 된다. 18~19세기부터 서구에서 형성되기 시작하여 식민지와 전쟁을 통해 진지구적으로 확산된 근대 자본주의라는 오늘날 세계질서에 내재해 있는 가시적 세계의 절대성을 우리는 서구·백인·남성 중심주의라고 부른다. 따라서 귀신의 존재 유무에 따라서 귀신의 존재를 믿는 사람들이 신을 믿고 있는 것처럼, 귀신의 존재를 믿지 않는 사람들은 서구·백인·남성 중심주의의 근대적 질서체계를 믿고 있는 것이다.

그러나 진지한 귀신이야기는 귀신이 있느냐 없느냐에 관심을 갖는 것이 아니라 "귀신이 어떻게 생겨나는가?"에 관심을 집중한다. 황석영의 『손님』에서 이야기하는 마르크스 귀신이나 예수쟁이 귀신은 우리 사회의 근대화과정에서 서구 문명과 관계를 맺으면서 생겨난 귀신이고, 〈센과 치히로의 행방불명〉에서의 오물 귀신은 근대문명의 도시적 삶의 관계에서 일어난 강과 바다의 오염으로 생겨났다. 이런 관점에서 보면, 매일 수많은 생명이 탄생하고 또 죽어가는 것처럼, 매순간 수많은 귀신이 생겨나기도 하고 사라지기도 한다. 농촌생활에서 도시생활로 삶의 형식이 바뀜에 따라 서낭당 귀신이나 정자 귀신, 장독대 귀신이 사라지고 백화점 귀신 또는 자동차 귀신, 냉장고 귀신이 생겨나는 것처럼, 귀신은 관계에 따라 사라지기도 다시 생겨나기도 한다.

황당한 귀신이야기가 제시하는 귀신의 존재 유무를 떠나서 진지한 귀신이야기가 제시하는 귀신이 생겨나는 이유는 관계의 형성 때문이라고 할 수 있다. 마치 삶의 인연이 깨달음으로 나아가는 득도의 길을 '수승'(隨乘)하기도 하고 악의 구렁텅이로 빠지게 하는 '업보'(業報)로 작용하기도 하듯이, 관계는 아무 이유 없이 벽촌마을을 불바다로 만드는 제국주의 귀신(〈귀신이 온다〉)을 만드는 문명의 업보로 작용하는가 하면 또 과거의 고약하고 괘씸한 귀신을 아름답고 새로운 귀신으로 변형(〈센과 치히로의 행방불명〉)시켜 생성적 문화의 깨달음으로 나아가도록 한다. 우리는 이러한 귀신을 만들거나 생겨나게 하는 관계를 크게 '자연적(혹은 생태적) 관계' '사회적(혹은 역사적) 관계' '정신적(혹은 지식적) 관계'로 구분할 수 있다.[1] 진지한 귀신이야기들 가운데 〈센과 치히로의 행방불명〉이 자연적이고 생태적인 관계에서 생겨나는 귀신을 이야기한다면, 〈귀신이 온다〉는 사회적이고 역사적인 관계에서 생겨나는 귀신을, 〈디 아더스〉는 정신적이고 지식적인 관계에서 생겨나는 귀신을 이야기하고 있다. 그리고 황석영의 『손님』은 한반도 근대화과정의 한 정점이라고 할 수 있는 '한국전쟁'의 자연적·사회적·정신적 관계에서 생겨나는 귀신을 종합적으로 제시하고 있다.

### :: 나 자신이 귀신이다

들뢰즈는 생태학적 사유를 구성하는 자연생태학, 사회생태학, 정신생태학 중에서 가장 중요한 것은 정신생태학이라고 말한다. 그 이유는 정신생태학이 자연생태학과 사회생태학을 사유할 수 있는 가장 근본적인 매개물이기 때문이다. 이와 마찬가지로 귀신이 생겨나는 세 가지 관계 속에서 굳이 가장 중요하고 핵심적인 관계를 선택하라면, 나는 무엇보다도 먼저 정신적 관계를 들고 싶다. 귀신의 존재 유무가 나의 정신적 믿음에 달려 있고 귀신을 생겨나게 하는 관계의 설정 또한 나의 정신적 사유 속에서 이루어지는 것이니, 가장 중요한 것이 정신적 관계에서 만들어지는 귀신이 아니고 무엇이겠는가? 소크라테스의 "너 자신을 알라!"나 원효의 "모든 것은 마음에 달려 있다"는 말은 모두 귀신이 생겨나는 정신적 관계의 중요성을 일컫는 것 아닐까? 따라서 당신의 정신이나 지식은 파괴적 귀신을 생겨나게 하는가 아니면 생성적이고 창조적인 귀신을 생겨나게 하는가, 그것이 바로 우리가 전근대적 인간인지, 근대적 인간인지 혹은 탈근대적 인간인지를 가늠하는 척도일 것이다.

서술한 바와 같이 관계를 맺는 모든 존재에서 귀신이 생겨나기 때문에, 이 세상에서 가장 놀랍고도 무서운 귀신은 나 자신이다. 나는 일정한 시간과 공간의 관계에 따라서 그 관계를 파괴 또는 생산하는 귀신이 된다. 나 자신이 어렸을 적에 어머니에게 돈 잡아먹는 귀신 역할을 했음에도 어머니가 즐겁게 그 귀신을 키운 것은 내가 어머니의 삶에 어느 정도 즐거움과 미래의 생산성을 불어넣었기 때문일 것이다. 이것은 내가 어린 딸을 키우면서 딸에게 주는 즐거움보다 어린 딸이 나에게 주는 즐거움을 더 맛보면서 꼬마귀신을 키우고 있다는 생각으로 이어진다. 자식을 키우면서 내가 얼마나 위험한 귀신이었는가를 깨닫게 되는 것이다. 방학이면 늘 구들장 귀신이 되었고, 한동안은 돈만 생기면 영화 보러 가는 영화 귀신이 되었는가 하면 대학원시절엔 술이 취해서도 논문만 생각하는 논문 귀신이 되었다. 이성에 눈뜨기 시작하면서부터는 여러 여성들에게 남자 귀신 역할을 하기도 했다. 그들에게 나는 생산적인 귀신이었을까 아니면 홍상수 감독의 〈생활의 발견〉에서처럼 파괴적인 괴물 모습을 하고 그들의 몸을 칭칭 감는 억압의 귀신이었을까?

우리와 달리 서구 역사에서 "나 자신이 귀신이다"라는 생각은 16세기 르네상스 시대에 가장 두드러지게 나타나는 것 같다. 셰익스피어의 〈햄릿〉은 귀신의 목소리로 연극이 시작한다. 주인공 햄릿은 귀신의 목소리를 믿을 것인지 말 것인지를 연극이 끝날 때까지 고민한다. 그리고 그는 실제로 오필리아를 비롯한 주변의 많은 인물들에게 파괴적인 귀신 역할을 한다. 셰익스피어와 마찬가지로 르네상스의 많은 사람들은 중세적인 "(귀)신이 인간을 만들었다"는 사유에서 벗어나 "인간이 (귀)신을 만들었다"는 근대적 사유에 접근하기 시작한다. 그래서 그들은 인간이 바로 귀신이라는 생각을 하기 시작했다. (귀)신-인간의 이분법에서 인간(귀신)-물질의 이분법으로 도치된 것이다. 이렇듯 근대 인문학의 역사는 "인간이 (귀)신이다"라고 생각하는 인간정신을 탐구하는 역사라고 할 수도 있을 것이다. 근대철학의 어머니(창시자)라 일컫는 데카르트는 "나는 생각한다. 그러므로 나는 존재한다"라는 정신적 귀신의 코기토를 세계를 움직이는 힘으로 간주했으며, 19세기 근대철학의 아버지(정신적 지배자) 헤겔은 "독일 이데올로기가 세계 이데올로기이다"라는 파시즘의 자기중심적 귀신철학에 이른다.

**:: 근대적 귀신이야기의 종착점**

영화 〈디 아더스〉는 서구 르네상스에서부터 시작하는 "나 자신이 귀신이다"라는 생각의 근대적 종착점을 보여준다. 2차 세계대전 와중에 영국의 자그마한 섬에 있는 대저택에서 일어나는 눈에 보이지 않는 귀신(정신적 인간 혹은 죽은 인간)과 눈에 보이는 귀신(육체적 인간 혹은 살아 있는 인간)의 이야기는 정신적 인간이 (귀)신의 위치로 격상되어 마침내 삶의 세계에서 육체적 인간을 내쫓아버리는 근대의 정신적 형이상학이라는 지식을 완결한다. 영화에서 눈에 보이지 않는 귀신은 눈에 보이는 귀신 때문에 두려워하고 안달한다. 그들은 갖은 수단을 동원해서 눈에 보이는 귀신(육체적 인간)을 내쫓으려고 끊임없이 노력하다가, 마침내 살아 있는 인간은 죽은 인간을 위해 집을 버리고 떠난다. 이것이 바로 유럽식으로 인간이 (귀)신이 된 결과이다. 산 자와 죽은 자의 관계는 존재하지 않는다. 오직 산 자의 입장과 죽은 자의 입장이 존재할 뿐이다. 따라서 중세의 신 중심적인 세계관과 근대의 인간 중심적인 세계관만 있다. "(귀)신이 인간을 만들었다"는 시각과 "인간이 신을 만들었다"는 시각만이 있을 뿐이다. 이것은 정신생태학이 아니라 신 중심의 기독교주의와 인간 중심의 기독교주의 혹은 휴머니즘일 뿐이다.

"나 자신이 귀신이다"는 나와 귀신을 분리하는 것이 아니다. 따라서 서구 르네상스의 사고방식은 "신이 인간을 만들었다"는 인식이 신과 인간의 이분법에서 "인간이 신을 만들었다"는 전이의 이분법적 인식으로 전환했다기보다 "인간이 (귀)신을 만들고, 그 (귀)신이 인간을 만든다"는 인간과 귀신의 동시적인 사유방식이다. 가시적인 것과 비가시적인 것, 산 자와 죽은 자의 동시적인 사유가 가시적인 것–비가시적인 것 혹은 산 자–죽은 자의 이분법적 사유방식으로 전환된 것은 데카르트의 정신–몸 이분법에서 비롯한다. 근대화과정이 마침내 비가시적인 것(정신문명)을 위해 가시적인 것(자연문화)을 제거하고, 죽은 자를 위해 산 자가 떠나야 하는 삶의 세계를 만든 것이다. 이 같은 이분법적 대립은 단지 근대의 정신적 사유에만 한정되어 있지 않다. 〈디 아더스〉에서 보여주는 죽은 자를 위해 산 자가 떠나는 상황은 근대의 정신에서 가시적이고 명료하게 인식되었던 서구·백인·

남성이 비가시적이고 불명료하게 인식되었던 비서구·유색인·여성 때문에 자신의 삶의 터전을 침식당하고 있다는 인식으로 확대된다. 데카르트적인 정신(서구·백인·남성)–물질(비서구·유색인·여성)의 이분법이 새로운 후기근대적 정신(비서구·유색인·여성)–물질(서구·백인·남성)의 이분법으로 전환되어 더 폭력적이고 대립적인 상황을 생산한다. 후기근대의 오늘날 문화담론으로 형성되고 있는 탈식민주의와 페미니즘이 정신생태학과 결합되지 않을 때, 이와 같은 근대의 이분법적 환원의 위협은 곳곳에 도사리고 있다. 이러한 상황으로부터 벗어나는 길은 나와 귀신을 동일시하는 것이며 정신과 몸, 가시적인 것과 비가시적인 것, 산 자와 죽은 자를 동시적으로 사유하는 것이다. 그것이 바로 정신생태학이다.

### 2) 핵심근대 혹은 후기근대의 귀신이야기

**:: 영화의 시간이미지는 정신생태학적 사유의 이미지이다**

산 자와 죽은 자의 이분법으로 분리하여 사유하는 〈디 아더스〉와 달리 〈센과 치히로의 행방불명〉은 인간과 자연, 가시적인 것과 비가시적인 것을 동시에 사유하고 있다. 〈센과 치히로의 행방불명〉은 "나 자신이 귀신이다"라는 명제뿐 아니라 귀신을 사유하는 우리의 정신적 모델을 제시하고 있는데, 그중에서 가장 중요한 것은 귀신을 사유하는 우리의 정신이 "어린이가 되어야 한다"면서 어린이 중에서도 "어린 소년(little boy)이 아닌 어린 소녀(little girl)가 되어야 한다"는 것이다. "어린 소녀가 되어야만 한다"는 것은 어린 소년보다 소녀가 더 많은 가능성과 무색무취의 소수자가 지니는 내재적 특성을 잠재적으로 지니고 있기 때문이다. 수많은 귀신을 생산하는 개인적 관계든 사회적 관계든 혹은 자연적 관계든 간에 어떤 색깔을 지니기보다는 아무런 색깔을 지니지 않은 것이 더 많은 가능성을 낳는다. 어떤 정치적 목적을 가진 것보다 아무런 정치적 목적을 가지지 않은 것이 더 많은 정치적 가능성을 낳는다. 어떤 여성 또는 남성을 만날 때, 그 여성/남성에 대해 사적 목적을 가지기보다 아무런 목적이 없는 것이 더 많은 관계적 사랑의 가능성을 낳는다. 그래서 미야자키 하야오는 다른 애니메이션 영화뿐 아니라 〈센과 치히로의 행방불명〉에서도 어린 소녀가 된다.

〈센과 치히로의 행방불명〉의 첫 장면인 이사 가는 날 치히로와 그의 부모가 이상한 동굴을 지나서 만나는 세계는 그들이 이사 가는 마을일 수도 있다. 새로운 마을은 새로운 관계를 만드는 터전이며, 새로운 관계는 이전 관계에서 만들어진 '나'라는 귀신이 새로운 귀신으로 거듭나는 하나의 사건적 계기를 만든다. 그래서 동굴을 지나는 순간, 시간은 다른 시간이 된다. 이러한 새로운 계기의 순간에서 어린 소녀 치히로는 동네를 뛰어다니며 새로운 관계를 만드는 터전을 탐색하며 그 과정에서 새로운 관계의 의미를 생성하는 하쿠를 만난다. 이와 달리 치히로의 부모는 새로운 관계를 만드는 터전에 아무런 관심이 없다. 오직 먹고 사는 근대적 일상에만 관심이 있다. 그렇다, 치히로는 나의 딸이다. 나는 매일 저녁, 열 살 된 딸에게서 이웃과 동네 이야기를 듣는다. 치히로가 이상한 동네라는 것을 발견하고 돌아왔을 때, 그의 부모는 새로운 관계보다는 자신들 배 채우는 데만 관심이 있었기 때문에 이미 돼지로 변신한 상태이다. (아, 그래서 우리의 전근대적 부모들은 이사를 갈 때마다 떡을 해서 이웃집에 돌렸던 것일까?)

하쿠의 조언처럼 치히로는 비생성적인 세계, 즉 근대적 시간이 작동하는 죽음의 세계로부터 벗어날 수 있었지만, 부모를 돼지에서 인간으로 다시 변신시키기 위해 죽음의 세계에 더 깊숙이 빠져들 수밖에 없었다. 부모가 아이들을 위해 사는 것이 아니라 아이들이 우리 어른들을 위해 살아주는 것이다. 우리가 아이들에게 기쁨을 주는 것보다 아이들이 우리에게 주는 기쁨이 더 많다. 그럼에도 불구하고 우리는 새로운 관계에서 생성되는 새로운 의미를 늘 자본주의적 사고나 기존 관념으로 재단하기 때문에, 새로운 관계의 가능성과 새로운 귀신을 생성시킬 수 있는 아이들을 죽음의 관계나 자본주의적 돼지의 귀신이 되도록 강요한다. 그러나 무섭고 두렵긴 하지만 치히로라는 어린 소녀가 되어 가시적인 것과 비가시적인 것이 동시에 존재하는 귀신의 세계를 여행할 수 있다면, 〈센과 치히로의 행방불명〉을 만든 미야자키 하야오처럼 어린 소녀가 될 수 있는 가능성을 열어놓는다면, 우리는 귀신과 인간이 공생하는 자연으로 한 발자국 더 가까이 다가갈 수 있을 것이다.

### :: 전근대와 탈근대의 유사성: 〈센과 치히로의 행방불명〉

〈센과 치히로의 행방불명〉에서 치히로는 마침내 일본 전역에 흩어져 있는 800만 수호신들이 휴식을 취하는 온천장 내부로 들어간다. 이곳은 자연 귀신들의 삶의 터전이 아니라 휴식공간이다. 인간과 관계를 맺고 있는 모든 장소가 그들의 삶의 공간이다. 하지만 그들의 휴식공간인 이곳은 인간에게 비가시적인 곳이다. 아니, 정확하게 말하면 비가시적인 장소가 아니라 이곳에서 인간은 나무나 돌 혹은 개와 고양이처럼 비가시적이고 하찮은 존재일 뿐이다. 그리고 우리 인간의 잘못된 판단은 유바바가 운영하는 온천장이 인간사회를 닮았다고 생각한다. 그러나 유사성 면에서 보더라도 인간사회가 자연의 세계를 닮은 것이지, 자연세계가 인간세계를 닮은 것은 아니다. 인간세계는 자연세계를 닮은 것을 떠나서, 자연 속에 내포되어 있고 자연의 속성을 간직하고 있다. 따라서 치히로가 유바바가 운영하는 온천장 내부로 들어가는 것은 자연세계로 들어가는 것인 동시에 그러한 자연의 속성을 내포하고 있는 인간세계로 들어가는 것이다. 이와 마찬가지로 근대적 죽음의 공간에서 탈근대적 생명의 공간으로 이동하는 것은 귀신과 인간이 공존했던 전근대의 공간으로 이동하는 것과 유사하다.

치히로가 온천장이라는 자연세계 혹은 인간의 사회적 관계맺음의 세계로 들어가는 것은 "일하지 않는 자는 먹지도 마라"는 근대적 원칙을 어기고 이기적으로 '먹고사는 것에 환장한' 나머지 돼지가 된 어머니와 아버지라는 근대인들 때문이다. 그러나 그곳에서 치히로에게 가장 먼저 도움을 주는 존재는 전근대적 삶을 영위하는 가마 할아범이다. 가마 할아범은 수십 개의 팔과 다리를 가지고 온천장의 온도를 조절하는 초인적인 능력을 지닌, 그러나 온천장 운영에서 전혀 드러나지 않는 장인(노동자 혹은 예술가)의 전형이다. 자연이라는 세계 혹은 사회라는 세계는 가마 할아범처럼 묵묵히 쌀과 빵과 가방, 고기, 책, 건물 등등을 만드는 땅과 바다와 바람, 하늘과 똑같은 노동자와 농민 등등의 장인들에 의해 유지된다. 그러나 너무나도 당연한 이 같은 이치를 인식하는 것은, 치히로처럼 어린아이이기 때문에 이 세계의 완전한 이방인이거나 잠시나마 아무런 이해타산 없이 그것을 하나의 경치로 구경하고 있는 영화의 관객들뿐이다. 따라서 나의 모습과 우리의 모습은 나 혹은 우리가 파악하는 세계가 아니라 나/우리가 아닌 이방인에 의해서 파악된다. 어느 날 갑자기 영화를 통해서 아프가니스탄과 이라크, 브라질과 아르헨티나 혹은 남아프리카나 콩고에서 한반도와 대한민국의 나/우리의 모습을 발견하는 이유가 바로 여기 있다. 이렇듯 근대의 풍경은 이방인들에 의해 발견되는 것이다.

가마 할아범의 도움을 받아 치히로는 온천장의 주인 유바바에게 간다. 유바바는 온천장 꼭대기에서 온천장을 운영하는 주인이다. 우리는 이 주인을 사장, 재벌, 이사장, 총장 혹은 국무총리나 대통령이라고 부르지만, 이 이름들은 오늘날 우리의 근대사회가 부르는 이름이다. 예전에 유바바는 왕이나 황제, 사제나 장군, 여러 신들의 이름으로 불렸다. 그는 온천장을 운영하는 굉장한 능력을 가졌는데, 이 능력은 온천장 운영에서 "일하지 않는 자는 먹지도 마라"는 원칙을 가지고 각 구성원들의 고유한 이름을 빼앗는 힘에서 나온다. 그것은 '21그램'의 생명력과 같다. 그래서 치히로는 '치히로'라는 이름을 빼앗기고 '센'이라는 이름을 유바바로부터 하사받는다. 센과 치히로라는 이름은 아무런 의미가 없으며, 단지 열 살 된 주인공 소녀를 부르는 이름일 뿐이다. 그러나 치히로는 돌과 나무, 토끼나 다람쥐 같은 자연인 치히로의 이름이고, 센은 온천장의 주인 유바바의 하인 이름이다. 유바바가 치히로의 이름을 뺏고 센이라는 이름을 주듯이 오늘날의 근대 자본주의 사회는 우리 개개인의 자연적인 이름을 빼앗고 과장, 총무, 의사, 서기, 교수, 학생 등의 이름을 부여한다. 우리는 영희, 철수라는 이름을 잃어버리고 과장이나 총무의 이름으로 행세한다. 영희나 철수의 이름을 되찾을 수 있는 것은 연인이나 친구 관계를 통해서이다. 우리가 교수나 국회의원 혹은 변호사의 이름으로 살아간다는 것은 연인이나 친구 관계를 통해서 만들어지는 21그램의 생명력을 상실했다는 것을 의미한다.

**:: 현실적인 것과 잠재적인 것의 융합**

이 세상이 유바바 같은 잔인하고 폭력적인 자본가나 지식인에 의해 지배되고 있는 것은 아니다. 유바바처럼 초인적인 능력을 가진 그녀의 언니 제니바는 온천장을 운영하지도 않거니와 수많은 존재들의 이름을 빼앗지도 않으며, 사회적 관계와 동떨어진 숲속의 세계에 은거하면서 모든 존재와 친구관계를 유지하고 있다. 유바바의 명령을 받고 그의 도장을 훔치려고 한 하쿠를 죽일 수 있는 힘을 가졌음에도 불구하고 그녀는 치히로와 하쿠의 친구가 된다. 그리하여 치히로와 하쿠가 사랑하는 관계이고 그러한 관계의 기억을 통해 치히로가 하쿠의 잃어버린 이름을 되찾게 하는 계기를 마련해 주는데, 이 계기는 마치 우리가 여행이나 휴식을 통해 새로운 자신을 발견하는 것처럼 치히로와 하쿠가 자신들의 일터인 유바바의 온천장에서 벗어났을 때 생긴다. 치히로와 하쿠를 지배하고 명령할 수 있는 힘과 지식을 가졌음에도 불구하고, 또 똑같이 초인적인 능력을 지닌 자매임에도 불구하고 유바바와 제니바는 지배와 권력을 지향하느냐 아니냐에 따라서 전혀 다른 존재가 된다.

이런 의미에서 유바바가 존재의 실재를 구성하는 근대의 현실적인 것의 이미지라면, 제니바는 실재의 대부분을 구성하고 있는 탈근대나 전근대의 잠재적인 것의 이미지이다. 영화 〈센과 치히로의 행방불명〉은 우리의 실재를 구성하고 있는 현실적인 것과 잠재적인 것의 융합으로 나타난다.

그래서 우리는 이 둘을 뚜렷하게 구별할 수 있다. 우리는 현실적인 것의 이미지인 유바바처럼 노동자, 농민, 여성 등 소수자를 지배·통치하는 지식을 추구하는가, 아니면 잠재적인 것의 이미지인 제니바처럼 그들의 친구나 연인이 되어 그들의 자연적인 이름과 관계를 되찾도록 도움을 주는 지식을 추구하는가! 오늘날 민주주의 사회에서 서민적이고 친구나 동네아저씨 같은 지도자를 원하는 것은 이러한 이유 때문 아닐까? 하쿠의 모습에서 우리는 유바바와 닮은 권력지향의 권위주의와 엘리트주의의 근대적 지식을 읽을 수도 있다. 그러나 치히로의 권유에도 불구하고 그가 "할 일이 남아 있다"면서 유바바의 온천장으로 되돌아가는 것은 그곳을 친구들의 세계로 만들려는 참다운 서민적인 지도자의 모습이 아닐까?

유바바의 지배와 통치에도 불구하고 온천장의 일꾼들이 매료되는 또 다른 존재가 있다. 그것은 얼굴 없는 귀신 '가오나시'이다. 얼굴, 즉 안면성(faciality)은 '나'라는 주체를 규정하는 가장 근본적인 것이다. 그런데 나는 시간과 장소에 따라서 교수, 학생, 아버지, 남편, 아들, 오빠, 연인, 친구 등 수많은 얼굴을 지니고 있다. 내가 교수의 얼굴을 지녀야 할 시간과 장소에서 아버지나 연인의 얼굴을 한다거나, 남편과 친구의 얼굴을 하고 있어야 할 장소에서 교수나 오빠의 얼굴이 되면, 상대방은 나를 몹시 낯선 귀신으로 받아들이게 된다. 나의 안면성은 나 자신도 모르는 사이에 시간과 장소의 이동에 따라서 변화한다. 따라서 절대적인 나는 존재하지 않는다. 그러나 가오나시는 시간과 장소에 따라 변화하는 얼굴조차 없다. 각각의 고정된 안면성이 없다는 면에서 나라는 주체와 마찬가지로 가오나시는 그 어떤 존재의 표현이다. 그러면서도 차이가 나는 것은 각각의 시간과 공간 속에서 우리가 반드시 지니게 되는 '안면성'을 가오나시는 가지고 있지 않다는 것이다. 이런 면에서 가오나시는 우리와 같은 인간이나 사물의 존재가 아니다. 우리 인간이나 사물의 관계 속에서 생성되는 존재, 그것이 가오나시 귀신이다. 그래서 가오나시가 근대의 현실적인 것의 이미지인가 아니면 탈근대의 잠재적인 것의 이미지인가는 절대적으로 우리의 관계에 달려 있다.

#### :: 가오나시의 기관들 없는 몸

오늘날 가오나시와 같은 '기관들 없는 몸' 귀신의 특성을 가장 뚜렷하게 드러내고 있는 것은 자본(돈)과 권력, 예술 같은 인간관계의 산물이다. 자본과 권력과 예술은 가오나시처럼 안면성이 없는, 기관들 없는 몸이다. 그렇기 때문에 자본과 권력과 예술은 안면성을 지닌 우리 인간을 매개로 스스로를 표현한다. 우리가 자본을 좇을 때, 우리의 인간관계에서 만들어지는 안면성은 사라지고 자본으로 대체된다. 권력과 예술도 마찬가지이다. 가오나시는 자신을 좇는 모든 존재를 먹어치운다. 자본을 좇기 때문에 아들은 아들의 안면성을 잃고 아버지에게 칼을 들이댄다. 권력을 좇기 때문에 어제의 친구나 연인이 오늘의 적이 된다. 예술이라는 얼굴 없는 아름다움을 추구하기 때문에 현실에 발을 붙이지 못하고 가상의 세계에서 헤매는 영혼이 된다. 그러나 치히로처럼 가오나시 같은 권력과 자본과 예술을 무시할 때, 기관들 없는 몸을 가진 권력과 자본과 예술은 스스로 와서 치히로에게 애정을 구걸한다. 오늘날 우리가 어린 소녀의 감각과 정서가 될 때, 자본 스스로 와서 돈을 벌게 만들어주고 권력 스스로 와서 우리에게 힘을 주고 또 예술 스스로 와서 위대한 기념비를 만들게 하는 것이 바로 그 때문이다. 자본주의 사회는 모두가 자본을 좇는 시대이다. 그래서 우리는 시간과 장소에 따라서 만들어지는 교수, 학생, 남편, 친구, 연인의 안면성을 상실하고 자본이 그 모든 안면성을 대체하고 있는 시대이다. 그러나 우리가 자본을 무시하고 자본 스스로 우리 곁으로 와서 구걸을 할 때, 자본주의는 스스로 기관들 없는 몸이 되어 탈근대적 자본을 생산할 것이다. 권력과 예술도 마찬가지이다.

이처럼 자본주의 같은 사회 혹은 예술처럼 사회를 이끌어가는 정신은 가오나시와 같은 얼굴 없는 귀신이다. 이 얼굴 없는 귀신에 집착하면 우리는 관계에 의해 만들어지는 자연스러운 안면성을 상실한다. 얼굴 없는 귀신으로부터 벗어나는 길은 근대적으로 만들어진 센이라는 호명체계, 즉 주어진 이름을 집착하는 데서 벗어나면 된다. 그러면 얼굴 없는 귀신 스스로 와서 우리의 생산적 관계의 안면성을 지니게 된다. 〈센과 치히로의 행방불명〉이 보여주는 것처럼 귀신들이 사는 자연의 휴식공간은 인간이 만든 문명의 공간이다. 따라서 자연의 귀신들은 우리 사회 곳곳에 스며들어 우리와 함께 살고 함께 노닌다. 근대와 탈근대가 함께 존재하는 것이고 현실적인 것과 잠재적인 것이 융합되어 우리의 삶을 구성한다.

### 3) 탈근대의 귀신이야기

#### :: 탈근대의 비인간주의

인간-비인간, 문화(문명)-자연의 이분법적 사고는 서구 근대가 만들어낸 잘못된 사유방식이다. 인간이나 비인간은 자연의 일부로 존재하는 동일한 생명체이고, 문화와 자연은 상호 대립적 영역이 아니라 상호 보완적인 관계를 맺으면서 끊임없이 생명을 잉태하는 수많은 존재들의 공간이다. 이들의 차이는 인간이나 문화가 맺고 있는 관계를 우리가 인식할 수 있는 반면에, 비인간이나 자연의 관계맺음을 우리는 인식할 수 없다는 것이다. 그러므로 우리가 인간과 비인간이 상호 작용하는 관계, 문화(문명)와 자연이 상호 작용하는 관계를 파악하기 위해서는 인간의 비인간적 요소와 문화의 비문명적 요소를 사유와 인식의 중심에 놓아야 한다. 이것을 들뢰즈는 인간의 비인간주의라고 부른다.

인간의 비인간적 요소는 우리의 몸이고, 문화의 비문명적 요소는 자연이다. 아무리 정신과 이성을 강조한다고 해도 인간 몸의 정서와 느낌에서 벗어날 수 없고, 아무리 문명의 발전과 혜택을 강조하더라도 우리가 살고 있는 삶의 문화는 자연의 흐름과 생성에서 벗어날 수 없다. 그리고 모든 가시적·비가시적 몸들은 근원적으로 인간적인 판단의 선이나 악으로 규정되는 것이 아니라 이러저러한 자연적 관계맺음으로써 좋은 귀신과 나쁜 귀신으로 생성되는 자연의 법칙을 따른다. 교수나 학생, 남성이나 여성, 노동자나 농민이라는 명칭이 '내'가 아니고, 그 어느 것으로 규정되지 않으면서 그 무엇도 될 수 있는 '기관들 없는 몸'이 진정한 '나'인 이유가 여기에 있다. 우리를 구성하고 있는 문화와 문명도 마찬가지이다.

비가시적인 자연의 귀신들을 다루고 있는 〈센과 치히로의 행방불명〉에서 우리가 인식할 수 있는 유일한 공간, 즉 사방이 바다와 안개로 둘러싸여 있는 온천장이라는 문화(문명)의 공간은 일본 전역에 흩어져 있는 800만의 귀신들이 휴식을 취하는 자연의 휴식공간이다. 비가시적 자연의 귀신세계를 다루고 있는 이 영화에서 우리가 인식할 수 있는 온천장이 등장하는 이유는 자연 그 내부에 비자연적 요소라 할 수 있는 문화가 내포되어 있기 때문이다. 이러한 자연의 문화를 우리는 꽃·나무·돌·물고기·기러기 들의 세계 혹은 바람·구름의 세계라고 부른다. 그러나 이와 반대로 인간정신 속에 몸이 내재되어 있는 것처럼 인간의 문화에 자연이 내포되어 있다. 근대문화에서 콘크리트와 아스팔트가 자연이 되는 바로 그 순간이 근대문화 속에 자연이 내포되는 순간이다.

근대적 공간에서 만들어지는 이와 같은 자연의 문화를 우리는 인간문화를 통해서 인식한다. 동물들의 세계를 약육강식의 세계로 보는 것은 인간의 문화가 약육강식이기 때문이고, 물고기나 기러기들이 떼죽음을 당하는 이유는 아프가니스탄이나 이라크 혹은 아프리카의 어느 작은 나라에서 인간들이 인간들에 의해 떼죽음을 당하거니와 뉴욕이나 런던이나 도쿄, 서울의 지하철 또는 슬럼가에서 인간들이 물이나 공기를 마시고 질식사하고 있기 때문이다. 인간의 문화가 약육강식의 문화가 되고 인간이 비인간이 되고 인간조차 떼죽음으로 몰고 가는 죽음의 문화가 된 것은, 문명이 문화영역에 침투하여 인간의 문화를 문명으로 호도하였기 때문이다. 이런 측면에서 인간의 몸을 지칭하는 건강(health)과 마찬가지로 문화(culture)나 문명(civilization)은 서구적 근대화와 더불어 일본을 통해서 영어가 한문으로 번역되어 수입된 언어이다. 근대적으로 수입된 이런 언어들이 우리를 근대적으로 구성하는 것이다.

근대 이전에 우리는 우리 몸의 건전한 양육을 지칭하는 언어로 섭생(攝生, 몸의 생명력을 지키거나 유지하기)을 사용했고, 근대 이전의 서구는 인간의 공동체적 삶을 지칭하는 언어로 상호 돌보기(culture, 자연의 생명력을 지키거나 유지하기)를 사용했다. 서구 근대를 수입하는 과정에서 문화(文化)와 문명(文明)의 번역은 문화를 자연이나 생명력의 요소는 사라지고 인간과 도시 혹은 시민을 강조하는 문명으로 인식하게 만들었다. 문화를 자연과 대립적인 문명으로 호도하는 특성은 서구 근대성과 함께 시작된 것이다. 그래서 미국의 전형적인 제국주의 지식인이라는 사람들은 오늘날의 세계를 '문명의 충돌'(S. 헌팅턴) 또는 '문명의 종말'(F. 후쿠야마)이라고 말한다. 문명은 항상 충돌하여 죽음을 지향하는 것이었기 때문에 오늘날처럼 문명이 흥성한 시대는 역사적으로 존재하지 않는다. 이런 지칭의 옳고 그름을 떠나서 올바른 의미를 전달하기 위해서라면 '문화의 충돌' 또는 '문화의 종말'이라고 해야 옳을 것이다.

#### :: 근대인의 파괴적 귀신

서구 근대문명이 만든 귀신이 얼마나 무차별적으로 죽음의 공포를 만드는지는 장예모 감독의 〈붉은 수수밭〉(1987)에서 주인공으로 나온 지앙 웬이 각본, 감독, 주연을 맡은 〈귀신이 온다〉가 잘 보여준다. 오래 전에 전쟁터를 떠돌아다니며 문명의 비자연성과 비생명성을 처절하게 경험한 한 조상이 문명의 세계를 떠나서 삶의 둥지를 틀고 대대로 이어져 내려온 중국 벽촌의 산간마을은 근대 제국주의 문명에 의해 풍비박산이 된다. 흔히 이야기하는 상투적인 줄거리라고 생각지 마시라. 자연의 휴식처인 마을이 불바다가 되고 자연의 생명체로 살고 있는 마을사람들이 몰살을 당하게 되는, 겉으로 드러난 원인은 중국을 점령한 일본 제국주의 국가라는 귀신과 일본 제국주의가 물러간 뒤에 나타난 중국의 아류제국주의 국가라는 귀신이다. 그러나 이 귀신들을 불러들인 진짜 귀신은 '나'라는 근대인의 귀신이다.

영화가 시작하고 조그마한 산골마을의 어두컴컴한 방안으로 에로틱한 소리를 내면서 등장하는 과부와 마을의 건장한 청년이 맨몸으로 뒤엉키는 순간, 나라는 귀신이 다급하게 문을 두드리며 나타난다. "누구냐?"라고 묻자 귀신은 '나'라고만 밝히고 커다란 자루 두 개를 주인공에게 맡긴다. 자루 속에는 일본인 장교와 중국인 통역병이 들어 있다. 따라서 '나'는 일본인 장교와 중국인 통역병을 보호해야 하는 친일파 중국인 아니면 그들을 적대하며 항일 근대화를 추구하는 독립군 중국인이다. 내가 누구이든지간에 그는 친일 근대인 아니면 항일 근대인이다. 영화에서 끝까지 '나'는 드러나지 않는다. 근대인일 뿐이다. 영화가 끝날 때까지 일본인 장교와 중국인 통역병이 왜 이 마을에 나타났고 왜 주인공이 그들을 숨겨야 하는지, 그 이유는 밝혀지지 않는다.

시간과 공간을 가로질러서 2008년 오늘날, 우리는 왜 우리가 살고 있는 대한민국이라는 국가 곳곳에 미국인 장교(군인)들과 모든 학문과 지식의 최고자리에 통역(병)이 있어야 하는지 이유를 알지 못한다. 동양과 서양을 막론하고 역사를 가로질러 모든 학문과 지식의 최고자리는 항상 자연의 이치를 아는 것이었고 그 자연의 이치로써 자연의 휴식처인 인간문화를 구성하는 것이었다. 중국을 중심으로 한 유교적 지식을 통치이념으로 삼았던 조선시대조차 한문을 통해 자연의 이치를 규명하는 선비의 학문체계와 단지 통역만 담당하는 역관의 역할은 철저하게 구분되었다. 역관은 단지 기능인이었지 학문과 지식을 담당하는 역할이 아니었다.

〈귀신이 온다〉에서처럼 마치 보물단지라도 되는 양 애지중지 숨겨야 하는 일본인(미국인) 장교와 중국인(한국인) 통역병은 서구적 근대와 일본을 통해서 들어온 번역된 근대의 주체, 친일-반일(친미-반미) 이분법 속에 존재하는 '나'와 함께 들어온 근대의 귀신이다. 근대 이전의 중국과 한국에서 명명되던 나[我]는 너[如]와 동일한 존재이거나 관계를 맺고 있는 우리 모두를 지칭하는 언어였다. 그래서 근대 이전의 나는 한 마을의 과부일 수도 있고 청년일 수도 있다. 〈귀신이 온다〉에 등장하는 중국 벽촌에서 '나'를 대표하는 진정한 나는 마을에서 가장 연장자인 노인인 것이다. 노인은 관계의 생성에 따라 청년이 되기도 하고 과부가 되기도 하며 또 아이가 되기도 한다.

그러나 서구 근대와 더불어 들어온 나(I)는 (귀)신(God)의 절대적 권력을 대체한 절대적인 존재 '나'이다. 아무런 설명도 없이 가장 사적인 우리의 문 앞에 나타난 '나'(이 영화의 영어제목은 〈Devils on Doorstep〉이다)라는 귀신은 청년 혹은 과부 혹은 아이가 되는 '나'가 아니라 청년과 과부와 아이를 모두 그것(it)으로 만드는 절대적인 '나'이다. 이 절대적인 나는 아무런 이유도 없이 우리 문화 속에 들어와서 모든 관계를 '나와 그것'(I and it)의 관계로 만듦으로써 눈에 보이지도 않는 허구적인 나를 절대적 근대인으로 고정하여 사물화하고 전근대적인 것이라 명명되는 우리(you, he, she, it)의 문화를 불바다로 만들고 그 구성원들의 생명을 앗아간다. 이런 일은 중국뿐 아니라 한반도에서도 일어났고, 근대화와 더불어 아시아와 아프리카와 아메리카에서 동시에 일어난 일이다. 그래서 근대성은 곧 식민지성이다.

근대 이전의 나와 달리, 서구 근대와 일본을 통해서 번역된 근대와 함께 들어온 절대적인 '나'라는 귀신이 파괴적이고 폭력적인 이유는 이 새로운 '나'가 항상 서구와 백인과 남성을 대변하는 일본이나 미국의 이름으로 명령하기 때문이다. 서구·백인·남성과 유사성을 가졌다는 이유만으로 절대적인 나는 무조건 일본이나 미국이 더 좋고, 더 훌륭한 문명이라고 끊임없이 명령한다. 이 명령을 따르는 나는 문명이라는 이름으로 미국이나 일본을 따르는 국가가 되거나 일본(미국) 장교 혹은 통역병이 되어 또 다른 나인 청년·여성·아이들에게 좀 덜 유사하지만 모방을 해서라도 일본(미국) 장교, 통역병이 되라고 명령한다. 그것이 마침내 우리 문화를 불바다로 만들고 우리 모두를 떼죽음으로 몰고 가는 것이 눈앞에 확실하게 드러남에도 불구하고 말이다. 후기근대 시대에 국가주의와 가족주의의 '나'는 이런 근대의 파괴적 귀신 역할을 한다.

### :: 탈근대 귀신의 사랑과 지식(마법): 〈하울의 움직이는 성〉

미야자키 하야오 감독의 〈하울의 움직이는 성〉(2004)의 무대는 19세기 말이나 20세기 초 국가권력이 판을 치는 전쟁의 소용돌이 속에 있는 가장 근대적인 유럽으로, 더 구체적으로 말하면 "유럽의 근대에 존재했던 미래파 화가들이 상상으로 그려냈던 마법과 과학이 공존하고 있는 '앵거리' 세계"이다. '마법과 과학이 공존하고 있는 세계.' 전근대세계와 탈근대세계가 지닌 유사성이다. 이곳에 등장하는 영화의 주인공 소피는 열여덟 살이다. 모자상점에서 쉴 틈 없이 모자 만드는 일을 하는 열여덟 살 소녀 소피는 오랜 만에 마을로 나갔다가 우연히 하울을 만난다. 하울은 "멋있지만 조금 겁이 많은 청년 마법사"이다. 그리고 '황야의 마녀'가 등장한다. 하울을 짝사랑하는 황야의 마녀는 하울과 소피의 이 잠깐 동안의 해후를 오해하여 소피를 아흔 살 할머니로 만들어버린다.

어느 날 자고 일어났더니 갑자기 열여덟 소녀가 아흔 살 할머니로 변해버린 것이다. 소피는 도저히 집에 머물 수가 없어서 집을 나와 황무지를 헤매다가 마침내 하울이 사는 '움직이는 성'에서 낯선 가정부생활을 한다. 하울의 움직이는 성은 사람들이 몹시 무서워하는 공포의 대상이며 신비의 대상이다. 그리고 하울은 "미녀의 심장만 먹어치우는 괴물"이라는 소문이 무성하다. 네 다리로 걷고 말할 수 없이 다양하게 변화하는 기괴한 생물인 이 움직이는 성을 중심으로 하울과 소피의 기묘한 사랑과 모험 이야기가 펼쳐지고, 움직이는 성 주변에는 황무지와 도시와 또 다른 성이 있다.

영화를 보면서 내 머릿속을 헤매던 또 하나의 영상은 이안 감독의 〈와호장룡〉이었다. 〈와호장룡〉의 영화적 공간에는 성과 도시와 강호의 세계가 있는데, 〈하울의 움직이는 성〉에서도 성과 도시와 황무지의 세계가 영화적 공간이다. 두 영화에서 도시는 지배자이며 전쟁을 일삼는 왕이 살고 있는 성과 개개인의 노마드적 삶이 펼쳐지는 강호(혹은 황야)를 매개하는 곳이다. 왕의 스파이들이 도시 곳곳에 매복해 있고, 강호(혹은 황야)의 고수나 마법사들이 시시때때로 도시 여기저기에 모습을 드러낸다. 도시사람들은 성에 살고 있는 왕과 지배자도 두려워하지만, 강호(황무지)에 살고 있는 무림의 고수와 마법사들도 두려워한다.

서양이든 동양이든 근대나 근대 이전 혹은 탈근대 세계에서 가장 문제의 공간은 도시이다. 도시라는 공간을 서열과 지배를 수단으로 존재하는 성 주변부로 규정할 것인가, 아니면 강호나 황야에 에워싸여 있는 오아시스로 규정할 것인가? 그것은 도시를 구성하는 구성원들의 삶과 그 시선에 달려 있다. 성의 시선에 따르면, 도시를 구성하는 남성들은 대부분 성으로 들어가거나 성의 스파이 노릇을 하려고 한다. 그리고 여성들 대부분은 남성들의 선택에 따라 함께 성으로 들어가거나 성의 스파이 보조 노릇을 한다. 이러한 특성은 전쟁중에 두드러지게 나타나는데, 도시를 구성하는 대부분의 남성들은 군인(정식군인, 예비군, 민방위군 등)이나 스파이가 되어 성으로 대표되는 왕 또는 국가에 봉사한다.

국가 혹은 왕에 대한 남성들의 충성에 대한 보답으로 제공되는 것은 젊은 여성들이다. 따라서 국가나 왕의 지배를 받는 도시의 삶에서 소외되고 저항의 가능성을 가진 소수자는 어린 소녀나 나이가 든 할머니들이다. 어린 소년은 남성 되기를 꿈꾸며 전쟁놀이를 하고, 나이 든 할아버지들은 "오! 옛날이여!" 하며 젊은 날의 향수에 젖어 수구 골통이 되어간다. 그러나 강호와 황야의 시선에 의하면, 어린 소녀는 이웃나라 왕자와 사랑에 빠지는 탈주를 꿈꾸며, 나이 든 할머니는 전쟁의 도시문명이 아닌 자연이라는 생성의 마법에 순응하는 법을 배운다. 어린 소년도 강호와 황야에 있는 먼 나라의 왕자가 되고자 하며, 사랑에 성공한 성인 남성과 여성은 그들만의 강호와 황야로 나아가 그 누구에게 침범당하지 않는 그들만의 왕국과 성을 만들고자 한다.

〈하울의 움직이는 성〉에 등장하는 소피는 전쟁의 와중에 있는 도시에서 사는 열여덟 소녀이다. 적과 아군의 이분법만 존재하는 전쟁의 도시에서 소피가 열아홉 혹은 스무 살의 여성이 된다는 것은 군인과 왕에게 몸과 정신을 헌신하는 '국가정신대' 됨을 의미한다. 그래서 소피는 '아흔 살 먹은 할머니'가 된다. 그 이유가 하울을 사랑하는 '황무지 마녀'의 비뚤어진 질투 때문이건, 아니면 하울을 만나 난생처음 치마가 너울너울 춤을 추고 블라우스 속으로 바람이 들어가 부풀어 오르면서 하늘을 나는 황홀경 후의 가슴에 맺힌 사랑 때문이건 소피는 할머니가 되어 여성으로만 구성되어 있는 가족(어머니-딸 관계)으로부터 벗어나 황무지로 탈주한다. 할머니가 되어 자유를 쟁취하는 것이다.

전쟁으로부터 자유로운 자들은 할머니와 소녀들만이 아니다. 〈와호장룡〉에 등장하는 무림의 고수들이 전쟁으로부터 자유로운 것처럼, 〈하울의 움직이는 성〉에 등장하는 마법을 지닌 마법사들도 전쟁으로부터 자유롭다. 검법이나 마법은 시대와 장소에 따라 다르게 나타나는 '삶에 대한 인문학적 지식'이다. 오늘날의 사람들은 마법을 흔히 이데올로기라고 부르는데, '삶에 대한 인문학적 지식'은 황무지(강호), 도시(마을), 성(국가)의 삶의 방식에 관한 지식이다. 그렇기 때문에 마법을 지닌 하울과 황무지 마녀, 그리고 그들의 스승인 킹스베리 왕실 소속 마법사 설리먼이 구가하는 삶에 대한 사유방식은 전혀 다르다. 설리먼의 지식(마법)은 왕실을 지배하고 전쟁을 통해서 권력을 행사한다. 황무지 마녀는 킹스베리 왕실 소속 마법사가 되고 싶지만 공적인 지식(마법)을 사적으로 사용하기 때문에 그 마법은 개인의 이기적 인 것의 한계에서 벗어나지 못한다.

하울은 다르다. 그는 왕실 소속 마법사의 지식을 갖추었지만 지배를 통해서 그 무엇을 과학적 지식의 '진리'(truth)라고 주장하지도 않거니와 권력을 행사해서 그 무엇을 행사하고자 하는 철학적 지식의 '올바른 실천'

(good)의 이데올로기라고 강요하지도 않는다. 그의 관심은 오직 예술적 지식의 '아름다움'(beauty)에 대한 추구이다. 아름다움은 자유이고 생성이다. 그리하여 하울은 고착되어 지배하고 권력을 행사하는 왕실의 성에서 벗어나 '움직이는' 자유의 '성'을 만들고 도시가 아니라 생성의 자연 속에 머무른다(마법이 지식이라는 점에서 움직이는 자유의 성은 오늘날의 대학이다). 그의 움직이는 성은 또한 어린아이지만 순간적으로 노인이 되는 마르클과, 하울로부터 벗어나 악마가 되고자 하는 캘시퍼 때문에 늘 불안하다. 이 불안한 하울의 아름답고 자유로운 '움직이는 성'을 만드는 '근대의 기획'을 완성하기 위해서는, 순간순간 세상을 속이기 위해 애늙은이가 되는 마르클을 보살펴주고 악마의 속성을 지닌 캘시퍼를 감싸주는 온전히 자율적이고 능동적인 여성적 존재가 필요하다. 그리고 소녀에서 할머니가 된 소피가 여성이 되는 데는 사랑이 필요하다.

하울이 "미녀의 심장만 먹어치운다는 소문"은 황야의 마녀의 사적 이기주의의 헛소문이고 왕실 소속 마법사의 권력을 지속시키기 위한 이데올로기의 편견이다. 소피는 할머니가 되어 헛소문으로부터 벗어나고, 하울에 대한 사랑을 통해 왕실 이데올로기로부터 벗어난다. 버려진 것들에 대한 소피의 애정은 카브(허수아비)를 전쟁을 싫어하는 이웃나라의 왕자가 되게 한다. 그리고 하울과 소피의 사랑을 통해서 비록 작아졌지만 새롭게 완성되는 '움직이는 성'은 마침내 왕실 소속 마법사 설리먼으로 하여금 '전쟁을 끝장'내게 만든다. 소피와 같은 이 세상 소녀들이 왕실이나 군사들 혹은 국가스파이의 정신대가 되지 않고 몸의 소중함을 인식하는 할머니나 자율적이고 능동적인 여성이 될 때, 여성을 소유하기 위해 왕실 소속 지식인이나 국가적 남성이 감행하는 모든 근대의 전쟁은 끝날 것이다.

미야자키 하야오는 하울의 팬티와 엉덩이를 보여주는 섹시함의 아름다움으로 소녀들을 유혹한다. 열 살, 열한 살의 소녀에서 벗어나 열여덟 살의 여성에게 인류의 미래를 짊어지게 하는 미야자키 하야오 할아버지에게 축복의 박수를 보낸다. 미야자키 하야오는 "오! 옛날이여!" 하는 과거의 향수를 머금고 사는 늙은이가 아니라 열여덟 살 여성의 미래를 창조하는 미래의 마법사이다. 그의 애니메이션들로 구성된 영화의 '움직이는 성'은 세계 구석구석을 돌아다니면서 국가적 남성들을 파괴하고 '여성 되기'를 노래한다. 그래서 탈근대적 귀신은 생성적이다.

**[ 주 ]**

1) 모든 관계가 자연적 관계, 사회적 관계, 정신적 관계로 구분되기 때문에 들뢰즈와 가타리는 탈근대적 생태학적 사유를 자연생태학, 사회생태학, 정신생태학으로 구분한다. 이에 관해서는 장시기 2008, 90~110쪽 참조.

# 04 박찬욱 감독: 근대의 이중성과 탈근대의 노마드 이야기

## 1) 한반도의 두 가지 근대성

### :: 1998년 무렵의 대한민국 네오리얼리즘과 누벨바그

들뢰즈는 1948년 무렵의 이탈리아 영화들이 근대 고전적인 장르영화의 틀을 깨고 탈근대의 네오리얼리즘 영화로 변화한 것을 그의 노마돌로지가 지닌 지리철학적 측면에서 설명한다. 프랑스가 미국·영국과 함께 2차 세계대전의 승전국이라는 환상을 가지고 근대 국가주의와 가족주의 틀에서 벗어나지 못한 것과 달리, 1948년 무렵의 이탈리아는 2차대전의 패전국으로 승전국 진영에 설 수 없었다. 또 같은 패전국이었던 독일이 서독과 동독으로 분단되어 하나는 미국 편, 또 하나는 소련 편이 되어 냉전이데올로기 형식으로 근대 국가주의와 가족주의 틀을 유지했던 것처럼 이탈리아는 국가주의를 기형적으로 유지할 수도 없었다. 이런 상황에서 이탈리아가 네오리얼리즘의 탈근대영화를 시작할 수 있었던 지리철학적 측면을 들뢰즈는 "[프랑스나 독일과 비교하여] 상대적으로 자유롭게 파시즘을 몰아낼 수 있었던 영화제도"와 여전히 지속되고 있었던 근대적인 것에 대한 '저항과 민중의 억압적 삶'이라고 말한다. 이 두 가지 요인이 근대 장르영화들의 서술구조에서 "생략되어 있거나 조직되지 않은 것을 포함할 수 있는 이야기(recit)의 새로운 유형"(Deleuze 1986, p. 211)이 필요했다는 것이다.

이와 같은 지리철학적 상황이 1998년 무렵의 대한민국에서 발생하였다. 서구와 달리 식민지 형식으로 초기근대를 경험한 한반도는 2차 세계대전의 종결과 한국전쟁을 거치면서 비로소 근대 국민국가를 형성할 수 있었다. 그러나 일본이나 중국처럼 온전하게 지배적이거나 저항적인 하나의 근대성을 형성할 수 없었던 한반도의 근대 국민국가는 냉전이데올로기 형식으로 근대성이 유지되고 있는 세계체제 속에서 서구 근대성에 대한 저항적 근대성의 조선민주주의인민공화국과 미국에 의해 서구 근대성에 대한 식민지적 근대성의 대한민국이라는 두 개의 국민국가로 나뉠 수밖에 없었다. 이 두 가지 근대성 속에서 저항방식은 항상 두 가지 형식으로 나누어질 수밖에 없었는데, 하나는 서구 근대성에 대한 저항의 영화나 문학 같은 자율적인 제도의 획득이고 또 하나는 민중의 억압적 삶으로부터의 해방이었다. 냉전이데올로기의 세계체제 속에서 국민국가를 형성한 대한민국에서 두 가지 저항방식은 늘 공존의 형식으로 유지되었다. 이 두 가지 저항방식이 공존의 형식으로 사회에 전면적으로 표출된 것이 1960년의 4·19혁명이고, 1980년의 광주민주화항쟁이다. 4·19혁명이 민중혁명이었다면, 광주민주화항쟁은 저항적 근대성의 획득이었다. 이런 측면에서 1998년 무렵의 대한민국에서 발생한 탈근대적 상황은 근대성이 지닌 두 가지 문제가 결합되어 궁극적인 승리의 항쟁이 되었던 1987년의 6월항쟁과 깊은 연관성을 가진다.

1987년 6월항쟁의 승리는 민중의 억압적 삶으로부터 자율성이라는 해방의 출구를 마련한 제도적 민주주의라는 대통령선거의 서구 근대성을 확립하였고, 1991년 남북기본합의서를 통한 남북의 화해와 협력으로 서구 근대성과 저항 근대성의 통일 가능성을 촉진시켰다. 그러나 제도적 민주주의라는 대통령선거로 확립된 서구 근대성은 식민지적 근대성으로 이루어진 근대 국가주의의 억압체계라는 것이 드러났고, 6월항쟁의 승리에도 불구하고 사회적 저항과 민중의 억압적 삶은 여전히 서구적 근대성이 지배하는 국가적 서열구조에서 벗어날 수 없음을 보여주었다. 이러한 1998년 무렵 대한민국의 지리철학적 상황은 1948년경 이탈리아와 유사한 상황을 연출하게 된다. 즉 미국 할리우드영화의 지배로 느슨한 형태의 대한민국이 주변 중국이나 일본과 비교하여 "상대적으로 자유롭게 [근대국가의] 파시즘을 몰아낼 수 영화제도"가 존재했다는 점, 또 하나는 87년 6월항쟁의 승리 후에도 여전히 지속되고 있던 근대적인 것에 대한 '저항과 민중의 억압적 삶'이 지니고 있는 내용의 유사성이다. 1948년 무렵의 이탈리아와 1958년 무렵의 프랑스처럼 이 두 가지 요소는 과거 할리우드영화들에서 배운 근대 장르영화들의 서술구조에서 "생략되어 있거나 조직되지 않은 것을 포함할 수 있는 이야기(recit)의 새로운 유형"이 1990년대 후반과 21세기 초의 우리 영화들에 등장하는 계기가 되었다.

이러한 대한민국의 탈근대적 네오리얼리즘 혹은 누벨바그라 할 수 있는 영화를 만든 감독들의 선두에 박찬욱 감독이 있다. 그는 80년대에 대학을 다니면서 겪은 1987년 민주항쟁의 사회적 동력을 온몸으로 간직하고 있으며 1989년 구소련의 몰락과 1991년 베를린장벽 붕괴와 같은 현상들을 20세기 후반과 21세기 초반의 지구촌 전체에서 일어나는 변화와 함께 읽을 수 있는 역사철학적 능력을 지니고 있다. 그의 역사적 경험과 지구촌 시대의 삶은 그의 영화들이 마치 일련의 연작시리즈가 되게 한다. 영화 각각의 독자성과 영화들 전체의 몽타주가 조화를 이루고 있는 것이다. 따라서 그의 영화들 전체가 만드는 몽타주는 아직도 진행중이며, 현재 진행하고 있는 〈박쥐〉(2009)와 함께 아직 발표되지 않은 영화들은 변화하고 있는 한국 사회와 한반도 상황은 물론 21세기 코리아와 동아시아의 구성에 새로운 힘으로 작동할 것이 확실하다. 이런 측면에서 그를 본격적으로 영화무대에 등장시켜 준 〈공동경비구역 JSA〉(2000)와 〈복수는 나의 것〉(2002)에서 출발하여 그동안의 영화들과 전혀 다른 〈올드 보이〉(2003)와 〈싸이보그지만 괜찮아〉(2006)까지 이어지는 일련의 영화들은 21세기 한국 사회의 변화와 밀접한 관련이 있다.

#### :: 한반도의 두 가지 근대성: 〈공동경비구역 JSA〉

박찬욱의 영화들은 전통적인 근대 장르영화들과 확연히 다르다. 그것은 그가 탈근대영화의 특성이라고 할 수 있는 '사건'을 영화의 소재로 삼고 있다는 것을 의미한다. 그는 영화적 '사건'을 통해서 영화의 운동이미지가 지배하는 근대 장르영화에서 벗어나 탈근대의 시간이미지가 드러나는 생성과 변화의 이미지를 보여주고자 한다. 하지만 우리가 살고 있는 한반도에는 지구촌의 다른 나라들이나 지역들과 마찬가지로 수없이 많은 탈근대적 사건이 일어남에도 불구하고 그들과 마찬가지로 탈근대적 생성이나 변화의 이미지로 전환하지 못하는 국가주의와 가족주의의 근대적 구조가 존재한다. 그것이 바로 서구적 근대성의 전횡 속에서 서구적 근대성을 확대시켜 나가는 일본이나 미국에 대한 저항적 근대성을 획득한 북조선과 그들에 대한 투항과 종속의 식민지 근대성을 획득한 남한이 서로 분할된 한반도의 분단상황이다. 근대적 인식으로는 분단된 북조선과 남한 내부의 근대적 일상성 속에서 한반도의 두 가지 근대성을 함께 읽는 것은 거의 불가능하다. 북조선은 북조선 나름대로 중국과 러시아와 같은 저항적 근대성의 완결구조를 지녔고, 남한은 남한대로 일본이나 대만 같은 식민지 근대성의 완결구조를 지니고 있다. 주변의 다른 나라들과 달리 한반도만 독특하게 근대적 이중성을 지니고 있는 공간은 남과 북이 대치하고 있는 비무장지대의 공동경비구역(JSA)인 판문점이라는 근대적 공간이다.

바로 이러한 이유로 박찬욱 감독은 한반도의 두 가지 근대성에서 완전히 벗어나 있는 탈근대 공간이라 할 수 있는 비무장지대의 '공동경비구역'에 있는 판문점에서 일어나는 사건을 영화로 만든다. 식민지 근대성이 지배한 1991년 이전이나 후기근대성이 지배한 1990년대 초의 근대국가 영화제도 아래서 이런 영화가 만들어지기란 거의 불가능했다. 이 영화가 만들어지는 것을 정치적으로 가능하게 한 역사적 사건은 2000년의 6·15남북공동선언이다. 한반도의 "남과 북은 나라의 통일문제를 그 주인인 우리 민족끼리 서로 힘을 합쳐 자주적으로 해결해 나가기로 하였다"는 것과 "통일을 위한 남측의 연합제안과 북측의 낮은 단계의 연방제안이 서로 공통성이 있다고 인정하고 앞으로 이 방향에서 통일을 지향시켜 나가기로 하였다"는 것을 핵심으로 하는 6·15남북공동선언은 영화 〈실미도〉(2003)에 등장하는 것처럼 근대적 유사성을 지닌 북조선의 저항적 근대성과 남한의 식민지 근대성이 근대 국가주의 형식으로 팽팽하게 대립하던 시대의 7·4남북공동성명이나 오로지 경제문제만 언급하고 있는 1991년의 남북기본합의서와 근본적으로 다른 탈근대적 성격을 지니고 있다. 이리하여 영화 〈공동경비구역 JSA〉는 근대적으로 상호 유사한 남과 북의 통일은 그것이 저항적 근대성이든 식민지 근대성이든 결코 단일한 형식의 근대적 통일은 불가능하다는 것을 보여준다.

식민지 근대성이든 저항적 근대성이든, 근대적인 것에 대한 '저항과 민중의 억압적 삶'의 표출이나 혹은 근대적 서술구조 속에서 "생략되어 있거나 조직되지 않은 것을 포함할 수 있는 이야기(recit)의 새로운 유형"은 근대적 소수자들이 일으키는 '사건' 속에서 가능하다. 비무장지대를 수색하던 중에 지뢰를 밟아 대열에서 낙오된 이수혁 병장(이병헌 분)이나 지뢰를 제거하여 그의 목숨을 구해 준 북조선 인민군 중사 오경필(송강호 분)과 전사 정우진(신하균 분)은 모두 근대적 소수자들이다. 그리고 사건현장에 있었던 남성식 일병(김태우 분)도 마찬가지이다. 그들에게 저항적 근대성이나 식민지 근대성의 서열구조는 존재하지 않기 때문에 판문점이라는 동일한 공간 속에 존재하는, 근대적으로 서로 다른 언어를 사용하고 피부색이 다른 미군이나 연합군보다 동일한 언어를 사용하고 유사한 삶의 방식을 가진 민족적 동질성이 더 많이 그들의 근대성을 구성한다. 그러나 무엇보다도 더 강력한 것은 그들의 삶의 원동력이라고 할 수 있는 민족적 근대성이 동일한 근대성의 변형으로 만들어진 식민지 근대성과 저항적 근대성의 대립과 갈등 속에서 분단의 희생물이 되는 것이다. 따라서 민족적 동질성을 근거로 한 그들의 근대적 남성성의 우정은, '사건'을 통해 근대적으로 공존이 불가능한 식민지 근대성과 저항적 근대성이 서로 만났을 때, 그들 국가가 지닌 식민지 근대성이나 저항적 근대성의 적이 되어버린다.

미군과 북조선군이 대치하고 있는 군사분계선 한가운데서 일어나 살인사건! 근대적 적대관계에 있는 중동지역의 이스라엘과 팔레스타인 접경지역처럼 대한민국과 조선민주주의인민공화국의 접경지역이라면, 그것은 남과 북의 분쟁이거나 작은 전쟁이지 살인사건이 아니다. 미군과 북조선군이 대치하고 있는 상황에서 식민지 근대성 국가와 저항적 근대성의 국가에 소속된 양측의 서로 다른 근대인들이 만나서 일어난 살인사건. 〈공동경비구역〉에서 보여주는 살인사건 이야기는 지난 한국전쟁 이후 50여 년 동안 지속적으로 일어난 사건임에도 불구하고 사건이 아니라 분쟁이나 전쟁의 일환으로 사라져 버렸지 영화처럼 살인사건으로 처리되지 않았다. 따라서 〈공동경비구역 JSA〉의 살인사건 이야기는 들뢰즈의 말대로 근대성 자체의 논리에서 가능하면서도 한반도의 두 가지 변형적 근대성의 서술체계에서 거의 불가능한 영화가 만드는 '거짓이야기의 역량'(Deleuze 1989, p. 126)이다. 그리고 이 '거짓이야기의 역량'은 관객들로 하여금 두 가지 근대성의 현실 속에서는 결코 볼 수 없는 진실을 볼 수 있게 만든다는 점에서 진정한 영화의 힘이다. 저항적 근대성은 식민지 근대성의 피를 빨아먹으며 자라나는 것이고, 식민지 근대성 또한 저항적 근대성의 토대 위에서 존재가 가능하다는 것이다. 한반도의 남과 북은 결코 자족적인 존재가 아니라 상호 의존하고 있는 존재들이라는 것이다.

영화에서 "거짓을 만드는 서사는 직접적으로 시간이미지, 즉 시지각기호(opsign)와 시간기호(chronosign)에 의존"(같은 책, p. 137)한다. "비무장지대를 수색하던 중에 지뢰를 밟아 대열에서 낙오된 이수혁 병장"을 도와 목숨을 구해 준 '북조선 인민군 중사 오경필과 전사 정우진'의 영화이미지는 이수혁 병장이 북조선 인민군이 되는 '시지각기호'인 동시에 오경필 중사와 정우진 전사가 대한민국 국군이 되는 '시간기호'이다. 식민지 근대성과 저항적 근대성을 공유하고 있는 관객들의 몸은 이미 이수혁 병장이 되고, 군사분계선을 넘어 오경필 중사와 정우진 전사가 된다. 따라서 식민지 근대성의 남한도 아니고 저항적 근대성의 북조선도 아닌 남과 북의 경계에 있는 새로운 감각이미지를 구성하고 있는 관객들에게 이수혁 병장이 군사분계선을 넘어 북측 벙커에서 오경필 중사와 정우진 전사를 만나는 것은 너무도 당연하다. "거짓의 변형들이 [한반도가 지니고 있는 근대적] 진실의 형태를 대체하고 있는 것"(같은 책, p. 134)이다. 이러한 '진실의 형태를 대체'하는 거짓이야기는 초코파이를 먹으며 즐거워하는 정우진 전사, 가수 김광석의 죽음을 정말로 애도하는 오경필 중사 그리고 아프리카 식민지해방전쟁에 참가한 오경필 중사의 모험담에 귀를 기울이는 이수혁 병장의 이미지들이 어우러지면서 식민지 근대성은 저항적 근대성의 이미지를 쟁취하고 저항적 근대성은 식민지 근대성의 이미지를 쟁취한다.

남한의 근대적 현실성은 식민지 근대성이다. 그러나 남한의 식민지 근대성은 더 많은 저항적 근대성의 잠재성을 토대로 존재한다. 그리고 북조선의 근대적 현실성은 저항적 근대성이지만, 그 저항적 근대성은 더 많은 식민지 근대성의 잠재성을 토대로 존재한다. 영화에서 이수혁 병장의 이미지가 더 저항적 근대성에 토대를 두고 있고, 오경필 중사와 정우진 전사의 이미지가 더 식민지 근대성에 토대를 두고 있는 이유이다. 그리고 이러한 한반도의 두 가지 근대성이 지닌 상호모순의 잠재적 이미지가 드러나는 것은 한국계 스위스인 소피 장 소령(이영애 분)이라는 탈근대적 인물이 서로를 매개하고 있기 때문이다. 남북분단의 시초가 되는 한국전쟁에서 남과 북의 그 어느 곳도 선택하지 않은 아버지가 제3국을 선택한 덕분에 한국계 스위스인이 된 소피 장 소령의 등장으로 식민지 근대국가와 저항적 근대국가가 대립하고 있는 판문점이라는 공간은 식민지 근대성과 저항적 근대성을 모두 아우르는 탈근대적 공간이 되어버린 것이다. 그러므로 이수혁 병장과 오경필 중사 그리고 소피 장 소령은 남북분단의 근대적 공간 속에서 그 어느 공간에도 속하지 못하는 소수자들인 동시에 판문점이 지닌 남과 북과 세계를 모두 아우르는 탈근대적 인물이 된다. 들뢰즈는 이러한 탈근대적 공간을 이미 이야기하고 있다.

> 어느 한 세계에서 두 인물은 서로를 안다. 다른 세계에서 그들은 서로를 알지 못한다. 또 다른 세계에서 전자는 후자를 알고, 마지막으로 또 다른 세계에서 후자는 전자를 안다. 혹은 두 인물은 서로를 배반하고, 단지 전자가 후자를 배반하거나 후자가 전자를 배반한다. 궁극적으로 전자와 후자는 두 개의 서로 다른 이름 아래서 자기 자신을 배반하는 동일한 인물이다. (같은 책, pp. 131~32)

소피 장 소령은 이수혁 병장과 오경필 중사가 '서로를 알고' 있으면서 또 '알지 못한다'는 것을 안다. 북조선의 공간에서 오경필 중사는 이수혁 병장을 알고, 남한의 공간에서 이수혁 병장은 오경필 중사를 안다. 그곳에서 오경필 중사와 이수혁 병장은 '서로를 배반한다.' 궁극적으로 저항적 근대의 국민국가 북조선의 인민군 오경필 중사와 식민지 근대의 남한 국군 이수혁 병장은 "두 개의 서로 다른 이름 아래서 자기 자신을 배반하는 동일한 인물이다." 이것은 탈근대적 정서나 감각이 아니라 근대적 이성의 판단에서 그렇다. 판문점 중립국조사단 앞에서 만난 오경필 중사와 이수혁 병장. 식민지 근대성의 감상에 젖어드는 이수혁 병장 앞에서 탁자를 뒤엎으며 저항적 근대성의 전형적인 모습을 보여주는 오경필 중사. 관객들은 "두 개의 서로 다른 이름 아래서 자기 자신을 배반하는 동일한 인물" 오경필 중사와 이수혁 병장을 감각적으로 취득하게 된다. 근대성이 지배하는 한반도에서 식민지 근대성이 저항적 근대성을 취득하고 저항적 근대성이 서구적 근대성을 취득하는 감각적 이미지는 죽음일 수밖에 없다. 그래서 관객은 이수혁 병장처럼 자살하여 식민지 근대성으로부터 탈영토화해서 저항적 근대성으로 재영토화한다. 오경필 중사는 어떻게 되었을까? 그의 이미지는 이미 저항적 근대성과 서구적 근대성을 생산적으로 결합하여 탈근대적 인물이 된 소피 장 소령의 이미지와 겹쳐진다.

#### :: 식민지 근대성의 가족주의와 국가주의

1998년 무렵 가능해진 대한민국 영화의 네오리얼리즘과 누벨바그, 즉 근대적인 것들에 대한 '저항과 민중의 억압적 삶'의 이미지 구현과 근대 장르

영화들의 서술구조에서 "생략되어 있거나 조직되지 않은 것을 포함할 수 있는 이야기의 새로운 유형"의 발굴이라는 탈근대영화들을 주도하고 있는 박찬욱 감독은 〈공동경비구역 JSA〉을 발표한 지 2년 후에 〈복수는 나의 것〉을 만든다. 〈공동경비구역 JSA〉에서 1950년 한국전쟁 이후에 북조선과 남한이라는 서로 다른 근대국가를 구성하면서 만들어진 한반도의 두 가지 근대성, 즉 북조선의 저항적 근대성과 남한의 식민지 근대성의 만남을 탈근대적인 시간이미지의 형식으로 보여준 박찬욱 감독은 1987년 민주항쟁의 승리로 남한의 식민지 근대성이 제도적 민주화를 통해서 서구적 근대성으로 변모했음에도 불구하고 대한민국이라는 지리철학적 공간 속에서 서구적 근대성이 식민지 근대성으로 작동하는 가족주의와 국가주의의 파괴적 속성을 근대적 폭력의 구조로 제시한다. 인간의 삶을 생성적인 공동체로 만드는 가족과 국가라는 공동체가 근대적 폭력의 구조가 되는 것은 삶의 일 대 일 관계의 이미지를 '아버지-어머니-나'라는 가족주의적 삼각구조로 전환시켜 근대사회와 근대 국민국가의 토대를 '아버지-어머니-나'라는 가족주의적 계몽주의를 국가주의 이데올로기로 승화시키기 때문이다.

근대 국민국가가 가족주의적 계몽주의를 국가주의 이데올로기로 승화시키고 있다는 점에서 〈복수는 나의 것〉에는 보이지 않는 가족주의 이데올로기는 작동하지만 '아버지-어머니-나'라는 가족주의 삼각구도를 구성하는 실제 가족의 구성원들은 등장하지 않는다. 영화가 보여주는 모든 인간의 이미지는 고아(혹은 노마드)다. 고아의 이미지는 일 대 일 관계의 이미지에 따라서 '아버지-아들' '어머니-딸' 혹은 연인이나 친구 관계의 이미지를 만든다. 영화에 등장하는 청각장애인 노동자 류(신하균 분)도 고아다. 그는 역시 고아인 신장이식 수술을 받아야 하는 누이(임지은 분)와 오누이 관계이다. 누이가 보내준 대학을 중퇴한 노동자 류는 또한 또 다른 고아 운동권 대학생 영미(배두나 분)와 연인관계에 있다. 부인과 이혼을 한 동진(송강호 분)도 마찬가지이다. 그는 고아이면서 유선(한보배 분)과 '아버지–딸'의 관계에 있다. 따라서 〈복수는 나의 것〉이 보여주는 가족주의의 가해자이면서 피해자인 류와 동진은 모든 고아들 중에서 유일하게 가족구성원으로 역할을 한다. 즉 류는 신장이식 수술을 받아야 하는 환자인 누이를 보살펴야 하고, 동진은 어린 딸 유선이가 성장하여 스스로 관계를 맺을 수 있을 때까지 보살펴주어야 하는 아버지 역할을 한다. 그리고 류와 영미의 연인관계가 가족관계와 유사한 것은 류가 청각장애인이기 때문에 영미가 류를 보살펴주는 관계의 이미지가 제시되기 때문이다.

이처럼 개체적일 때는 고아이면서 관계적일 때는 친구나 연인 관계의 가족을 구성하는 인간사회나 국가에서 가족주의 폭력이 등장하는 것은 가족주의적 계몽주의를 국가주의 이데올로기로 승화시킨 근대 국민국가가 자본주의를 토대로 유지되고 있기 때문이다. 친구나 연인 관계는 자본주의를 통해 가족주의로 작동하고, 가족과 국가는 자본주의를 통해서 가족주의와 국가주의를 동일하게 만든다. 이러한 측면에서 식민지 근대국가와 마찬가지로 서구적 근대국가를 지탱시켜 주는 '가족주의–국가주의–자본주의' 역시 가족주의 오이디푸스의 삼각구조를 이룬다. 자본이 모든 관계를 결정하는 자본주의 사회에서 고아나 노마드의 개인이 맺는 친구나 연인 관계의 가족은 가족주의 이데올로기로 작동하는 것이다. 학교와 병원은 자본주의를 토대로 한 가족주의 이데올로기가 극단적으로 반영되어 국가주의를 작동시키는바, 돈 있는 자만이 학교든 병원이든 갈 수 있다. 그래서 류는 대학을 중퇴하고 노동자가 되며, 누나의 신장이식 수술을 위해 동진의 딸 유선이를 유괴하기로 결심한다. 류가 유선이를 유괴하기로 결심하는 배경에는 영미의 국가철학이 지니고 있는 '선과 악의 이분법'이 근대적으로 변형된 '좋은 유괴와 나쁜 유괴'라는 이분법적 이데올로기가 결정적인 역할을 한다.

선과 악의 이분법은 '좋은 유괴와 나쁜 유괴'뿐 아니라 '좋은 사람과 나쁜 사람'의 이분법을 만든다. 가족주의와 국가주의가 작동하는 세계에서 내 가족, 내 국가, 내 조직 편에 있는 사람은 좋은 사람이고 반대편에 있는 사람은 무조건 나쁜 사람이다. 류에게 누이와 자신의 가족관계를 파괴하는 사람은 나쁜 사람이고, 동진에게 자신과 딸의 가족관계를 파괴하는 사람은 나쁜 사람이다. 근대적 의미에서 반국가적인 영미의 조직도 가족주의가 관통하는 하나의 가족이고, 류의 신장과 돈을 강탈한 범죄조직도 가족주의가 관통하는 하나의 가족이고, 살인사건을 수사하는 경찰조직도 가족주의가 관통하는 하나의 가족이다. 그렇기 때문에 선과 악의 이분법은 가족주의와 국가주의가 작동하는 내 가족, 내 국가 혹은 내 조직 너머에 있는 또 다른 가족·국가·조직 세계를 볼 수 없다. 가족주의가 작동하는 아버지-딸의 가족, 누이-동생의 가족, 어머니-아들의 범죄가족은 서구적 근대의 국가주의가 작동하는 경찰가족이나 이 서구적 근대의 국가주의에 저항하는 반국가주의 운동권조직의 가족과 마찬가지로 근대 국민국가의 국가주의를 유지시키는 가족주의 기관들로 작동한다. 그래서 류는 가족주의 폭력이 작동하는 국가주의 속에서 가해자에서 피해자 신분으로 이동하고 동진은 피해자 신분에서 가해자 신분으로 이동한다.

이러한 가족주의와 국가주의 기관들에서 탈영토화된 기관들 없는 몸이 류의 누이와 동진의 딸 유선이다. 그래서 류의 누이는 류가 자신의 신장이식 수술을 위해 유선이를 유괴한 사실을 알고 자살을 하고, 유선이는 자기를 유괴한 류와 영미를 오빠언니라고 부르며 가족주의가 작동하지 않는 친구나 연인 관계의 가족이 되려고 한다. 이런 가족은 국가와 사회가 책임을 져야 한다. 심지어 어머니-아들의 정신박약아 범죄조직 가족도 국가와 사회가 책임져야 한다. 그러나 가족주의와 국가주의가 작동하는 근대 국민국가는 이런 가족을 책임지기보다 오히려 가족주의와 국가주의를 작동시키는 범죄조직으로 유도한다. 우연한 사건으로 보이면서도 가족주의의 작동 속에서 필연적이기도 한 누이와 유선이의 죽음은 가족주의와 국가주의의 자발적인 폭력이 극단으로 치닫도록 만드는데, 류는 자신의 신장과 돈을 강탈한 범죄조직의 정신박약아 가족을 폭력적으로 능지처참을 하고 동진은 유선이를 납치하는 데 일조한 영미를 전기감전으로 태워죽이고는 마침내 류를 찾아내서 몸을 갈기갈기 토막 내어 죽인다. 그리고 동진은 영미의 반국가 테러조직에 의해 그들만의 법률에 의거해서 재판을 받고 살해된다. 이들이 죽음으로써 이들의 노동으로 만들어진 자본은 국가주의가 작동하는 근대 국민국가의 요체인 경찰과 병원과 학교로 환원된다.

그렇게 영화는 끝난다. 가족은 파괴되고 가족주의와 국가주의와 자본주의만 살아서 또 다른 가족과 고아들을 파괴할 준비를 한다. 그러나 스크린의 동진과 류와 영미의 이미지는 살아서 관객들에게 말한다. 동진이는 나의 아버지이기도 하고, 류는 나의 동생이기도 하며, 영미는 나의 연인이기도 하다. 이혼한 동진과 신장이식 수술을 받아야만 하는 류의 누이가 맺는 부부관계, 청각장애인 류와 어린 소녀 유선이의 오누이관계, 냉철한 이성을 소유한 운동권학생 영미와 그림을 그리고 싶어 하는 류의 연인관계. 상호 생성적인 이들의 관계 속에 가족주의와 국가주의는 존재하지 않는다. 이들의 상호 생성적인 관계에서 자본은 상호 생성적인 삶의 수단이지 자본을 목표로 삶을 희생시키는 자본주의의 도구가 아니다. 누이와 유선이가 기관들 없는 몸이었던 것처럼 동진이와 류와 영미가 기관들 없는 몸이 되었을 때, 그들이 맺는 부부관계·오누이관계·연인관계는 가족주의와 국가주의의 희생물이 되는 것이 아니라 노마드의 가족과 노마드의 국가를 만드는 원동력이 될 것이다. 영화에 등장하는 인간이미지와 마찬가지로 자본 또한 자본주의의 도구가 아니라 근원적으로 기관들 없는 몸이다.

## 2) 근대적 이분법의 남성성과 여성성

### :: 근대적 이분법의 남성성: 박찬옥 감독의 〈질투는 나의 힘〉

식민지 근대성의 절정이던 1980년대의 대학시절에 MT를 가면 어김없이 누군가가 캡틴Q 아니면 베리9골드를 배낭에서 꺼내곤 했다. 근사하게 생긴 병에서 '또-로-록' 소리를 내며 술잔 위로 쏟아지는 노란 빛깔의 가짜양주의 힘은 소주나 막걸리로 거나하게 취한 우리를 짜릿하게 흥분시키곤 했다. 캡틴Q나 베리9골드가 등장하면 나처럼 술꾼들만 흥분하는 건 아니었다. 술을 못 마시는 샌님친구들도 덩달아 노란 가짜양주 맛을 보려고 술

병 주위로 몰려들곤 했다. 그렇다. 그 당시 우리는 캡틴Q와 베리9골드를 마시면서 청와대를 배경으로 앉은 궁정동 안가에서 시바스 리갈을 마시다가 죽은 박정희와 발렌타인18년산을 즐겨 마신다는 김종필을 질투하면서 식민지 근대 지배자들의 흉내를 내곤 한 것이다. 이튿날 머리가 빠개지도록 아픈 그 가짜양주를 욕망하게 하는 힘, 그 힘이 바로 식민지 근대사회에서 진짜 양주를 마시는 사람들에 대한 질투의 힘이었고, 그 힘이 환원되어 식민지 근대사회를 유지시키는 힘으로 역작용을 하였던 것이다. 그러한 흉내와 질투의 힘은 근대 국가철학으로 무장한 지식분야에서도 마찬가지이다. 그래서 시인 기형도는 「질투는 나의 힘」에서 이렇게 이야기한다.

> 아주 오랜 세월이 흐른 뒤에
> 힘없는 책갈피는 이 종이를 떨어뜨리리
> 그때 내 마음은 너무나 많은 공장을 세웠으니
> 어리석게도 그토록 기록할 것이 많았구나
> 구름 밑을 천천히 쏘다니는 개처럼
> 지칠 줄 모르고 공중에서 머뭇거렸구나
> 나 가진 것 탄식밖에 없어
> 저녁거리마다 물끄러미 청춘을 세워두고
> 살아온 날들을 신기하게 세어보았으니
> 그 누구도 나를 두려워하지 않았으니
> 내 희망의 내용은 질투뿐이었구나
> 그리하여 나는 우선 여기에 짧은 글을 남겨둔다

나의 생은 미친 듯이 사랑을 찾아 헤매었으나

단 한번도 스스로를 사랑하지 않았노라.

그래서 1980년대를 경험하고 기형도처럼 자신의 삶과 지식을 구성하였던 '희망의 내용'이 오직 식민지 근대성의 이분법으로 만들어진 서구적 근대성에 대한 '질투뿐이었다'는 것을 발견한 영화관객들은 박찬욱 감독과 마찬가지로, 20세기 말과 21세기 초의 대한민국 네오리얼리즘과 누벨바그의 한 역할을 담당하고 있는 박찬옥 감독의 〈질투는 나의 힘〉에서 영문학을 공부하는 이원상(박해일 분)이 하루라도 빨리 기형도처럼 "내 희망의 내용은 질투뿐이었구나"를 깨달아 "미친 듯이 사랑을 찾아 헤매는" 진정한 사랑은 '스스로를 사랑하'는 것이라는 탈근대적 사실을 발견할 수 있기를 바랄 뿐이다. 그러나 식민지 근대성의 대한민국을 살아온 불쌍한 식민지 청춘은 서구적 근대성이 지배하는 1990년대나 2000년대에도 근대성의 이분법에서 온전하게 벗어나지 못한다.

〈질투는 나의 힘〉에 등장하는 이원상의 '질투'는 마치 주인과 노예의 계급사회에서 광대들의 거짓흉내인 것처럼 근원적으로 진짜가 될 수 없고 아무리 진짜라 하더라도 가짜가 될 수밖에 없는 식민지 근대사회에서 드러내놓고 '가짜양주'를 욕망하는 힘이다. 이처럼 식민지 근대사회의 가짜양주와 거짓욕망이 만들어낸 편집증적 질투의 힘은 사디즘과 마조히즘이라는 관계적 표현형식으로 드러난다. 사디스트와 마조히스트는 상생관계가 부재한 곳에서 자라나는 기괴한 식물과 같다. 그래서 식민지사회에서 사디스트와 마조히스트는 왕성한 생명력을 가지고 자라난다. 하지만 근원적인 인간과 인간의 관계는 상호생성이 이루어지거나 이루어지지 않는 만남과 이별의 연속(탈영토화와 재영토화 과정)이지, 사디스트와 마조히스트만 존재하는 소유하고 빼앗기는 관계가 아니다. 소유하고 빼앗기는 것은 자본일 뿐이다. 연인이나 친구를 자본으로 생각할 때, 우리는 연인 혹은 친구가 지니고 있는 생성적 의지와 상관없이 소유했다, 빼앗겼다고 말한다. 우리의 삶도 마찬가지이다. 그러므로 우리가 상호 생성적인 만남과 이별의 연속적인 과정을 소유하거나 빼앗기는 자본 또는 권력의 관계로 대체하는 자본주의나 권력중심의 사회에 살고 있거나 혹은 그 대체관계를 규정하는 권력의 본질이 진짜양주와 진짜영문학이라는 '저 너머 세계'에 존재하는 식민지사회에 살고 있을 때, 인간이 서로 먹고 먹히는 사디스트와 마조히스트의 관계는 약육강식이라는 자본주의 혹은 식민지적 관계의 연결고리로 자본주의적 인간과 식민지 원주민을 끊임없이 재생산한다.

낙하산 임명으로 새로 부임한 사장과 편집장의 관계에서 이원상의 질투대상인 폭력적이고 권위적인 한윤식(문성근 분)은 얼마나 힘없고 가여운 노예 같은가? 한윤식의 보이지 않는 폭력을 고스란히 간직하고 있는 이원상은 하숙집 여인에게 얼마나 폭력적인 존재로 기능하는가? 사디스트는 곧 마조히스트이고, 마조히스트는 곧 사디스트이다. 사디스트와 마조히스트의 관계처럼 진짜는 곧 가짜이고, 가짜는 곧 진짜이다. 이런 근대적 이분법의 고리를 끊는 사람은 누구인가? 영화에서 한윤식은 늙은 장인에게 "나는 후회하고 싶지 않습니다"라고 말한다. 그러나 늙은 장인이 죽은 부인을 언급하면서 '후회스럽다'고 말하는 것처럼 그도 늙어서 후회하지 않을까? 따라서 편집장의 권력을 휘두르는 한윤식의 과거는 이원상이고, 이원상의 미래는 한윤식이다. 이러한 남성의 관계 속에서 여성은 그 모습이 지워지거나(뒷모습으로만 등장하는 이원상의 옛 애인), 비록 모습이 있다 하더라도 목소리가 존재하지 않는다(한윤식의 부인). 관객들은 한윤식이 늙고 병들었을 때의 목소리 없는 미림(한윤식의 딸)을 통해 뒤집힌 권력관계, 즉 사위(이원상)와 장인(한윤식)의 전도된 권력관계를 상상할 수 있다. 끊임없이 후회하면서 살아온 이원상은 늙은 장인 앞에서 이렇게 말할 것이다. "나는 후회하고 싶지 않습니다." 이러한 역전관계는 어린 미림이 그의 어머니처럼 자신의 목소리를 전혀 지니지 않았을 때만 가능하다. 그러나 미림이 성연(배종옥 분)처럼 자기 목소리를 지닐 수도 있다. 그러면 그 역전관계는 성립하지 않는다.

이 모든 것은 캡틴Q와 베리9골드라는 가짜양주 때문이다. 캡틴Q를 즐기는 사회. 진짜는 없고 가짜만 판치는 사회. 그런데 진짜소주와 가짜소주는 있는가? 진짜막걸리와 가짜막걸리는 존재하는가? 소주와 막걸리처럼 술은 다 술이다. 진짜술과 가짜술은 없다. 나는 양주보다 들쭉술과 안동소주를 더 좋아한다. 박정희나 김종필과 같은 과거의 권위체제를 신비화시키는 양주에 대한 신비화가 캡틴Q와 베리9골드 같은 가짜양주를 찾게 만든다. 국문학이나 몽고문학, 아동문학이나 비교문학 등, 모두 다 문학이다. 진짜영문학과 가짜영문학은 없다. 진짜영문학에 대한 신비화가 우리 삶이 고스란히 배어 있는 모든 문학을 가짜로 만든다. 이것은 마치 미국 할리우드영화가 우리 영화를 가짜로 만들고 그 문화적 생명력을 갉아먹는 것과 같다. 보이지 않는 폭력에 길들여진 이원상처럼 할리우드의 폭력영화나 장르영화에 길들여진 우리 관객들은 우리의 아픔을 고스란히 보여주는 〈질투는 나의 힘〉 같은 영화들을 외면한다. 〈질투는 나의 힘〉은 막걸리나 동동주 혹은 들쭉술이나 인삼주 같은 영화다. 나와 우리의 치욕스런 아픔과 고통을 그대로의 아픔과 고통으로, 슬픔과 분노를 날 것의 슬픔과 분노로 고스란히 드러내어 보여준다.

서구적 근대성의 일부인 기독교주의의 절대적 신이나 신플라톤주의의 이데아와 같은 절대적 정신(이성)의 진짜는 존재하지 않는다. 진짜-가짜 이분법에는 진짜에 대한 신비화가 자리 잡고 있다. 신비화는 폭력과 억압의 한 방편이다. 출판사 편집장인 한윤식이 신비화시키고 있는 작가, 즉 "원한에 가득 찬, 영혼에 상처가 있는 존재"라는 작가에 대한 명제는 문학에 대한 절대적 지식이라기보다 작가를 신비화시키는 동시에 이 사회에 존재하는 모든 거짓작가를 지배하기 위한 근대문학 비평가와 교수들의 근대적 지배전략이다. 한윤식이 신비화시키고 있는, 자기 '문체'를 가졌다는 솔 벨로우는 미국에 있는 수많은 가짜들 중 하나일 뿐이다. 진짜로 "원한에 가득 찬, 영혼에 상처가 있는 존재"란 존재하지 않는다. 그것은 비평가나 교수들이 예술가를 통제하기 위해 만들어낸 신비화의 한 방편일 뿐이다. 혹은 한윤식이나 이원상처럼 이 세상의 모든 존재는 "원한에 가득 찬, 영혼에 상처가 있는 존재"이다. 시인 기형도처럼 마침내 '스스로를 사랑하는' 사람이 작가이고 시인이다. 그래서 작가와 시인은 작품을 통해 독자들에게 스스로를 사랑하는 방법을 제시한다. 영화도 마찬가지이다.

아! 이 땅의 청춘들이여! 이 세상에 존재하지 않는 진짜를 추구하지 말고, 그래서 노예처럼 나는 "나의 주인이 아니다"라고 변명하지 말고, 진짜로 좋아하는 것을 위하여 편안한 근대적 이분법의 습관을 박차고 나오는

'성연'처럼 "스스로를 사랑하자!" 천상천하 유아독존(天上天下 唯我獨尊)의 노마드적 욕망, 그것만이 우리가 진정으로 살아가는 힘이다. 박찬옥은 영화감독이다. 그리고 그의 사회적 성은 여성이다. 사회적으로 규정된 여성이 사회적으로 규정된 남성의 힘을 질투, 즉 가짜양주를 욕망하는 힘으로 묘사하는 영화의 심연에는 엇나간 길을 가고 있는 아들을 바라보는 어머니와 같은 측은지심(惻隱之心)이 도사리고 있다. 그 측은지심에 도달하기 위해선 박찬옥 감독처럼 혹은 영화에 등장하는 박성연처럼 지속적인 여성 되기를 시도해야 한다. 여성 되기란 캡틴Q라는 가짜양주 혹은 '아버지'라는 가족주의가 만든 언어적 허상의 권력 혹은 식민지사회가 만든 근대적 질투의 거짓욕망의 영토로부터 탈영토화하여 생성적 관계의 선분으로 나가야 하는 것이다. 그 고통의 무게가 얼마나 클까? 그래서 사회적으로 길들여진 여성들만 존재하는 주위환경(가정주부가 된 친구조차 그녀의 이야기를 듣지 않는다) 속에서 여성 본연의 생성적 힘을 지닌 성연의 노마드적 욕망의 삶은 탈근대적 광기의 형식을 띨 수밖에 없다.

### :: 근대적 이분법의 여성성: 박찬욱 감독의 〈친절한 금자씨〉

박찬옥 감독의 〈질투는 나의 힘〉에 등장하는 이원상은 박성연의 간절한 소망에도 불구하고 여성 되기를 통한 생성적 연애의 여성성을 지닌 남성이 되지 못하고, 식민지의 가부장을 대표하는 제2의 한윤식이 되어 식민지 근대의 남성성을 더욱 강화시키는 역할을 한다. 그러나 1948년 무렵의 이탈리아나 1958년 무렵의 프랑스에서 근대적 이탈리아와 근대적 프랑스의 이미지는 서서히 기울어지는 황혼과 같은 역할이었듯이 1998년 이후의 대한민국에서 서구적 근대에 대한 '질투는 나의 힘'으로 존재하는 근대적 이분법의 남성성은 이미 기울어진 황혼 이후의 '개밥바라기별'이다. 한윤식의 딸 미림은 뒷모습만 보이는 이원상의 과거 애인이나 목소리를 잃어버린 그녀의 어머니, 즉 근대적 이분법의 여성으로 성장하지 않을 것이 분명하다. 이런 면에서 박찬욱 감독은 〈친절한 금자씨〉에서 〈질투는 나의 힘〉에 등장하는 이원상이 하지 못한 여성 되기를 실행한다. 박찬욱 감독에게 이것은 어쩌면 당연한 것인지도 모른다. 탈근대인의 탈근대세계에서 한반도의 두 가지 근대성을 간파한 그가 서구적 근대성과 저항적 근대성을 관통하고 있는 근대적 이분법의 왜곡된 남성성과 여성성의 이미지를 영화이미지로 포착하지 않을 리가 없다. 그 이미지는 아마 〈공동경비구역 JSA〉에서 근대와 탈근대의 경계인으로 등장하는 소피 장의 과거가 지닌 근대적 이미지이거나 〈복수는 나의 것〉에서 저항적 근대성을 추구하는 영미의 완전한 식민지적 근대의 이미지라고 할 수도 있을 것이다. 그래서 폭력은 미시적 관계에서 반복된다. 그 미시적 관계의 폭력에서 벗어나는 길은 거시적 폭력의 이미지를 제공하여 탈근대적 광기의 형식을 영화이미지로 보여주는 것이다.

〈친절한 금자씨〉에서 탈근대적 광기를 보여주는 금자(이영애 분)는 "정말이지… 착하게 살고 싶었답니다"라고 말하는 아름다운 여성이다. 그러나 "주변사람들의 시선을 단번에 사로잡을 만큼 뛰어난 미모의 소유자"인 금자씨는 남성 중심의 대한민국 근대성에 매몰되어 "스무 살에 살인죄 누명을 쓰고 감옥에 가게 된다. …13년 동안 교도소에 복역하면서 누구보다 성실하고 모범적인 수감생활을 보내는 금자." '친절한 금자씨'라는 말도 교도소에서까지 유명세를 떨치던 그녀에게 사람들이 붙여준 별명이다.

"그녀는 자신의 주변사람들을 한 명, 한 명 열심히 도와주며 13년간의 복역생활을 무사히 마친다." 그러나 친절한 금자씨의 실제적인 경험을 보여주는 '13년간의 복역생활'이라는 감옥세계의 이미지는 식민지 근대의 경험을 고스란히 간직하고 있는 대한민국의 축소판이다. 따라서 금자씨는 감옥에서 〈공동경비구역〉과 〈복수는 나의 것〉에서 제시하고 있는 한반도의 두 가지 근대성을 고스란히 경험하면서 그러한 근대적 경험을 자신의 삶으로 내재화한다. 같은 감옥의 죄수로 복역하고 있는 남파간첩을 통해 남과 북의 적대적 공존을 대한민국 남성과 여성의 적대적 공존으로 내재화하고, 남성중심 사회에서 남성이 되어버린 '마녀'가 괴롭히는 여성을 위해 계획적으로 그 마녀를 죽이기도 한다. 그래서 금자씨는 모두가 죄인이라는 대한민국 감옥의 평등한 세계 속에서 각각의 파괴적 관계를 생성적 관계로 변형시키고, 그러한 변형이 불가능할 때는 파괴적 관계의 주범을 처단하고 폭력과 억압 속에서 희생당하는 모든 소수자들을 위해 친구가 되고 연인이 되는 사람이 바로 '친절한 금자씨'이다.

한반도의 북조선이 미국 제국주의에 대항하듯이 혹은 이라크나 아프가니스탄이 미국 기독교주의에 대항하듯이, 영어로 먹고 사는 백선생에게 대항하여 적과 싸우면서 적을 닮아가는 식민지 대한민국에 존재하는 금자씨의 끊임없는 재생산은, 오늘날 세계에서 서구·백인·남성 중심주의를 대변하는 미국이 지배하는 서구적 근대성을 유지시켜 주듯이 오늘날 대한민국을 미국·유사백인·남성 중심주의의 식민지 근대성을 지속시키는 자양분이다. 영화에 등장하는 백선생은 여고생이었던 금자씨가 임신하기 전에 그 학교에 교생실습을 나온 선생님이었다. 그래서 그녀는 임신한 자신을 받아줄 곳이 아무 데도 없는 세상에서 백선생에게 전화를 걸어 보호를 요청한다.

금자씨와 백선생의 여성과 남성이라는 이성관계의 이미지를 일제 식민지 조선과 미국이라는 국가관계의 이미지로 가로질러 사유해 보자. 백선생이 금자씨가 다니는 학교에 교생실습을 나온 선생님인 것처럼 미국은 일제 식민지시대에 우리가 일제에 저항하여 근대국가를 만드는 서구적 민주주의의 모델이었다. 그래서 금자씨가 아이를 임신한 것처럼 식민지 조선이 근대국가를 안전하게 출산하기 위해 미국의 보호를 요청하였을 때, 미국은 백선생이 금자씨에게 폭력을 가했듯이 조선 민중에게 폭력을 가하여 마치 백선생이 금자씨와 그 딸을 헤어지게 한 것처럼 남한과 북조선을 분단시켜 금자씨와 그 딸이 하나의 가족을 이루지 못하게 한 것처럼 남한과 북조선이 하나의 국가를 이루지 못하게 하고 있다. 그러나 문제는 미국이 아니라 한반도에서 근대 국민국가라는 상상의 공동체에서 살고 있는 백선생과 금자씨이다.

금자씨는 백선생에게 복수를 하기 전에 미국으로 입양된 딸을 찾아나선다. 그녀는 자기 딸에게 자신이 무지한 상태에서 백선생에게 어린 딸의 보호를 요청한 것에 대해 죄를 고백하고, 그녀와 딸이 헤어지게 된 일을 어린 딸의 두 눈으로 똑똑하게 목격하도록 만든다. 그러나 백선생은 마치 미국이 자기 조국이고 영어가 모국어인 양 영어를 지식과 학문의 전부라고 생각하는 오늘날 대한민국 대부분의 교수·의사·검사 들처럼 자신의 미국·유사백인·남성 중심주의의 허구성을 깨닫지 못하고 제2, 제3의 금자씨를 끊임없이 재생산한다. 〈공동경비구역〉에서 남한과 북조선의 소통을 가로막는 국가주의와 〈복수는 나의 것〉에서 개인과 개인의 소통을 가로막는 가족주의처럼, 백선생은 미국과 유사백인 형식으로 구성된 남성 중심주의의 허구적 자아에서 벗어나지 못하고 자신의 삶이 이 세상의 전부라고 생각한다. 그래서 그에게 여성은 끊임없이 자신의 욕망을 소비하는 성적 대상일 뿐이고 자본은 자신의 욕망을 소비하기 위해 수단과 방법을 가리지 않고 축적해야 하는 최고의 이상이다. 오늘날 대한민국이 미국·유사백인·남성 중심주의의 사회구조인 한 대한민국의 자본주의는 제2, 제3의 백선생을 끊임없이 재생산한다. 따라서 서구적 근대성의 대한민국과 대한민국의 근대적 남성성이 미국·유사백인·남성 중심주의 폭력과 억압의 고리를 끊는 일은 자신 속에 내재해 있는 북조선의 저항적 근대성과 조화와 상생의 구조를 형성하여 생성적 여성성을 회복하는 것이다. 그것은 근대성이 끊임없이 각인시키는 자신을 국가인이나 가족인, 남성이 아니라 탈근대의 노마드나 고아로 인식하는 데서 출발한다.

### 3) 탈근대의 노마드 이야기: 〈올드 보이〉와 〈싸이보그지만 괜찮아〉

#### :: 〈올드 보이〉: 기억의 과거와 망각의 과거

하나의 언어가 어떤 이미지의 기호라면, 하나의 언어가 제시하는 이미지는 그것과 다른 또 하나의 언어의 이미지로 변형되었을 때 그 언어의 올바른 인식이 가능하다. 그리고 어떤 언어의 이미지는 항상 시간(역사)적이고 공간적인 지리역사적(geo-historical) 의미를 가진다. '올드 보이'라는 영어의 이미지는 우리말로 번역했을 때에 단순히 '늙은 소년'이 아니라 '노자'(老

子)라는 역사적이고 공간적인 의미의 이미지를 전달한다. 그래서 우리는 영화를 보고 스스로에게 "40이 넘은 나는 올드 보이인가 올드 맨인가"라는 질문을 던져보아야 한다. 영화의 영상이미지로 보면, 올드 보이로 등장하는 최민식보다 올드 맨으로 등장하는 유지태가 훨씬 젊고 활기가 있어 보인다. 그러나 올드 보이인가 올드 맨인가는 단순히 요즘 유행하는 몸짱의 육체로 판단하는 것은 아닐 것이다. 우리 역사에서도 죽을 때까지 청년으로 산 문익환 목사와 함석헌 선생 같은 분들이 있었다. 문익환 목사와 함석헌 선생을 노자에 비유하는 것은, 대부분의 사람들이 나이가 들면서 공자(孔子)처럼 세상을 지배와 피지배 관계로 인식하는 것과 달리 문익환 목사와 함석헌 선생은 나이가 들고 지식을 획득했음에도 불구하고 어린아이처럼 세상을 하나의 이미지와 하나의 이미지의 관계, 즉 일 대 일 상호생성관계로 인식하기 때문이다. 그래서 노자의 『도덕경』과 마찬가지로 문익환 목사와 함석헌 선생은 오늘날의 대한민국에서 노마드와 노마드의 관계, 일 대 일 상호생성관계를 파괴하고 있는 남과 북의 근대 국가주의와 서구 근대성의 인식론을 비판하는 것이다.

박찬욱 감독의 〈공동경비구역〉과 〈복수는 나의 것〉 그리고 〈친절한 금자씨〉와 〈올드 보이〉는 주제의식이 뚜렷한 서로 다른 영화이미지의 서술을 보여준다. 그렇지만 이야기 서술이 서로 다름에도 불구하고 그의 영화들은 공통의 그 무엇을 지니고 있는 듯하다. 개인과 사회의 이분법이 불가능한 그 무엇이다. 〈공동경비구역〉이 대한민국과 조선민주주의인민공화국의 군인이라는 정착민의 구도를 깨려는 한반도에 존재하는 근대적 노마드의 비극이라면, 〈복수는 나의 것〉은 근본적으로 노마드인 각각의 인물들이

나는 누구의 아버지이고 누구의 동생이라고 고착되어 있기 때문에 만들어지는 비극이며, 〈친절한 금자씨〉는 각각의 노마드가 나는 남성이고 나는 여성이라고 고착되어 있음으로 해서 만들어지는 비극이다.

노마드와 정착민의 관계는 근본적으로 영화의 시간이미지이다. 그리고 영화의 시간이미지는 과거의 시간과 현재의 시간이 상호 갈등하는 시간에 관한 탈근대적 인식을 제공한다. 〈공동경비구역〉은 집단의 시간, 즉 민족의 과거라는 집단적 역사의 기억이 현재에 살고 있는 개인들의 관계를 무차별적으로 파괴하는 분단의 역사를 다루고 있다. 그리고 〈복수는 나의 것〉과 〈친절한 금자씨〉는 가족과 개인의 시간, 즉 '나'의 현재를 지배하는 가족이나 성(gender)의 과거라는 개인의 기억이 현재에 살고 있는 나를 무차별적으로 파괴하는 복수의 역사를 다루고 있다. 이 영화들의 차이는 〈공동경비구역〉에서 보여주는 집단적 역사의 기억이 〈복수는 나의 것〉과 〈친절한 금자씨〉에서 가족과 개인의 과거에 대한 기억으로 대체되고, 전자에서 보여주는 개인들의 관계를 무차별적으로 파괴하는 민족의 역사가 후자에서 가족과 개인의 역사로 대체되었다는 것이다.

분단의 역사에 대한 민족의 기억은 대한민국과 조선민주주의인민공화국이라는 근대 국민국가의 식민지 근대성의 국민국가와 저항적 근대성의 국민국가라는 반 쪼가리 국가주의를 만들고, 가족의 과거에 대한 개인의 기억은 나와 너로 구성된 남성성과 여성성의 결합으로 이루어진 '우리'라는 관계를 상실한 식민지 남성성과 저항적 여성성이라는 반 쪼가리 가족주의를 만든다. 스피노자의 말처럼 "신은 개인의 마음속에 있는 미래를 생성시키는 힘이지만, 종교의 사제는 일신주의를 수단으로 신도의 피를 빨아먹는 흡혈귀이다." 마찬가지로 국가와 가족은 그 구성원들이 성장하고 자라나는 미래를 생성시키는 도구이지만, 국가주의와 가족주의는 민족과 개인에게 하나의 과거만 기억하게 하면서 그들의 현재와 미래의 피를 빨아먹고 사는 독재자와 아버지의 사탕발림으로 만들어진 채찍이다. 이처럼 신이 종교의 사제로 대체되는 기독교적 일신주의와, 민족과 개인이 국가와 가족으로 대체되는 국가주의와 가족주의는 시간을 오직 과거의 시간으로만 인식하는 서구 근대성의 시간관에서 비롯한다. 오로지 기억의 시간만이 시간이라고 인식하는 서구 근대성의 시간관은 신이 종교의 사제로 대체되었던 과거의 시간 그리고 민족과 개인이 국가와 가족으로 대체되었던 과거의 시간을 절대적 시간으로 인식하도록 강요한다. 그래서 종교의 사제가 되기 이전의 과거와 국가와 가족이 되기 이전의 과거에 노마드였던 시간을 선사시대의 시간 혹은 야만의 시간으로 치부한다.

〈공동경비구역〉에서 민족의 분열과 파멸로 이끈 국가를 책임지는 사람은 없다. 무엇이 국가인가? 〈복수는 나의 것〉과 〈친절한 금자씨〉에서 개인의 분열과 파멸로 이끈 가족과 남성을 대표하는 사람은 없다. 무엇이 가족이고 무엇이 남성인가? 국가주의와 가족주의와 남성주의에서 국가와 가족과 남성은 상상적인 과거의 기억과 허구의 미래를 먹고 자란다. 해방과 분단이라는 민족의 과거, 행복했던 가족의 과거, 부인과 아이를 양육했던 과거, 그러한 과거는 정말로 존재하는가? 아니다. 그것은 단지 집단과 개인의 기억으로만 존재하는 과거이다. 과거는 아직 형성되지 않은 미래처럼 바닷가의 모래알만큼이나 많다. 그래서 우리는 그 수많은 과거를 모두 기억하지 못한다. 다만 기억하고 싶은 것들만 기억한다. 우리가 기억하는 것은 현재와 연결되어 있는 과거일 뿐이다. 우리는 현재라는 시간을 살고 있는 것이다. 영원한 현재라는 시간, 노마드의 현재, 그 노마드의 현재가 사건을 통해서 끊임없이 과거와 미래를 재구성한다. 그리하여 박찬욱 감독은 〈올드 보이〉에서 현재라는 사건의 시간성을 통해 하나의 과거와 모래알처럼 헤아릴 수 없이 많은 과거, 즉 기억의 과거와 망각의 과거를 다룬다. 기억의 과거와 망각의 과거는 영화의 현재를 살고 있는 '올드 보이' 오대수(최민식 분)라는 인물과 '올드 맨' 이우진(유지태 분)이라는 인물의 관계를 압축적으로 보여주고 있다.

이러한 과거에 대한 관념은 프로이트와 들뢰즈를 생각하게 한다. 프로이트에게 인간은 기억의 동물이지만, 들뢰즈에게 인간은 망각의 동물이다. 프로이트에게 인간은 누구의 아버지나 어머니 혹은 누구의 아들이나 딸이다. 그러나 들뢰즈에게 인간은 고아, 즉 누군가와 관계를 맺어 국가나 가족이라는 영토를 구축하고자 하는 노마드이다. 프로이트의 정신분석학 이론은 현존하는 국가와 가족을 통해 국가주의와 가족주의를 끊임없이 구성하지만, 들뢰즈의 노마돌로지는 국가주의와 가족주의로부터 탈영토화하여 새로운 미래의 아름다운 국가와 가족으로 재영토화하는 지식을 구성하도록 도와준다.

"오늘만 대충 수습하며 살자"라는 시간의 현재성을 삶의 신조로 삼고 사는 오대수는 나와 너 그리고 우리 같은 평범한 샐러리맨이다. 어느 날, 술이 거나하게 취해서 집으로 돌아가는 길에 그는 누군가에게 납치되어 사설 감방에 갇히면서 영화는 시작한다. 그렇다. 오늘날을 살고 있는 우리 모두는 시간의 현재성 속에 살고 있다가 어느 날 갑자기 누군가에게 납치되어 '대한민국'이라는 감방에 갇히고 혹은 인동 장씨니 안동 김씨니 반남 박씨니 하는 '가족'이라는 감방에 갇혀버린다. 그 누군가는 우리에게 너는 서구적(식민지) 근대성으로 만들어진 대한민국 국민이라고 '호명'(interpellation)하거나 누구의 아들딸로 호명하거나 남성여성으로 호명한다. "오늘만 대충 수습하며 살자"라는 가족의 한 구성원으로 존재하는 오대수보다 더 큰 가족주의의 감옥에 갇혀 있는 이우진처럼 우리는 대부분 가족주의나 국가주의 감방에 갇혀 있음을 깨닫지 못한다.

이우진 같은 근대인들을 지배하는 시간이 바로 과거의 현재이기 때문이다. 그래서 이우진에게 과거는 단지 하나의 과거인 것처럼 우리의 과거도 하나라고 생각한다. 그러나 오대수처럼 너와 나 그리고 우리가 어느 날 갑자기 감방에 갇혀 있다는 것을 깨닫는 순간은 모래알같이 많은 과거를 다시 회상하는 순간이다. 과거는 재구성된다. 그 순간, 하나인 것 같은 과거는 눈덩이처럼 불어나서 오대수처럼 네댓 권의 노트에 깨알 같은 '악행의 자서전'을 기록해도 과거는 어느 하나로 수렴하지 않는다. 과거는 현재의 사건으로 만들어지는 어떤 관계를 기다리면서 끝없는 노마드의 이야기로 흩어질 뿐이다. 그래서 우리는 궁극적으로 오대수처럼 고아이고 노마드이다. 가족주의나 국가주의에 의해 그 어떤 과거로도 규정되지 않는 고아와 노마드에게 존재하는 것은 오직 미래일 뿐이다. 현재의 사건은 과거의 시간을 노마드의 이야기로 재구성할 뿐만 아니라 미래의 시간을 노마드의 이야기로 재구성한다.

우리의 일상적 삶처럼 오대수의 미래도 어느 날 느닷없이 다가온다. 우리의 미래는 만남으로 이루어진다. 출퇴근의 만원지하철, 버스정류장, 강의실 혹은 캠퍼스 잔디밭이나 영화관 로비에서 어느 날 느닷없이 '클로즈업'되어 나타나는 또 다른 노마드로 존재하는 그/그녀와의 만남을 통해 미래는 갑자기 다가온다. 우리가 하나 이상의 관계를 통해 무리를 구성하고 사는 인간인 한, 우리의 미래 또한 하나의 미래가 아니다. 〈올드 보이〉의 오대수에게 15년의 현재라는 시간 이후에 갑자기 주어지는 미래는 두 개의 관계로 요약된다. 하나는 천사 같은 미도와 새로운 미래를 만들면서 사는 관계이고, 또 하나는 악마 같은 이우진과 불행의 과거를 추적하여 가족주의와 국가주의의 의미를 재구성하는 관계이다. 오대수와 미도의 관계는 노마드적 삶(생명)의 욕망이 만드는 관계이고, 오대수와 이우진의 관계는 가족주의와 국가주의의 정착민이 과거의 향수 속에서 죽어가는 죽음의 욕망이 만드는 관계이다. 그래서 미도는 오대수에게 말한다. 죽음의 욕망이 만드는 과거에 대한 집착의 관계에서 벗어나 아무도 모르는 세계로 탈주하여 새로운 영토를 만들자고. 그러나 15년이라는 현재의 시간성 속에서 오직 과거의 시간만 가지고 살았던 오대수는 과거의 시간성이 죽음의 욕망이 만드는 관계의 실체라는 사실을 발견하지 못한 채 무작정 도망칠 수는 없다.

영원한 현재라는 시간성 속에서 영토화되어 있지 않은 미도의 탈주를, 과거의 현재로 영토화되어 있는 오대수는 도주로 인식하는 것이다. 자신이 영토화되어 있음을 인식치 못하면 자신의 삶을 파괴하는 그 영토로부터 탈영토화할 수 없다. 오대수처럼 술 좋아하고 떠들기 좋아하며 평범하게 살아가는 우리의 평화로운 일상적 삶을 죽음으로 몰고 가는 과거로 구성되어 있는 인식적 영토의 실체는 무엇인가? 그래서 오대수는 자신의 삶을 파괴하고 있는 알지 못하는 과거를 추적한다. 오대수는 과거를 추적하면서 자신과 죽음의 관계를 맺고 있는 이우진이 마치 국가나 아버지처럼 도청장치와 청부조직으로써 자신의 삶을 지배하고 있다는 사실을 발견한다. 국가보안법이나 경찰과 중앙정보부의 사찰이 두려워서 스스로 자기검열 체계를 작동시키는 우리 자신과 다를 바가 없다.

오대수가 추적하여 발견한 과거는 식민지 근대성과 주체적 근대성의 근친상간처럼 이우진과 그 누이의 근친상간을 목격하였다는 사실이다. 그러나 오대수는 자신이 이우진의 근친상간을 목격한 사실을 모른다. 이우진이 그것을 근친상간이라고 부르는 것일 뿐이다. 이우진의 근친상간은 오대수에게 프로이트의 가족주의 정신분석학에서 말하는 절대로 보지 말아야 할 '아버지의 거시기'이다. 그것은 가부장제 아버지의 법률이고, 오대수를 지배하고 폭력을 행사하는 이우진이라는 근대국가가 만든 국가보안법의 법률이다. 그러나 가족주의나 국가주의라는 과거의 시간성을 지니고 있지 않은 오대수는 폭력을 휘두르는 독재자 이우진에게 말한다. "너의 누이를 죽인 것은 내가 아니라 [아버지와 국가를 상징하는] 너 자신이다."

그러나 문제는 지배와 폭력을 휘두르는 집단이나 개인은 항상 자신의 권력을 유지하기 위해 지배와 폭력의 대상을 자신의 죄의식으로 스스로 무너지게 만든다. 이우진은 오대수에게 말한다. "네가 사랑하는 미도는 너의 딸이다." 이로써 이우진뿐만 아니라 오대수도 근친상간의 범죄자가 된다. 오대수가 지니고 있는 영원한 현재의 시간에 가족과 국가라는 과거의 시간을 각인시키는 것이다. 그리고 과거의 시간을 구성하고 있는 가족주의와 국가주의는 모든 관계를 '지배-피지배' '아버지-아들' 관계로 옭아매는 파시즘의 그물망이다. 그래서 오대수는 스스로 이우진의 개가 된다. 기억이라는 과거의 시간을 통해 죄의식을 불러일으키는 수단은 신이나 이데아 같은 초월적인 것도 있지만 가족과 국가처럼 절대적인 것도 있다.

초월주의와 절대주의는 '과거-현재-미래'라는 일직선상의 시간 속에서 개인과 집단의 과거를 지배한다. 그러나 스피노자의 지적처럼 영원한 현재의 시간 속에서 신이나 이데아는 초월적 또는 절대적인 것이 아니라 현재에 살고 있는 모든 존재의 내부에 있는 보이지 않는 생명의 힘이고, 그 생명의 힘이 작동하여 구성되는 가족과 국가는 과거의 역사로 구성된 절대적인 것이 아니라 미래를 구성하는 생성적 관계이다. 따라서 국가는 대통령이나 국회 혹은 법률에 의해서 만들어지는 것이 아니라 민중이나 대중의 무리에 의해서 구성되며, 가족은 '아버지-어머니-나'라는 오이디푸스 삼각구조로 만들어지는 것이 아니라 노마드와 노마드의 사랑과 우정이라는 일 대 일 관계에 의해 만들어지는 것이다. 오대수도 오직 하나로 수렴된 과거의 기억 속에서 이우진이 그의 누이를 죽인 것처럼 미도를 죽여야만 하는 것일까? 아니면 이우진이 스스로 죽은 것처럼 자신도 스스로 죽음을 선택해야 하는 것일까?

오대수가 15년 동안 감금되어 있었기 때문에 모든 것이 현재인 것처럼, 그래서 오대수가 어른이 되는 과정을 생략한 채 올드 보이가 된 것처럼 우리는 오직 영원한 현재에 살고 있을 뿐이고 현재는 각각의 만남이라는 사건을 통해서 과거와 미래를 재구성하는 힘이다. 현재가 이우진처럼 지배와 폭력을 통한 자기파괴이거나 오대수처럼 복수와 울분으로 만들어진 죽음의 길이라면, 그 과거는 가족주의나 국가주의의 틀 속에서 벗어나지 못한다. 그러나 이우진과 달리 오대수에게는 두 개의 길이 열려 있다. 하나는 이우진이 각인시킨 과거의 기억이고 또 하나는 미도를 통한 과거의 망각이다. 이제 그에게는 새로운 삶과 새로운 미래가 필요하다. 새로운 삶과 미래를 구성하는 자에게 과거는 기억의 과거가 아니라 망각의 과거이다. '사랑'(love, 愛)이나 '친구'(friend, 親舊)는 과거를 규정하는 명사가 아니고 미래를 구성하는 동사다. 과거의 명사는 항상 미래의 동사가 만드는 생성에 의해서 재구성되고 재명명된다. 그래서 그는 과거로 구성된 현재를 망각하고 끊임없는 감각의 사건을 통해서 현재의 미래를 구성하기 위해 스스로 두 눈을 뽑아버린다. 과거로 각인되어 있는 현재를 보지 않고 미래를 구성하는 감각으로 존재하기 위해서이다. 그는 장님이 되어서 비로소 '올드 보이', 즉 노자와 들뢰즈가 말하는 이미지 존재론의 세계로 들어간다.

### :: 〈싸이보그지만 괜찮아〉: 탈근대적 사랑과 욕망의 생명력

영국과 프랑스와 독일이 초기근대에서 핵심근대로 넘어가던 19세기 중반 유럽세계의 시대정신을 가장 잘 보여주는 선언문은 칼 마르크스의 「공산당선언」(The Communist Menisfesto)이라고 할 수 있을 것이다. 그리고 후기근대에서 탈근대 시대로 전환하는 20세기 후반 미국을 비롯한 지구촌 세계의 시대정신을 가장 잘 보여주는 선언문은 도나 해러웨이의 「사이보그선언」(The Manifesto for Cyborg, Haraway 1992, pp. 190~233)이라고 할 수 있다. 칼 마르크스가 "자유민과 노예, 귀족과 평민, 영주와 농노, 길드 장인과 직인, 즉 억압자와 피억압자"(데이비드 보일 2005, 46쪽)의 '끊임없는 대립과 투쟁'의 역사가 서구 근대 부르주아사회에서 노동자계급의 착취와 억압으로 계승되는 것을 막기 위해 "만국의 노동자들이여 단결하라!"(같은 책, 91쪽에서 재인용)고 호소하는 것은 당시 노동자나 노동자계급이 서구 근대 부르주아사회에서 착취당하고 억압당하는 모든 인간을 대변할 수 있다고 믿었기 때문이다. 그러나 마르크스가 「공산당선언」에서 밝히고 있듯이 "아메리카의 발견과 아프리카 회항로의 발견은 성장하던 부르주아지에게 새로운 땅을 활짝 열어주었을" 뿐만 아니라 "동인도제도 및 중국의 시장, 아메리카 식민지 개척, 식민지 교역, 교환수단 및 상품 일반의 증가로" 형성된 "전례를 찾아볼 수 없을 만큼 급속하게 발전"한 노동자나 노동자계급이 지니는 '봉건사회의 혁명적 요소들'(같은 책, 47쪽)은 새로운 '공산주의라는 유령'(같은 책, 45쪽)으로 수렴되기보다 유럽이 아닌 아메리카와 아프리카와 아시아의 식민지지배를 더욱 강화하려 하는 근대 제국주의 국가의 국민으로 수렴되었다.

칼 마르크스가 "국산품으로 충족되었던 예전의 욕구"가 "먼 나라와 토양의 생산물이 필요"한 시대가 되고 "수많은 민족문학과 지방문학이 [탈근대의 영화를 통해] 하나로 합쳐진 세계문학을 이룬"(같은 책, 51쪽) 것은 19세기 후반 유럽의 현상이었던 것과 동시에 오늘날 전지구적 현상이기도 하다. 따라서 "농촌을 도시에 종속시킨 것과 마찬가지로 야만적이고 반(半)야만적인 나라들을 문명국에, 농업민족을 부르주아 민족에, 동양을 서양에 종속시킨"(같은 책, 52쪽) 20세기 후반의 유럽 노동자나 노동자계급은 억압당하고 착취당하는 '만국'의 보편성을 지닌 것이 아니라 유럽 근대 부르주아사회가 만든 서구–비서구, 백인–유색인, 남성–여성의 이분법을 토대로 한 서구·백인·남성 중심의 가족주의와 국가주의의 국민에 편입되어 근대적 억압과 착취의 주인이 되어버렸다. 이러한 20세기 후반의 전지구적 후기 근대성의 현상 속에서 해러웨이는 새로운 세계를 위한 저항과 창조의 노마드적 주체의 이미지를 노동자에서 '사이보그'로 대체한다. 이것이 바로 해러웨이가 마르크스의 「공산당선언」을 풍자하여 「사이보그선언」을 발표한 이유라고 할 것이다. 싸구려 과학상상 영화에 등장하는 사이보그는 근대적 인간과 근대적 인간이 만든 기계의 혼합물이다. 그것은 그리스 신화에 등장하는 신과 인간의 혼합물인 동시에 아프리카 우화에 등장하는 인간과 동물의 혼합물이다. 따라서 사이보그는 플라톤의 이데아-현실의 이분법이나 데카르트의 정신-몸의 이분법으로 만들어진 지배와 피지배의 이분법에서 벗어나 서구-비서구, 남성-여성, 백인-유색인의 근대적 이분법은 물론이고 서구의 근대화과정에서 형성된 인간-기계, 인간-동물, 물질-비물질의 이분법을 제거하고 모든 존재의 경계로부터 벗어나 관계의 생산성을 추구한다.

해러웨이가 "페미니즘, 사회주의, 유물론에 충실한 유동적인 [탈근대적] 정치적 신화를 구축할 목적으로 쓴 선언문"(Haraway 1992, p. 190)에 등장하는 사이보그 이미지는 곧 노마드의 이미지이다. 그리고 사이보그가 만드는 저항의 삶과 창조적 세계는 노마돌로지의 지식이다. 따라서 〈싸이보그지만 괜찮아〉의 박찬욱 감독이 마르크스의 「공산당선언」이나 해러웨이의 「사이보그선언」을, 혹은 들뢰즈의 『안티 오이디푸스』나 『천 개의 고원』을 읽었는지 안 읽었는지는 그리 중요하지 않다. 그가 〈올드 보이〉에 이어 〈싸이보그지만 괜찮아〉에서 제시하는 '올드 보이'와 '사이보그'의 이미지는 곧 노마드의 영화이미지이고 그 영화이미지들의 몽타주는 곧 노마돌로지의 세계를 제시한다. 그러나 〈싸이보그지만 괜찮아〉가 제시하는 노마돌로지는 근대성의 국가철학 지식이 만든 가족주의와 국가주의의 이성에 갇혀 있는 노마돌로지이다. 그래서 우리는 근대성의 가족주의와 국가주의가 만든 이성의 이데올로기에서 벗어나 영화이미지 그 자체로 〈싸이보그지만 괜찮아〉를 볼 필요가 있다. 즉 근대성의 가족주의와 국가주의 이성이 만든 남성–여성, 어른–아이, 정상–비정상, 인간–기계의 이분법에서 벗어나 감옥이나 정신병원의 이데올로기를 해체하고 이미지 존재론으로 영화이미지를 즐기는 것이다.

남성과 어른 그리고 정상 혹은 인간이라고 일컫는 근대 자본주의 기계들이 판치고 있는 근대사회에 적응하지 못하고 정신병원이라는 공간으로 이동해야 하는 영군(임수정 분)은 흡사 애니메이션의 동화 속 인물이나 동물 이미지처럼 근대인들이 만들었으면서도 그것들로부터 소외되어 있는 형광등이나 자판기 같은 사물과 대화를 할 줄 아는 인간이라는 동물기계의 이미지이다. 근대성의 이성이데올로기의 지식에 익숙한 관객들은 그러한 영군을 여성 혹은 어린아이 혹은 인간이라고 말한다. 그러나 영화감독은 끊임없이 영군을 동물이나 기계처럼 하나의 운동하는 생명체의 사이보그로 인식하라고 요구한다. 이런 영군을 유심히 관찰하는 일순(정지훈 분)의 이미지도 동일하다. 영군과 일순의 차이는 영군이 형광등이나 자판기와 이야기하는 것처럼 미시적인 것에서 즐거움을 찾는 반면에서 일순은 자신이 속한 공동체 속에서 가치 있는 것을 쟁취(도둑질)하거나 공동체에 해악을 끼친다고 판단하면 즉각적으로 제재(폭력)를 하듯이 거시적인 것에서 즐거움을 찾는다. 노마드의 개체는 노마드 무리에 속하면서 그 무리에 영향을 끼치듯이, 그리고 노마드의 무리는 개체적 노마드의 종합인 동시에 새로운 노마드의 개체를 끊임없이 생산하듯이 미시적인 것과 거시적인 것은 항상 서로를 필요를 하며 서로를 재구성한다. 그렇게 영균은 일순의 거시적 능력에 매료되어, 마침내 자신의 미시적 상호대화 능력이 일순의 거시적 쟁취와 제재의 능력과 결합되기를 바라면서 "자신이 지니고 있는 능력을 빼앗아달라"고 요구한다. 서로가 서로의 능력을 빼앗거나 빼앗기고 싶은 것이 바로 노마드의 사랑이다.

그러나 노마드나 사이보그라는 모든 존재의 역설은 개별적 존재로 존재하면서 서로가 서로의 능력을 빼앗거나 빼앗기는 것은 전혀 불가능하다는 것이다. 우리는 누구로부터 돈을 빼앗는다고 말한다. 그러나 우리는 볼펜을 볼펜으로부터 빼앗을 수 없다. 우리는 나무를 나무로부터 빼앗을 수 없다. 우리는 자연을 자연으로부터 빼앗을 수 없다. 그래서 우리는 돈의 능력, 볼펜의 능력, 나무의 능력, 자연의 능력을 빼앗기 위해 돈과 볼펜과 나무와 자연의 능력에 우리의 능력을 빼앗기고자 한다. 자본가는 돈에게 자신의 능력을 빼앗긴 노마드이고, 시인은 볼펜에게 자신의 능력을 빼앗긴 사이보그이며, 목수는 나무에게 자신의 능력을 빼앗긴 노동자이며, 농부는 자연에게 자신의 능력을 빼앗긴 인간이다. 다시 말해 자본가는 돈의 노예이고, 시인은 볼펜의 노예이며, 목수는 나무의 노예이고, 농부는 자연의 노예이다. 이렇게 돈의 노예가 되어서야 비로소 자본가는 돈의 능력을 빼앗을 수 있게 되고, 볼펜의 노예가 되어서야 비로소 시인은 볼펜의 능력을 발휘하여 시를 창작하며, 나무의 노예가 되어서 비로소 목수는 나무의 능력으로 집을 짓고, 자연의 노예가 되어서 비로소 농부는 자연의 능력이 되어

곡식을 수확하게 된다. 이러한 노마드나 사이보그의 역설은 모든 존재와 비존재의 역설이고, 그래서 인간을 포함한 모든 존재와 비존재는 사이보그이며 노마드이다. 〈싸이보그지만 괜찮아〉에 등장하는 영군과 일순은 근대적으로 명명하는 남성이나 여성, 인간이나 동물 혹은 신이나 기계의 개념을 넘어서서 존재와 비존재의 역설을 지닌 사이보그이며 노마드이다.

정신병원에는 의사와 환자가 존재하는 것이 아니라 각각의 사이보그와 노마드들이 존재한다. 각각의 사이보그와 노마드들은 서로가 지닌 존재의 능력을 빼앗기고 빼앗는 관계가 진행되는 과정에서 의사라는 사이보그와 노마드는 감시자이고 간호사라는 사이보그와 노마드는 경비원이며, 환자라는 사이보그와 노마드는 의사가 된다. 또한 영군의 할머니는 꽃 파는 소녀의 판타지 이미지를 획득하고, 영군은 할머니의 보호자가 된다. 이처럼 사이보그와 노마드들의 관계는 각각의 관계에 따라 코미디가 되기도 하고 판타지가 되기도 하며, 로맨스가 되기도 하고 뮤지컬이 되기도 한다. 때로는 리얼리즘 영화이기도 하고, 때로는 초리얼리즘이기도 하며, 또 때로는 리얼리즘과 초리얼리즘이 교차하기도 한다. 사이보그와 노마드의 관계에 따라 각각의 능력을 빼앗기고 빼앗는 입장에서 하나의 관계는 리얼리즘이기도 하고 초리얼리즘이기도 하다. 영화에 등장하는 영상이미지가 인간 혹은 남성과 여성 혹은 동물이라는 근대적 개념이 아니라 사이보그나 노마드의 이미지이듯이, 사이보그나 노마드들이 만드는 관계의 무리, 즉 다중의 이미지는 근대적인 소유의 사랑 또는 지배의 욕망이 아니라 사이보그의 건전지 발동 용량이나 노마드의 오아시스 발견처럼 존재가 지닌 삶의 능력을 배가시키는 탈근대적인 탈소유의 사랑이거나 빼앗기고자 하는 또 다른 생산의 욕망이다. 그래서 영군과 일순의 사랑은 정신병원에 있는 수많은 노마드와 사이보그들의 삶의 용량을 강화시키는 힘이며, 자신의 능력을 빼앗아달라고 요구하는 그들의 욕망은 자본가나 시인이나 목수나 농부처럼 서로가 서로의 능력을 배가시키는 사이보그 건전지와의 접속이다. 영화에서 이들의 접속을 가로막는 것은 근대적 가족의 가족주의와 근대적 병원의 권위주의이고, 때로는 사이보그나 노마드가 되지 못하는 근대적 관객의 눈에 보이지 않는 계몽주의와 인간주의의 관념적 시선이다.

### 4) 〈박쥐〉: 19세기 영국의 드라큘라와 21세기 코리아 박쥐의 가로지르기

#### :: 19세기 후반 아일랜드의 브램 스토커와 21세기 초 코리아의 박찬욱

영화감독 박찬욱의 존재는 나를 행복하게 해준다. 박찬욱뿐 아니라 영화를 통해서 새로운 코리아를 만들고 있는 봉준호와 홍상수 등의 영화감독들이 나를 행복하게 한다. 21세기의 희망이었던 '촛불'에 대한 20세기식 재판, 평화와 통일의 소망이었던 6·15남북공동선언의 파기, 도법 스님과 문규현 신부의 생태평화를 위한 삼보일배 순례단에 대한 언론의 무관심 그리고 전국 하천정비라는 이름으로 자행되는 이명박정부의 초기근대 산업주의의 한반도 대운하가 야기하는 생태파괴 등은 21세기 코리아를 20세기 코리아로 되돌리는 무지의 만행이지만, 박찬욱 감독의 영화는 나로 하여금 21세기의 아름다운 미래를 사유할 수 있게 한다. 물론 그의 영화가 아름다운 이미지로 가득하기 때문은 아니다. 〈공동경비구역〉 〈복수는 나의 것〉 〈올드 보이〉 등에서 보는 바와 같이 그의 영화들은 고통과 불행, 아픔과 번민으로 가득하다. 그러나 그의 영화가 보여주는 고통과 불행, 아픔과 번민은 20세기 코리아를 만드는 과정의 고통과 불행, 아픔과 번민이기 때문에 그의 영화는 20세기의 아픔과 고통, 불행과 번민 속에서 21세기의 미래를 보고 미래를 사유하게 한다. 그것이 바로 박찬욱의 존재가 나를 행복하게 만드는 이유이다.

19세기 영국 식민지였던 아일랜드 출신의 소설가 브램 스토커의 소설 『드라큘라』(*Dracula*, 1897)와 이를 영화로 개작한 프란시스 포드 코폴라(Francis Ford Coppola) 감독의 영화 〈드라큘라〉(1992)[1]는 아마도 기독교의 성서나 기독교 영화들만큼이나 영국과 유럽을 넘어서 전세계에 대중적으로 널리 알려져 있을 것이다. 그리고 드라큘라, 즉 뱀파이어라는 흡혈귀 이야기 또한 기독교 등 여러 종교가 이야기하는 신의 이야기만큼이나 널리 퍼진 이야기이기도 하다. 이처럼 다양한 흡혈귀 이야기에서 브램 스토커의 『드라큘라』로 인해 드라큘라가 전세계 흡혈귀들의 대표적 상징이미지가 된 것은 브램 스토커의 소설이 지닌 근대성과 밀접한 관계가 있다. 그리고 박찬욱의 〈박쥐〉에 등장하는 '박쥐'가 서구 근대적 드라큘라의 한 아류, 즉 서구적 근대성이 지배하는 대한민국의 흡혈귀 이야기가 아니라 새롭게 21세기 대한민국이나 여타 지역의 국가들을 구성하는 흡혈귀들의 대표적 상징이미지가 될 수 있는 가능성은 브램 스토커의 『드라큘라』의 근대성을 넘어서면서 그것과 전혀 다른 박찬욱의 영화가 지닌 탈근대성과 밀접하게 연관되어 있다.

『드라큘라』의 배경은 "깊은 산 정상에 위치해 있는 황폐한 유럽 중세풍의 성과 신비로운 지하실의 비밀" 등의 전근대적 중세풍 유럽의 분위기이지만 소설의 주요 무대는 19세기 말 근대적 영국의 런던이다. 그래서 "소설의 대부분은 런던을 배경으로 전개되며, 당시 최신 의학지식[주로 정신의학 분야]도 숱하게 도입되면서" 선과 악, 이성과 감성, 기독교와 이방인, 박애주의와 이기주의 그리고 궁극적으로 과학과 미신의 대립구도 속에서 전자에 대한 정서적 연민과 논리적 승리를 통해 근대적 가치관에 신뢰를 부여한다. 즉 과학을 근간으로 한 유럽의 백인 기독교인이 궁극적으로 최고의 선이고 논리적 이성이며, 인간에 대한 박애주의를 대표한다는 것이다. 그러나 소설 『드라큘라』가 전파하는 과학을 근간으로 한 유럽 백인 기독교인이 지닌 정서적 연민의 승리는 『드라큘라』를 관통하고 있는 에로티시즘 욕망을 드러내면서 이루어지는 19세기 영국 근대성의 승리이다. 그리하여 『드라큘라』에 등장하는 과장된 에로티시즘은 19세기 영국 빅토리아 시대의 위선적 절제와 도덕으로 가득 찬 동시대인들의 무의식적 욕망을 매료시켰으며, 근대에 살고 있는 영국 빅토리아 시대 사람들을 전근대적 사유와 삶에서 벗어나게 해주었다. 이처럼 유럽의 전근대적 욕망으로부터 탈영토화하여 근대 유럽 백인 기독교인의 욕망으로 재영토화한 것이 바로 소설 『드라큘라』가 지니고 있는 근대성의 아이러니이다.

그러나 근대적으로 정의된 악마적 감각의 욕망 개념과 달리, 욕망은 들뢰즈의 말처럼 근원적으로 선도 아니고 악도 아니며, 선도 될 수 있고 악도 될 수 있는 가능성을 모두 지니고 있다. 또한 욕망은 이성과 감성을 모두 포용하며, 기독교와 이방인을 구분하지 않고, 박애주의와 이기주의를 다 포용한다. 그리고 궁극적으로 욕망은 과학적으로 분석이 가능한 것이 아니며, 또한 미신으로 치부하기에는 너무나도 과학적인 요소가 많기 때문에 과학과 미신 모두를 포용한다. 이런 면에서 박찬욱의 〈박쥐〉에 등장하는 욕망은 정신과 몸, 이성과 감성이라는 기독교적 선과 악의 이분법에 토대를 둔 근대적 욕망이라기보다 선과 악을 모두 포용하는 탈근대적 욕망이다. 계몽주의와 도덕주의라는 근대적 탈을 쓰고 있는 『드라큘라』의 은밀한 에로티시즘과 달리, 박찬욱의 다른 영화들에 등장하는 에로티시즘처럼 〈박쥐〉의 에로티시즘은 노골적이고 폭로적이며 적극적이다. 그래서 『드라큘라』에 등장하는 드라큘라가 근대 제국주의 영국 국가나 그 지배자들처럼 공포의 대상인 것과 달리, 〈박쥐〉에 등장하는 박쥐는 식민주의 근대국가나 그 지배자들처럼 공포의 대상이 아니라 연민과 측은지심의 대상이다. 『드라큘라』를 읽는 19세기 후반과 20세기 초반의 영국 독자들은 은밀한 에로티시즘을 통해 공포의 대상을 두려워하면서도 닮아가지만, 〈박쥐〉를 보는 21세기 초의 대한민국 관객들은 노골적이고 폭로적인 에로티시즘을 통해서 연민과 측은지심의 대상을 닮아가는 것이 아니라 그들과 다른 탈근대의 코리아와 새로운 욕망의 세계를 창조하고자 욕망한다.

### :: 근대의 고아, 코리아와 그 박쥐들

영화에 등장하는 모든 이미지와 마찬가지로 인간과 사회는 다 '고아'의 이미지이다. 소설도 마찬가지이다. 그런데 근대 소설가나 비평가들은 소설과 영화에 등장하는 인물의 형상화를 고아 이미지로 사유하기보다 항상 그 어떤 아버지의 아들로 사유한다. 이것은 근대가 지니고 있는 전근대성의 산물이다. 브램 스토커의 『드라큘라』는 근대 영국과 영국인이 지니고 있던 고아의 특성을 잘 인식하고 있다. 『드라큘라』의 드라큘라는 "15세기 초에 있었던 지금의 루마니아 왈라키아 왕국의 영주 블라드 백작"의 후손으로 등장한다. 블라드 백작의 별명 드라큘은 악마 또는 용[2]을 의미하는 흡혈귀이다. 따라서 '드라큘의 아들(ulea), 드라큘라'는 19세기 후반이라는 영국 근대시대에 왈라키아 왕국 출신의 전근대적 인물에 관한 이야기이다. 전근대적 과거와 결별하고 새로운 산업과 과학의 시대에 접어든 영국에서 필요한 근대적 사유의 인간과 다른 전근대적 드라큘 영주의 아들 드라큘라 백작이 근대적 영국을 위협하고 있다는 것이다. 당시 영국은 프랑스와 함께 전근대적 사유에서 완전히 벗어나지 못한 유럽 대륙의 여러 나라들과 달리 근대적 고아의 나라였다. 그러므로 브램 스토커의 『드라큘라』는 전근대적인 유럽에서 근대성을 달성한 영국이 드라큘라 백작의 전근대성에서 벗어나는 19세기 후반의 영국 사회를 반영한다.

드라큘라와 달리 〈박쥐〉에 등장하는 박쥐 현상현(송강호 분)은 고아이지만, 가톨릭 신부인 그는 종교를 통해서 노신부(박인환 분)를 아버지로 인식하고 있다. 그래서 그는 노신부의 아들로, 그리고 그의 종교적 특성으로 인해 기독교의 신 하나님의 아들로 사유하고 실천한다. 일제 식민지와 해방 이후 미군정의 입양으로 근대 국민국가로 탄생한 코리아도 영국과 마찬가지로 근대적 고아의 나라이다. 그럼에도 불구하고 코리아의 지배자들은 영화 〈한반도〉에 등장하는 것처럼 일본을 밉지만 어쩔 수 없이 따라야 하는 형님이라고 생각하고, 미국을 악의 수렁에서 대한민국을 건져준 아버지로 인식한다. 이것은 단지 정치적 위정자들만의 인식이 아니다. 한국 경제의 자본가들이 그렇게 인식하고, 한국 대학의 학자들이 그렇게 사유한다. 그들만이 아니다. 신부 현상현을 예수 그리스도처럼 추앙하는 고통받고 있는 신도들과 마찬가지로 코리아의 하층국민들도 일본을 증오하는 형님으로 생각하고, 미국을 예수 그리스도의 아버지라고 인식한다.

삶의 경험과 인식적 관찰을 통해 파악한 것을 과학적으로 명명하는 것이 아니라 맹목적인 믿음과 이데올로기적 확신으로 아버지를 만들고 형제를 구성하는 공동체가 오늘날의 코리아이고 오늘날의 코리아 종교들이다. 아버지와 어머니 그리고 형제자매로 구성된 가족과 그 가족의 언어를 차용하여 종교와 국가를 구성하는 코리아와 코리아의 종교는 가족주의 이데올로기로 이루어져 있다. 따라서 〈공동경비구역 JSA〉을 비롯한 박찬욱의 다른 영화들과 마찬가지로 〈박쥐〉에 등장하는 종교와 가족의 이야기는 곧 코리아의 근대에 관한 이야기이다. 그럼에도 박찬욱의 〈박쥐〉가 〈공동경비구역〉의 근대적 국가 이야기, 〈복수는 나의 것〉의 근대적 가족 이야기 그리고 〈친절한 금자씨〉나 〈올드 보이〉가 서술하는 근대적 개인 남성과 여성의 이야기라는 단편적 특성들을 뛰어넘는 것은 남–북, 나–너, 남자–여자, 개인–사회의 근대적 이분법으로 인한 코리아 식민지 근대성의 참혹한 결과가 아니라 그러한 참혹한 결과가 수반될 수밖에 없는 이분법의 근원, 즉 근대성의 원천을 파헤치고 있기 때문이다.

근대의 종교와 국가가 전근대 가족을 대체하는 이유는 종교와 국가가 제도적으로 인간 개개인의 탄생과 죽음을 관장하고 있기 때문이다. 전근대의 가족공동체가 자율적으로 담당했던 인간 개개인의 탄생과 죽음을 국가가 관장하는 것은 의학을 수단으로 한 병원과 종교라는 '이데올로기적 국가장치'(ISA)를 경찰이나 군대·법원 같은 '억압적 국가장치'(RSA)의 국가기관들로 통제하기 때문이다. 그러나 국가가 관장하는 이런 기관들의 존재는 항상 스스로 고아라는 인식을 통해 병원과 종교 기관들을 이데올로기적 국가장치로부터 탈영토화시켜 자본이나 권력과 상관없이 아픈 사람들을 치유하고 가난한 사람들을 돌보는 근원적인 병원과 종교의 내재적 특성으로 돌아가려는 운동을 한다. 이것은 마치 타락한 종교가 순교로써 스스로 정화되고, 타락한 병원이 인간에 대한 임상실험으로써 의학을 한 단계 발전시키는 역순환의 논리와 같다. 그러나 병원과 종교를 통치와 지배 기관들로 관장하고 있는 국가는 병원과 종교의 정상화운동, 즉 종교와 병원의 자율적인 제도화가 달갑지 않다. 그래서 국가는 병원과 종교의 내재적 특성을 종교와 병원의 근원적 특성이라 부르지 않고 절대로 접근을 허락지 않는 '악성바이러스' 혹은 '이단'이라고 선전한다.

식물인간의 콤마 상태처럼 살아 있지만 죽은 것과 같은 이 악성바이러스는 영화 〈박쥐〉에서 '이브 바이러스'라고 명명되고 있다. 이브 바이러스는 '엠마누엘 바이러스' 혹은 '바지라의 저주'로 불리기도 한다. 아버지라는 이름의 기독교적 신이 부여한 에덴동산, 아버지라는 이름으로 명령하는 근대의 국가라는 에덴동산에서 쫓겨나야만 하는 이브 바이러스는 성적 욕망이고, 성적 욕망의 근원은 앎의 욕망이다. 아버지라는 기독교의 신에 대한 맹신으로 이루어진 기독교주의와 마찬가지로 아버지라는 이름으로 명령하는 근대국가의 이데올로기는 앎의 욕망을 억압한다. 여성을 남성과 동일한 인간으로 알기, 북조선을 남한과 동일한 근대국가로 알기, 아프리카를 유럽과 동일한 대륙으로 알기 등을 부정하고 억압한다. 심지어 그러한 앎의 욕망을 억압하고 죄악시한다. 이데올로기의 정신적 억압으로 불가능하면, 국가보안법이나 아파르트헤이트처럼 근대적 관습과 법으로써 통제한다. 기독교의 이데올로기를 떠나서 "신이 우리와 함께 있다"는 인간이 신이 되고 신이 인간이 되는 엠마누엘의 세계는 유럽이나 근대의 아시아가 아니라 아프리카라는 사실을 〈박쥐〉에 등장하는 '엠마누엘 연구소'는 보여주고 있다.

'바지라(과부의 신)의 저주'라는 별명은 근대적 국가장치로 작동되는 종교와 병원의 영토주의를 적나라하게 드러내 보인다. 아버지라는 이름으로 작동되는 남성 가부장제도의 근대 가족주의는 남성-여성의 이분법으로 폭력과 억압을 합법화하는 지배와 피지배를 관통하는 근대 국민국가의 근원적 코드이다. 서구는 남성이고 아프리카는 여성, 남한은 남성이고 북한은 여성 그리고 인간은 남성이고 동물은 여성이라는 식이다. 가족주의는 가족을 종교와 병원과 학교와 사회 그리고 궁극적으로 국가와 동일시한다. 따라서 남성 가부장제도의 근대 가족주의 코드 속에 들어가는 데 실패한 근대의 바지라(과부)들은 아버지라는 이름이 없거나 아버지라는 이름을 얻는 데 실패한 독신남성들에게 앎의 욕망이라는, 근대 국민국가가 악성 바이러스라고 이름 붙인 것을 주입한다. 그래서 바지라의 저주는, 사제와 신도는 신앙을 매개로 한 친구관계이고, 병원은 치유를 매개로 한 의사와 환자의 연인관계이며, 대학은 지식을 매개로 한 교수와 학생이라는 도반(道伴, 길을 찾는 친구들)이 만드는 상아탑의 세계이며, 사회와 국가는 부자와 권력자의 폭력적 도구가 아니라 고아와 독신자로 구성된 소수자들이 친구와 연인의 가족을 이루도록 도와주어야 할 생성의 세계여야 함을 깨닫게 해준다.

브램 스토커의 『드라큘라』와 박찬욱의 〈박쥐〉가 지닌 거대한 예술성에서 차이는 드라큘라가 유럽 대륙이라는 근대 영국의 외부에서 들어온 침입자의 바이러스인 반면에 박쥐는 근대 코리아의 내부에서 탄생한 자생적 바이러스라는 점이다. 그래서 〈박쥐〉의 현상현은 근대 코리아의 내부에서 탄생한 자생적 바이러스의 본성을 알기 위해 아프리카로 떠난다. 19세기 말의 전근대적 드라큘라가 영국에 침입하여 영국인들의 피를 빨아먹는 것을 퇴치하는 것이 당시 영국의 근대적 공간이라면, 21세기 초의 근대적 바지라의 저주를 퇴치하는 연구소가 있는 아프리카는 신-인간, 인간-동물, 서구-비서구, 남성-여성 등의 이분법이 존재하지 않는 탈근대적 공간이다. 그렇기 때문에 현상현은 드라큘라처럼 외부에서 침투한 바이러스가 아니라 코리아 내부에서 자라고 있는 이브 바이러스가 서구의 백인과 아시아인이 근대화과정을 거치면서 얻게 된 병임을 알고, 그것을 치유할 수 있는 엠마누엘 백신의 개발은 오직 아프리카인들의 손에 달려 있다는 것을 알게 된다. 수많은 근대 코리아의 의사와 신부(목사)와 학자가 근대 바이러스의 근원인 일본과 미국과 유럽으로 간 이후에 근대 코리아의 기관들이 되는 것과 달리 근대적 '죽음'인 동시에 탈근대적 '순교'를 수행하기 위해 아프리카로 가는 현상현은 그의 본원적 앎의 욕망이 지니고 있는 탈근대성의 특성을 잘 보여준다.

근대 국민국가를 창시한 영국과 프랑스와 독일을 비롯한 유럽과 그 아류형태로 근대세계를 유지하고 있는 미국과 일본에서 폭력과 억압으로 점철된 근대 바이러스를 치유하고자 등장한 사유와 실천의 방식이 탈식민주의, 여성주의, 생태주의이다. 그러나 탈식민주의와 여성주의와 생태주의의 주체는 서구 백인 여성이나 유럽과 미국의 자연이 아니라 아프리카 흑인과 아프리카 여성과 아프리카 대륙이다. 서구와 백인 여성 그리고 유럽과 미국의 탈식민주의와 여성주의와 생태주의가 잘못이라는 것이 아니라, 비서구와 여성과 자연이라는 근대적 타자의 문화적 생존권 보장은 궁극적으로 근대적 착취의 가장 큰 희생자인 아프리카 흑인과 아프리카 여성과 아프리카 대륙의 탈식민주의·여성주의·생태적인 주체의 생성 없이는 불가능하다는 것이다. 그래서 아프리카의 파괴는 근대 바이러스의 핵심인 동시에 아프리카의 부활은 근대의 질병으로부터 벗어나 탈근대로 나아가는 유일한 길이다. 농촌에 가면 도시의 질병이 보이듯이, 여성이 되면 남성의 폭력이 보이듯이, 동물이 되면 인간의 야만이 인식되듯이, 아프리카에 가서 아프리카인이 되면 유럽과 아시아의 근대적 세계가 만든 바지라의 저주가 한눈에 보인다.

우리가 근대화과정을 통해 일제 식민지와 남북분단, 한국전쟁의 희생을 치렀던 것보다 더 극심한 고통을 아프리카는 경험했다. 그럼에도 불구하고 우리의 남한과 북조선이 근대화에 성공한 것과 달리 대부분의 아프리카 지역은 근대화 자체가 불가능하다. 서구에서 생겨난 근대화의 가장 큰 희생자이면서 근대화 자체가 불가능한 곳, 그래서 그곳에는 근대의 병 이브 바이러스나 바지라의 저주가 존재하지 않는다. 근대화가 불가능한 아프리카에서 앎의 욕망이라는 인간의 욕망은 부정되지 않으며, 더더욱 지배와 피지배라는 근대 국가제도를 통해 인간이 인간의 피를 빨아먹고 자기 배를 채우려고 하지 않는다. 남성의 시선으로 바라보는 여성이 아니고 문명의 시선으로 바라본 자연이 아닌 것처럼, 근대적으로 만들어진 서구 백인들의 시선으로 바라본 아프리카가 아니라 여성이나 자연 그 자체로 존재하는 아프리카의 시선으로 대한민국과 이른바 선진국이라는 일본과 미국과 유럽을 바라보아야 함을 영화 〈박쥐〉는 말하고 있다. 이 같은 아프리카와 자연과 여성의 시선을 지닐 때, 〈박쥐〉의 현상현처럼 코리아를 구성하고 있는 우리 자신이 병원과 종교와 대학과 법원과 경찰이라는 이름으로 우리 동료들의 피를 빨아먹으며 살고 있다는 것을 볼 수 있다고 영화 〈박쥐〉는 이야기한다.

**:: 근대적 죽음과 탈근대적 순교**

가출과 출가가 동일한 이미지에 대한 서로 다른 명칭의 언어인 것과 마찬가지로, '죽음'과 '순교'는 생명의 소멸이라는 이미지에 대한 서로 다른 명칭의 언어이다. 그러나 가출과 출가가 '집을 나가다'라는 이미지의 서로 다른 결과를 암시하듯이, 죽음과 순교는 '생명의 소멸'이라는 이미지의 서로 다른 결과를 암시한다. 가출과 출가가 지닌 '집을 나가다'라는 이미지의 서로 다른 결과는 존재의 파괴와 생성이다. 즉 가출은 '집을 나가는' 이미지를 통해 존재의 양육이나 성장이 불가능한 파괴와 소멸을 의미한다면, 출가는 '집을 나가는' 이미지로 기존의 가족과 사회의 가족주의와 권위주의 이데올로기에서 벗어나 자연적 삶의 관계와 우주적 지식의 습득을 의미한다. 죽음과 순교도 마찬가지다. 죽음은 육체의 소멸과 더불어 현실사회에서 사라지는 것을 의미한다. 그러나 순교는 비록 육체는 소멸되었지만, 그의 정신은 현실세계에 남아서 세계를 변화시킨다. 현실을 사는 사람들이 죽은 사람의 영혼을 통해 새로운 세계를 만드는 것이다.

영화 〈박쥐〉에서 현상현은 예수 그리스도처럼 두 번 죽는다. 로마제국의 식민지인 유대국가의 바리새파 사람들이 로마인들에게 아첨하고 로마인들이 건네주는 사소한 이익에 혈안이 되어 같은 유대인들의 피를 빨아먹으며 살고 있음을 보여주기 위해 예수가 십자가에 못 박혀 '순교'하는 것처럼, 현상현은 근대 자본주의 대한민국의 종교와 병원(법원과 대학과 가족 등의 이데올로기적 국가장치들)이 미국과 일본을 비롯한 서구에 아첨하면서 그들이 건네주는 조그마한 이익에 눈이 멀어 동족의 피를 빨아먹고 살아간다는 것을 보여주기 위해 스스로 임상실험 대상이 되어서 이브 바이러스를 투여하여 '순교'하려 한다. 그러나 예수가 십자가에 못이 박혀 순교했음에도 불구하고 예수의 제자들과 당시 히브리인들은 같은 인간이 같은 인간의 피를 빨아먹으며 살고 있다는 의미를 파악하지 못한다. 그래서 예수는 무덤에서 부활하여 다시 제자들 앞에 나타난다. 육체의 부활이다. 부활한 예수는 제자들에게 자신의 몸을 만져보게 하고 이야기도 하면서 자신이 순교한 의미를 전달하고 다시 죽는다. 그러나 예수의 두번째 죽음은 육체의 죽음이 아니라 육체의 승천이다. 그래서 그의 정신은 유대교에서 기독교를 만들고, 로마인들까지 기독교인으로 만든다. 현실을 사는 유대인들이 죽은 예수의 영혼을 통해 새로운 세계를 만드는 것이다.

예수가 십자가에 못 박혀 순교한 것처럼 현상현도 이브 바이러스에 걸려서 순교한다. 코리아 근대의 역사에서 현상현처럼 서구 백인과 아시아 남자들만 걸리는 이브 바이러스에 걸려서 순교한 사람이 얼마나 많은가? 일제시대에 '대동아공영론'을 부르짖으며 태평양 섬들과 만주벌판과 필리핀, 인도네시아에서 반미를 부르짖으며 일본인의 이름으로 순교한 식민지 조선인들. 한국전쟁에서 자유를 외치며 순교한 남한과 북조선의 우리 형제들. 베트남전쟁과 이라크 그리고 최근의 아프가니스탄에서 미국식 자본주의를 전파하기 위해 동족의 피와 같은 아시아인들의 피를 빨아먹으며 미국인의 이름으로 순교한 사람들. 그리고 최근 연예계와 언론에 종사하는 인간들이 서로 피를 빨아먹으며 살고 있다는 것을 보여주고 순교한 최진실과 장자연. 근대적인 뉴타운정책의 실상을 보여주고 순교한 용산참사의 주인공들. 그러나 예수가 십자가에 못 박혀 죽은 모습을 바라보는 당시 히브리인들과 그의 제자들처럼 근대적인 시각과 취향 속에서 살고 있는 코리아의 사람들에게 이들의 죽음은 단지 육체적인 근대의 죽음일 뿐이다. 예수 당시의 로마제국과 그 하수인들이었던 바리새인들처럼 그들의 순교를 알리는 모든 행위는 불법이고 범죄이며 죄악이다.

그래서 로마제국의 식민지인이나 유대인들만의 신의 자식이 아니라 진정한 자유와 인류 전체의 신 그 자체인 예수가 부활하여 순교의 의미를 폭로하듯이, 미국제국의 식민지인이나 근대 코리아라는 신의 자식이 아니라 진정한 예술가이고 이 시대 최고의 영화감독이라고 일컬을 만한 박찬욱 감독은 근대 코리아의 순교자 현상현을 탈근대적 의미에서 부활시킨다. 그리하여 그 자신으로 하여금 종교주의와 자본주의와 가족주의 속에서 대한민국 국민으로 사는 것은 교회와 병원과 가족 이름으로 같은 인간의 피를 빨아먹으며 사는 것이라고 폭로케 한다. 예수처럼 그가 진정으로 살아 있으며 이 시대 코리아의 남성으로 살아가고 있다는 것을 보여주기 위해 박찬욱 감독은 이 시대의 코리아와 지구촌의 관객들에게 현상현의 성기마저 노출시킨다. 그리고 근대 코리아에서 '앎의 욕망'은 교회와 병원뿐 아니라 가족까지 파괴하는 것임을 태주(김옥빈 분)를 통해서 보여준다. 근대 코리아에서 세금을 내고 사회를 구성하고 욕망을 생성시키는 사람들은 모두 같은 코리아 사람들의 피를 빨아먹고 사는 '박쥐'들이라는 것이다.

예수처럼 현상현은 태주와 함께 죽은 육체를 남겨놓지 않고 사라져 버렸다. 예수의 승천 뒤에 새로운 세상을 만드는 사람들은 예수의 열두 제자와 소수의 기독교인들이었다. 현상현의 승천 뒤에 인간이 인간의 피를 빨아먹으면서 살지 않고 교회와 병원과 가족이 신도와 환자와 부모자식들의 피를 빨아먹으며 살지 않는 새로운 세상을 만드는 사람들은 박찬욱의 〈박쥐〉를 보고 21세기의 새로운 코리아를 상상하는 관객들이다. 박찬욱 감독은 근대적 가족주의와 국가주의가 아니라 탈근대적 공동체의 상상력을 지닌 관객들에게 오늘날의 코리아가 아프리카와 아메리카와 아시아에 살고 있는 같은 인간의 피를 빨아먹으면서 자라나고 성장한 미국과 일본을 비롯한 서구의 자식이 될 것인지, 아니면 근대의 고아가 되어 미국과 일본 등 서구 백인들에게 피를 뽑아주면서 서로가 서로를 인정하며 평화롭게 사는 지구촌을 만들자고 엠마누엘 연구소에서 밤을 지새우며 새로운 백신을 개발하는 이라크와 아프가니스탄과 아프리카와 쿠바와 라틴아메리카의 친구 또는 연인이 될 것인지 묻는다. 예수의 역사적 '아우라'가 오늘날의 기독교인들을 끊임없이 거듭나게 하는 것처럼, 박찬욱의 〈박쥐〉에 등장하는 현상현의 예술적 아우라는 오늘날 코리아 영화관객들을 끊임없이 거듭나게 할 것이다.

예수가 부활하지 않았다면, 예수는 유대교의 수많은 선지자나 예언가들 가운데 한 사람이었을 것이다. 그러나 예수는 부활하여 제자들과 막달라 마리아와 함께 생활하면서 자신의 부활을 알렸다. 그래서 예수가 승천

한 후에 그 제자들은 유대인들만의 유대교에서 벗어나 인류의 기독교를 창시했다.

박찬욱의 〈박쥐〉에 등장하는 현상현이 순교하고 부활하지 않았다면, 현상현은 아마도 장자연이나 최진실 혹은 용산참사의 주인공들이나 노무현 전 대통령처럼 코리아의 현실을 보여주며 죽은 사람들 가운데 하나였을 것이다. 그러나 영화감독 박찬욱은 스크린의 이미지를 통해 이미 죽은 현상현을 부활시켜 코리아와 이 세계의 영화관객들에게 그의 부활을 알린다. 그래서 현상현이 마치 광화문의 촛불처럼 순간의 불꽃으로 타오르다 사라진 후에 지난 20세기의 근대적 코리아에서 벗어나 21세기의 탈근대적 코리아를 만드는 사람들은 현상현의 부활을 두 눈으로 목격한 〈박쥐〉의 관객들일 것이다. 예수의 제자들이 만든 기독교가 유대인들만의 기독교가 아닌 것처럼, 그리고 예수의 제자들이 만든 기독교가 널리 퍼져 로마와 유럽 전체의 기독교가 된 것처럼, 오늘날 〈박쥐〉의 관객들이 만드는 탈근대적 코리아는 남한만의 코리아가 아닌 남과 북을 모두 아우르는 남북연합(혹은 연방)의 코리아일 것이고, 그러한 상생을 토대로 한 연합(연방)은 유럽이나 라틴아메리카처럼 동아시아연합(연방)의 모태가 될 것이다.

**:: 자기반영성의 탈근대적 차이와 근대적 반복**

19세기 후반 영국의 『드라큘라』가 당시 영국 사회의 자기반영성이듯이 21세기 초 코리아의 〈박쥐〉는 오늘날 한국 사회의 자기반영성을 드러낸다. 그러므로 박찬욱의 〈박쥐〉는 프란시스 포드 코폴라 감독의 〈드라큘라〉의 모방 혹은 아류가 아니라 브램 스토커의 소설 『드라큘라』처럼 자기완성성을 가진 하나의 예술작품이다. 그 사회의 자기반영성을 드러내지 못하는 모방 혹은 아류 소설이나 영화가 자기완성성의 소설이나 영화 예술작품과 다른 점은 역사적 시간과 지리적 공간의 차이와 반복을 전혀 이해하지 못한다는 것이다. 앞에서 살펴보았듯이 브램 스토커의 『드라큘라』는 중세적인 전근대성에서 근대성으로 전환하는 19세기 후반의 영국 사회를 반영하면서 당시 영국 제국주의 국가의 사회적 욕망을 보여준다. 마찬가지로 박찬욱의 〈박쥐〉는 서구·백인·남성 중심의 식민지적 근대성에서 탈근대성으로 전환하는 21세기 초 한국 사회를 반영하면서 탈근대적 코리아의 사회적 욕망을 보여준다. 흡혈귀로 표현되는 '드라큘라'가 19세기 영국과 21세기 코리아라는 시간과 공간의 차이에도 불구하고 '박쥐'로 반복되지만, 이 흡혈귀라는 이미지의 반복은 19세기 영국 사회의 근대성과 21세기 코리아의 탈근대성이라는 차이를 드러낸다.

시간과 공간의 차이에도 불구하고 흡혈귀로 표현되는 드라큘라와 박쥐의 또 하나 결정적인 차이는 드라큘라가 근대 영국 사회에서 퇴치해야 하는 국적이 다른 전근대적 이미지의 대상이지만, 박쥐는 탈근대 한국 사회에서 퇴치해야 하는 전근대적 이미지의 대상이라기보다 식민지적 근대 사회구조에서 사회적 욕망을 어쩔 수 없이 드러내는 동일 국적의 함께 살아야 하는 근대적 연민의 대상이라는 것이다.

따라서 흡혈귀는 〈박쥐〉의 현상현뿐 아니라 영화를 보고 있는 관객들의 근대적 욕망이고, 그래서 영화 속의 현상현처럼 관객들은 스스로 근대적 욕망을 불태워 없애버리고 새로운 상생적 욕망이 자라날 수 있는 탈근대적 사회구조를 생성시켜야 한다. 다름아니라 우리 한국 사회가 우리를 끊임없이 '서구 백인과 아시아인 남성'을 욕망하도록 만드는 근대적 사회구조에서 벗어나 아시아인 여성 혹은 아프리카인 혹은 아메리카 원주민이 되도록 욕망케 하는 탈근대적 사회구조를 우리 스스로 만드는 것이다. 그러한 탈근대적 사회구조에서는 이브 바이러스나 엠마누엘 바이러스, 바지라의 저주는 존재하지 않는다.

**[ 주 ]**

1) 브램 스토커의 소설 『드라큘라』를 최초로 영화로 만든 것은 1931년 미국 토드 브라우닝의 〈드라큘라〉이다. 포드 코폴라 감독의 〈드라큘라〉가 후기근대 근대성의 드라큘라 영화라면, 토드 브라우닝 감독의 〈드라큘라〉는 브램 스토커의 소설에 충실한 핵심근대의 근대성에 더욱 충실한 영화라고 할 것이다.

2) 드라큘라의 상징이미지가 기독교의 악마와 중국을 비롯한 동양의 왕권을 의미한 '용'의 이미지를 지닌 것은 에드워드 사이드가 지적하고 있듯이 서양의 오리엔탈리즘을 통한 동양이라는 타자의 악마화와 연관되어 있다. 이런 의미에서 박찬욱의 〈박쥐〉에 등장하는 드라큘라 '박쥐'는 근대화과정에서 우리 스스로가 자신을 악마화하는 서구화과정을 뒤집어 근대화과정 속에서 유럽과 아시아가 동일시되는 드라큘라의 시공간적 특수성으로 제시한다. 영화 초반에 등장하는 드라큘라 바이러스 부재의 아프리카가 이것을 암시한다.

# 05 홍상수와 김기덕 감독: 근대성과 탈근대성이 혼재하는 후기근대의 영화이미지

## 1) 탈근대영화의 정전: 〈아메리칸 뷰티〉와 〈오! 수정〉

### :: 근대와 탈근대 영화들

근대 문학비평의 전통에 깊이 뿌리박혀 있는 시와 소설과 달리 영화예술은 그 자체로 근대의 산물인 동시에 근대를 넘어서는 탈근대의 가능성을 보여 준다. 이것은 아마도 오늘날 영화가 지닌 종합예술적 특성 때문에 더더욱 탈근대로 나아가고자 하는 대중적 욕구와 직접적으로 맞닥뜨리기 때문일 것이다. 미국 할리우드영화에서 〈아메리칸 뷰티〉가 만들어지고 한국 영화에서 〈오! 수정〉이 만들어졌다는 것은 영화제작이 단순히 제작자나 감독, 시나리오 작가에 의한 것이 아니라 관객을 포함한 시대의 산물이라는 사실을 입증해 준다. 19세기 영국이나 프랑스의 소설이 소설가와 출판사와 독자들의 상호작용으로 만들어졌듯이, 최근의 영화는 관객의 취향이나 정서의 변화가 주요한 창작동기로 발현되고 있다.

흔히 서구에서 전세계로 확산된 근대성의 특성을 자본주의에 내포되어 있는 서구·백인·남성 중심주의로 규정한다면, 자본주의의 산물인 기존의 근대 장르영화들은 서구·백인·남성의 시각에 의한 이미지 서술의 계열화가 주를 이루었다. 그러나 영화의 생산이 홍콩과 일본, 라틴아메리카 국가들로 확산되어 감에 따라 서구적 시각에 의한 이미지 서술의 계열화가 아닌 비서구적 시각에 의한 이미지 서술의 계열화가 이루어지는 영화들이 만들진 것 또한 사실이다. 그러나 이런 비서구적 영화들도 서구–비서구, 백인(인간)–유색인(비인간), 남성–여성이라는 근대 이분법을 거꾸로 전도시켰을 뿐, 근대의 이분법이 지닌 적대적이고 폭력적인 대립과 갈등을 고스란히 지녔을 수도 있다. 이런 면에서 동·서양을 막론하고 여성이 영화의 주요 관객으로 대두한 것은 단순히 액션영화에 남성과 대등한 여성주인공을 등장시키는 것을 넘어서서 기존 영화에 등장하는 남성인물의 형성에 대한 다른 시각 내지는 다른 이미지의 계열화를 내포하고 있다. 근대성에 고정되어 있는 서구·백인·남성 중심주의 시각이나 이미지의 계열화와 근본적으로 다른 탈근대나 근대 넘어서기의 시각 내지는 이미지의 계열화를 우리는 샘 멘데스(Sam Mendes) 감독의 〈아메리칸 뷰티〉(1999)와 홍상수 감독의 〈오! 수정〉(2000)에서 찾아볼 수 있다.

### :: 〈아메리칸 뷰티〉에 나타난 탈근대의 개념적 인물

〈아메리칸 뷰티〉의 첫 장면은 마치 지구 밖에서 지구라는 생명체를 관찰하듯이 하늘을 배회하던 카메라 렌즈가 미국의 한 도시를 개관하다가 마침내 이 도시의 백인 중산층가정으로 침입해 들어가는 것으로 시작한다. 건물과 건물, 거리와 거리 사이로 잘 가꾸어진 풍성한 나무들이 도시문명과 자연의 아름다운 조화를 보여주는 것처럼, 정원에 심은 '아메리칸 뷰티'라는 장미를 잘라서 아침식탁의 아름다운 조형물로 장식하는 미국 중산층가정의 잘 정돈된 모습은 미국 거대도시 할렘가의 뒷골목이나 전원의 농촌과 달리 미국 근대화의 완성으로 나타나는 근대성의 정점을 표시한다. 그러나 풍요로움과 아름다움이 조화롭게 어우러져 있는 미국 중소도시를 구성하고 있는 중산층가정의 내면으로 좀더 심층적으로 들어가면 들어갈수록 아메리칸 뷰티 장미가 상징하듯이 근대성의 풍요로움과 아름다움의 조화는 인위적인 가면일 뿐 아니라 생명성을 앗아가는 근대성의 자본주의적 덫이라는 사실이 적나라하게 밝혀진다.

중산층가정을 이끌어가는 주인공 버냄(케빈 스페이시 분)은 자본의 척도로 측정되어 아내에게 무시당하고 딸에게까지 무능한 아빠로 받아들여지고 있다. 40대 가장인 주인공 버냄이 맨 처음 내뱉는 대사가 아침에 샤워를 하면서 수음(마스터베이션)을 하며 "나는 죽어가고 있다. 아마도 1, 2년 안에 죽을 것이다"이다. 죽어가고 있는 버냄에게 살아 있음의 표시는 오직 성적 리비도의 발현인 '수음'뿐이다. 그러나 살아 있음의 표시인 수음은 성적 욕망의 대상인 타자와의 관계를 상실하였음을 의미하고, 죽음은 사회적 욕망인 인간관계의 상실을 의미하므로 수음을 통해 욕망(생명성)을 드러내는 것과 '죽어가고 있다'는 버냄의 독백은 이 영화가 버냄이라는 인물의 사회나 가정에서 이루어지는 근대적 성격이나 아이덴티티를 규명하려는 것이라기보다 한 인간의 생명성과 욕망을 다루고 있음을 암시한다.

사회나 가정에서 버냄은 무능한 중년남성일 뿐이다. 백인이 살기 위하여 유색인을 죽이고 남성이 살기 위하여 여성을 죽여야 하고 인간이 살기 위하여 자연을 죽여야 했던 근대화과정은 이제 말기근대의 극단으로 치달아 모든 사회조직들 속에서 내가 살기 위해서는 남을 죽여야 하는 극한의 경쟁논리로 가고 있다. 이 같은 근대성의 극한들 속에서 우리가 어쩔 수 없이 가정이나 사회에 고착되어 머물러 있는 한, 40대에 접어들어 무능한 중년의 남성이 아니라고 자부할 수 있는 사람이 몇이나 되겠는가? 물론 그런 사람들이 있다. 무능한 중년이 아니라고 자부하는 사람은 옆집에 있는 릭의 아버지가 보여주는 것처럼 편집증적인 파시스트의 추종자이거나 아니면 아내와 자식에게 폭력을 행사하여 그들의 생명성을 앗아가는 미시적 파시스트일 뿐이다. 따라서 오늘날 40대 남성의 생명성에 대한 척도는 근대적 자본이나 자본이 만든 사회의 질서체계인 개인적 도덕이나 사회적 지위 같은 추상적인 것이 아니라, 탈근대적인 인간의 욕망과 그 욕망으로 맺어지는 구체적 몸이 드러내는 관계의 생명성이어야 한다.

다소 희극적이긴 하지만 회사와 가정에서 죽어가고 있는 주인공 버냄이 어느 날 딸의 친구 안젤라에게서 욕망의 아름다운 대상을 발견하는 것은 새로운 생명성의 회복을 의미한다. 이후의 버냄이 다시 생명성을 획득하는 감각의 계열화 과정은 탈근대적 인간의 전형을 보여준다. 욕망은 또 다른 욕망과의 만남을 기본적인 특성으로 하기 때문에, 욕망의 대상을 발견했다는 것은 생산을 욕망하는 무정형 물질인 욕망기계가 그 대상에 자기를 등록(혹은 기입)시키는 생산 에너지원의 이접적 대상을 찾았음을 의미한다. 자본이나 명예, 권력이라는 욕망의 대상을 발견하고 그것을 추구하여 자신을 그것에 등록하여 순간적인 주체를 만들어내는 이접적 종합의 기관들로 가득 찬 몸(자본가의 몸, 국회의원의 몸, 교수의 몸, 학생의 몸, 여성의 몸, 농부의 몸 등)처럼, 버냄은 사춘기 소녀의 연인이라는 근육질의 몸을 만들기 위해 자신의 몸이 지닌 생산하는 욕망기계를 작동시킨다.

그러나 버냄은 사춘기 소녀의 연인이라는 순간적인 반(反)근대적 주체를 형성하는 과정에 있는 혼돈이기 때문에 버냄의 몸만들기는 사장을 협박하여 돈을 뜯어내거나(반자본주의), 70년대식 스포츠카를 구입하고(중세적 로망스), 또 같은 10대 소년인 릭과 함께 마리화나를 피운다(자본주의적 서열구조의 파괴)는 점에서, 무정형 물질인 욕망이 현실로 드러나는 순간 그 욕망은 필연적으로 사회적 욕망이라는 사실을 일깨워준다. 버냄은 더 이상 한 가정을 거느리고 있는 무능한 40대 중년남성이 아니라 스스로에 대한 충일감과 생명성으로 가득 찬 혼돈의 과정에서 사회적 관계를 추구하는 하나의 '기관들 없는 몸'이라는 생명체이다. 영화에서 유일하게 정상적인 부부관계를 유지하고 있는 옆집 게이부부에 대한 버냄의 태도는 그가 얼마나 무정형 물질 상태에 있는 기관들 없는 몸이 지닌 혼돈의 생성과정과 유사한지를 잘 보여준다.

근대화의 전과정에서 보여주고 있는 예술과 철학의 분리와 달리 버냄의 재생과정에서 드러나는 예술과 철학의 일치라는 탈근대성의 미학을 제시하는 것은 옆집 소년 릭의 비디오카메라에 잡힌 이미지들이다. 릭이 버냄의 딸 제인에게 이 세상의 가장 아름다운 장면이라고 보여주는 이미지들은 바람과 비닐봉지가 서로 어울려 춤을 추는 것 같은 모습과 죽은 사람에게 경의를 표하는 장례행렬이다. '바람과 비닐봉지의 만남'이라고 표현할 수 있는 첫번째 이미지의 계열화는 생명성의 유희이다. 하나의 욕망기계와 또 다른 욕망기계가 만나면 그 무엇인가를 생산해 내는 것처럼, 바람은 바다와 만나면 태풍을 만들어내고 풍력기와 만나면 전기라는 에너지를 만들어낸다. 그리고 비닐이 과일을 만나면 과일봉지가 되고 쓰레기와 만나면 쓰레기봉지가 된다. 인간이나 다른 동물과 같은 생명체가 아니라 바람과 비닐이라는 비생명체조차 만남을 통해 무엇인가를 생산해 낸다는, 바람과 비닐봉지의 만남의 이미지가 제시하는 계열화는 이 세상의 모든 존재가 지니고 있는 생명성(혹은 생산)의 원칙, 즉 영토화와 탈영토화·재영토화 과정을 인간도 여지없이 따르고 있을 뿐만 아니라, 그러한 과정이 생명에 대한 철학적 사유인 동시에 순간순간 기관들 없는 몸의 대지에 도달하는 미학적 아름다움의 표현임을 보여준다.

인간이나 인간문화가 바람이나 비닐봉지와 마찬가지로 영토화와 탈영토화·재영토화의 끊임없는 지층작용을 하고 있는 우주라는 집의 구성물이라는 사실은 "죽은 사람에게 경의를 표하는 장례행렬"의 이미지가 보여주고 있다. 앞에서도 이야기한 바와 같이 하나의 죽음은 하나의 몸이라는 생명체가 지닌 관계의 상실을 의미한다. 그런데 우리는 한 사람의 죽음 앞에 이르러서야 비로소 전통적인 생명체에 대해 경외심을 가진다. 전지구적인 근대화과정에서 상실되어 버린 몸이라는 생명체에 대한 존중이나 경외심이 하나의 죽음 앞에서 되살아난다는 것은 근대가 죽음을 숭상하는 '좀비의 시대'임과 동시에 전통적인 유목민적 삶의 형식이 여전히 우리의 사유 밑바닥에 도도히 흐르고 있음을 암시한다. 그리고 이러한 죽은 자에 대한 경의로 나타나는 노마돌로지적 삶의 형식은 인간이라는 유한적 형식 속에서 느낄 수 없는 무한의 우주나 자연으로 들어가는 절대적 탈영토화에 대한 존경심일 뿐 아니라 우주의 무한성에 대해 사유하고 그것을 미학적으로 유지하려는 철학과 예술이 합치된 표현양식이다. 이 유한적 형식 속에서 무한성을 사유하고 표현하는 철학과 예술의 미학적 합일은 유한적 범주 속에서 나타나는 기능이나 전망을 절대시하여 그것을 고정된 무한성으로 인식하는 근대성의 과학적 인식에서는 불가능하다.

따라서 릭이 죽은 버냄의 평화로운 얼굴을 "지금까지 본 가장 아름다운 모습"이라고 감탄하는 것은 버냄의 얼굴이 탈영토화나 깨달음이라는 무한성을 드러내고 있었음을 암시한다. 버냄이 안젤라가 처녀라는 사실을 알고 성적 욕망의 이접적(disjunctive) 만남으로 나아가 스스로를 근대적 남성의 욕망이 지니고 있는 허구적 아름다움의 우상인 '처녀성'에 대한 편집증적 몸으로 만들지 않고 또 다른 순간적인 탈영토화 과정으로 나아가 '기관들 없는 몸'을 달성했다는 점에서, 릭의 놀라움은 장례행렬과 마찬가지로 절대적 탈영토화에 대한 미학적 발견이라고 할 것이다. 그런데 문제는 버냄의 탈영토화가 또 다른 상대적 탈영토화가 되어 현실에서 탈근대의 개념적 인물로 형상화되는 재영토화를 이루지 못하고 죽음을 맞이했다는 것이다. 그리고 단지 자신만의 자의식 속에서 부끄럽다고 생각하는 동성연애자라는 사실이 밝혀졌기 때문에 고귀한 탈영토화를 이룩한 버냄을 아무런 이유없이 살해하는 릭의 아버지라는 한 파시스트의 존재는 근대성의 삶과 제도에서는 생명성의 원칙인 자연스러운 영토화와 탈영토화·재영토화가 불가능함을 암시한다. 또한 버냄에게 자신의 외도가 밝혀져서 총을 들고 집으로 들어서는 그의 아내 캐롤린의 모습은 탈영토화와 재영토화를 반복적으로 구성하여 자연스런 절대적 탈영토화로 나아가는 개념적 인물의 형성이 근대적 가족제도와는 거리가 멀다는 것을 암시한다.

### :: 〈오! 수정〉에 나타난 근대적 계열화와 탈근대적 계열화

욕망의 만남이라는 사건에 대한 〈아메리칸 뷰티〉의 탈근대적 계열화가 '버냄의 죽음'으로 말미암아 다소 미완의 형식에 머물렀다면, 홍상수 감독의 〈오! 수정〉은 욕망의 만남이라는 사건에 대한 근대적 계열화와 탈근대적 계열화를 동시에 보여줌으로 해서 탈근대의 개념적 인물 형성에 좀더 가까이 다가갔다. 영화 〈오! 수정〉에서 욕망의 만남이라는 무정형의 물질로 존재하는 하나의 사건은 수정이라는 소녀의 '여성 되기'라는 또 다른 사건과 계열화되어 있다. 그러나 수정의 여성 되기라는 이야기의 계열화 방식이 근대적으로 형성되는 것과 탈근대적으로 형성되는 것의 차이는 엄청나다. 근대적 계열화 방식은 남성-여성이라는 근대적 이분법으로 만들어진 남성 중심의 서열구조가 자본을 토대로 한 권력의 서열구조와 밀접하게 연결되어 있을 뿐만 아니라 끊임없이 근대적 재영토화를 통해 자본주의 강화에 기여하므로 폭력과 억압의 지속적인 유지를 목표로 한다. 이와 반대로 여성되기의 탈근대적 계열화 방식은 남성-여성이라는 남성 중심의 근대적 이분법이 깨어지는 동시에 자본을 토대로 한 권력의 서열구조가 깨어지는 욕망과 욕망의 자연스러운 만남이 지니고 있는 생명성, 즉 혼돈의 소녀가 여성이 되는 탈영토화와 재영토화의 가능성을 보여준다.

아직 청소도 끝나지 않은 대낮의 모텔 방에 젊은 남자가 들어서면서 시작되는 〈오! 수정〉은 욕망의 문제를 담백한 흑백이미지로 제시하고 있다. 영화의 흑백이미지는 각각의 색깔이 지니고 있는 고정된 언어적 은유의 이미지를 파괴하는 역할을 한다. 따라서 영화이미지의 사건에 대한 이야기 배치에서 언어와 색깔이 배제되어 있다는 것은 근대인이 의식적이든 무의식적이든 빠져 있을 수밖에 없는 '근대성의 덫'을 자유롭게 해체시킬 수 있는 영화가 지닌 하나의 과학적(기술적) 기능(장치)이라고 할 수 있다. 이러한 흑백필름의 과학적 기능은 온종일 수정을 기다리게 될 젊은 남자가 방에 들어서서 처음으로 하는 일이 몰래카메라를 찾느라 방 구석구석을 뒤지는 것이라는, 오늘날의 우화를 아주 진지하게 보도록 만든다. 이것은 흑백필름 영화가 우리의 일상적인 인식의 영토로부터 탈영토화할 수 있는 수많은 이야기의 계열을 만들 수 있는 가능성을 암시한다. 따라서 수정이 마침내 모텔 방에 들어서서 한 여성의 욕망과 한 남성의 욕망이 만나는 사건이 이루어지는 것에 대한 기억의 서술은 '어쩌면 우연'이라는 근대적 계열화와 '어쩌면 의도'라는 탈근대적 계열화에 따라 크게 세 가지의 차별적인 구성요소를 가진다.

이런 차별적인 구성요소들은 영화감독이나 시나리오 작가가 지니고 있는 인식의 차별성이다. 〈오! 수정〉에서 욕망의 만남이라는 사건에 대한 '어쩌면 우연'이라는 근대적 계열화와 '어쩌면 의도'라는 탈근대적 계열화 방식은 여전히 근대성이 지배하는 후기근대의 오늘날에 사건을 이미지로 전달하는 영화감독이나 시나리오 작가가 지닌 차별성의 중요성을 제기한다. 즉 〈오! 수정〉의 작가인 동시에 감독인 홍상수는 오늘날의 일상적 사건들을 '우연'으로 치부하고 아무런 의식 없이 이미지로 전달하는 것은 근대성의 덫에 걸려드는 것이고, 반대로 수없이 일어나는 일상적 사건들을 '어쩌면 의도'라는 탈근대적 계열화 방식으로 바라보는 것은 근대성의 덫에서 빠져나오는 길이라는 것을 알고 있다. 그러므로 '어쩌면 의도'라는 탈근대적 계열화 방식에서 '의도'는 감독인 홍상수 스스로 오늘날의 욕망의 만남이라는 일상적 사건에서 늘 소수자로 치부되고 있는 '여성이 되는 것'이다. 영화감독 홍상수가 〈오! 수정〉이라는 영화에서 남성으로 남아 있지 않고 수정이라는 '여성이 되어' 근대적 계열화의 이야기와 탈근대적 계열화의 이야기가 지니고 있는 차별성을 부각시키는 것은 일반관객인 우리도 순간순간 오늘날의 소수자인 여성, 동물, 나무, 돌 혹은 산과 강…이 될 수 있음을 암시한다.

〈오! 수정〉에서 근대적 계열화와 탈근대적 계열화의 차별적 구성요소로 우선 드러나는 것은 '처녀성'에 관한 것이다. '어쩌면 우연'이라는 근대적 계열화에서 처녀성 개념은 남성–여성과 문명(인간)–자연이라는 이분법의 인간중심주의와 남성중심주의 세계 속에서 펼쳐지고 있다. 따라서 여성이나 자연이 지니고 있는 처녀성은 남성이나 문명이 추구하는 절대적이며 초월적인 아름다움의 상징인 동시에 현실이라는 권력의 서열구조에서 지배적인 입장의 남성이나 문명에 의해 폭력적으로 정복되거나 파괴되어야 할 대상이다. 정신–몸(물질)이라는 이분법에서 파생된 이러한 무정형 물질에 대한 이분법적 시각은 여성과 자연을 절대적이며 초월적인 아름다움의 이상이라는 허구적 이미지를 지닌 계몽과 보호의 대상이라는 현실적 이미지를 동시에 전달함으로써 인간중심주의와 남성중심주의를 유지시켜 나간다. 따라서 근대적 계열화의 처녀성에 대한 이분법적 이미지는 수정을 강간하려는 권감독, 처녀성이라는 허구적 이미지를 보호하고 현실적인 성적 대상의 이미지를 그대로 유지시키면서 성적 폭력을 행사하는 오빠의 수음 그리고 자본을 통한 권감독과 후배, 권감독과 박기사라는 자본주의적 서열구조 등을 철저히 은폐하고 있는 계열화의 방식이다. 그러나 감독 홍상수가 수정이 되어 바라보는 '어쩌면 의도'라는 탈근대적 계열화에서 '처녀성'은 소녀인 수정의 몸이 여성의 몸이 되어가는 과정에서 단지 혼돈으로 존재하는 아무런 성격이 없는 무정형의 추상적 개념일 뿐이다. 관객인 우리는 수정의 처녀성과는 상관없이 하나의 욕망을 지닌 몸과 또 하나의 욕망을 지닌 몸이 서로를 요구하면서 탐닉하는 것을 〈오! 수정〉이라는 영화의 이미지들을 통해 지속적으로 보아왔다. 이러한 과정에서 처녀성 개념이 지니고 있는 이상-현실이라는 근대성의 이분법적 인식론의 계열화는 깨어지고 만다.

처녀성 개념이 지니고 있는 근대적 계열화와 탈근대적 계열화의 방식은 근대적 계열화의 언어를 폭로해서 탈근대적 계열화의 언어와 대비시키고 있다. 따라서 탈근대적 계열화 방식은 근대적 계열화의 언어가 자본을 통한 서열구조에서 자본을 가진 권력의 언어일 뿐만 아니라 남성과 여성의 만남이라는 사건에서 여성의 언어는 사라지고 남성의 언어들이 만드는 은유와 상징의 바다 위를 떠다닌다는 사실을 발견하게 만든다. 예를 들어 '어쩌면 우연'이라는 근대적 계열화에서 수정은 자신을 처녀라고 밝히면서 "웃기지 않아요?"라고 남자에게 묻는다. 처녀성을 지닌 허구의 미적 대상인 동시에 현실적으로 여성이라는 물질적 대상으로 취급받고 있는 수정이라는 한 여인에게 "웃기지 않아요?"라는 물음은 진실일 수도 있다. 그러나 현실적으로 "웃기지 않아요?"라는 수정의 대사는 남자에게 처녀성이라는 허구적 아름다움을 지닌 순간적인 권력으로 작용하며, 수정이 가진 그러한 권력은 남성중심의 욕망의 경제학을 끊임없이 작동하게 만드는 근대적 계열화의 언어를 구성하는 하나의 요소가 된다. 따라서 남성의 끝없는 욕망 앞에서 수정은 "또예요. …피곤해요. 가슴은 가졌잖아요?"라는 남성적 욕망을 대변하는 언어를 자신의 언어로 착각하는 동시에 자신도 모르게 처녀성이라는 허구적이고 추상적인 아름다움을 자본으로 대변되는 남성이 제시하는 '제주도'나 '가장 비싼 방'과 자본주의적 교환을 한다. 근대적 계열화 방식에서 여성의 욕망은 어떤 형식으로 자본과 교환되는가라는 교환형식의 차이만 있을 뿐이다. 그리하여 근대적 계열화 방식에서 욕망을 지닌 하나의 몸과 또 다른 몸의 만남은 처녀성을 빼앗느냐 빼앗기느냐라는 가해자와 피해자만 있을 뿐, 탈근대적 계열화에서 볼 수 있는 여성 되기를 통한 생성이나 구축의 이미지를 찾아볼 수 없다.

마지막으로, 홍상수의 〈오! 수정〉에서 혼돈으로 구성되어 있는 욕망의 만남이라는 사건이 몸 또는 생명성 개념을 통해서 형성되는 근대적 계열화와 탈근대적 계열화의 대비는 사건의 계열화에 필수적인 이야기에 대한 기억의 차이를 분명하게 보여준다. 욕망을 오이디푸스나 결여로 인식하는 프로이트나 라캉의 정신분석학에서 인간은 '기억의 동물'이지만, 욕망과 생산을 동일시하면서 우리가 인식할 수 있는 욕망은 모두 사회적 욕망이라고 인식하는 들뢰즈-가타리의 분열증적 정신분석학에서 인간은 '망각의 동물'이다. 즉 기억을 통해 현실적 욕망의 억압으로 나아가는 것이 아니라 망각으로써 현실과 미래의 생산으로 나아가는 것이 혼돈의 욕망이 지니는 근원적인 특질이다. 따라서 근대적 계열화와 탈근대적 계열화의 기억들이 보여주는 차이는 자본주의의 남성 중심적 욕망의 경제학을 강화시키는 기억인가, 아니면 그러한 욕망의 경제학을 해체하여 또 다른 몸이나 생명성을 구축하는 기억이냐에 달려 있다. 이러한 기억의 차이는 권감독과 박기사의 관계에서 가장 두드러지게 나타난다. 근대적 계열화에서 권감독의 생산적이지 못한 영화 만들기는 박기사의 결근으로 이어지고, 이런 관계의 단절은 박기사에게 자본으로 인식되고 있는 권감독의 부드러운 말씨로 어정쩡한 화해가 이루어지지만, 탈근대적 계열화에서 단지 자본을 매개로 한 권감독과 박기사의 자본주의적 서열관계는 몸이나 생명성을 매개로 한 생산적 욕망에 의해 파괴된다. 무능하지만 '사장의 조카사위'이기 때문에 유지되고 있던 권감독과 박기사의 서열관계가 깨어지는 것(박기사가 권감독의 뺨을 때리는 것은 〈아메리칸 뷰티〉의 버냄이 사장을 협박하는 것과 유사한 자본주의를 유린하는 쾌감을 관객들에게 전달하지 않는가?)은 수정을 "영화 안 해요?" 하고 묻고 권감독과 단절을 결심하게 만드는 계기가 된다. 과거나 현재의 근대 자본주의적 서열구조의 파괴는 수정이 성적 욕망의 발현에 대해 "하고 싶어요. 정말요. 하고 싶어요" 하고 적극적으로 표현하고 처녀성이라는 근대의 허구적이고 추상적인 아름다움(근대성의 미학)의 해체를 "미신적인 것 같지 않아요?"라고 남성의 언어로 표현하게끔 만든다.

### :: 탈근대적 영상미학: 철학과 예술의 합일

〈아메리칸 뷰티〉에서 탈근대적 인물로 제시되고 있는 버냄은 죽음으로 말미암아 탈근대적 재영토화의 가능성을 잃어버렸다. 이와 달리 〈오! 수정〉

의 수정은 욕망의 만남이라는 근대적 계열화로부터 탈영토화하여 탈근대적 재영토화의 가능성으로 남아 있는 '여성 되기'를 달성한다. 근대의 완성이자 근대성의 정점을 표시하는 미국의 〈아메리칸 뷰티〉에서 탈근대적 재영토화 가능성이 파시즘에 의해 차단되어 버리고, 근대의 미완일 뿐 아니라 이식된(식민지적인) 근대성을 지닌 우리의 〈오! 수정〉에서 탈근대적 재영토화의 가능성이 무한히 열려 있다는 것은 후기근대라는 오늘날의 근대성과 탈근대성이 지닌 이중적 중첩을 보여준다. 즉 전지구적 시대의 근대성과 탈근대성이 지닌 이중적 중첩은 우리의 근대성 속에 이미 탈근대성의 씨앗이 움트고 있었음을 암시하는 동시에 서구 근대의 완성이 곧 근대성의 종말과 더불어 탈근대성의 생성을 보여준다고 말할 수 있다는 것이다.

서양과 동양, 남성과 여성은 단지 근대의 인식적 지표면 위로 떠오른 가해자와 피해자의 구분일 뿐, 지리적인 서양과 동양 혹은 사회적 성 역할의 남성과 여성은 존재하지 않는다. 예를 들어 일본은 서양인가 동양인가? 근대화과정에서 일본은 서양이거나 동양이었다. 서구 식민지 제국주의화과정에서 일본은 서구의 일부분이었고, 그 정점인 2차 세계대전 말기에 일본은 순간순간 동양이 되기도 했다. 그러나 탈근대화과정에서 일본은 동양도 아니고 서양도 아니다. 우리도 마찬가지이다. 일제 식민지 근대화과정에서 우리는 순전히 동양으로 존재했지만, 한국전쟁이 일어나고 남한과 북한이 분단된 이후의 우리는 어떨 때는 서양이고, 또 어떨 때는 동양이기도 했다. 근대적인 남성과 여성의 이분법도 탈근대적 계열화에서는 존재하지 않는다. 페드로 알모도바르 감독의 〈내 어머니의 모든 것〉(1999)에는 남성과 여성은 존재하지 않고 억압자와 피억압자 그리고 수적으로 다수가 사회적 소수자인 여성이 되려는 수많은 이들만 있다. 사회적으로 관계가 단절되고 고립되어 있는 두 욕망을 묘사하고 있는 김기덕 감독의 〈섬〉(2000)에서 사회적 성 역할의 남성과 여성은 존재하지 않고, 오직 사디즘 혹은 마조히즘의 욕망을 지닌 인간이라는 두 마리의 동물만 존재할 뿐이다.

서구와 남성의 근대성과 달리, 주체의 부정과 배제를 통한 타자에 대한 갈망과 자기부정을 근대화과정의 주요한 요소로 구성하고 있는 동양과 여성의 근대성은 억압적 주체라는 근대화과정의 서구·남성의 '기관들로 가득 찬 몸'이 될 수 있는 하나의 극한적 가능성과 함께 끊임없는 소수자 되기를 통해 타자에 대한 갈망과 자기부정이라는 식민지적 근대의 완성, 즉 탈근대의 끊임없는 생성과 창조로 이어지는 '기관들 없는 몸' 되기의 또 다른 극한적 가능성 모두를 지니고 있다. 근대적 계열화에서 동양과 여성은 폭력적이고 억압적인 전자가 될 수 있는 가능성(강제규 감독의 〈쉬리〉나 박찬욱 감독의 〈공동경비구역〉의 남한과 북조선이라는 기관들로 가득 찬 몸 그리고 〈아메리칸 뷰티〉의 캐롤린이라는 자본주의적 권력의 몸)이 두드러지지만, 탈근대적 계열화에서 동양과 여성은 근대 서양과 남성이 근대로부터 탈영토화해서 탈근대로 재영토화할 수 있게 하는 탈주의 선(소설을 영화화한 데이비드 린 감독의 〈인도로 가는 길〉에서 인도와 〈오! 수정〉에서 탈근대적 계열화로 나타난 수정의 역할)을 의미하기도 한다.

들뢰즈-가타리의 발언처럼 유한적 기능을 연구하기 위해 무한의 세계를 포기한 과학은 새로운 생성이나 창조라는 무한성의 세계를 사유하거나 이해하지 못한다. 몸이나 생명성으로 사유하고, 욕망을 긍정하여 그 무엇의 생성과 창조로 이어지는 무한적 가능성에 대한 미학적 가치부여로 나아가는 탈근대적 계열화와 탈근대의 개념적 인물 창조에서 〈아메리칸 뷰티〉의 릭이 보여주는 비디오의 탈근대적 철학과 예술의 합일은 오늘날 하나의 가능성으로 존재한다. 따라서 탈근대적 영화들이 제시하는 철학과 예술의 합일은 또한 〈아메리칸 뷰티〉에서 불완전한 탈근대의 개념적 인물로 나오는 버냄을 계승하는 릭의 미래와 〈오! 수정〉에서 탈근대적 계열화를 통한 탈근대적 여성 되기를 이룩한 수정의 불완전한 미래를 새롭게 구축해 나가는 토대가 될 것이다. 진가신 감독의 홍콩 영화 〈첨밀밀〉(1996)에서 서로 끊임없이 '기관들 없는 몸' 되기의 생성을 보완해 주는 깡패두목 '오빠'와 '이요'(장만옥 분)의 만남처럼 또 다른 릭과 또 다른 수정의 만남이 이루어질 때, 우리는 온전한 탈근대의 개념적 인물을 형성할 수 있을 것이며 탈영토화와 재영토화를 통한 끊임없는 탈근대적 생성의 모델을 찾을 수 있을 것이다.

### 2) 홍상수의 〈해변의 여인〉과 김기덕의 〈시간〉: 사랑을 통한 시간의 정지와 변화

#### :: 홍상수와 김기덕의 유사성과 차별성

봉준호 감독의 〈괴물〉이 한국 영화 흥행 1위의 금자탑을 달성하는 즈음에 김기덕의 〈시간〉과 홍상수의 〈해변의 여인〉이 영화관에서 개봉되었다. 그러나 이들의 영화는 〈괴물〉처럼 세간의 관심을 끌지는 못했다. 예전에 이들의 영화들이 보여주었던 것처럼 세간의 관심을 끌 만한 영화는 아니었다. 그런데 재미있게도 두 감독의 영화는 두 남녀의 '사랑을 통한 시간의 인식'을 제시한다는 점에서 서로 유사하다. 물론 두 영화가 제시하는 '사랑을 통한 시간의 인식'은 정지와 변화라는 점에서 서로 다르다. 홍상수와 김기덕은 새로운 작가영화를 만들고 있다는 점에서 서로 유사하면서도 영화가 내포하고 있는 이미지들이 서로 다르다. 물론 이 세상 사람들은 모두 서로 유사하면서 또한 다르다. 그러나 이 시대의 뛰어난 영화감독 홍상수와 김기덕이 가진 유사성과 차별성은 새로운 전환기를 맞고 있는 우리 영화계에서 서로 다른 방향으로 나아가는 '꼭짓점 댄스'를 추는 두 유형의 영화를 보여준다는 점에서 매우 흥미롭다.

홍상수와 김기덕은 그들의 영화가 국내에서보다 국외에서 더 인정받기 시작한 감독이라는 유사성이 있다. 아마도 홍상수의 미국유학 경험과 김기덕의 프랑스(유학) 경험으로 두 감독은 미국과 유럽 영화의 정서를 수입하여 자신의 영화들 속에 구체적으로 체화시키는 작업을 하지 않았나 생각한다. 그러나 두 감독에게 영화공부를 위한 '외국유학'은 우리나라에 그리 흔치 않은 작가주의 영화를 만드는 힘의 원천을 제공했다. 그렇기 때문에 두 감독의 영화는 흥행에 그리 성공하지 못했음에도 불구하고 지속적으로 외국영화제 출품작으로 선정되었고, 여전히 소수의 영화마니아들이 열정적으로 이들의 영화를 기다리고 따라다닌다.

두 감독의 영화들을 기다리고 따라다니는 영화마니아가 우리나라에서 상당한 영화 전문가집단이라는 측면에서 두 감독은 우리나라 영화예술의 두 흐름을 대표한다고 할 수 있다. 즉 두 감독의 작가주의는 오늘날 우리 영화들이 보여주는 다양한 작가주의 흐름들에서 두 개의 흐름을 대표한다. 하나는 자신의 영화 만들기에서 홍상수가 추구하는 자연스러움의 아름다움이고, 또 하나는 김기덕 감독이 추구하는 인위적인 가공의 아름다움이다. 이러한 자연스러움과 인위적인 가공은 홍상수와 김기덕 영화의 상호 차별성이다. 이렇게 해서 우리는 홍상수의 〈해변의 여인〉에서 드러나는 '시간의 변화'가 후기근대의 오늘날에 탈근대의 자연스러움이라는 시간의 인식이라는 것을 알게 되고, 김기덕의 〈시간〉에서 드러나는 '시간의 정지'가 후기근대의 오늘날에 근대의 억압적인 인위적 가공이라는 시간의 인식임을 알게 된다.

**:: 김기덕 감독의 근대적 퇴행**

〈나쁜 남자〉와 마찬가지로 김기덕의 〈악어〉는 훌륭한 영화이다. 여기서 훌륭하다는 것은 그의 영화가 근대 자본주의의 이분법을 극한상황까지 몰고 가 근대성의 한계를 드러내기 때문이다. 그러므로 김기덕의 영화가 보여주는 근대성의 극한은 선-악의 이분법으로 형성된 "선과 악의 양면성이 아니라 악의 일면성이다." 근대성의 극한 속에서 "세상은 악이 썩어가는 악취로 가득하다."[1] 그러나 문제는 "세상은 먹이사슬의 고리로만 연결되어 있지" 않다. 삶의 구석구석으로 들어가 보면, 세상은 근대성의 인식론처럼 '먹이사슬의 고리'라는 서열구조로 이루어진 것이 아니라 수많은 동맹관계와 친구관계, 연인관계로 이루어져 있음을 알 수 있다. 이런 동맹관계·친구관계·연인관계를 대표하는 것이 섹스이다. 우리의 일상적 표현처럼 섹스는 누가 누구를 먹고 먹히는 것이 아니라, 어떤 남자가 어떤 여자가 되고 어떤 여자가 어떤 남자가 되는 것이다. 〈나쁜 남자〉에서 이 관계를 상실한 용패는 "살아 있는 인간보다는 죽어 있는 인간에 훨씬 가깝다."

그래서 용패는 스스로 살아 있음을 확인하기 위해서 '흡혈귀'가 되고,

"살아 숨쉬는 인간을 등치는 협잡꾼, 폭력배, 강력계 형사, 부자 들이 득실거리며 용패의 피를 빨아먹는다." 즉 근대 자본주의나 근대성의 인식론은 동맹관계와 친구관계와 연인관계를 허락하지 않고 모든 인간을 흡혈귀로 만든다. 그러므로 근대적 인간은 정도의 차이는 있을지언정 모두 다 흡혈귀이다. 그러나 김기덕의 영화를 감상하는 관객들은 근대 자본주의의 '먹이사슬' 구조를 통해서 그 "먹이사슬[구조]의 최첨단에는 권력자들이 서 있다는 것을 안다." 미 제국주의나 삼성그룹의 자본 혹은 검찰 권력 등의 "권력자들은 명령하고 지배하지만, 결코 자신의 손을 더럽히지 않는다." 그래서 그들이 "필요하면 청부업자들이 대신해서 손을 봐준다"는 근대 자본주의가 내재하고 있는 절대적 악의 근원을 탈근대의 관객들은 이미 파악하고 있다.

그런데 문제는 이런 근대 자본주의의 구조적 악을 인간의 근원적인 원죄의식 혹은 "거대하고 영원한 근대 자본주의의 구조적 악의 덩어리에 비교하여 용패의 악을 측은하고 우스꽝스러운" 측은지심으로 바라보도록 만드는 근대성의 인식론이다. 이 근대적 인식의 강요는 영화나 소설의 서술구조에서 인간과 인간 혹은 남성과 여성의 관계를 배제하고 선-악의 이분법처럼 사회-개인의 이분법이라는 틀 속에서 개인의 절대고독을 구조화한다는 것이다. 마치 〈아메리칸 뷰티〉의 주인공 버냄이 40대 중년의 죽어가는 삶 속에서 딸의 친구가 지니고 있는 섹슈얼리티를 발견하고 회사의 먹이사슬로부터 탈주하여 새로운 생명성으로 나아가는 것처럼, 혹은 정재은 감독의 〈고양이를 부탁해〉(2001)에서 '친구관계'가 스무 살 소녀들이 지닌 삶의 생명성을 죽이는 가정과 사회로부터 탈주하는 계기를 마련해 주는 것처럼, 혹은 송해성 감독의 〈파이란〉(2001)에서 죽은 파이란의 애정과 사랑을 발견하는 과정이 곧 주인공 강재로 하여금 3류 깡패사회의 먹이사슬로부터 탈주하는 힘으로 작용하는 것처럼, 근대 자본주의의 구조적 악에 저항하여 새로운 생명으로 나아갈 수 있는 가능성이 김기덕 영화에서는 근원적으로 금지되어 있다.

김기덕 감독이 지니고 있는 이 같은 근대적 인식론의 한계는 인간의 근원적인 원죄의식과 마찬가지로 여성(선)–남성(악)이라는 근대적 이분법의 절대성이다. "김기덕 감독은 여자에게 홀리고 사로잡힌 사람이다. 그에게 여자는 비밀스런 우주의 상징이면서, [절대적 악으로 구성된] 세계의 모순이 적나라하게 드러나는 공간이다." 그래서 김기덕은 근대 자본주의에 의해 형성된 여성의 이미지를, "억만 년의 우주가 불과 몇천 년 역사의 세계에 안겨 있다는 모순이 바로 여자의 상징의 현장이다. 여자는 먹이사슬의 최하단이면서 동시에 최상단에 위치해 있는 것이다. 그녀는 선이면서 악이고, 삶이면서 죽음이고, 남극이면서 북극, 천장이면서 천저이다. 여자에 비하면 남자의 악에는 그러한 우주적인 차원이 결여되어 있다. 억만 년 우주의 리듬을 타고서 여자는 삶과 죽음, 선과 악의 경계를 밥 먹듯이—아니다, 섹스하듯이 혹은 강간당하듯이라고 말해야 옳다—넘나든다"고 생각할 수도 있다. 그래서 김기덕의 의식 속에서 "여자는 먹이사슬의 천장에 머물다가 천저로 순식간에 떨어진다."

그러나 어찌 "여자에게는 자신의 고유한 세계[권력의 사다리]가" 없는가? 왜 여자만 "다만 사랑하는 남자를 통해서 천장이 되었다가 천저가 되기도" 하는가? 〈파이란〉의 주인공 강재처럼 남자는 사랑하는 여자를 통해서 천장이 되었다가 천저가 되지 못하는가? 왜 여자만이 "우주의 도약판을 딛고서 사랑하는 남자를 초월"하는가? 왜 "구조적으로 남자는 결코 선할 수가" 없는가? 남자가 근대 자본주의의 "먹이사슬 세계에 묶여 있다"는 것은 근대성의 인식론이지 남자의 근원적인 구조는 아니지 않은가? "용패는 시체에, 아이는 앵벌이에, 노인은 커피자판기에, 여자의 애인은 섹스에 매어 있다"는 것은 김기덕 영화의 서술구조이지 인간사회의 근원적인 구조는 아니지 않은가?

이러한 김기덕 영화의 서술구조가 아주 리얼하게 다가오는 것은 우리가 근대 자본주의 구조 속에서 근대성으로 인식하도록 길들여져 있기 때문이지, 초역사적인 인간과 사회의 근원적 리얼리티는 아니지 않은가? 이 같은 근대성의 인식론에서 근대 자본주의라는 "먹이사슬의 널빤지에 [있는 모든] 존재는 못이 박혀 처형당했다." 이 인식론에서 선-악의 이분법으로만 가능한 절대적이고도 "유일한 선은 [현실적 지배-피지배] 구조의 바깥에서 올" 수밖에 없다. 현실적 구조의 개혁이나 변혁은 불가능하다. "그래서 여자는 세계의 모순을 받아들이고 출산하는 자궁이면서 동시에 우주적 탈출구가 된다." 그리고 이런 근대 자본주의 구조에서 프로이트의 말처럼 모든 창조적 욕망은 죽음의 욕망이듯이 "용패에게 이 탈출구는 죽음으로의 황홀한 미끄럼틀이다."

그러나 "여성은 태어나는 것이 아니라 길들여지는 것"처럼, 남성 또한 "남성으로 태어나는 것이 아니라 남성으로 길들여지는 것"이라고 할 수 있다. 그리고 최근의 과학이 증명하듯이 모든 생명체는 음과 양, 즉 남성성과 여성성의 결합으로 이루어진 것이라고 할 수 있다. 자연에 대한 신비화가 모든 생명체에 대한 평등성을 버리고 인간중심주의로 생각함으로써 자연 파괴로 이어지는 것과 마찬가지로 현실의 여성에 대한 신비화는 여성이 남성과 마찬가지로 스스로 연인·친구·동맹 관계를 맺어 매순간 새로운 생명으로 다시 태어나는 수많은 가능성과 여성 고유의 생명성을 파괴하는 것일 뿐만 아니라 지배-피지배, 악-선의 이분법처럼 남성-여성의 이분법을 강화하여 현실 속에서 남성의 지배체제를 더욱 공고히 하는 것일 따름이다. 〈악어〉(1996)나 〈파란대문〉(1998), 〈섬〉(2000)에서 김기덕의 이러한 이분법은 미완의 형식으로 끝을 맺는다.

〈악어〉에서 '먹이사슬'의 현실로부터 벗어나고자 하는 용패와 여자는 한강물 속에서 죽음의 형식으로 '관계'를 맺고, 〈파란 대문〉에서 창녀와 주인집 여대생은 새로운 동맹관계의 가능성을 가지고 바다 위 난간에 날아가는 새들처럼 앉아 있다. 그리고 〈섬〉에서 외부로부터 차단되어 있는 두 남녀는 사디스트(남성)-마조히스트(여성)라는 이분법을 깨고 죽음으로 치닫는다. 그러나 근대성의 감옥으로부터 벗어날 가능성은 〈나쁜 남자〉에서 완전히 사라진다. 그는 근대성의 인식론을 탈근대성의 인식론으로 전환하는 것이 아니라 근대성의 인식론을 더욱 강화하고 공고히 하는 종교의 신비성으로 추락한다. 이것이 김기덕 근대영화의 한계이다.

### :: 사랑을 통한 시간의 정지와 변화

김기덕 감독의 근대적 인식론의 한계는 〈시간〉에 그대로 드러나 있다. 〈시간〉은 "그대의 어디를 움켜쥐어 잠시 멈추게 할 수 있을까"라는 광고카피처럼 변화하는 시간을 정지시키고자 하는 두 연인의 사랑이야기다. 지우

(하정우 분)와 세희(박지연 분)는 오랜 시간을 함께한 연인이다. 그러나 "세희는 지우의 사랑이 변했음을 느끼고 그 이유가 자신이 더 이상 새롭지 않기" 때문이라고 생각한다. "지우는 그런 그녀의 민감한 반응에 피곤함을 느낀다." 이런 지우와 세희의 모습은 우리 후기근대인의 일상적인 모습이다. 그러나 김기덕은 항상 오버한다. 우리의 일상적인 모습을 확대시켜 극단으로 몰고 간다. 그 극단은 근대적 퇴행이다.

지우의 피곤해하는 모습에 "상처를 받은 세희는 어느 날 갑자기 모든 흔적을 지운 채 떠나고, 과감한 성형수술로 새로운 사람, 즉 새희(성현아 분)가 되어 나타난다." 세희를 기다리다가 지친 지우는 새희와 사랑에 빠진다. 그러나 "새희는 지우를 유혹하면서 동시에 그가 예전 세희와 사랑한 것을 잊은 것은 아닌지 시험을 하고, 결국 그가 세희를 잊지 못하고 있음을 알게 된다. 그러나 예전으로 되돌아갈 수 없는 새희는 세희의 사진으로 만든 가면을 쓰고 나타나, 돌아온 자신을 사랑해 달라며 사실을 고백한다. 놀란 지우는 자리를 박차고 떠나버린다." 이제 홀로 남겨진 사람은 새희이다. 그러나 그녀는 알고 있다. 지우가 자신처럼 성형수술을 하고 다시 나타나리라는 것을 알고 있는 그녀는 밤낮없이 지우를 찾아다닌다. 영화는 마치 시간의 변화에 따라 동일한 것의 반복인 것처럼 제시된다. 그러나 김기덕의 다른 영화들과 마찬가지로 영화는 동일한 것의 반복이다가 마침내 비극으로 끝난다. 사랑의 숨바꼭질은 자동차사고로 지우의 처참한 죽음을 목도하게 되고, 자동차 바퀴에 짓이겨져서 얼굴도 알아볼 수 없는 지우의 시체를 보고 새희는 탄식하며 목 놓아 우는 것으로 영화는 끝난다.

어디에서 잘못된 것일까? 김기덕의 〈시간〉에서 두 연인의 '시간'은 정지되어 있다. 그러나 두 연인이 경험하는 자연적인 '시간'은 두 연인으로 하여금 변화할 것을 강요한다. 그 변화의 강요에 순응하여 두 연인은 '성형수술'이라는 인위적인 수단으로 대응한다. 그러나 우리가 익히 알고 있는 것처럼 성형수술은 인위적인 변화이지 본질적인 변화가 아니다. 따라서 일상적인 시간의 변화에 따른 두 연인의 변화는 본질적인 변화가 아닌 단지 외형적인 변화이기 때문에 동일한 것의 반복으로 끝난다. 시간의 변화에 따른 자연스러운 차이의 반복이 아니라 인위적이고 강제적인 동일한 것의 반복이 '근대'의 비극이다.

김기덕과 달리 홍상수의 영화는 자연스러운 차이의 반복을 제시한다. 그래서 홍상수의 영화는 '근대의 비극'이 아니라 '후기근대의 무의미함'으로 끝을 맺는 것 같다. 홍상수의 〈해변의 여인〉은 "동상이몽 로맨스, 우리 연애는 하지 말자!"라는 영화 광고카피의 언어처럼 서로 '동일한 시간의 봄이 오는 해변'에서 서로 사랑하는 두 남녀는 '동상이몽의 로맨스'를 꿈꾸는 것으로 시작한다. 그러나 그것이 정말 '동상이몽의 로맨스'인가? 영화감독 김중래(김승우 분)와 영화음악 작곡가 김문숙(고현정 분)은 봄날의 여행길에서 만나 서로 첫눈에 반해 각각이 따로 동행을 하기로 한 영화배우 원창욱(김태우 분)을 따돌리고 연인이 된다.

그러나 이튿날 아침, 상황은 전혀 달라진다. 문숙은 지난밤의 로맨스가 너무나도 아름다워 중래를 애인으로 대하는데, 그렇게 적극적이었던 중래는 마치 도둑놈 심보처럼 아주 낯선 사람으로 문숙을 대한다. 문숙도 어쩔 수 없이 자신의 동행이었던 창욱의 팔짱을 끼며 중래의 도둑놈 심보에 대항한다. 지난밤 너무나도 사랑했던 중래와 문숙이 다음날 아침에 서로 낯선 사람이 되는 것은 과거에 대한 기억과 망각의 차이이다. 중래는 문숙과의 하룻밤 로맨스를 통해 이혼한 전 부인을 기억하게 되고, 이러한 중래의 행동 때문에 문숙은 어제까지 자신의 애인이었던 창욱에게 다가간다. 김기덕과 달리 홍상수는 결코 오버하지 않는다.

글을 쓰기 위해 다시 해변을 찾은 중래는 문숙의 흔적을 찾아서 그녀와 비슷한 최선희(송선미 분)에게 다가간다. 중래는 문숙과 외모는 비슷하지만 내면이 너무나 다른 선희와 다시 하룻밤 로맨스를 시작하지만, 바로 그 순간에 문숙이 다시 나타난다. 이제 문숙 옆에는 창욱이 없다. 그러나 얼마 전까지 아무도 없었던 중래의 옆에는 선희가 있다. 선희 또한 이혼이라는 아픈 과거를 가졌다. 마치 창욱 옆에서 문숙이 중래에게 다가간 것처럼 중래는 선희 옆에서 다시 문숙에게 다가온다. 문숙 옆에서 중래는 마침내 영화 시나리오의 시놉시스를 완성한다.

중래가 문숙에게 이혼한 자기 아내의 과거를 이야기하고 문숙의 아메바 모습과도 같은 울퉁불퉁한 아이덴티티를 제시하는 것은, 그가 과거의 기억으로부터 벗어났다는 것을 의미한다. 그래서 마침내 그는 영화 시나리오의 시놉시스를 완성한다. 중래가 '문숙'이라는 이름과 그녀가 말한 '과거 독일 생활 이야기' 그리고 그녀와 중래의 '로맨스 경험'이라는 세 꼭짓점을 연결하여 자신이 알고 있는 문숙의 아이덴티티는 극히 일부분에 지나지 않기 때문에 그 기억에서 벗어나려 한다고 말하는 것은 그가 이미 과거에서 벗어났음을 의미한다. 문제적인 것의 발견은 이미 문제적인 것의 해결이다.

'하룻밤 로맨스'라는 중래의 경험은 문숙의 경험으로 반복되는 듯하다.

"한국 남자를 싫어한다"는 문숙은 중래를 괴롭히면서 중래의 지난밤 과거를 추적하는 데 집착하는 근대적인 '한국 남자'가 된다. 문숙이 선희의 초청에 응하여 술을 마시면서 선희의 질질 짜는 모습을 보면서 "너, 어쩔 수 없는 [한국] 여자구나!"라고 말하는 것은 그녀가 근대적인 '한국 여자'에서 벗어나 근대적인 '한국 남자'가 되었다는 것을 역설적으로 보여준다. 그러나 남자가 근본적으로 강한 것은 아니다. 따라서 문숙이 "한국 남자를 싫어한다"고 말하는 것은 부메랑이 되어 자신에게로 되돌아온다.

### :: 김기덕의 근대성과 홍상수의 탈근대성

수많은 현상적인 유사성에도 불구하고 홍상수와 김기덕의 차별성은 영화 만들기의 근본적인 차이에 있다. 김기덕은 근대적인 영화 만들기에 고착되어 너무나 상투적으로 영화를 만든다. 그의 영화에 등장하는 주인공 이외의 다른 인물들은 아무런 가치가 없다. 심지어 주인공들의 삶을 엮어나가는 주변 자연환경조차 그의 영화에서는 인위적이다. 따라서 그의 영화에는 눈에 거슬리는 미시적인 폭력과 잔인함이 난무한다. 주인공 이외의 모든 남성은 폭력적이고 섹스에 눈먼 짐승들이고 그 짐승들이 이끌고 있는 이 세상은 잔인하다. 그 잔인한 세상에서 주인공 이외의 모든 여성은 창녀이고 남성을 유혹하는 악녀이기 때문에 남성들을 악마로 만든다. 김기덕은 영화를 보는 관객들로 하여금 새로운 세상이나 새로운 인물에 대한 모든 상상력을 가로막는다. 그의 영화 만들기는 너무도 무지막지하여 마치 그의 영화에 등장하는 인물들에게 치욕을 안겨주는 듯하다.

홍상수는 다르다. 그는 조연 하나하나에 수많은 상상력의 가능성을 열어놓는다. 〈해변의 여인〉에서 전화 목소리로 등장하는 영화기획사의 정 대표(문성근 분), 큰 횟집 종업원이면서 중래를 위협하는 오토바이 남자(오태경 분), 해변에서 중복해서 등장하는 커플 남(윤동환 분)과 커플 녀(정주희 분) 그리고 마지막으로 중래를 데리고 가는 조연출 감독(정찬 분)은 관객들에게 너무나도 익숙한 목소리나 모습이기 때문에 관객들은 그 목소리와 모습을 보고 그들의 모습과 성격을 상상한다. 따라서 홍상수는 관객들 스스로 영화를 보고 제가끔 상상력을 발휘하도록 치밀한 노력을 한다. 이러한 상상력의 마지막에 문숙이 있다.

〈해변의 여인〉은 중래의 삶에서 시작하여 문숙의 삶으로 끝을 맺는다. 그녀가 진정으로 '해변의 여인'이다. 연애가 상호관계가 아니라 집착하고 소유하려는 '밀고 당기기'라고 생각하는 한국 남자를 싫어하는 그녀가 중래와의 관계에서 집착하고 소유하려는 행동을 보인다. 그래서 그 남자는 본래 목적이었던 시나리오 시놉시스를 완성하고 떠난다. 그가 떠난 빈자리에서 문숙은 아마도 자신의 옛날 모습이기도 한 선희와 화해를 하고, 해변에서 이름 모를 두 남성의 도움으로 자동차가 모래수렁에 빠진 곤경을 벗어난다. 한국 여자인 그녀에게 한국 남자는 싫어해야만 하는 적이 아니라 함께 수렁을 벗어나는 친구이며 연인이다. 그녀가 해변에서 돌아와 새로운 〈해변의 여인〉이라는 노래를 작곡했을 것이라는 상상은 너무 지나친 것일까?

변화는 동일한 것의 반복이 아니라 차이의 반복이고, 차이의 반복은 비록 그 시간이 몹시 느리게 진행한다 하더라도 항상 또 다른 차이를 생성한다. 따라서 '동일한 것의 반복'을 보여주는 김기덕의 영화는 불쾌함과 짜

증을 불러일으키지만, '차이의 반복' 에 의한 '차이의 생성' 을 상상하게 만드는 홍상수의 영화는 새로운 상상을 불러일으킨다. 새로운 상상은 근대의 이분법과 다른 사유와 삶과 세계를 생성시킨다.

**[ 주 ]**

1) 이 글의 인용표시는 인터넷상에서 건국대 영문과 김종갑 교수와의 김기덕 영화에 대한 논쟁에서 김종갑 교수의 글을 인용한 것이다. 열정적으로 논쟁을 하여 김기덕 영화에 대한 사유를 더욱 풍요롭게 만들어준 김종갑 교수에게 이 글을 통해 감사의 마음을 전한다.

# 탈근대의 영화이미지와 이미지 존재론 | V |

01 장훈 감독의 〈의형제〉: 한반도의 이미지 존재론과 노마돌로지의 인식론

02 이창동 감독의 〈시〉: 시와 영화의 시간이미지

# 01 장훈 감독의 〈의형제〉: 한반도의 이미지 존재론과 노마돌로지의 인식론

### 1) 영화는 현실이다

〈영화는 영화다〉(2008)의 장훈 감독이 〈의형제〉라는 한반도의 남북문제를 다루는 영화를 만들었다. 국정원 요원 이한규(송강호 분)와 남파공작원 송지원(강동원 분)의 국적을 초월한 우정이야기가 강제규 감독의 〈쉬리〉와 박찬욱 감독의 〈공동경비구역 JSA〉을 넘어서서 한반도의 남북문제를 다루는 한국 영화의 새로운 지평을 열었다. 1990년대 후반, 한국 영화의 르네상스와 함께 등장한 〈쉬리〉와 〈공동경비구역〉은 한반도의 남북문제를 국가문제로 다루었다. 그래서 〈쉬리〉는 한반도의 분단이라는 상황이 만들어낸 대한민국이라는 국가와 조선민주주의인민공화국이라는 국가의 국가이데올로기에 의해 한 남자와 한 여자의 사랑이 무참하게 깨어지는 이야기이고, 〈공동경비구역〉은 서구 근대에 대한 저항적(혹은 주체적) 근대국가와 식민지적(혹은 서구적) 근대국가가 서로 다르면서도 유사한 남한과 북조선의 국가이데올로기로 두 남자의 우정을 파괴하는 이야기이다. 이런 점에서 〈쉬리〉에 등장하는 두 남녀의 사랑은 근대 국가이데올로기에 종속되어 있고, 〈공동경비구역〉에 등장하는 두 남자의 우정은 근대 국가이데올로기를 넘어서지 못한다.

사랑과 우정이 비극으로 끝나는 〈쉬리〉와 〈공동경비구역〉의 한계는 두 영화감독의 한계가 아니다. 10년 전의 영화임에도 불구하고 그 시대의 한반도에 살고 있는 사람들이 남북문제를 상상하는 한계이다. 1950년의 한국전쟁 이후 한반도 분단에 의한 두 개의 근대국가 이데올로기는 한반도 남과 북에 살고 있는 모든 사람의 사랑과 우정을 포함한 모든 삶을 지배하였다. 그렇기 때문에 남북분단의 근대 국가이데올로기 문제는 사랑과 우정의 문제를 비롯해서 가족과 직장 그리고 크고 작은 여러 공동체 사회의 삶을 지배했다. 그럼에도 불구하고 남한은 남한대로 서구적 근대화로 만들어진 식민지적 근대국가의 대한민국을 마치 자연적 실재로 착각하며, 북조선은 북조선대로 저항적 근대국가의 조선민주주의인민공화국을 마치 자연적 실재인 양 착각하며 살았다. 이런 점에서 〈쉬리〉와 〈공동경비구역〉은 한반도에 살고 있는 모든 사람에게 당신들의 사랑과 당신들의 우정 등 모든 삶의 방식은 식민지적이거나 저항적인, 혹은 주체적이거나 서구적인 근대 국가이데올로기에 종속되어 있다는 사실을 그대로 보여준다. 근대적인 의미에서 개인은 곧 국가이고, 국가는 개인인 것이다.

장훈 감독의 〈의형제〉는 〈쉬리〉나 〈공동경비구역〉이 지니고 있는 근대

국가이데올로기의 코드에서 벗어나 있다. 〈의형제〉가 이러한 예술적 성취에 도달한 것은 아마도 1990년대 후반과 2010년이라는 시대적 변화 덕분일 것이다. 이명박 정부가 들어선 뒤로 한반도의 남북관계는 1999년이나 2000년 이전으로 후퇴하였지만, 2000년 6·15남북공동선언과 2007년의 10·4공동선언이라는 탈근대의 역사적 경험은 한반도의 미래에 대한 새로운 상상력을 만들어냈다. 개인과 마찬가지로 사회와 국가의 경험은 개인과 사회와 국가의 지적 체계를 바꾸어놓는다. 〈쉬리〉에 등장하는 국정원요원과 남파공작원 그리고 〈공동경비구역〉에 등장하는 인민군 병사와 국군 병사(정확히 미군 용병이거나 카투사)의 촌스러움과 경직성에 비해 〈의형제〉에 등장하는 국정원요원 이한규와 남파공작원 송지원의 친근함과 세련됨은 우리 한반도에서 10년이라는 세월이 얼마나 큰 삶의 변화를 가져왔는지 분명하게 보여준다. 이러한 변화와 더불어 장훈 감독의 〈의형제〉가 〈쉬리〉나 〈공동경비구역〉과 차이가 나는 것은 사랑과 우정을 다루는 〈쉬리〉나 〈공동경비구역〉에서 은폐되어 있는 가족 문제가 전면에 드러나 있기 때문이다.

### 2) 근대 가부장적 가족주의와 지배 국가주의의 해체

영화는 국정원요원 이한규와 남파공작원 송지원의 존재이미지들을 보여주면서 시작한다. 그러나 그들이 국정원요원 또는 남파공작원으로 존재하는 것은 국정원이 떠받들고 있는 대한민국과 남파공작원의 모국인 조선민주주의인민공화국이 아니다. 이한규가 국정원요원으로 충실하게 간첩 잡는 일에 몰두하는 것은 그를 아버지/남편으로 인정하지 않는 가족 때문이고, 송지원이 남파공작원으로 충실하게 조국을 배반하지 않는 것은 아무런 견해도 표출하지 않는 북조선에 두고 온 가족 때문이다. 그러나 영화에서 이한규의 가족은 단지 전화통화상의 들리지 않는 목소리로 존재하고, 송지원의 가족은 아무런 목소리로도 존재하지 않다가 영화 말미에서 아주 잠깐 그 모습을 보여줄 뿐이다. 그리고 이 두 가족은 모두 근대적 의미에서 불완전한 가족이다. 근대적 가족은 근대 자본주의 이데올로기의 정신분석학자라고 일컬어지는 프로이트가 말하는 것처럼 '아버지-엄마-나(아들 혹은 딸)'라는 지배-피지배의 삼각구조로 이루어져 있다. 가부장적 가족주의의 삼각구조는 근대 국가주의의 '국가-정부-국민'이라는 삼각구조의 근원적 모델이다. 근대 가족주의와 국가주의에서 어머니와 정부는 항상 아버지와 국가의 편이지 나나 국민의 편이 아니다. 따라서 아버지와 국가의 지배는 어머니와 정부를 통해 가족주의와 국가주의를 강요한다.

〈의형제〉의 이한규와 송지원 가족들은 이미 근대 가족주의의 삼각구조가 깨어져 버렸다. 전화상의 목소리로 등장하는 이한규의 아내는 이한규를 남편으로 인정하지 않거니와 가족의 아버지로도 인정하지 않는다. 똑같이 전화목소리로만 등장하는 이한규의 딸은 가족주의 삼각구조를 인정하는 아버지 이한규가 아니라 먼 이국땅에서 살아야만 하는 외로움과 그리움을 함께 나눌 수 있는 친구이면서 동료인 이한규를 필요로 한다. 이한규 또한 딸의 삶과 인생을 책임지고 지배하는 아버지로 존재하기보다 스스로 성장하여 스스로 존재하는 하나의 인간이 되어가는 딸의 성장과정을 보는 즐거움으로 기꺼이 그의 친구가 되고 동지가 된다. 송지원의 가족도 마찬가지이다. 그 가족의 목소리는 등장하지 않지만 송지원은 이미 그의 가족의 아버지가 아니다. 그의 가족을 책임지고 있는 것은 북조선의 정부대리인이라 할 수 있는 남파공작원 대장 '그림자'(전국환 분)이고, 자신은 이미 그 그림자로부터 배신자라는 낙인이 찍혀 있는 상황이다. 그래서 그는 그림자로부터 배신자라고 낙인찍힌 것이지, 북조선의 정부로부터 배신자라고 낙인찍힌 것은 아니라는 사실을 스스로 입증하려고 노력한다. 북조선 사람들의 삶의 의식을 전혀 모르면서 남한은 물론이고 중국이나 일본 등과 같은 북조선이라는 근대국가에 충실한 송지원을 묘사하기 위해 영화의 서사에 불필요한 송지원의 가족을 등장시킨 것은 영화감독이 아직도 서슬이 시퍼런 국가보안법을 벗어나기 위한 영화적 장치일 뿐이다.

21세기 대한민국의 대부분 가족들처럼 이한규와 송지원의 근대 가족주의 삼각구조의 파괴는, 두 사람 모두 근대 가족주의와 동일한 근대 국가주의에서 벗어나 있는 인물들이라는 점에서 남과 북이라는 분단국가의 국가이데올로기가 아닌 새로운 국가모델을 제시한다. 그것은 근대 가족주의의 지배적인 아버지의 부정과 마찬가지로 근대 국가주의의 사회적 아버지로부터 두 사람 다 벗어나 있다는 것이다. 대한민국 최고의 국정원요원이라고 자부하는 이한규는 사회적·국가적 아버지로 작동하는 자신의 상사 국정원 차장(최정우 분)을 신뢰하지 않는다. 아마 그는 대통령이나 정부요원들도 믿지 않을 것이다. 그 이유는 이한규가 근대 가족주의의 가부장적 아버지가 오직 돈으로만 유지되는 것임을 아는지라 국정원을 비롯한 국가권력기구 역시 돈으로만 유지될 수 있음을 꿰뚫고 있기 때문이다. 그래서 그는 자신을 지배하는 국정원 차장은 물론이고 정부나 그 최고책임자인 대통령까지도 근대 국가주의의 아버지나 어머니가 아니라 오직 돈으로만 유지되는 권력기구라는 것을 알고 있다. 송지원도 마찬가지이다. 그가 그림자를 아버지로 인식하는 것은 자기 가족을 보호하기 위함이고, 마침내 영화 말미에서 그는 그림자와 북조선 국가가 동일한 것이 아니라는 사실을 확인한다.

아이러니하게도 영화를 보는 관객들은 남한과 북조선의 근대 국가주의 이데올로기에서 벗어난 두 사람이 남한과 북조선의 가장 충실한 국민이라는 것을 확인하게 된다. 즉 근대 국가주의 이데올로기로부터 배신당하는 것이 오늘날 대한민국과 조선민주주의인민공화국의 가장 충실한 국민이 된다는 사실이다. 근대 국가주의 이데올로기도 도저히 부인할 수 없는 법적 사실은 남한이 대통령이나 국정원의 국가가 아니라 남한 국민의 국가이고, 북조선이 당주석이나 노동당의 국가가 아니라 북한 국민의 국가라는 사실이다. 그래서 북조선 남파공작원 중에서 최고의 실력을 가진 송지원은 자신이 곧 북조선의 국가 그 자체라고 자부하며, 남한 국정원요원들 중에서 최고 실력을 자랑하는 이한규도 자신이 곧 남한의 국가 그 자체라고 자부한다. 영화에 등장하는 이한규와 송지원만이 아니다. 피겨의 여왕이라 일컫는 김연아나 최고의 축구선수라고 자부하는 박지성 등과 같은 개인들은 자신이 곧 국가라고 생각하지 정부나 국가 통치자의 아들딸이라고 생각하지 않는다. 이한규에게 얻어맞고 조롱당하는 남한의 국정원 차장이나 송지원이 마침내 죽이려고 하는 북조선의 남파공작원 그림자처럼 남보다 열등하면서도 권력을 추구하거나 과거의 국가이데올로기에서 벗어나지 못한 꼭두각시들만이 자신들이 정부나 국가 통치자의 아들딸이라고 생각한다.

### 3) 근대의 반역자들이 만드는 통일 남북코리아의 이미지

한때 유럽에서는 "근대국가의 반역자가 되자"라는 말이 유행하였다. 이 말은 대한민국 축구를 월드컵 4강 신화로 만든 히딩크 감독 덕분에 우리에게도 알려졌다. 히딩크는 러시아 축구대표팀 감독을 맡아서 조국 네덜란드와 경기를 하면서 "나는 반역자가 되고 싶다"고 말했다. 그래서 우리는 그가 책임을 맡고 있는 러시아가 네덜란드를 이기는 것이 히딩크의 조국 네덜란드를 더욱 값지게 하는 것임을 알게 되었다. 이러한 "근대국가의 반역자가 되자"는 말은 1960년대의 유럽뿐 아니라 80년대의 남아프리카에서도 유행했다. 2차 세계대전을 피비린내 나는 전투로 겪은 영국과 프랑스와 독일의 지식인들이 당시까지 여전히 지배적인 이데올로기로 존재했던 근대 제국주의 국가 영국과 프랑스와 독일의 국가나 정부로부터 벗어나서 '근대국가의 반역자가 되는' 것이 곧 영국과 프랑스와 독일의 국가를 더욱 빛내는 일이라고 생각한 것이다. 이런 생각과 행동의 결과가 오늘날 유럽연합을 만든 자양분이 되었다. 80년대의 남아프리카 백인 지식인들도 마찬가지였다. 흑인과 유색인을 차별하고 억압하는 당시의 남아프리카 국가와 정부로부터 벗어나서 근대국가의 반역자가 되는 것이 남아프리카를 더욱 빛내는 것임을 그들은 알고 있었다. 20여 년이 지나서, 남아프리카의 역사를 잘 알고 있는 히딩크 감독이 이 말을 축구에 적용했을 뿐이다.

〈의형제〉에 등장하는 최고의 대한민국 국민 이한규와 최고의 조선민주주의인공화국 국민 송지원은 남한과 북조선으로부터 버림받았기 때문에 '근대국가의 반역자가 되는' 것이 곧 대한민국과 조선민주주의인민공화국을 더욱 빛내는 일임을 잘 알고 있다. 그래서 그들이 서로를 알아가는 과정, 즉 서로의 국가로부터 버림받았다는 사실과 그래서 더욱 충실한 대한민국 국민이며 조선민주주의인민공화국 국민이라는 사실을 알아가는 과정은 오늘날 유럽연합이나 흑백통합의 남아프리카공화국처럼 서로의 국가를 인정하는 통일 남북코리아의 축소된 이미지이다. 그들은 과거의 근대국가 이데올로기에서 벗어나지 못한 대한민국이 동남아시아 여성들과 노동자들을 억압하고 있다는 사실을 드러냄과 동시에 그들을 해방시키는 역할을 하며, 궁극적으로 대한민국의 가족과 조선민주주의인민공화국의 가족이 모두 인간미 넘치는 형제라는 사실을 드러낸다. 이한규는 송지원을 이용해 거대한 간첩단을 잡아 거액의 포상금을 받으려는 생각이 얼마나 부질없는지를 깨닫고, 송지원은 이한규의 모든 행동을 북조선에 보고하는 것이 얼마나 하찮은 일인지를 알게 된다. 근대 국가주의 이데올로기가 얼마나 부질없고 하찮은가를 깨닫는 순간이다. 근대 국가주의 이데올로기와 마찬가지로 우리가 상식처럼 알고 있는 근대 국가주의의 지식은 지배자와 통치자의 지식이지, 이한규와 송지원처럼 어떤 분야의 최고실력자가 깨닫는 지식이 아니다. 유럽연합이나 남아프리카처럼 통일 남북코리아의 지식 또한 이한규와 송지원 같은 '근대국가의 반역자들'이 만들 것이다.

# 02 이창동 감독의 〈시〉: 시와 영화의 시간이미지

## 1) 시간이미지의 등장과 예술의 탈근대적 사유

이창동 감독의 영화 〈시〉는 시의 시대와 영화의 시대에 대해 사유한다. 역설적으로 이창동 감독은 〈시〉에 등장하는 김용탁(김용택 시인 분) 시인의 말을 빌려 "시의 시대는 지나갔다"고 이야기한다. 영화에 배우로 등장한 현역 시인이 "시의 시대는 지나갔다"라고 이야기하는 것은 지금이 영화의 시대란 말을 하는 것으로 들릴 수도 있다. 그러면 이창동 감독은 이미 지나가 버린 시대의 '시'를 영화에 끌어들인 이유는 무엇일까? 영화의 시대라고 일컬어지는 이 시대에 영화 〈시〉는 영화의 형식을 빌려서 시의 본질을 이야기하려고 한 것일까? 실제로 영화 〈시〉에는 김용택 시인뿐만 아니라 정호승, 안도현, 조영혜와 같은 이 시대에 우리와 함께 살고 있는 시인들의 많은 시들이 읽혀지고 있다. 영화 〈시〉와 영화 속에 등장하는 수많은 시들을 통해 이창동 감독이 〈시〉에서 시의 본질을 이야기하고자 하는 것이라면, 그럼 영화의 본질은 무엇일까? 그리고 영화와 시는 어떤 연관관계가 있는 것일까? 이창동 감독의 영화 〈시〉를 보면서 관객들에게 들이닥친 이러한 문제들은 시 읽기와 영화 보기의 차이와 유사성을 사유하게 한다. 근본적으로 시 읽기는 시를 통해서 시어들이 제시하는 시적 이미지를 상상하는 것이고, 영화 보기는 영화스크린에 제시되는 이미지를 통해 나 자신의 언어로 사유하는 것이다. 따라서 시와 영화의 관계는 언어를 통해 이미지를 상상하는 것과 이미지를 통해서 언어를 사유하는 것이라는 서로 다른 사유의 과정이지만, 서로 이미지와 언어의 상호관계를 이야기하는 공통성을 가진다. 이러한 언어와 이미지 그리고 이미지와 연어의 관계가 지니는 사유이미지의 공통성은 '시간이미지'를 다루는 들뢰즈의 『영화 2』(*Cinema 2*)에서 구체적으로 제시된다.

들뢰즈가 이야기하는, 운동이미지만을 보여주는 근대영화들과 달리 탈근대영화들이 지니고 있는 시간이미지는 근본적으로 감각 운동적 연결고리로부터 벗어나 "상호연관성이 없는 일탈된 행동"과 이미지 그 자체가 지니고 있는 '시지각적 음향적 기호'(Deleuze 1989, p. 5)를 부각시키기 때문에 드러난다. 봉준호의 〈괴물〉에 등장하는 미군장교의 한강 독극물 방출 사건이 지니는 '일탈된 행동'과 비가 주룩주룩 내리는 날 한강철교 위에서 한강으로 투신하여 자살하는 중년남자가 지니는 '시지각적 음향적 기호'는 영화의 시간이미지에 의해 낯설게 변화하는 한강의 '괴물'이미지를 아주 잘 드러낸다. 이러한 '일탈된 행동'과 '시지각적 음향적 기호'는 네오리얼리즘의 정의처럼 "새로운 형식의 현실, 즉 아주 느슨한 관계와 부유하는 사건들로 이루어진 덩어리들로 작동하고, 사방으로 흩어져 있고 생략적이며 방황하거나 동요하고 있다고 일컬어지는 현실"(같은 책, p. 1)에서 순수 시간이미지로 작동한다. 예를 들어 들뢰즈가 데 시카(De Sica)의 영화 〈움베르토 D〉에서 "어떤 하녀가 임신한 자기 배를 쳐다보는 장면"을 제시하는 것처럼 이창동의 〈시〉에서 "어린 소년이 강물에서 떠내려오는 자살한 소녀의 시체를 쳐다보는 장면"은 '순수한 시지각적 상황의 출현'(같은 곳)이라고 할 것이다. 근대영화들의 '감각 운동적 상황'과 대립하는 '순수한 시지각적 상황의 출현'은 전자가 "특질이 잘 규정된 환경의 공간"을 배경으로 하는 데 반해 '임의의 (탈접속된 혹은 비워진) 공간'에서 발생한다.

탈근대의 영화들이 보여주는 '임의의 공간'은 "일상의 법칙에 순응하면서 아주 규칙적으로 조합하고 결합하는 일련의 계열들로 이루어져 있기" 때문에 '순수한 시지각적 상황의 출현'은 관객들로 하여금 일상적인 언어로 고착된 이미지들과의 "단절, 부조화, 불일치 등을 특별한 것으로 사유하도록" 만든다. 이러한 '단절, 부조화, 불일치'는 근대영화들이 지닌 '지각·행동·정서 이미지'의 운동이미지가 이데올로기적으로 작동하는 것을 불가능하게 만들고 "운동의 단위로 시간이 구성되는 것이 아니라 운동의 관점이 시간의 관점이 되는" 전복이 일어난다. 따라서 탈근대의 영화들이 이루어지는 문제는 "눈이 투시적인 기능에 도달하게 되고, 이미지의 시각적 요소들뿐만 아니라 음향적인 요소들을 통해 이미지 전체"를 볼 수 있고 읽을 수 있는 '가시적'이고 '가독적'인 '이미지 분석학'(같은 책, p. 22)을 구성한다. 이와 더불어 카메라의 시선에 따라 이동하는 관객의 눈은 영화가 보여주는 '임의의 공간들'로 이동하면서 "주관적인 것과 객관적인 것, 실재적인 것과 상상적인 것, 가시적인 것과 비가시적인 것의 구별"이 아닌 '식별불가능성'의 지대에 다다른다. 영화 〈괴물〉의 마지막 장면에서 박강두의 불완전한 가족이 괴물과 사투하는 장면이나 영화 〈시〉에서 자살한 소녀와 하나가 되는 미자(윤정희 분)의 부재 혹은 봉준호의 〈마더〉에서 스스로 기억상실의 침을 놓고 춤을 추는 엄마(김혜자 분)는 "주관적인 것과 객관적인 것, 실재적인 것과 상상적인 것, 가시적인 것과 비가시적인 것의 구별"이 아닌 그것들이 서로 혼합되어 있는 식별불가능성의 지대이다.

탈근대영화들이 보여주는 '운동 너머의 지점'에 있는 이와 같은 '삼중의 전복'(같은 책, p. 23)은 강물이나 바람처럼 흐르는 '시간이미지'와 소년들, 유유히 흐르는 강물, 자연, 자살한 소녀 등과 같은 '가독 이미지' 그리고 보물찾기에 질력이 난 한 소년이 마치 관객들처럼 강물에 떠내려오는 소녀의 시체를 보며 무엇인가를 사유하는 '사유이미지'로 구성되어 있다. 이러한 탈근대영화들이 보여주는 '운동 너머의 지점'에 있는 근대 장르영화들에 대한 삼중의 전복은 영화의 스크린이미지가 지니고 있는 시간기호와 가독기호, 정신 기호를 통해서 주관적인 것이 아닌 객관적인 것, 실재적인 것이 아닌 상상적인 것, 가시적인 것이 아닌 비가시적인 것의 '정신적인 것'을 사유하게 한다. 들뢰즈는 『차이와 반복』(*Difference and Repetition*), 『안티 오이디푸스』(*Anti-Oedipus*), 『천 개의 고원』(*A Thousand Plateaus*), 『철학이란 무엇인가?』(*What Is Philosophy?*) 등 수많은 저서들에서 제시하는 것처럼, 『영화 2』에서 물질의 이미지 존재론을 통해 언어와 이데올로기의 세계를 넘어서는 비기표적 기호의 순수 이미지가 지니는 '정신적인 것'에 대해 사유하는 방법론을 제시한다. '유물형이상학'이나 '초월적 경험론'이라고 일컬어지는 이러한 사유방법론은 시간이미지가 작동하는 탈근대영화들에서 가장 뚜렷하게 드러난다. 따라서 들뢰즈의 유물형이상학은 핵심근대의 칼 마르크스가 지녔던 과학적 유물론의 사유방식뿐 아니라 '생각하는 나'라는 코기토 개념으로 사유하는 초기근대의 데카르트가 지녔던 철학적 형이상학의 사유방식을 극복하는 것이고, 과학적 관찰과 철학적 개념을 뛰어넘어 그 둘을 종합하는 탈근대의 예술적 생성의 사유방식이다.

### 2) 탈근대의 이미지 분석론

이창동의 〈시〉에서 노년의 양미자(윤정희 분)가 지닌 이미지는 병원의 환자, 슈퍼마켓건물 회장의 간병인, 아파트에 사는 손자의 할머니, 시민강좌에서 시 강좌를 수강하는 학생, 식당에서 사건을 처리하는 학부모, 농촌을 방문한 도시의 노인이라는 다양한 공간의 평면들을 통해서 이동하면서 드러나는 수많은 가독이미지들로 존재한다. 그러나 관객들은 순간순간 양미자가 시를 쓰는 장면에 접하면서 어느 순간에 환자, 간병인, 할머니 등의 가독기호가 완전히 부재하는 미자에 대한 이미지의 식별불가능성이라는 지대에 도달한다. 노년의 노인, 간병인, 부산에 있는 이혼한 딸의 아들과 함께 있는 할머니, 돈이 없는 학부모 등의 주관적이거나 실재적이고 가시적인 것을 넘어서 미자의 이미지가 지닌 객관적이고 상상적이며 비가시적인 식별불가능성의 지대는 병원이나 슈퍼마켓 혹은 식당이나 집이라는 "특질이 잘 규정된 환경의 공간들"이 아닌 수많은 '임의의 공간들' 속에서 미자가 나무, 강, 어둠, 살구 등 수많은 다른 이미지들과 만나거나 접촉하는 순간들에서 작동하는 이미지의 존재방식이다. 이 임의의 공간들을 따라 이동하는 시간이미지 속에서 우리는 "미자는 무엇인가 혹은 누구인가?"가 아니라 "미자가 어떻게 작동하는가?"라는 가독적 이미지를 발견할 수 있다. 임상수의 〈하녀〉에서 "은이(전도연 분)는 어떻게 작동하는가?"라는 가독적 이미지는 한국 사회 근대 자본주의 시대의 '하녀'인 것처럼, 혹은 홍상수의 〈하하하〉에서 "문경(김상경 분)과 중식(유준상 분)의 여행이야기가 어떻게 작동하는가?"라는 가독적 이미지가 '하하하'인 것처럼, 이창동의 〈시〉에서 "미자가 어떻게 작동하는가?"라는 가독적 이미지의 가독기호는 '시'이다.

온갖 이데올로기로 구성된 연대기적 시간이 아닌 우리의 일상적 삶을 구성하는 영원한 현재라는 크로노스의 시간 속에서 순수 이미지의 현실태와 잠재태가 함께 작동하는 것이 시간이미지이다. 이러한 시간이미지의 변화를 가독이미지로 변환시켜 우리가 '시어'라는 가독기호를 읽을 수 있게 해주는 '시'는 탈근대의 영화관객들과 마찬가지로 시를 읽는 독자들로 하여금 시의 가독기호를 통해 개체적인 '회상 이미지'와 '꿈 이미지'를 작동시킨다. 그러나 시의 가독기호를 통해 작동하는 회상 이미지는 영화의 플래시백과 마찬가지로 "기억의 동요와 재인의 실패"(Deleuze 1989, p. 45)로 인해 과거의 이미지를 재구성하고, 꿈 이미지는 과거의 이미지를 현실화하여 시의 가독기호와 계열화하면서 새로운 미래를 형성시킨다(같은 책, pp. 44~67). 따라서 시를 읽는 것이나 영화를 보는 것은 차이와 반복을 통해 의미를 생성시키는 하나의 '사건'인 동시에 영원한 현재라는 크로노스의 시간에서 과거를 재구성하고 미래를 현실화하는 에이온의 시간이 작동하는 순간이다. 시를 읽으면서, 혹은 영화를 보면서 회상 이미지와 꿈 이미지가 작동하여 과거를 재구성하고 미래를 재형성하여 더 커다란 시간적 지속의 감각덩어리, 즉 새로운 크로노스의 시간을 만드는 것을 들뢰즈는 시간이미지가 그대로 드러나는 거울이라는 '시간의 결정체들'(같은 책, p. 44)이라고 부른다.

크로노스라는 시간의 거시적인 큰 회로 속에서 미시적으로 작동하는 작은 회로의 '사건'을 지칭하는 에이온의 시간이 바로 들뢰즈가 말하는 시간이미지의 작은 회로를 가리키는 '시간의 결정체들'이다. 시간이미지를 보여주는 영화나 시 속에서 이 시간의 결정체들은 가시적인 것과 비가시적인 것, 주관적인 것과 객관적인 것, 실재적인 것과 상상적인 것, 즉 투명한 것과 불투명한 것이라는 가독기호의 현실태와 시간기호의 잠재태가 식별불가능성 속에서 상호 교환되는 장소이다. 이창동의 영화 〈시〉가 영화와 시의 상호유사성을 제시하는 것처럼, 근대영화들의 운동이미지가 지니는 서사적 한계를 지적하는 『영화 1』과 달리 시간이미지의 영화를 이야기하는 『영화 2』에서 들뢰즈의 영화에 대한 사유와 『사랑하고 노래하고 투쟁하라』[1]는 자서전으로 잘 알려진 칠레의 민중시인 파블로 네루다(Pablo Neruda)의 시에 대한 사유는 영화와 시의 상호유사성을 시간이미지의 작동으로 제시한다. 들뢰즈와 네루다는 시와 영화를 크로노스의 시간 속에서 에이온의 시간이 작동하는 순간, 영원한 현재의 시간 속에서 과거와 미래를 재구성하는 '사건'의 시간, 즉 시간이미지가 작동하는 '시간의 결정체들'로 사유한다. 들뢰즈의 『영화 2』가 시간이미지의 작동을 보여주는 것처럼 시인의 시 쓰기가 바로 시간이미지의 작동이라고 말하는 네루다의 「시」 전문을 옮기면 다음과 같다.

그리고 그 나이가 되었다…. 시가
나를 찾아왔다. 나는 모른다. 나는 모른다.
시가 어디에서 왔는지, 겨울에서 왔는지 강에서 왔는지.
시가 어떻게 혹은 언제 왔는지 나는 모른다.
시는 목소리도 없었고, 말도 없었고,
또한 침묵도 없었다.
그러나 어떤 거리에서 시는 나를 불렀다.
밤의 나뭇가지들에서
갑자기 다른 것들로부터
타오르는 화염 속에서
혹은 혼자서 되돌아오는 길모퉁이에서
그곳들에 나는 어떤 모습으로도 존재하지 않았고
그래서 시가 나를 건드렸다.

나는 무엇을 말해야 할지 몰랐다.
나의 입은 이름들을
부르는 방법을 몰랐고
나의 눈은 멀었다.
그리고 나의 영혼 속에서 무엇인가가 일어났다.

열정 혹은 잊혀진 날개
그래서 나는 그 불을
인식할 수 있는
나의 길을 찾았다.
그리고 나는 최초의 희미한 시 한 구절을 썼다.
희미하고 본질이 없는, 순수한
몰상식,
아무것도 모르는 누군가의
순수한 지혜.
그리고 갑자기 나는 보았다.
천상들이
풀어 헤쳐져서
드러나는 것을,
별들,
쿵쾅거리는 내재성들,
구멍이 뻥뻥 뚫려 있거나,
화살과 불 그리고 꽃들로
뒤엉켜 있는 그림자,
바람으로 흐르는 밤, 우주.

그리고 나, 미미한 존재,
거대한 별처럼 빛나는

공허나 신비의
유사함이거나 이미지에 취해서,
순수한 심연의
한 부분임을 알았다.
나는 별들의 폐달을 밟았고,
내 마음은 열려 있는 하늘 위에서 자유롭게 부서졌다.

네루다의 「시」가 이야기하는 것처럼, "그리고 그 나이가 되어"서 시가 시인에게 다가오는 시간이미지를 묘사한 시어들, 즉 이창동의 〈시〉에서 "미자가 어떻게 작동하는가?"라는 시간이미지의 '가독이미지'와 동일한 시어들은 '겨울' '강' '어떤 거리' '밤의 나뭇가지' '다른 것들' '타오르는 화염 속' 그리고 '길모퉁이'이다. 그러나 「시」가 시인에게 오는 시간이미지에 대하여 시인은 "나는 모른다./시는 목소리도 없었고, 말도 없었고,/또한 침묵도 없었다"라고 말한다. 따라서 시가 시인에게 오는 순간은 독자가 시를 읽는 순간이나 관객이 영화를 보는 순간처럼, 네루다의 현재적 삶을 구성하는 크로노스의 시간에서 "그리고 그 나이가 되"어 시가 시인에게 다가오고, 독자가 시를 읽고, 관객이 영화를 봄에 따라 과거와 미래가 재구성되는 에이온의 시간이 작동되는 '사건'이라고 할 것이다. 그 '사건', 즉 시간이미지의 영화가 보여주는 것과 같은 '시간의 결정체들'은 크로노스의 시간에 어떤 존재로 규정되어 있는 "나는 어떤 모습으로 존재하지 않았다"라는 영원한 현재라는 크로노스의 시간이 파괴되고 분열되는 순간이고, 또한 "시가 나를 건드렸다"라는 에이온의 시간이 생성되는 순간이다. 이러한 파괴와 생성의 시간에 "나는 어떤 모습으로 존재하지 않았다"라는 '나'라는 가시적이고 주관적이고 실재적인 존재의 부재는 "시가 나를 건드렸다"라는 '사건'이거나 혹은 '시간의 결정체들'이 지니는 투명성의 거울을 통해 가시적인 것과 비가시적인 것, 주관적인 것과 객관적인 것, 실재적인 것과 상상적인 것의 상호교환이 이루어진다.

네루다가 "나는 무엇을 말해야 할지 몰랐다"라는 주관적인 것의 상실, "나의 입은 이름들을/부르는 방법을 몰랐고"의 실재적인 것과 현실적인 것의 인식불가능성 그리고 "나의 눈은 멀었다"의 가시적인 것의 부재는 "나의 영혼 속에서 무엇인가가 일어났다"라는 사건이 지니는 '시간의 결정체들'을 통하여 '열정'이라는 비가시적인 것, '잊혀진 날개'라는 상상적인 것, '불'이라는 잠재적인 것을 "인식할 수 있는 나의 길을 찾는" 것과 상호 교환되는 것이다. 이러한 상호교환은 "미래의 현재, 현재의 현재, 과거의 현재"(같은 책, p. 119)라는 더욱 거대한 영원한 현재라는 크로노스의 순수 시간이미지의 덩어리 속에서 혼합하고 뒤섞인다. 따라서 가시적인 것과 비가시적인 것, 실재적인 것과 상상적인 것, 현실적인 것과 잠재적인 것의 혼합과 뒤섞임 속에서 식별불가능성에 대한 사유이미지가 시작되는 것이다. 들뢰즈와 마찬가지로 네루다는 이러한 가독기호와 시간기호의 상호교환으로써 "희미하고 본질이 없는, 순수한/몰상식,/아무것도 모르는 누군가의/순수한 지혜"로 이루어지는 식별불가능성에 대한 사유를 "최초의 희미한 시 한 구절을 쓰는" 에이온의 시간, 즉 "시가 나를 건드리는 순간"이라고 말한다. 따라서 시간이미지가 기독이미지를 통해 사유이미지로 다가오는 것은 비가시적인 '천상들이' 가시적인 것으로 "풀어헤쳐져서/드러나는 것"이거나 "쿵쾅거리는 내재성(혹은 잠재성)들"로 구성되어 있어서 현실적이지 않는 '별들'을 상상하는 것이고, 혹은 "구멍이 뻥뻥 뚫려있거나,/화살과 불, 그리고 꽃들로 뒤엉켜 있는 그림자, 바람으로 흐르는 밤, 우주"가 지니는 잠재성을 사유하는 것이다. 이러한 사유를 네루다는 "최초의 희미한 시 한 구절"을 통해 "갑자기 나는 보았다"라고 표현한다.

네루다가 시적 사유를 통해 '갑자기' 시간이미지 속에서 '나'와 '수많은 사물들의 내재성들'과 '우주'를 '본' 것은 시인 네루다로 하여금 시적 사유의 사건 이전에 존재했던 모든 허구를 통해서 연대기적 시간에 머물도록 강요하는 연대기적 과거의 이데올로기적인 '진리를 주장하는 서사'(같은 책, p. 127)를 파괴하고 새로운 '결정체적 서사'를 구성하도록 만드는 직접적인 시간이미지를 드러낸다. 이것이 바로 네루다가 "시가 나를 건드렸다"라는 순간에 "갑자기 나는 보았다"라고 말하는 시적 서사이고, 들뢰즈가 『영화 2』에서 근대적인 운동이미지의 영화들을 넘어서는 탈근대적인 시간이미지의 영화들이 제시하는 '운동 너머의 지점'에서 만들어지는 '결정체적 서사'가 지니는 힘이다. 이러한 '사건'이나 '시간의 결정체들'에 의해서 만들어지는 시와 문학 그리고 영화의 허구적 서사가 지니는 힘, 즉 현실을 지배하는 과학적 실재의 가시적인 것이나 과거의 철학적 개념이 지니는 주관적인 것이 아닌 예술적 서사가 지니는 비가시적이고 객관적이며 상상적인 것이 만드는 거대한 변화의 힘은 들뢰즈가 영화와 문학을 비롯한 예술적 사유의 힘이라고 말하는 '거짓의 역량'(같은 책, p. 131)이다. 따라서 네루다가 이야기하는 「시」의 시적 서사는 '나'라는 '미미한 존재'와 '거대한 별처럼 빛나는' 자연과 우주의 '공허나 신비'의 상호교환에 의한 "유사함이거나 이미지에 취해서" 만들어지는 시적 은유와 이미지의 상징이 지니는 "순수한 심연의/한 부분임을 알았다"라는 거짓된 시적 서사의 이야기이다. 그러나 그러한 "유사함이나 이미지에 취해서" 만들어지는 시적 은유와 이미지의 상징이 지닌 시적 깨달음이 비록 '거짓의 서사'라 할지라도 그것은 이전의 모든 이데올로기적 "진리를 주장하는 서사"를 파괴하면서 과거와 미래를 재구성하여 "과거의 현재와 미래의 현재와 현재의 현재"를 새롭게 재구성하는 예술적 '거짓의 역량'이라는 새로운 진리를 만든다.

네루다의 「시」가 과거와 다른 새로운 진리를 만드는 '거짓의 역량'은 "나는 별들의 페달을 밟았고/내 마음은 열려 있는 하늘 위에서 자유롭게 부서졌다"이다. "별들의 페달을 밟고" 우주를 달리는 '나'나 "열려 있는 하늘 위에서 자유롭게 부서"지는 '내 마음'이 만드는 거짓의 역량은 곧 "시가 나를 건드리는" 시간이미지 속에서 변화하고 생성되는 '생명의 역량'이고, 그 생명의 역량은 별들 되기(becoming stars)라는 감각의 계열들 속에서 이전의 '나'가 새로운 '나'로 생성되는 것이다. 따라서 네루다의 「시」가 보여주는 별들 되기라는 '그 무엇 되기'는, 이창동의 영화 〈시〉처럼 들뢰즈가 이야기하는 탈근대의 시간이미지를 보여주는 영화들에서 드러나는 시간이미지와 가독이미지의 상호교환, 즉 시간기호와 가독기호의 상호교환을 사유하는 사유이미지의 한계를 보여준다. 이러한 비가시적인 '천상들이' 가시적인 것으로 "풀어헤쳐져서/드러나는 것"이거나 "쿵쾅거리는 내재성(혹은, 잠재성)들"로 구성되어 있어서 현실적이지 않는 '별들' 혹은 "구멍이 빵빵 뚫려 있거나,/화살과 불 그리고 꽃들로 뒤엉켜 있는 그림자, 바람으로 흐르는 밤, 우주"를 사유할 수 없는 사유의 무능력에 대한 사유는 "전체나 총체적인 이미지의 제거로 이루어지는 이미지의 외부를 선호하는"(같은 책, p. 187) 두뇌의 기계적 사유의 한계로 말미암아 몸의 '사유하지 않음'에 도달하는 새로운 감각과 느낌의 '생명'(같은 책, p. 189)이다. 네루다가 제시하는 시 읽기나 시 쓰기가 지니는 몸의 생명성이 오직 가시적인 것과 현실적인 것만을 사유하도록 강요하는 근대성의 과학적 또는 철학적인 문학비평으로 말미암아 그 한계에 도달한 지금, 이창동 감독은 영화 〈시〉에서 탈근대의 시간이미지를 보여주는 영화들이 시의 역할을 대신할 수 있다는 사실을 역설적으로 보여주고 있다. 이창동의 〈시〉는 그러한 '생명의 역량'을 충분히 보여주고 있다.

### 3) 이창동의 영화 〈시〉가 만드는 '거짓의 역량'

이창동의 영화 〈시〉는 네루다의 「시」처럼 영화 속의 양미자가 "그리고 그 나이(66세)가 되어"서야 비로소 "시가/나를 찾아온" 시적(혹은 영화적) 사건이 만드는 '시간의 결정체들'을 보여주는 시간이미지들로 구성되어 있다. 따라서 영화에 등장하는 양미자는 네루다처럼 "시가 어디에서 왔는지, 겨울에서 왔는지 강에서 왔는지/시가 어떻게 혹은 언제 왔는지" 전혀 '모른다.' 그래서 미자에게 "시는 목소리도 없었고, 말도 없었고,/또한 침묵도 없었다." 그러나 양미자는 네루다처럼 길거리의 나무들 사이에서 숲으로 가는 새들의 노랫소리를 듣고, 저녁이면 여전히 노을이 지는 것을 보고, 차마 부치지 못한 편지나 평생 동안 하지 못한 고백을 쓰거나, 서러운 내 발목에 입 맞추는 풀잎 하나를 느끼고, 어둠이 오면 다시 촛불을 켠다. 네루다가 "밤의 나뭇가지들"이나 "갑자기 다른 것들" 그리고 "타오르는 화염 속"이나 "혹은 혼자서 되돌아오는 길모퉁이"에서 '시'가 그에게 다가와 그를 '건드리'는 것처럼, 양미자는 어둠 속의 아파트 거실이나 노을이 지는 저녁 그리고 농촌의 조그마한 가옥이나 시골 오솔길의 살구나무 아래서 '시'가 그녀에게 다가와 그녀를 건드리는 것을 느낀다. 그럴 적이면 그녀는 작은 수첩을 꺼내어 네루다의 시어처럼 "그곳들에서 나는 어떤 모습으로도 존재하지 않는" 시간의 순수한 흐름의 상태 속에서 그녀가 포착한 시간 이미지의 가독기호들로 구성된 파편적인 시어들을 적는다.

네루다의 「시」처럼 양미자는 "나의 입은 이름들을/부르는 방법을 몰랐고/나의 눈은 멀었다"라는 과거와 미래를 재구성하는 에이온의 시간, 즉 '시간의 결정체들'을 만나는 사건의 순간에 온전하게 "나의 영혼 속에서 무엇인가가 일어났다"는 네루다의 별 되기와 같은 저녁노을 되기나 풀잎 되기의 "최초의 희미한 시 한 구절을 쓰는" 시적 경험을 한다. 양미자가 "최초의 시 한 구절을 쓰는" 시적 경험은 영화관객들에게 양미자가 병원의 환자나 노인 혹은 간병인이라는 가시적이거나 주관적이고 실재적인 이미지의 현실태에서 벗어나 비가시적이고 객관적이며 상상적인 양미자의 잠재태를 보도록 만들어준다. 그러나 네루다가 "갑자기 나는 보았다"라고 말하는 "천상들이/풀어 헤쳐져서/드러나는 것을,/별들,/쿵쾅거리는 내재성들,/구멍이 뻥뻥 뚫려 있거나,/화살과 불 그리고 꽃들로/뒤엉켜 있는 그림자,/바람으로 흐르는 밤" 그리고 '우주'를 양미자는 보지 못한다. 그 이유는 양미자가 병원에서 나오면서 미친 듯이 울부짖으며 죽은 어린 딸을 소리쳐 부르는 중년의 시골아낙네 모습이 마치 관객들이 보는 영화 〈시〉의 초반부에 등장하는 어린 소년이 강물에서 떠내려오는 자살한 소녀의 시체를 쳐다보는 장면처럼 그녀의 삶의 '시지각적 음향적 기호'로 두뇌 속에서 떠나지 않기 때문이다. 그리고 양미자의 두뇌 속에서 떠나지 않는 시골아낙네가 지니는 시지각적 음향적 기호는 영화 속에서 어린 소녀의 죽음이 자신이 사랑하는 손자와 연결되어 있다는 가독기호들의 이미지들로 뚜렷하게 드러난다.

양미자의 두뇌 속에서 떠나지 않는 시골아낙네의 시지각적 음향적 기호의 시간이미지가 어린 소녀 희진이의 죽음이라는 가독기호로 등장하면서, 그녀는 노년의 나이에서 우러나오는 어린 소녀의 생명이 지닌 '삶의 역량'을 인식하지만, 자신이 그토록 사랑하는 손자가 지니고 있는 할머니의 주관적이고 가시적이며 현실적인 아름다운 소년의 이미지라는 현실태와 객관적이며 비가시적이고 상상적인 폭력적 남성의 이미지라는 잠재태와 상호 교환할 수 있는 식별불가능성의 지대에 도달할 수 없다. 그것은 어린 손자를 보면서 회상이미지와 꿈이미지가 작동하여 과거를 재구성하고 미래를 재형성하여 더 커다란 시간적 지속의 감각덩어리, 즉 새로운 크로노스의 시간을 만드는 것의 불가능성을 제시하는 것이다. 그래서 그녀는 이제 친구가 되고 연인이 된 손자의 엄마, 그녀의 딸에게 편지를 쓸 수도 없고, 전화를 걸 수도 없다. 영화 속의 시 강좌에서 '김용탁 시인'이 사과를 들고 와서 시란 사물을 보는 것, 즉 우리가 눈으로 볼 수 있는 사과의 주관적이거나 가시적이거나 실재적인 것이 아닌 사과가 잠재적으로 지니고 있는 객관적이고 비가시적이고 상상적인 것을 발견하는 것이라고 말하는 것처럼, 혹은 시낭송회에서 음담패설만 하는 서울에서 전직당한 경찰관이나 양미자가 간병을 하고 있는 강노인(김희라 분)처럼 시간이미지의 '시지각적 음향적 기호'로 드러나는 모든 존재의 잠재성은 아름다움이다. 그런데 양미자의 중학생 손자가 드러내는 잠재적 남성성은 파괴적인 죽음이다.

나무보다, 꽃보다, 살구보다 더 사랑하는 어린 손자의 남성성이 파괴적인 죽음을 불러오는 것을 발견했을 때, 양미자는 마치 영화 〈시〉의 관객들처럼 더 이상 두 눈과 두뇌로 사유하는 것이 불가능한 절대적인 사유불가능성에 도달하여 마침내 몸의 '사유하지 않음'에 이른다. 그래서 양미자는 강노인을 협박하여 500만 원을 손자 친구의 학부모에게 전달하고 마침내 삶이 아닌 죽음 속에서 몸의 '사유하지 않음'이라는 아름다움을 발견하는 어린 소녀 희진이 되기라는 거짓 서사를 달성케 되는 것이다. 들뢰즈가 '절대적 탈영토화'[2)]라고 부르는 희진이 되기가 보여주는 죽음의 세계 속에서 시나 영화가 제시하는 거짓의 역량이 더욱더 커다란 '생명의 역량'으로 드러나는 이유는 시의 시대를 불가능하게 만드는 오늘날의 삶이 양미자로 하여금 오직 죽음을 통해서 "사랑하고 노래하고 투쟁하"는 시인의 삶을 가능하게 만들기 때문이다. 나뭇가지나 저녁의 노을 그리고 어둠의 거리뿐만 아니라 삶을 죽음으로 내몰게 한 하나밖에 없는 손자를 사랑하고, 죽음으로 동료소년들이 지닌 파괴적 남성성에 저항한 희진이가 못다 한 마지막 노래를 부르고, 오직 자본으로만 생명의 역량을 판단하는 현실에 온몸으로 투쟁하는 것이 양미자에게는 그 나이가 되어서 갑자기 시가 찾아와 그녀를 건드려, 마침내 "나는 어떤 모습으로 존재하지 않는" 시인 되기라는 그녀의 '길을 찾은' 것이다. 그래서 영화의 말미에 등장하는 「아네스의 노래」는 영화 속 희진이의 노래인 동시에 관객들의 현실적 관계에 따라서 시를 비롯한 삶의 예술이 불가능한 후기근대의 우리 시대에 죽음으로 투쟁한 노무현, 장자연 그리고 문수스님의 노래이기도 하다.

그곳은 얼마나 적막할까요
저녁이면 여전히 노을이 지고
좋아하는 음악 들려올까요

숲으로 가는 새들의 노래 소리 들리고
차마 부치지 못한 편지
당신이 받아볼 수 있을까요
한번도 하지 못한 고백
전할 수 있을까요
시간은 흐르고 장미는 시들까요

이제 작별을 해야 할 시간
머물고 가는 바람처럼
그림자처럼
오지 않던 약속도
끝내 비밀이었던 사랑도

서러운 내 발목에 입 맞추는
풀잎 하나,

나를 따라온 작은 발자국에게도
이제 어둠이 오면
촛불이 켜지고 누군가 기도해 줄까요

하지만 아무도 눈물은 흘리지 않기를
검은 강물을 건너기 전에
내 영혼의 마지막 숨을 다해 당신을 축복하리

마음 깊이 나는 소망합니다
내가 얼마나 당신을 간절히 사랑했는지
당신이 알아주기를

여름 한낮의 그 오랜 기다림,
아버지의 얼굴 같은 오래된 골목
수줍어 돌아앉은 외로운 들국화까지도

얼마나 사랑했는지
당신의 작은 노래 소리에
얼마나 가슴 뛰었는지

나는 꿈꾸기 시작합니다
어느 햇빛 맑은 아침

다시 깨어나 부신 눈으로

머리맡에 선 당신을 만날 수 있기를

이창동 감독의 「아네스의 노래」는 마치 영화 속에서 이제 막 그 나이(66세)가 되어 시 쓰기를 시작하는 영화 속의 양미자의 삶처럼 혹은 "사랑하고 노래하고 투쟁하라"라는 시인의 삶을 살다가 간 칠레의 민중시인 파블로 네루다의 「시」처럼 들뢰즈가 『영화 2』에서 이야기하는 시간이미지의 작동을 적나라하게 보여준다. 양미자와 희진이가 서로 주체와 타자가 없는 영원한 현재라는 크로노스의 시간이 에이온의 시간이 작동하는 '사건'이나 '시간의 결정체들'에 의해서 과거의 회상이미지를 재구성하고 미래의 꿈이미지를 작동시켜 과거와 미래를 재구성하는 더 커다란 영원한 현재라는 크로노스의 시간이미지들로 뒤섞인다. 영화 〈시〉의 첫 장면에 등장하는 아름다운 강물이 흐르고 자연의 모습이 어우러지는 여강의 한 모퉁이에서 초등학생들이 보물찾기를 하는 마치 정지된 듯한 시간의 흐름처럼 "그곳은 얼마나 적막할까요/저녁이면 여전히 노을이 지고/좋아하는 음악 들려올까요//숲으로 가는 새들의 노래 소리 들리고/차마 부치지 못한 편지/당신이 받아볼 수 있을까요/한번도 하지 못한 고백/전할 수 있을까요/시간은 흐르고 장미는 시들까요"라는 시의 첫 연과 두번째 연은 '적막'한 크로노스의 시간이미지를 전달한다. 양미자라는 66세의 노인이 가지고 있는 삶처럼 시의 1연과 2연은 "저녁이면 노을이 지고/좋아하는 음악이 들려오"고 또한 "숲으로 가는 새들의 노래 소리 들리지"만 "차마 부치지 못한 편지"는 여전히 "당신이 받아볼 수" 없고 "한번도 하지 못한 고백"도 여전히 "전할 수"

없는 정지되어 있는 듯한 "시간은 흐르지"만 "장미는 시들지" 않는 영원한 현재라는 크로노스의 시간이미지이다.

그러나 영원한 현재라는 크로노스의 시간이미지는 3연의 첫 구절에 등장하는 "이제 작별을 해야 할 시간"이라는 "단절, 부조화, 불일치 등을 특별한 것으로 사유하도록" 만드는 영화나 시의 '사건'이나 '시간의 결정체들'에 의해서 가시적이고 주관적이고 실재적인 '노을' '음악' '편지' '고백' 등은 "머물고 가는 바람처럼/그림자처럼/오지 않던 약속도/끝내 비밀이었던 사랑"과 같은 비가시적이고 객관적이며 상상적인 것들로 전복된다. 이러한 전복들은 양미자가 죽은 희진이의 감각의 계열로 전복되는 것이고, 이창동이 노무현의 감각으로 전복되는 것이며, 영화관객들이 장자연이나 문수스님의 느낌으로 전복되는 것이기도 하다. 양미자, 이창동 그리고 영화관객들이 개별적으로 처해 있거나 상상하는 삶과 죽음이라는 '임의의 공간들' 속에서 이루어지는 가시적인 것과 비가시적인 것, 주관적인 것과 객관적인 것, 실재적인 것과 상상적인 것이 상호 뒤섞이는 '식별불가능성'의 지대에서 영화 속의 양미자와 영화를 보는 관객들의 느낌과 감각은 역설적이게도 살아 있음이라는 거대한 '생명의 역량'이다. 이 생명의 역량에 대한 느낌과 감각은 영화 속에서 시인이 되어가며 양미자가 지니는 느낌과 감각처럼 "서러운 내 발목에 입 맞추는/풀잎 하나,/나를 따라온 작은 발자국에게도/이제 어둠이 오면/촛불이 켜지고 누군가 기도해 줄까요"의 '서러운 내 발목'이나 '풀잎 하나' 혹은 '작은 발자국'이나 '촛불' '기도'처럼 이 세상 모든 존재의 생명성에 대한 자각이다.

영화 속 양미자의 시가 지니는 '검은 강물'이라는 죽음의 사건을 통한

"내 영혼의 마지막 숨을 다해 당신을 축복하리"라는 생명성에 대한 자각은 "마음 깊이 나는 소망합니다"라는 회상이미지와 "나는 꿈꾸기 시작합니다"라는 꿈이미지를 통해서 에이온의 시간이라는 식별불가능성의 지대를 넘어서서 다시 더 큰 회로의 영원한 현재라는 새로운 크로노스의 시간을 구성한다. 영화와 시의 세계에서 새롭게 구성되어 희진이의 회상이미지인 듯도 하고 양미자의 꿈이미지인 듯도 한 여강 다리 위에서 관객을 바라보는 여진이의 이미지는 산 자와 죽은 자, 양미자와 희진이, 이창동과 노무현 그리고 수많은 영화관객들과 장자연 그리고 문수스님이 함께 공존한다. 그것은 죽음 이전의 시간에 대한 "나는 소망합니다"라는 회상이미지로 재구성된 과거와 죽음 이후의 시간에 대한 "나는 꿈꾸기 시작합니다"라는 꿈이미지로 형성된 미래가 "내 영혼의 마지막 숨을 다해 당신을 축복하리"라는 과거의 현재와 미래의 현재와 현재의 현재가 상호 공존하기 때문이다. 그래서 "내가 얼마나 당신을 간절히 사랑했는지/당신이 알아주기를" 바라는 "나는 소망합니다"의 회상이미지는 "여름 한낮의 그 오랜 기다림,/아버지의 얼굴 같은 오래된 골목/수줍어 돌아앉은 외로운 들국화까지도//얼마나 사랑했는지/당신의 작은 노래 소리에/얼마나 가슴 뛰었는지"처럼 양미자의 어린 시절이 영원한 현재를 구성하는 사진 속에 있는 희진이의 삶으로 전복되고, "나는 꿈꾸기 시작합니다"의 꿈이미지는 "어느 햇빛 맑은 아침/다시 깨어나 부신 눈으로/머리맡에 선 당신을 만날 수 있기를" 바라는 희진이의 모습이 죽음으로 다가가는 영원한 현재를 구성하는 양미자의 삶으로 전복되는, 그래서 양미자와 희진이가 함께 네루다의 「시」가 이야기하는 우주 속 '심연의 한 부분'이 되었음을 보여준다.

### 4) 탈근대의 시간이미지 영화와 시의 부활

들뢰즈는 『영화 1』(*Cinema 1*)의 말미에서 "1948년 무렵의 이탈리아 네오리얼리즘 영화와 1958년 무렵의 프랑스 누벨바그 영화들 그리고 1968년 무렵의 독일 뉴 저먼 시네마 영화들"(Deleuze 1986, p. 211)이 근대 고전영화들의 운동이미지 영화들과는 달리 시간이미지의 영화들을 보여줌으로써 시간이미지의 변화와 생성을 드러내는 탈근대적 사유를 가능하게 만들었다고 이야기한다. 미국이 아니라 이탈리아와 프랑스와 독일에서 새로운 탈근대의 영화들이 등장한 것은 이들 나라들의 영화감독과 관객들이 미국과 달리 "매카시즘의 광풍에서 벗어나 더 많은 자유를 향유하였기 때문이다"(같은 곳). 이러한 현상은 1998년 무렵의 대한민국에서도 발생한다. 2차 세계대전 이후의 이탈리아처럼 1998년 무렵의 대한민국은 IMF사태와 70년대부터 민주화운동의 중심에 있던 김대중씨의 대통령당선으로 국가주의에 대한 환상의 소멸과 "메카시즘의 광풍에서 벗어나 더 많은 자유를 향유하였기 때문"에 미국 할리우드 유의 고전적인 근대 장르영화들에서 벗어나 탈근대의 시간이미지를 보여주는 새로운 감독들의 등장을 보게 된다. 홍상수, 박찬욱, 봉준호 등 젊은 감독들과 함께 소설가에서 영화감독으로 전업한 이창동 감독의 등장은 그 이후 새로운 한국 영화 전성시대를 열었다. 그래서 이창동 감독의 〈초록물고기〉(1997), 〈박하사탕〉(1999), 〈오아시스〉(2002), 〈밀양〉(2007) 등의 영화는 탈근대 시간이미지 영화의 새로운 고전이 되었다고 할 수 있다.

1998년 무렵의 대한민국에서 일어난 탈근대적인 시간이미지 영화들의 등장과정에서 주역을 담당한 이창동 감독이 그의 영화 〈시〉에서 영화와 시, 즉 영화와 문학의 시간이미지에 대해 사유하는 것은 탈근대의 철학자 들뢰즈가 영화와 문학 텍스트들을 이용하여 탈근대적 노마돌로지의 사유를 제시하는 것과 유사하다. 특히 이창동 감독은 〈시〉에서 스크린이미지의 네오리얼리즘이 지니는 '생명의 역량'을 영화의 말미에 나타나는 시 「아네스의 노래」와 연결시킴으로써 시의 언어들이 근본적으로 시간이미지에 대한 사유임을 단적으로 제시한다. 시간이미지에 대한 사유를 더 근본적으로 보여주는 것은 파블로 네루다의 「시」이다. 칠레의 민중시인 파블로 네루다가 핵심근대의 모더니즘 시인들로 분류되었던 엘리엇(T. S. Eliot)이나 파운드(Ezra Pound)와 달리 민중시인이라는 이름에 걸맞게 시의 독자들과 함께 호흡하는 시인으로 유명하다는 점에서, 오늘날의 시간이미지 영화들이 관객들과 함께 호흡하여 이전과 다른 새로운 감각의 계열들로 나아가는 것과 동일하다. 시간이미지를 사유하는 관객과 독자의 입장에서 영화와 시의 근본적인 차이는, 영화가 스크린에 드러나는 시간이미지를 통해 가독이미지인 언어와 사물을 인식하여 시간이미지와 가독이미지를 상호 교환하는 정신적인 작업과 달리 시는 가독이미지인 시어를 통해 시간이미지를 인식하여 가독이미지와 시간이미지를 상호 교환하는 정신적인 작업을 필요로 한다는 것이다.

그러나 시 읽기와 영화 보기의 서로 다른 정신적인 작업에서 동일하게 만나는 것이 정신적인 작업의 한계, 즉 사유불가능성이라는 식별불가능성의 지대에 도달한다는 것이다. 네루다의 「시」에서 "나는 별들의 페달을 밟았고,/내 마음은 열려 있는 하늘 위에서 자유롭게 부서졌다" 처럼 네루다의 별 되기나 이창동 감독의 영화 〈시〉에서 양미자의 희진이 되기 혹은 「아네스의 노래」에 등장하는 "그곳은 얼마나 적막할까요/저녁이면 여전히 노을이 지고/좋아하는 음악 들려올까요//숲으로 가는 새들의 노래 소리 들리고/차마 부치지 못한 편지/당신이 받아볼 수 있을까요/한번도 하지 못한 고백/전할 수 있을까요/시간은 흐르고 장미는 시들까요"라는 삶의 이미지와 죽음의 이미지가 상호 교환되는 식별불가능성의 지대는 근대적인 과학적 기능주의 사유방식이나 철학적 인식론의 개념이 아니라 새로운 생명의 탄생과 같은 탈근대적인 새로운 느낌과 감각의 계열들을 필요로 한다. 그래서 우리는 네루다의 별 되기나 양미자의 희진이 되기 혹은 이창동 감독의 죽음이라는 기관들 없는 몸 되기라는 느낌이나 감각의 계열들 속에서 남성중심주의나 인간중심주의 혹은 현실중심주의에서 벗어나 새로운 사유를 시작할 수 있는 것이다. 이런 측면에서 이창동 감독의 영화 〈시〉는 시의 시대를 다시 부활시키는 작업일 뿐만 아니라 들뢰즈처럼 영화에 대한 시적·예술적인 사유를 가능케 하는 작업이라고 할 것이다.

이와 더불어 이창동 감독의 영화 〈시〉는 들뢰즈가 시간이미지의 영화들이 영화관 안과 밖, 즉 영화의 스크린이미지와 관객의 삶을 구성하는 현실이미지들이 상호 교환되는 '몽타주'라고 말하듯이 오늘날의 한국 사회가 지니고 있는 죽음과 삶이 상호 교환되는 후기근대의 시회적 몽타주를 제시한다. 영화 속 희진이의 죽음처럼 오늘날 한국 사회에서 목격되는 장자연, 노무현, 문수스님 등의 죽음은 희진이가 다니는 중학교가 삶을 생성시키는 제도적 장치가 아니라 오직 죽음을 통해서만 살아 있음의 잠재적 의미를 드러낼 수 있는 것처럼 연예계, 정치계 그리고 4대강사업의 경제정책 등 수많은 제도적 장치들이 그 구성원들을 죽음을 통해서만 오직 살아 있음의 잠재적 의미를 드러낼 수 있게 만든다는 것이다. 이런 측면에서 이창동 감독이 새로운 감각과 느낌의 계열들 속에서 노무현 되기를 수행하는 것과 영화 속 양미자의 희진이 되기는 영화를 보는 관객들로 하여금 각각이 처한 현실 속에서 영화의 시간이미지를 통해 제시되는 새로운 감각과 느낌의 계열들에 따른 문수스님 되기나 장자연 되기와 같은 수많은 '그 무엇 되기'의 영화적 경험을 수행하게 한다. 이러한 영화적 경험은 관객들에게, 새로운 감각과 느낌의 계열들 속에서 교육·정치·경제·연예 등의 근대적 국가장치들이 그 구성원들로 하여금 오직 죽음을 통해서만 살아 있음의 잠재적 의미를 드러낼 수 있게 만드는 것이 아니라 살아 있음이 더욱 새로워지는 '생명의 역량'을 보장하는 탈근대적 국가장치들로 변화되어야만 한다는 새로운 사유를 가능하게 해준다.

**[ 주 ]**

1) 파블로 네루다, 2008. 이 책에서 네루다는 자신의 경험을 이렇게 말한다. "내가 받은 제일 큰 상은, 대부분의 사람들이 경멸하지만 실제로는 정말 받기 어려운 그런 상이다. 어려운 미학적 연찬을 거치고 수많은 언어의 미로를 통과한 끝에 민중시인이 되었는데, 이것이 바로 내가 받은 상이다. 여러 나라 말로 번역된 내 글이나 시집도 아니고, 시어를 해석하거나 해부한 비평서도 아니다. 햇볕이 이글거리는 대낮에 힘겨운 노동으로 얼굴이 상하고 먼지 때문에 두 눈이 벌겋게 충혈된 광부가 흡사 지옥에서 올라온 사람처럼 로타 탄광의 갱도에서 나오더니 나를 보자마자 대번에 투박한 손을 내밀고 눈동자를 반짝거리며 '오래전부터 당신을 알고 있었습니다'라고 말하는 그런 묵직한 순간이 바로 내가 받은 상이다. 이것이 바로 내 시의 월계관이자, 척박한 광산 지역에 형성된 삶의 여유 공간이다. 이 공간에서 노동자들은 칠레의 바람과 밤과 별이 속삭이는 소리를 듣는다. '너는 혼자가 아니야. 네 아픔을 생각해 주는 시인이 있어.'"(같은 책, 263쪽)

2) 들뢰즈는 에이온의 시간 혹은 사건이라는 시간의 결정체들이 과거의 주관적이거나 가시적이고 실

재적인 정신기호의 이데올로기적 영토에서 벗어나 과거와 미래를 재구성하는 새로운 크로노스의 시간을 탈영토화라고 명명하고 있는데, 탈영토화가 잠정적이고 지속적으로 일어나는 것을 상대적 탈영화라고 말한다면 탈영토화가 한 순간에 완전하게 이루어지는 것을 절대적 탈영토화라고 명명하고 있다. 따라서 들뢰즈가 말하는 절대적 탈영토화는 차이와 반복을 구성하는 에이온의 시간이 내포하는 사건이나 삶의 역동적 시간성이 더 이상 불가능하고 단지 수동적인 영원한 현재라는 크로노스의 시간만이 존재하는 죽음과 같다.

## 참고영화 및 문헌

〈가능한 변화들〉(민병국 2004)
〈간장선생〉(今村昌平 1998)
〈결혼 피로연〉(the Wedding Banquet, Lee Ang 1993)
〈고양이를 부탁해〉(정재은 2001)
〈공동경비구역 JSA〉(박찬욱 2000)
〈괴물〉(봉준호 2006)
〈국경〉(서선키네마 1923)
〈귀신이 온다〉(鬼子來了 Devils On The Doorstep, 지앙 웬 2000)
〈그들은 밤에 산다〉(They Live By Night, Nicholas Ray 1948)
〈나라야마 부시코〉(今村昌平 1982)
〈나쁜 남자〉(김기덕 2001)
〈대부〉(Mario Puzo's The Godfather, Francis Ford Coppola 1972)
〈대부 2〉(Mario Puzo's The Godfather Part Ⅱ, Francis Ford Coppola 1974)
〈델마와 루이스〉(Thelma & Louise, Ridley Scott 1991)
〈도쿄방랑자〉(鈴木清順 1966)
〈돼지가 우물에 빠진 날〉(홍상수 1996)
〈드라큘라〉(Francis Ford Coppola 1992)
〈디 아더스〉(The Others, Alejandro Amenabar 2001)
〈라이드 위드 데블〉(Rride With the Devil, Lee Ang 1999)
〈메멘토〉(Memento, Christopher Nolan 2000)
〈모노노케 히메〉(宮崎駿 1997)
〈밀양〉(이창동 2007)
〈바람계곡의 나우시카〉(宮崎駿 1984)
〈바벨〉(Babel, Alejandro Gonzalez Inarritu 2006)
〈박쥐〉(Thirst, 박찬욱 2009)
〈박하사탕〉(이창동 1999)
〈백만 냥의 항아리〉(山中貞雄 1935)
〈벌거벗은 섬〉(裸の島, 新藤兼人 1960)
〈복수는 나의 것〉(박찬욱 2002)
〈부에나 비스타 소셜클럽〉(Buena Vista Social Club, 1999)
〈분노의 포도〉(The Grapes of Wrath, John Ford 1940)
〈붉은 다리 아래 따뜻한 물〉(赤い橋の下のぬるい水, 今村昌平 2001)
〈붉은 돼지〉(紅の豚, 宮崎駿 1992)
〈붉은 수수밭〉(紅高粱, 張藝謀 1987)
〈브로크백 마운틴〉(Brokeback Mountain, Lee Ang 2005)
〈블레이드 러너〉(Blade Runner, Ridley Scott 1982)

〈살인광 시대〉(Monsier Verdoux, Charles Chaplin 1947)
〈살인의 추억〉(봉준호 2003)
〈색/계〉(色/戒, Lee Ang 2007)
〈섬〉(김기덕 2000)
〈센과 치히로의 행방불명〉(The Spiriting Away Of Sen And Chihiro, 宮崎駿 2001)
〈쉬리〉(강제규 1999)
〈시〉(이창동 2010)
〈시간〉(김기덕 2006)
〈신라의 달밤〉(김상진 2001)
〈실물보다 큰〉(Bigger Than Life, Nicholas Ray 1956)
〈실미도〉(강우석 2003)
〈싸이보그지만 괜찮아〉(박찬욱 2006)
〈아리랑〉(나운규 1926)
〈아마데우스〉(Amadeus, Milos Forman 1984)
〈아메리칸 뷰티〉(American Beauty, Sam Mendes 1999)
〈아모레스 페로스〉(Amores Perros, Alejandro Gonzalez Inarritu 2000)
〈아이스 스톰〉(The Ice Storm, Lee Ang 1997)
〈악어〉(김기덕 1996)
〈어둠 속에서〉(On Dangerous Ground, Nicholas Ray 1952)
〈에버글레이즈에 부는 바람〉(Wind Across the Everglades, Nicholas Ray 1958)
〈에일리언〉(Alien, Ridley Scott 1979)
〈여자, 정혜〉(이윤기 2005)
〈영웅〉(張藝謀 2003)
〈오! 수정〉(홍상수 2000)
〈올드 보이〉(박찬욱 2003)
〈오아시스〉(이창동 2002)
〈와호장룡〉(Crouching Tiger, Hidden Dragon, Lee Ang 2000)
〈우나기〉(The Eel, 今村昌平 1997)
〈원스〉(Once, John Carney 2006)
〈원자폭탄의 아이들〉(原爆の子, 新藤兼人 1952)
〈음식남녀〉(Eat, Drink, Man, Woman, Lee Ang 1994)
〈의형제〉(장훈 2010)
〈21그램〉(21Grams, Alejandro Gonzalez Inarritu 2003)
〈이웃집 토토로〉(となりの トトロ My Neighbor Totoro, 宮崎駿 1988)
〈이유 없는 반항〉(Revel without a Cause, Nicholas Ray 1955)
〈일본곤충기〉(にっぽん昆蟲記, 今村昌平 1963)
〈잃어버린 주말〉(The Lost Weekend, Billy Wilder 1945)
〈자니 기타〉(Johnny Guitar, Nicholas Ray 1954)

〈저수지의 개들〉(Reservoir Dogs, Quentin Tarantino 1992)
〈정군산〉(定軍山, 1905)
〈질투는 나의 힘〉(박찬욱 2002)
〈천공의 성 라퓨타〉(Laputa: Castle In The Sky, 宮崎駿 1986)
〈초록물고기〉(이창동 1997)
〈취화선〉(임권택 2002)
〈친구〉(곽경택 2001)
〈친절한 금자씨〉(박찬욱 2005)
〈쿵후선생〉(Pushing Hands, Lee Ang 1992)
〈텍사스의 파리〉(Paris, Texas, Ernst Wenders 1984)
〈트루먼 쇼〉(Truman Show, Peter Weir 1998)
〈파란대문〉(김기덕 1998)
〈파이란〉(송해성 2001)
〈하녀의 일기〉(Diary of a Chambermaid, Jean Renoir 1946)
〈하몽 하몽〉(A Tale of Ham and Passion, Bigas Luna 1992)
〈하울의 움직이는 성〉(ハウルの動く城 Howl's Moving Castle, 宮崎駿 2004)
〈한반도〉(강우석 2006)
〈해변의 여인〉(홍상수 2006)

김종갑 (2001), 「문화연구와 영화연구」, 『안과밖』 제11호.
김태준 (2004), 「서양의 충격과 동아시아」, 『한국문학의 동아시아적 시각』 3, 집문당.
데이비드 보일 (2005), 『세계를 뒤흔든 공산당선언』, 유강은 옮김, 그린비.
루쉰 (1985), 『魯迅文集 II』, 竹內好 譯註, 한무희 옮김, 일월서각.
루쉰 (1986), 「"현대영화와 부르주아 계급" 역자 付記」, 『魯迅文集 IV』, 竹內好 譯註, 한무희 옮김, 일월서각.
루쉰 (1987), 『魯迅文集 III』, 竹內好 譯註, 한무희 옮김, 일월서각.
박성수 (2004), 『들뢰즈』, 이룸.
박연규 (2002), 「퍼스 기호학의 이해」, 『내러티브』 제5호.
성은애, 홈 페이지 http://finching.net
송두율 (2001), 『21세기와의 대화』, 한겨레신문사.
——— (2002), 『경계인의 사색』, 한겨레신문사.
쉬잔 엠 드 라코트 (2004), 『들뢰즈: 철학과 영화』 이지영 옮김, 열화당.
심경석 (2002), 「영화 보기/읽기와 영문학 교육」, 『안과밖』 제13호.
와카바야시 미키오 (2006), 『지도의 상상력』 정선태 옮김, 산처럼.
이승렬 (1998), 「지구화, 민족문학, 마샬 버먼」, 『안과밖』 제4호.
장시기 (1996), 『포스트모던 시대의 문학과 언어』, 동인.
——— (2003), 「탈근대영화들의 문학적 장르 확산」, 『문학과 영상』 제4권 1호, 문학과 영상학회.
——— (2005), 『노자와 들뢰즈의 노마돌로지』, 당대.
——— (2006), 「남아프리카의 노마드적 주체와 탈근대 지식」, 민주사회정책연구원, 『우리 안의 보편성』, 한울.

—— (2008), 『들뢰즈와 탈근대 문화연구』, 당대.
전인한 (2002), 「두 유혹 사이에서: 영화와 문학」, 『안과밖』 제13호.
정규환 (2001), 「문학과 영상의 밀월을 돌아봄」, 『영미문학교육』 제5호.
조은 (2003), 『침묵으로 지은 집』, 문학동네.
짐 콜린스 (1995), 「1990년대의 장르성: 절충적 아이러니와 새로운 진정성」, 『할리우드 장르의 구조』, 도서출판 한나래.
토마스 샤츠 (1995), 『할리우드 장르의 구조』, 한창호·허문영 옮김, 도서출판 한나래.
파블로 네루다 (2008), 『파블로 네루다 자서전: 사랑하고 노래하고 투쟁하라』, 박병규 옮김, 민음사.
페르디낭 드 소쉬르 (2006), 『일반언어학강의』, 최승언 옮김, 민음사.
후지이 쇼조 (2001), 『현대중국, 영화로 가다』, 김양수 옮김, 지호.

Bakhtin, M. M. (1981), *The Dialogic Imagination*, Michael Holquist ed./Caryl Emerson and Michael Holquist trans., Austin: The University of Texas Press.
Barry, Peter (1995). *Beginning Theory*, Oxford: Manchester University Press.
Berman, Marshall (1982), *All That Is Solid Melts Into Air: The Experience of Modernity*, New York: Simon and Schuster.
Buckley, Jerome H. (1970), "Autobiography in the English Bildungsroman," *The Interpretation: Theory and Practice*, Morton Bloom Field ed., Cambridge: Harvard University Press.
Deleuze, Gilles (1986), *Cinema 1*, Hugh Tomlinson and Barbara Habberjam trans., Minneapolis: University of Minnesota Press.
—— (1989), *Cinema 2*, Hugh Tomlinson and Robert Galeta trans., Minneapolis: University of Minnesota Press.
—— (1990), *The Logic of Sense*, Mark Lester and Charles Stivale trans., New york: Columbia University Press.
Deleuze, Gilles and Felix Guattari (1983), *Anti-Oedipus*, Robert Hurley, Mark Seem and Helen R. Lane trans., London: The Athlone Press.
—— (1987), *A Thousand Plateaus*, Brian Massumi trans., Minneapolis: University of Minneapolis Press.
—— (1994), *What Is Philosophy?*, Hugh Tomlinson and Graham Burchell trans., New York: Columbia University Press.
Derrida, Jacques (1973), *Speech and Phenomena*, David B. Allison trans., Evanston: Northwestern University Press.
—— (1976), *Of Grammatology*, Gayatri Chakravorty Spivak trans., Baltimore and London: The Johns Hopkins University Press.
—— (1978), *Writing and Difference*, Allan Bass trans., Chicago: The University of Chicago Press.
Flaxman, Gregory (2000), *The Brain Is the Screen: Deleuze and the Philosophy of Cinema*, Minnesota: University of Minnesota Press.
Foucault, Michel (1975), *Discipline and Punish: the Birth of the Prison*, London: Allen Lane.

Hanson, Victor Davis (2001), *Why The West Has Won*, New York: Random House.

Haraway, Donna (1992), "A Manifesto for Cyborgs: Science, Technology, and Socialist Feminism in 1980s," Linda J. Nicholson ed., *Feminism/Postmodernism*, New York: Routledge.

Heller, Agnes (1999), *A Theory of Modernity*, Malden: Blackwell Publishers.

Jameson, Fredric (1972), *The Prison-House of Language*, New Jersey: Princeton University Press.

—— (1990), "Postmodernism, or The Cultural Logic of Late Capitalism," Chung-Ho Chung & So-Young Lee ed., *POSTMODERNISM*, Seoul: Hanshin Publishing Company.

Massumi, Brian (1992), *A User's Guide to Capitalism and Schizophrenia*, Massachusetts: Massachusetts Institute of Technology.

Safir, Margery Arent (1999), *Melancholies of Knowledge: Literature in the Age of Science*, Albany: State University of New York.

Saussure, de Ferdinand (1959), *Course in General*, Charles Bally and Albert Sechehaye ed./Wade Baskin trans., New york: Mcgraw-Hill Book Company.

Webster, Roger (1996), *Studying Literary Theory*, London & New York: Arnold.

Williams, Raymond (1961), *The Long Revolution*, London: Chatto and Windus.

Wordsworth, William (1904), *WORDSWORTH Poetical Works*, Thomas Hutchinson ed., Oxford: Oxford University Press.

# 찾아보기